姚转香 主编

合阳抗日战争史略
——西河，血与火的记忆

苏州大学出版社
Soochow University Press

图书在版编目(CIP)数据

合阳抗日战争史略：西河，血与火的记忆 / 姚转香
主编. —苏州：苏州大学出版社，2018.6
 ISBN 978-7-5672-2344-8

Ⅰ. ①合… Ⅱ. ①姚… Ⅲ. ①抗日战争史—史料—合阳县 Ⅳ. ①K265.06

中国版本图书馆 CIP 数据核字（2018）第 045305 号

书　　名：	合阳抗日战争史略——西河，血与火的记忆
主　　编：	姚转香
策　　划：	刘海
责任编辑：	刘海
出版发行：	苏州大学出版社（Soochow University Press）
社　　址：	苏州市十梓街1号　邮编：215006
印　　刷：	苏州工业园区美柯乐制版印务有限责任公司
网　　址：	www.sudapress.com　QQ：64826224
开　　本：	787mm×1092mm　1/16　印张：22.75　字数：553千字
版　　次：	2018年6月第1版
印　　次：	2018年6月第1次印刷
书　　号：	978-7-5672-2344-8
定　　价：	98.00元

凡购本社图书发现印装错误，请致电 0512-67481090 联系调换。

编辑委员会

顾　　问：于娟侠　左　俊

主　　任：姚转香

副 主 任：罗竹芳　李　鹏

主　　编：姚转香

执行主编：王英民

成　　员：李志斌　雷强民　孙　晔　王　峰　何春云
　　　　　党晓宁　王晓莉　史洪艳　雷晓侠

不忘国耻　砥砺前行

(代　序)

80年前,一场伟大而惨烈的抗争在中华大地打响。

从1931年的"九一八"事变,到1945年宣布投降,14年里,日本侵略者在中华大地上横行肆虐、烧杀掳掠;其铁蹄所过之处,无不哀鸿遍野、尸骨累累,滔天罪行罄竹难书。在东北,在南京,在山东,在徐州,在山西,多少无辜的百姓成为侵略者刺刀下的冤魂。与山西一河之隔的合阳也同样处在水深火热之中:敌机数十次轰炸县城、村庄,不间断地炮射沿河一带,死伤平民无数,损毁民房上百,安静的生活一次次被侵略者的狰狞撕得粉碎……

1938年,疯狂的侵略者占领山西。继而,他们把贪婪的目光瞄准陕西,瞄准大西北。陕西沿黄河一线成为抗战的"桥头堡",合阳成为沿河抗战的中心。

为了阻止日军入陕,合阳民众在党的领导下,积极宣传,团结一心,同仇敌忾,共同抗战,抗日浪潮风起云涌。合阳先后成立了10多个抗战组织,仅民众自卫队就达2万余人。他们和抗战部队一起,修筑工事,深挖掩体,修建岗楼,炮击敌军,在黄河西岸构筑起了一道牢不可破的钢铁长城。同时,还有数万人越过黄河,深入山西南部,主动进入抗战一线,与敌人展开顽强拼搏,浴血奋战,保卫了陕西,保卫了大西北,取得了抗日战争的最后胜利,挽回了中华儿女的民族尊严,涌现出一大批可歌可泣的抗战英雄。

习近平总书记在纪念抗战胜利70周年大会上指出:中国人民的抗日战争,是正义和邪恶、光明和黑暗、进步和反动的大决战。在那场惨烈的战争中,中华儿女面对侵略者,不屈不挠,浴血奋战,彻底打败了日本军国主义侵略者,捍卫了中华民族5000多年发展的文明成果,捍卫了人类和平事业,铸就了战争史上的奇观、中华民族的壮举。全国各族人民要在中国共产党领导下，坚持以马克思列宁主义、毛泽东思想、邓小平理论、"三个代表"重要思想、科学发展观为指导，沿着中国特色社会主义道路，按照"四个全面"战略布局，弘扬伟大的爱国主义精神，弘扬伟大的抗战精神，万众一心，风雨无阻，向着我们既定的目标继续奋勇前进！

今天，合阳县档案局编辑出版《合阳抗日战争史略——西河，血与火的记忆》一书，就是为了贯彻落实习近平总书记的重要讲话精神，就是为了纪念中国人民抗日战争的伟大胜利，就是为了铭记历史、缅怀先烈、珍爱和平、开创未来。

我们希望这本书的出版发行，能让更多的人牢记那段血与火的岁月，能让更多的干部群众不忘国耻，砥砺前行，紧密团结在以习近平同志为核心的党中央周围，在中共合阳县委的正确领导下，以高度的责任感和使命感，担负起时代赋予我们的使命，围绕中心，服务大局，开拓进取，创新发展，为建设"六个合阳"做出新的更大贡献。

中共合阳县委副书记　于娟侠
2017年8月

序 言

2017年是抗日战争全面爆发80周年，为了弘扬抗战精神，进一步激发全县人民热爱祖国的高尚情怀，不断凝聚奋力追赶超越、推进合阳"六区"建设的合力，合阳县档案局编辑出版了这本《合阳抗日战争史略——西河，血与火的记忆》。

合阳，地处陕西东部黄河岸边，自古就是兵家必争之地，抗战时期更是成为阻止日寇入侵陕西的前沿阵地，必将被历史永远铭记。该书真实记录了在可歌可泣的伟大抗日战争中，合阳县抗日战争的历史；以翔实而珍贵的史料，真实记录了合阳爱国军民奋勇杀敌、宁死不屈的民族气节和天下兴亡、匹夫有责的爱国情怀。

80年前，日本帝国主义制造了举世震惊的"七七"事变，发起了全面侵华战争。空前的民族灾难唤起了空前的民族觉醒。在中国共产党的领导下，中国人民经过长达14年艰苦卓绝、前仆后继的奋战，付出了3500万人伤亡的巨大牺牲，赢得了最终的抗战胜利，一洗近代以来屡遭外敌欺凌的屈辱，捍卫了中国的主权和领土完整，也为世界反法西斯战争的胜利与争取世界和平的伟大事业做出了不可磨灭的贡献。

1937年11月，日寇侵占太原，进击潼关受阻，又企图从山西吴王渡攻入合阳，撕开陕西黄河防卫的裂口。面对严峻的形势，国共两党共同发出"保卫黄河、保卫陕西"的号召。吕剑人受中共陕西省委委派，赴合阳加强党对沿河各县抗战工作的领导。

抗战期间，日寇多次重兵偷袭山西吴王渡，企图强渡黄河，攻入合阳；多次派飞机轰炸合阳县城，炮击沿河军事防地及村庄民宅，给合阳人民带来了深重灾难。为了加强黄河防卫，在党组织的领导下，合阳相继成立了抗日民众自卫大队等抗战组织，坚决地抵御了日军的侵略和进攻；合阳民众踊跃支前，送粮捐物，为阻止日军进入陕西，取得抗战胜利，做出了巨大贡献。资料显示，1944年，合阳人口不足15万，但对抗战的贡献却位于陕西各县前列。合阳一度被称为"小苏区"。国民党领导的国民革命军陆军一七七师、五十三师、一六七师等8个师，中央第一军、第十六军的司令部，两支炮兵部队和两个兵站先后驻防合阳。一批抗战将士为国捐躯，数千名抗日英烈魂归合阳大地。合阳作为阻止日寇入侵陕西的前沿阵地，必将被历史永远铭记。

《合阳抗日战争史略——西河，血与火的记忆》一书的出版，对于人们了解合阳抗日战争的历史，对广大人民群众进行爱国主义教育和革命传统教育有着十分重要的意义。我们回顾历史，就是要牢记历史、不忘过去、珍爱和平、开创未来。愿广大读者，特别是年轻一代永远不要忘记这段血与火的历史，从前辈先烈的捐躯与奉献中汲取力量，弘扬中华民族团结进取、不畏强暴的精神，为国家的强盛、人民的幸福，为世界的和平与发展，为中华民族的伟大复兴做出新的贡献！

合阳县档案局局长　姚转香
2017年8月

目 录

概述 ... 001

第一部分　沿河抗战　严防死守

抗日战争时期的中共渭南党组织 ... 009
风起云涌的渭南抗日救亡运动 ... 011
八路军抗日出征过渭南 ... 016
渭南民众支援前线 ... 018
合阳县委成立时的情况 ... 019
八路军出师抗日誓词 ... 019
国民革命军第八路军全体指战员告抗日友军将士书 ... 020
陕西省委给沿河各县的信 ... 020
二纵政联对敌合阳县长潘禹九起义的报告 ... 024
合中师生电贺平型关大捷 ... 026
陕北公学招生简章 ... 027
合阳工作报告（摘录） ... 029
中国国民党抗战建国纲领 ... 035
合阳县临时参议会告全县民众书 ... 037
合阳县民众动员委员会工作报告摘要 ... 039
合阳县二八年度征集现役壮丁抽签办法 ... 041
合阳县三十年度拟补兵员抽签实施办法 ... 044
合阳县三十年度召开全县征兵会议报告书 ... 046
合阳县优待应征军人办法 ... 048
陆海军阵亡官兵遗族抚恤公粮改发代金领发办法 ... 049
纪念抗战烈士追悼大会方案 ... 050
合阳县各界追悼抗敌阵亡烈士大会上的悼词和挽联 ... 052
河防要略 ... 053

巡察河防峪北村的报告 054
给李广波、雷姚宸的一封信 055
合阳防空 055
防止敌机放毒气的对策 056
合阳县民众教育馆的一封信 058
给王性之的一封信（之一） 058
给王性之的一封信（之二） 059
合阳抗战驻军 059
抗战时期兵役 061
陕西省合阳县知识青年志愿者从军简历册 062

第二部分　日寇暴行　损失惨重

关中道人民负担与呼声（陕西近况报告之六） 067
抗战时期合阳县人口伤亡和财产损失调研报告 070
日机暴行 076
战争带来的社会经济变化 077
财政支出负担 079
民国时期差役军征 079
抗日战争时期军供支前 080
王敏侠日记选 081
刘竞之日记选编 084
抗战时期日军部队在山西南部 086

第三部分　抗战组织　风起云涌

地方抗日武装组织 089
合阳民先地方区队部成立宣言 092
合阳县城防委员会组织简则 093
合阳敬先会理事会组织章程 094
合阳县敬老会理干事第六次会议纪录 095
合阳县敬老会理事会理事题名 096
陕西省各界抗敌后援会民众自卫队组织规程 097
西北第十八战区各县伤兵管理协会施行办法 098
第十战区伤兵管理处合阳县伤兵管理协会委员名单 099

第四部分　伟业长留　功勋不朽

合阳抗战人物简介 ... 103
抗战中驻合阳的军政要员 ... 107
抗日战争革命烈士名录 ... 111
国民革命军陆军五十三师阵亡将士纪念碑名录 ... 112
陕西沿河各县军训学生同学录 ... 114
合阳烈士简介 ... 116
抗战老兵纪略 ... 118

第五部分　抗战宣传　唤醒民众

合阳大众书店 ... 131
怒吼剧社和华云剧团 ... 131
合阳怒吼剧社 ... 132
怒斥敌机轰炸 ... 134
行知省记录的《抗日三字经》 ... 135
抗战漫画选 ... 137
合阳抗战花花 ... 155
合阳军次题序 ... 161
李兴中为同学录题序 ... 161
军民信守规章 ... 162
请愿书 ... 164

第六部分　回忆抗战　莫忘国耻

纪事篇 ... 167
1937年后季至1941年1月西区地下党活动回忆 ... 167
我在合阳协助苏资琛开展军事训练活动 ... 171
1938年我在合阳的工作情况 ... 172
关于1938年我在合阳工作的经过 ... 173
合阳抗日的黄金时代 ... 176
我在合阳的工作情况 ... 177
我党在合阳、韩城交界地区的建立与发展 ... 178
合阳县委隐蔽精干情况 ... 180

合阳县委隐蔽精干情况概述 ……………………………………………… 182
我任合阳县委书记的片段回忆 …………………………………………… 184
1938年合阳党组织发展概况 ……………………………………………… 185
八路军北上抗日住合盛况 ………………………………………………… 186
朱德率领八路军途经合阳的故事 ………………………………………… 186
我在合阳的工作情况 ……………………………………………………… 188
洛川特委在合阳的活动情况 ……………………………………………… 189
抗日八年西安生活的鳞爪 ………………………………………………… 190
忆西安二三事 ……………………………………………………………… 205
回忆合阳民先队地方区队的战斗历程 …………………………………… 209
民先在合阳活动的片段回忆 ……………………………………………… 211
合阳抗日民众自卫大队情况 ……………………………………………… 213
合阳抗日民众自卫大队 …………………………………………………… 214
抗战时期合阳的记忆碎片 ………………………………………………… 217
动员民众　保卫黄河 ……………………………………………………… 218
合阳妇女抗日活动的回忆 ………………………………………………… 220
抗战初期王村的妇训班 …………………………………………………… 221
韩、合民众动员工作的片段 ……………………………………………… 222
沿河地委的成立 …………………………………………………………… 223
沿河地委活动简况 ………………………………………………………… 224
合阳县抗战中心小学——东宫城学校 …………………………………… 224
沿河学生军训情况 ………………………………………………………… 225
合阳中学的学生运动 ……………………………………………………… 226
合中师生拒赴"敬老会"活动记述 ……………………………………… 228
合中学生闹打架、闹学潮纪实 …………………………………………… 229
一七七师收复晋南十三县 ………………………………………………… 233
抗战期间我在一七七师基层的活动 ……………………………………… 234
我分管一七七师地下党工作的简单经历 ………………………………… 235
原十七路军一七七师在合阳驻防及合阳的抗日救亡运动回忆 ………… 237
抗战初期我党在一七七师辎重营的活动 ………………………………… 239
关于驻合四十五兵站医院情况 …………………………………………… 242
魏志鹏回忆在合阳的经历 ………………………………………………… 242
夏阳渡抗战回忆 …………………………………………………………… 246
南顺村的百姓记忆 ………………………………………………………… 255

惊动军内的一件事 256
抗战中的支差经历 256
难忘的记忆 257
难以忘怀的经历 259
一位抗战老兵的亲历回忆 261
日本人炮轰了我家 262
1970年姑妈所写的一份材料 263
《抗日三字经》现身合阳 264
抗日民俗的田野调查与研究 265

人物篇 270

苏资琛传略 270
我在合阳协助苏资琛开展军事训练活动 274
我跟随苏资琛工作的情况 275
苏资琛在合阳的抗日事迹 276
抗日先锋 功留合阳——合阳县县长苏资琛 280
我所认识的贺三多 283
合阳县委第一任书记贺三多 284
抗日先锋雷振华 285
抗战英雄雷振华 287
管建勋传略 290
中共合阳支部书记党梦笔 291
我们的好校长——缅怀党梦笔先生 292
回忆我在合中上学时的几位老师 294
抗战时期何养民在莘村学校的活动情况 297
抗日反蒋学生头 除暴安良司法官——缅怀姚右学光辉的一生 298
姚右学同志传略 302
薛顺夏传略 303
中共合阳特别支部书记孙蔚如 304
许权中在合阳 304
良师益友宋绮云 305
投笔从戎 远征印度 抗日救国——一个抗日远征军老人的自述 308
原三十八军十七师的一名列兵 309
忆我党的忠实朋友王文卿先生 311
回忆我的丈夫李锋彦 313

纪念祖父马映旭 ... 315
回忆我的父亲 ... 316
印光大师号召全国佛教徒抗日救国 ... 317
抗战时期合阳"鸡毛信"的送信者 ... 318
我击落了三架日寇敌机 ... 319
回忆陶峙岳军长在合阳贺硪村的几个片段 ... 320
怀念我的父亲 ... 322

第七部分　铭记历史　缅怀先烈

2015年合阳县纪念抗战胜利70周年活动安排 ... 327
关于征集纪念抗日战争胜利70周年档案史料的公告 ... 328
合阳县档案局举办抗战史料巡展 ... 328
合阳县政协举办抗战史专题协商议政座谈会 ... 332
合阳县纪念抗战胜利70周年媒体报道宣传 ... 334
合阳县档案局举办《合阳抗战史料展》 ... 335
《陕西·合阳抗日战争史料展览》在基层巡展 ... 336
县政协召开纪念抗战胜利70周年抗战史座谈会 ... 337
合阳县纪念抗战胜利70周年书画作品在港展出受关注 ... 338
合阳县召开各界人士纪念抗战胜利70周年座谈会 ... 338
合阳中学举行纪念抗战胜利70周年主题升旗仪式 ... 339
合阳一直是陕西黄河抗日防线的中心 ... 339
合阳县粮食局组织集中观看纪念抗战胜利70周年大会实况转播 ... 340
合阳县工商联登门慰问抗战老兵 ... 341
合阳七成男儿上战场 ... 341
合阳抗日战争时期大事记 ... 343

后　记 ... 349

概 述

1937年7月7日卢沟桥事变后，中国革命进入了全面抗日战争时期。

合阳古为有莘国，春秋战国时期属魏国西河之地。地处陕西东部，北倚梁山，南望华岳，东临黄河，与山西相望。黄河岸边分布有交通咽喉之夏阳渡、榆林渡、岔峪渡、廉庄渡、东雷渡等渡口，自古就是兵家必争之地。1937年11月日寇侵占太原后，企图从山西吴王渡攻入合阳夏阳渡，撕开陕西黄河防卫的裂口。此时的合阳，自然成为陕西沿河各县抗战的中心。在日寇进攻的严重关头，中共陕西省委坚定地站在抗战前列，立即委派省委联络员吕剑人来合阳，加强党对沿河抗战工作的领导，推动沿河各县的抗战救亡。在民族危亡的紧急关头，中国共产党在合阳的组织认真贯彻中共中央关于抗日救国的方针政策，积极投入反对日本帝国主义侵略的斗争。

1937年8月22日，中国共产党发表了《抗日救国十大纲领》。8月25日，中共中央军委命令中国工农红军改编为国民革命军第八路军。9月，八路军在朱德率领下，先后途经合阳东渡黄河，奔赴山西前线抗日。9月14日，朱德总指挥在合阳县政府大堂向欢迎群众讲话，宣传党的《抗日救国十大纲领》精神。随军剧团、宣传队沿途开展抗日救亡宣传活动。1937年11月，杨虎城部队一七七师驻防合阳，师长李兴中是抗日爱国将领，总参谋长许权中、参谋长梁步六系共产党员。1937年底，共产党员吕剑人到该师搞军运工作。随后，吕剑人、梁步六恢复了管建勋的组织关系，成立了中共澄合临时区委，由管建勋负责。1938年1月，进步人士苏资琛任合阳县县长。随后，中共陕西省委派出贺三多、王俊等一批共产党员到合阳开展抗日救亡活动。中共地下党组织以合阳县县长苏资琛和一七七师的名义，组织全县民众开展了轰轰烈烈的抗日救亡活动。8月，合阳抗日形势发生变化，投降势力活动猖獗。一些反动豪绅控告进步县长苏资琛。国民党陕西省党部派员来合阳调查，罗织罪名，栽赃陷害，苏资琛于10月被迫离任。年底，

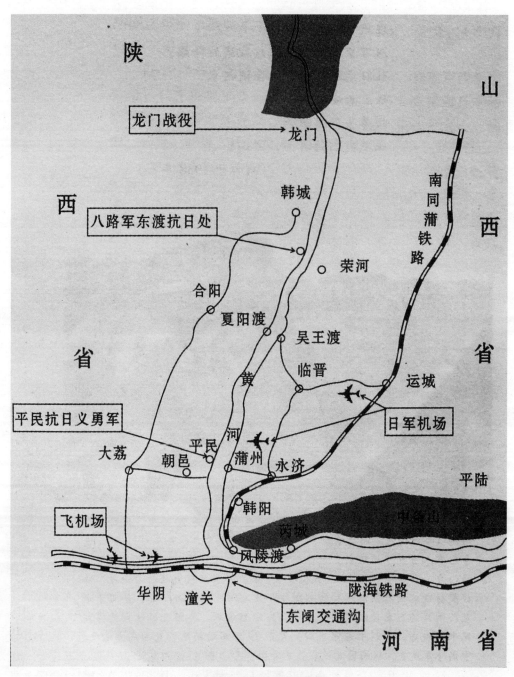

抗战时期黄河防卫示意图

共产党的活动中心大众书店被县警察局查封。合阳抗日形势急剧逆转。1939年1月下旬，省委派王力来合阳传达了"隐蔽精干"的精神后，省委分批把合阳的骨干调回边区，地方上留下的同志也以合法身份隐蔽下来。

1938年冬，洛川特委派吉文超到皇甫庄一带发展党的组织。1940年11月，孟树林接替吉文超工作。由于皇甫庄地处偏僻山区，在隐蔽时期党组织有一定的发展，截至1945年8月，发展党员60余人。

1938年4月，在合阳县城举行了声势浩大的台儿庄会战祝捷大会，搞了两次检阅，每次检阅有1万多人。经4、5两个月的发展，合阳党员扩大到100多人。1938年4月，中共沿河特委在合阳县城内大众书店成立，书记王俊。1938年5月，由沿河特委书记王俊主持，在东官城小学开会，成立了中共合阳县委，贺三多任县委书记。7月，韩城县委将合阳县东北地区的支部交合阳县委领导。合阳县委成立后，大力发展和健全党的基层组织，使党组织得以迅速恢复和发展。

抗日战争时期，合阳县党组织认真贯彻执行党中央的各项方针政策，采取"有理、有利、有节"的原则，发展和巩固党的组织，建立抗日民族统一战线，团结一切可以团结的力量，为夺取抗战胜利做出了重大贡献。

1937年卢沟桥事变发生后，中共中央发出《为日军进攻卢沟桥通电》。电文疾呼：全中国的同胞们"只有全民族实行抗战，才是我们的出路！""全国人民，用全力援助神圣的抗日自卫战！"在党的号召下，合阳民众同仇敌忾，走上街头，宣传抗日救亡，掀起了抗日的高潮。爱国民主人士纷纷拿起手中的笔奋笔疾书，控诉日寇的暴行，号召民众团结起来共同抗战。期间留下了许多令人振奋的壮丽诗篇。在搜集整理中，我们发现了大量散存在民间的抗战歌谣、抗战花花，还有抗战歌曲。《中华民族革命歌》和《抗日三字经》分别是著名爱国人士王向辰、李敷仁创作的回忆抗战历史，表彰抗战英雄，号召人们奋勇抗战、保家卫国的歌谣，均属珍贵史料。《合阳简报》记录了合阳抗战的重要信息。合阳绅士行知省先生翻印《抗日三字经》并向广大民众散发，他所写的《敌机轰炸合阳记》，以慷慨激昂、朴实无华的语言描述了敌机轰炸合阳的史实，控诉了日本帝国主义在合阳犯下的滔天罪行，号召民众积极抗日，保家卫国。合阳中学师生在听到平型关大捷的消息后，立即向全县民众发布了《祝贺平型关大捷》的新闻，激励民众团结一致，共同抗战。

抗战时期，合阳大地歌声嘹亮，文艺演出接连不断，成为激发人们抗战热情的战斗号角。据亲历者回忆，那时的学校经常组织学生下乡宣传抗战，每到一处，都要大唱抗日歌曲，演出抗战节目，鼓励人们与日寇血战到底。合阳中学的《八百壮士》和东街小学的《马百计》独幕剧精彩引人。来合阳的各种演剧队、歌咏队和宣传队，以各种形式宣传抗日民族统一战线，揭露日寇的暴行。八路军战斗剧社的独幕话剧《亡国恨》和《放下你的鞭子》，给学生教唱的《保卫陕西》，给人们留下了深刻的印象。抗战文艺在宣传群众、教育群众方面发挥了巨大作用，正如毛主席所说的："一首抗日歌曲抵得上两个师的兵力。"1938年秋季，县民教馆馆长党梦笔与五十三师联合组织了"铁血宣传队"（后易名"怒吼社"），经常演出抗战剧目《血战永济》《长江会战》《民族魂》《湘北大捷》等，鼓励人们奋起抗战。

与晋南隔黄河相望的合阳，是日军企图进军陕西的突破口。日寇飞机对合阳县城进行了10余次轰炸，先后炸死79人、伤28人，毁房百余间，人民的生命财产遭受了严重损失。日军还不断地隔河炮轰黄河沿岸各村，炸死炸伤沿岸群众数十人，老百姓的生产生活遭受日军的侵扰。为防止敌机轰炸，合阳县城设立了防空监视站和城防委员会，悬挂大钟报警。县城和周边群众一大早就拿着干粮，跑进城外壕沟躲避。在采访调查中，亲历者回忆了敌机轰炸时的情景，王敏侠和刘竞之的日记中记载了当时老百姓的难忘经历和恐惧心理，再现了日寇的暴行。在黄河东岸的抗日将士，前赴后继，英勇献身，其中一大批抗日英烈长眠于合阳大地，日寇的血债更坚定了合阳人民抗战复仇的坚强意志。

太原失陷后，陕西屡遭日本炮击，河防吃紧，沿河各县成为国防前线。为了阻止日军越过黄河进入陕西，从1937年11月开始，国民党军队先后有八个师、两个军的司令部、两支炮兵部队驻防合阳，以加强河防，进击日寇。国民党陕西省政府主席、三十八军军长孙蔚如将军力主坚守黄河，组建抗战组织，阻敌西犯。1939年1月5日，驻合阳的陆军五十三师印刷军民信守规章，其中记录了五十三师到合阳的时间、抗战决心及军队纪律等重要信息。雷家洼村北一六七师阵亡将士坟园遗址、一六七师阵亡将士纪念碑、敬老会记录中五十三师公坟记载、五十三师阵亡将士纪念碑名录都记载了国民党官兵抗战的信息。1938年6月，国民党一七七师开赴山西前线抗日。据档案资料记载，在晋南抗日战场上，大量的伤兵源源不断地被送至合阳第四十五兵站医院治疗，数千名抗日英烈魂归合阳大地。

合阳在抗战中的重要性，主要表现在古今军事关隘夏阳渡。夏阳渡与南部的风陵渡、北部的禹门渡，并称秦晋黄河段三大渡口。而中部的夏阳渡，对南北两地有更重要的影响。因其特殊的区位，日军曾不惜代价多次投入大量兵力，强攻夏阳渡对面的吴王渡，企图进而攻占合阳，进军陕西。据史料记载，1938年5月，日寇以两个团的兵力进攻吴王渡守军，双方投入约6000兵力激战。8月，日军又以2000兵力攻打吴王渡，守军顽强反击。为了加强夏阳渡的防卫，在合阳黄河沿岸，国民党军队强兵集结，工事密集，部队出击，民众支前，演绎出黄河守卫的壮烈场景。

抗战老兵是国民党在抗日前线的重要力量，他们曾经离别故土，告别亲人，南征北战，为抗战做出了卓越贡献。在调查中，我们先后走访了解到现在还健在的国民党抗战老兵有20位，他们的讲述、回忆，时而满怀激情，时而慷慨激昂，把我们带进了那个难以忘记的战争岁月，其爱国之情，英勇之举，令人振奋，令人敬佩。所有这些在抗日战争中抛头颅、洒热血，创造历史伟业的英雄们，其功业与天地长存！

14年抗战，时称"小苏区"的合阳人民踊跃支前，军民协作，积极参加抗日救亡运动，保卫黄河，保卫陕西，谱写了黄河抗战的悲壮史诗。中共陕西省委派联络员吕剑人来合阳，加强对沿河各县抗战工作的领导。1938年2月，在合阳中学举办了沿河各县中学生军事训练班。随后，成立了学生抗日联合会、沿河动员委员会、沿河动员委员会妇女工作团、中华民族解放先锋队合阳地方区队、合阳抗日民众自卫大队、合阳教师抗日救国联合会等抗日群众组织。合阳抗日民众自卫大队有20000余人，积极开展抗日救亡运动。

14年抗战，合阳大地谱写了铁血征战的感人场面，一大批阵亡将士魂归合阳大地。以雷振华为代表的合阳抗战名人，驰骋疆场，名垂青史。调查发现，现存资料中所记载的合阳籍抗战阵亡烈士仅仅是其中极少的一部分，有相当多的抗日阵亡士兵连姓名也被沉埋在历史的烟尘之中。

14年抗战，合阳民众踊跃支前，参军参战，修筑工事，送粮捐物，为抗日战争做出了重要贡献。据统计，合阳为抗日前线征补兵员24488人，征用支前民夫48.8万人次，车辆88000辆次，支差价款5500多万元，各类募捐和优抚款1.2亿元，合阳的各项支前工作位于陕西前列。

翻开抗战的历史，往事历历，那沉重的记忆，难以挥去。曾记得70多年前，当日寇的铁蹄践踏中华大地，抗战的烽火燃烧到家门口之时，无数的古莘儿女义愤填膺，壮怀激烈，他们毅然决然地告别亲人，离开家乡，走向那血与火的战场，与侵略者进行殊死的战斗。是黄河母亲哺育出他们博大的胸怀，是巍巍梁山铸就他们铮铮的铁骨。在艰苦卓绝的中条山抗战中，他们充分展现了陕西楞娃宁死不屈的精神；在黄河西岸的河防前线，有他们伟岸的身影、警惕的眼睛；在滇缅公路运输抗战物资的车队里，可以看见他们冒着敌机扫射驾车疾驶的雄姿；在远征军中，有来自合阳的投笔从戎的热血青年……他们是合阳的优秀儿女，他们用鲜血浇灌了胜利与自由之花，他们中的许多人埋骨他乡，许多人为国捐躯却连姓名也没有留下。有幸回到家乡的人经过很长一段时间，再次揭开被尘封的历史，回忆那段难忘的记忆，让更多的人重新点燃爱国热情，激发复兴中华的梦想。

抗日战争史是中华民族不甘屈服、浴血奋战、团结一致、共抵外辱的血泪史，合阳抗战史是中华民族抗战史的重要组成部分，缅怀抗战先烈，铭记抗战历史，传承抗战精神，是历史赋予合阳人民的责任。在中共合阳县委的正确领导下，在纪念抗日战争胜利70周年之际，全县人民组织开展了多种形式的纪念活动，旨在铭记历史，缅怀先烈，传承先辈们爱家爱国、勇于抗战、不屈不挠的伟大精神，在党的领导下，努力工作，开拓创新，为建设富裕和谐美丽的新合阳做出更大的贡献。

第一部分

沿河抗战　严防死守

抗日战争时期的中共渭南党组织

（一）抗战初期的中共党组织

1936年12月，中共陕西省委恢复成立。之后，迅即派巡视员到陕东等地传达党的抗日民族统一战线政策，恢复整顿党的组织。为加强对这一地区工作的领导，省委决定以工作基础较好的县为中心，将陕东划分为渭华区、蒲白区和韩合区。

在韩合区，1937年5月，省委派巡视员赵伯平到韩城重新组建了韩城县委，孙昶任书记。1938年初，澄城、合阳、朝邑等县党的组织相继恢复。省委为加强对沿河地区的韩城、合阳、澄城、朝邑等县党组织的领导，于1938年4月成立了中共沿河特委（后改为地委），王俊任书记。在特委指导下，当年5月相继成立了中共澄城县委，刘振邦任书记；中共合阳县委，贺三多任书记。9月，成立了中共朝邑县委，王博任书记。1939年9月，省委撤销沿河地委，其所辖县委改属省委领导。

1938年冬，中共洛川特委在澄城、合阳、韩城等县北部沿山地区开展工作，至1940年建立了党的两个区委。

（二）抗战初期党组织的主要活动

1938年春，日军向晋西北发动进攻，同时占领晋南的风陵渡，隔黄河与潼关相峙，火炮日夜轰击，形势非常危急。地处黄河西岸的韩城、合阳、平民、朝邑、潼关等县成为抗日前线。陕东地区各级党组织遵照陕西省委指示，采取多种方式开展活动，积极动员和组织人民群众全力以赴，投身抗日斗争，为保卫河防、保卫陕西做出了贡献。

这一时期党组织的主要活动是：

培训党员和抗日救亡运动的骨干力量。中共陕西省委、沿河地委选派得力干部担任训练员，到各地举办党员或党支部书记轮流训练班，以提高党员和党的干部的思想觉悟、理论水平和实际工作能力。陕东各地党组织先后选派百余名主要负责干部，参加省委和中央举办的各种训练班；动员两三千名党员和进步青年去延安或安吴青训班学习。1938年春，驻沿河地区的国民党一七七师内的党组织通过统战关系，举办了沿河各县中学军事训练班，200多名学生参加了学习。训练班结束时，设立了沿河学生军训队同学联络处，继续做促进抗日救亡运动的工作。

宣传动员民众。1937年秋，陕东各地党组织指派联络各阶层爱国人士，先后开办了10多个书报社或书店，发行进步报纸和革命书刊。同时，渭南、蒲城、合阳、朝邑等地党组织还掌握了民教馆、教育会等宣传舆论阵地，并组织抗日剧团巡回演出，广泛开展抗日宣传活动。

支持抗日县长的工作。1937年冬，日军攻陷太原，继而侵占晋南。1938年春，日军以重炮轰炸南黄河西岸，派飞机进入西北地区上空轰炸袭扰，陕西乃至整个大西北危在旦夕。陕西省政府主席、国民党爱国将领孙蔚如审时度势，急派由原十七路军主力缩编的三十八军一七七师开赴河防前线中心地带的合阳县驻防，阻击日军西犯。又亲自物色保荐一批坚决抗日的人士到陕东及沿河各县担任县长，以动员民众，配合军队抗击日军。1937年冬到1938年初，张锋伯、崔孟博、吕向晨、苏资琛、张法杰、续俭等接受委派，分别到陕东的临潼、渭南、华县、合阳、朝邑、平民等县担任县长。合阳县县长苏资琛与中共沿河特委合作，以县政府名义举办各种训练班，培训出了一大批抗日骨干；并组织战时工作团、抗日宣传队、救国会、慰问队、募捐队、老人指导队、儿童队、妇女训练队等10多个群众抗日救亡团体；先后捕获汉奸、敌探数人。朝邑、合阳、平民等县群众还多次给黄河东岸抗日官兵送饭送菜，主动承担侦察、联络、通信等任务，有的驾起木船，在夜间将抗日部队侦察人员送到敌后搞侦察。1939年1月国民党五届五中全会前后，陕西当局撤换了苏资琛、崔孟博、吕向晨等人，派出大批特务和反动分子到陕东进行反共活动，严重阻碍和破坏了正在兴起的抗日救亡运动。

组织抗日武装，积极准备开展游击战争。在沿河党组织的大力倡导和国民党一七七师的配合下，合阳县成立了抗日民众自卫队总指挥，领导全县两万余名自卫队员抗日。

（三）隐蔽精干时期的党组织

1938年10月日军占领广州、武汉以后，抗日战争逐渐进入战略相持阶段。在日本诱降和英美劝降下，1939年1月，国民党五届五中全会决定了"溶共""防共""限共""反共"的反动方针，随后制定了一系列反共的具体办法，大造反共舆论，强化国民党统治区的特务统治，捕杀共产党人和抗日民主人士，连续制造流血事件。1940年初，由蒋介石的侄子蒋坚忍任指挥官的商同区动员指挥部进驻韩城县，加紧进行反共部署。在这种形势下，渭南地区的国民党顽固派反共气焰嚣张，各乡成立了反动的社训队，各乡、保派驻了指导员，实行连坐法，猖狂地搜捕、迫害共产党人和革命人士，渭南、华县、合阳、蒲城、韩城、白水等地100多名共产党员被捕。

1940年5月8日，中共中央发出《关于大后方党组织工作的指示》，强调国民党统治区的党组织要隐蔽精干，实行长期埋伏、积蓄力量、以待时机的方针。8月18日，中共中央又做出《关于陕西工作的决定》，指示陕西省委"必须严格执行党的隐蔽精干政策"，"以达长期埋伏与积蓄力量之目的"。陕西省委和渭南党组织坚决执行中央的指示，采取一系列措施，将合阳、澄城、朝邑、富平、华阴、渭南等县(工)委主要领导成员和已暴露身份的党员先调离；党员一般都有合法职业作掩护，有的打入国民党的党务、行政、教育等部门，做到"内红外灰"或"内红外白"，从而使党的活动基本上"公开化、合法化、社会化"，使党组织处于更加隐蔽的状态（当时称作睡眠状态）。各地党组织认真执行中央隐蔽精干的方针，保存了大量骨干力量，为后来革命高潮的到来在组织上、干部上做好了准备。

（四）隐蔽精干时期党组织的主要活动

一是训练党员，清洗动摇分子，纯洁和巩固党的组织。

二是贯彻统一战线政策，争取中间势力，发展进步势力。

各地党组织要求转入隐蔽状态的党员，要争取打入国民党各级党政组织中，以公开职业作掩护；要广交朋友，"见人说人话，见鬼说鬼话，要把人当天，谨防鬼捣鬼"。韩城、合阳、蒲城、富平、华阴等县都有大批党员利用社会关系，打入国民党县党部、县政府、参议会、文化教育机关和地方武装，有的担任了重要职务，不少乡保政权和地方武装为党员所掌握。

三是打击国民党反动势力。

四是领导学潮，反对专制，争取民主。

抗日战争时期是渭南党组织曲折发展、逐步成熟的时期。各地党组织不畏艰难险阻，不惜流血牺牲，同国民党死顽固派进行坚决斗争，先后有213名共产党员和革命志士献出宝贵的生命，为争取抗日战争的胜利做出了应有贡献。

风起云涌的渭南抗日救亡运动

（一）西安事变和卢沟桥事变后的抗日救亡宣传活动

1936年12月，西安事变和平解决，为结束内战、一致抗日创造了条件，渭南各地的抗日救亡运动随之掀起高潮。各县学生和旅外返乡学生一马当先，纷纷组织宣传队，深入农村，向群众开展宣传活动，成为抗日救亡运动的急先锋。

1937年7月7日卢沟桥事变爆发，全国人民掀起空前规模的抗日救亡怒潮，中国革命进入了全面抗日战争时期。在中华民族面临亡国危险的生死关头，渭南各地人民和青年学生义愤填膺，同仇敌忾，以更大的热情投身抗日救亡运动。当年寒假，渭南各县旅省学生响应西安学生抗敌后援会的号召，组织寒假抗战救亡工作团，分头回到各县，以召集抗敌大会、农民大会、讲演会、座谈会，散发张贴标语传单、漫画和街头演出等形式，向群众宣传抗战形势和党的抗日民族统一战线政策，揭露日军侵华暴行，激发人们的抗战热情，动员人民参加抗战。学生还开展抗日募捐和慰问抗日将士活动。

1938年春，日军进逼潼关，炮击陕西河防阵地，陕西即将成为前线和战区。中共陕西省委号召全陕军民奋起保卫陕西，号召青年学生武装起来参加抗战。青年学生率先响应党的号召，西安学生分会和平津同学会、省妇女慰劳会、东北救亡总会等以及国民党领导的西北青年抗敌协会共同组织沿河慰劳团，到陕东沿黄河一带各县慰问驻军和开展宣传工作，先后慰问了驻华阴县的樊松甫部，驻潼关县的二十八师董钊部，驻大荔县的新八军黄杰部，驻朝邑县的警备二旅孔从洲部，驻合阳县的李兴中一七七师，以及由山西抗日前线运回来的伤员和部队。同时，陕西省委十分重视用工作团形式宣传和发动群众，再次要求西安学生组织战时工作团到东府各县动员武装群众，省委书记贾拓夫特地在省委党内刊物《西北》上撰写《学生战时工作团应该怎样工作》一文指导这一活动，西安学生分会和西安学生抗敌后援会、民先队等学生抗日团体冲破国民党陕西省党部的干扰和阻挠，先后组织有500余人参加的19个战时工作团，奔赴临近战区的华阴、潼关、合阳、朝邑、华县、大荔、韩城、富平、渭南、高陵、临潼等县开展工作，时间长达一个多月。在此影响带动下，蒲城中学、韩城中学、合阳中学、华县咸林中学、赤水农校等学校先后组织战时农村工作团，深入农村，开展抗日宣传活动。

随着抗日救亡宣传活动的深入开展，各地群众抗日热情日益高涨。许多热血青年报名参军，奔赴杀敌战场。在合阳县，1939年3月，首义联第六保农民党玉山自愿送子参军；1940年7月，保聚乡年逾华甲的乔登岳、乔望岳昆仲捐地20亩，支援抗日杀敌，他们都受到省、县当局的嘉奖。渭南各地群众抗日热情之高涨，于此可见一斑。

（二）民先队、青救会等抗日救亡团体的组建及活动

1937年，全民族抗战爆发后，随着抗日救亡运动的高涨，渭南各地不少县成立学生抗日救亡团体中华民族解放先锋队（简称"民先队"）和青年救国联合会（简称"青救会"），在组织领导青年学生开展抗日救亡宣传活动中发挥了骨干作用。

1938年1月，民先合阳区队部成立，由共产党员杨秀峰等负责，发展队员1600多人。通过办剧团、出墙报、讲演等，广泛开展抗日宣传活动，同时在社会上组织募捐，将捐款寄交西安八路军办事处。

就在各地民先队、青救会蓬勃发展，抗日救亡活动有声有色地深入开展的时候，国民党当局却处心积虑地进行破坏，他们拉拢各校官绅子弟和落后学生，成立西北青年抗敌协会（简称"抗协"）、西北青年抗敌先锋团（简称"抗先"）等组织，专门进行捣乱、分裂活动，与共产党员领导的民先队相抗衡。抗协在渭南各地的一些主要学校都有组织，民先队团结大多数学生，对少数反动的抗协分子进行坚决打击。1938年暑期，驻合阳的国民党一七七师移防，县长苏资琛离任，合阳形势逆转，合阳中学抗协势力顿形猖狂。他们以国民党县党部为后台，大量散发以反共、破坏抗战、造谣污蔑八路军为能事的反动刊物《抗战与文化》。合阳中学民先队针锋相对，抗协从县党部领回多少反动刊物，民先队就没收多少反动刊物，散发出去的也尽量追回。后来，县党部改为亲自派人发送，也被民先队抓获没收。民先队与抗协矛盾越来越尖锐，最后发展到在学校大操场开辩论会，民先队员对抗协分子散布的"曲线救国"等反动言论进行无情批判，抗协分子理屈词穷，辩论会以民先队大获全胜而告终。

中共陕西省委为了发展青年统一战线，要求各进步青年团体对抗协等组织，既要进行说理斗争，又要多做统战工作，争取其转变为救亡团体。一些地方遵照省委指示，借对方在学校发展组织之机，选派青年党员、民先队员参加进去，做改造争取工作，此举收到了好的成效。

1938年下半年到1939年，在国民党陕西当局全面实施镇压青年运动的反动政策下，形势渐趋恶化，渭南各县民先、青救等救亡团体相继由公开转入秘密，党组织对暴露身份的民先骨干成员及时进行调离，民先、青救以其他合法形式继续开展活动，从而在国民党的高压下保存了一批青年运动的骨干和进步力量。

（三）沿河地区的抗日救亡活动

1937年11月，日本侵略军攻陷太原，分兵攻下吉县、同蒲，向晋南进攻，陕西东府沿黄河一带形势危急，国民党三十八军一七七师、陕西警备第二旅驻防合阳、朝邑、平民等地，保卫河防。中共陕西省委军委派吕剑人到沿河地区负责一七七师内党的工作，并帮助恢复沿河几个县的党组织。1938年3月，中共沿河特委成立后，

与驻军一七七师、警备二旅、各县当局及各界爱国人士密切合作，广泛动员民众投入保卫陕西、保卫河防的斗争。

《"七七"事变后中共中央和中共陕西省委发出抗日救国号召》

在中共沿河特委的努力和推动下，沿河地区的抗日民族统一战线不断扩大与巩固，抗日救亡运动迅速开展。1938年春，晋南沦陷，日军占领黄河各渡口，炮轰潼关及黄河西岸的平民、朝邑、合阳、韩城等地，出动飞机轰炸陕西关中、东府一带，炸死炸伤群众数百名，炸毁民房数百间。日军随时准备西侵，关中及陕西危在旦夕，以合阳为中心的沿黄河各县成为陕西的抗日前哨。陕西省主席孙蔚如派抗日志士苏资琛、张法杰、续俭等出任合阳、朝邑、平民等县县长，动员、组织民众配合军队保卫河防。中共陕西省委通知西安学委以陕西各抗日救亡团体名义组织20多个工作团到东府各地宣传抗日，发动群众。沿河地区党组织与驻军一七七师、警备二旅及沿河各县政府、各阶层爱国人士等组成广泛的抗日民族统一战线，有力地推动了抗日救亡运动和保卫河防的斗争。1938年3月，在沿河党组织负责人王俊等的倡导和合阳县县长苏资琛的参与下，驻军一七七师在合阳中学举办沿河七县（合阳、韩城、澄城、大荔、朝邑、平民、黄龙）学生军事集训队（有部分教员参加），一七七师参谋宋敬任教育长，一批热心抗日的下级军官负责军事训练，政治教育和具体组织工作则由陕西省委派往合阳工作的党员王文元、罗明、赵惠民、张志超、伍仲秋、白云峰等负责。参加集训的共200余人，训练20多天，促进了沿河七县学生抗日救亡工作的开展，加强了相互间的联系。训练结束时，在合阳中学设立沿河学生军训队同学联络处，由韩城县委青年部部长白云峰负责。在抗日民族统一战线旗帜下，沿河各县普遍成立战时动员会、抗敌后援会、小学教师联合会、学生联合会以及民先队、青救会等一批群众抗日救亡组织和团体，动员成千上万的群众挖堑壕、修工事，协助驻军守卫河防。

1938年4月，中共沿河特委为纠正党内出现的自高自大、消极悲观等错误倾向，以进一步扩大、巩固抗日民族统一战线，继续推动沿河地区抗日救亡运动，召开扩大会议，对抗日救亡工作做出一些重要决议。一是协调驻军一七七师与合阳县政府的关系。一七七师师长李兴中是积极抗战的爱国将领，参谋长许权中是参加过渭华起义的共产党员，参谋梁步六等一批共产党员都是开展抗日救亡工作的骨干力量；合阳县县长苏资琛也是热心抗日的县长。驻军与当地政府在抗日的大方向上是一致的，但在具体的救亡工作中也有步调不一致的情况。党组织积极做工作，使双方消除了隔膜，融洽了关系，进一步加强了抗战力量。二是打击敌特的造谣破坏活动。各地党组织和党员根据特委指示，发动群众，揭露敌探、内奸和一些顽固分子的造谣破坏阴谋，捕获汉奸数名，枪毙两名，打击了顽固势力，教育了群众。三是加强对妇女救亡工作的领导。特委派王丽、伍仲秋等女党员组织发动上层妇女，成立沿河七县动员委员会妇女工作团，一七七师师长李兴中的女儿为负责人，在王庄举办妇女训练班，派管建勋等负责妇女救亡工作。当年6月，妇女工作团部分成员随一七七师开赴山西抗日前线，工作团改称妇女慰劳支会。四是建立和扩大民先队组织，争取公开地位。根据特委决定和部署，1938年上半年沿河一带民先队组织迅猛发展，韩城、合阳在最盛时分别发展到600多人和1600多人，均以农民占多数。在全省也只此二县有农民民先队员。五是派出一批共产党员、民先队员、青救会员和进步青年充实小学教师联合会、学生抗战后援会、妇女会，推动各救亡团体的工作。六是通过各县县政府委派一批共产党员（其中有特委委员苏史青、薛焰等）和民先队员、青救会员担任民众自卫队视察员、联保政治指导员，动员青年参加抗日武装。1938年6月，合阳县抗日民众自卫队发展到2万多人，其中基本为党组织所掌握的有七八个中队、2000多人。部分抗日民众自卫队在共产党员带动下，数次随一七七师渡河作战。韩城县以民先队员为骨干，组建了抗日义勇队。

在沿河地区各县，由共产党员主办的一批书报社、书店积极推销抗日书报，对动员民众参加抗日救亡运动起了推动作用。

1938年秋，一七七师、警备二旅换防，离开沿河地区，几名抗日县长也先后调离。国民党顽固派得势，不断制造磨擦，打击抗日民主力量，破坏抗日民族统一战线，沿河地区的抗日救亡工作受到重大挫折。中共沿河地委根据形势的变化，适时改变斗争策略，将统战工作重点由上层转到中下层，工作扩大到乡、保及地方武装，争取、团结一批爱国人士和进步力量。1939年8月，河防再度吃紧，沿河地委组织人员到黄龙山勘察地形，指示韩城党组织在沿黄龙山一带建立修械所，在韩城、澄城、朝邑等地着手武装党员和群众，准备建立黄龙山抗日根据地，一旦日军过河，就领导人民开展游击战争。

1939年6月，国民党顽固派加紧反共活动，沿河地委除陆续将已暴露的党员、干部调离当地外，并指示各地党组织进行整顿，停止发展组织，活动更加秘密隐蔽，利用统一战线进行合法斗争。至9月沿河地委撤销时，沿河各县党组织及党员已相继转入隐蔽状态。直至抗战胜利，沿河党的组织始终未遭受大的破坏，大部分党员经受了严峻考验，为后来的斗争保存了骨干，积蓄了力量。

(四) 创办进步书报社

抗日战争时期，渭南各地党组织创办了一批书报社，公开发售《新华日报》和一些进步报刊、革命书籍，开展抗日宣传活动。这些书报社同时又是党的秘密联络据点，担负着传送党内文件、掩护往来人员的任务。

合阳大众书店创办于1936年2月。当时合阳、澄城一带党组织遭到严重破坏，许多共产党员因此失掉组织关系，地下党员管建勋也同样为找不到组织而焦虑。在这种情况下，管建勋联系人员集资，在县城开办大众书店，一方面推销书报，宣传抗日救国，一方面寻找党的关系。书店经销的书籍有《列宁选集》和毛泽东《论持久战》等著作，以及邹韬奋、郁达夫、鲁迅、艾思奇等进步作家的著作，报刊有《新华日报》《老百姓报》《解放日报》和《抗战》《群众》等。1937年冬，国民党一七七师中共组织负责人吕剑人、梁步六恢复了管建勋的组织关系。此后，沿河地委和合阳县委经常在书店开会，研究工作，指导沿河地区抗日救亡活动。1939年2月，反动当局查封了大众书店。大众书店为推动抗日救亡运动呼号呐喊，做出了努力。

（五）抗日武装应运而生

1937年11月，当日军进逼风陵渡，陕西危急之时，胡宗南在西安太局宫召开军事会议，阴谋放弃黄河防线，放弃关中，让日军威胁延安。当此陕西和大西北生死存亡的危急关头，中共陕西省委先后发出《为全陕紧急动员保卫陕西通电》和《为保卫陕西宣言》，号召陕西民众武装起来，组织自愿的人民义勇军，为保卫陕西、保卫大西北和全中国，为收复失地而奋斗！陕西省主席孙蔚如在中共抗日民族统一战线政策影响下，积极主张抗日，提出了临黄河地区组织民众抗日武装、开展抗日游击战争的计划，亲自保荐临河地区和关中各县县长人选。临河地区党组织积极支持各县县长工作，与他们密切配合，深入发动群众，组建抗日武装，加紧训练，随时准备迎击日本侵略军。

在各地民众抗日武装中，以合阳抗日民众自卫大队、平民抗日游击队、富平抗日义勇军为著名。

1938年3月，在国民党一七七师的支持和协助下，合阳县成立抗日民众自卫大队，县长苏资琛亲任总指挥，一七七师参谋、共产党员梁步六任副总指挥。全县23个联保都成立了民众自卫队，指导员大都由共产党员担任。全县共有队员2万余人，曾在县城举行过检阅，声势浩大，振奋人心。陕西省主席孙蔚如、一七七师参谋长许权中曾参加检阅。经过驻军派人进行训练，民众自卫大队军政素质大大提高，队员们纷纷要求上前线杀敌立功。至当年6月，民众自卫大队部分队员先后四次随一七七师渡过黄河，在山西荣河县、稷山县等地与日军展开游击战。第一次毙敌数名，缴获小汽车1辆、战马3匹。第二次在荣河以南周村附近与敌遭遇，激战一下午，毙、伤日军数名。第三次是攻打荣河县城，二尹联自卫中队敬二虎、雷保儿、夏元成壮烈牺牲。第四次是配合军队攻打永济。4月30日，合阳县各界举行追悼烈士大会，会场上悬挂着各机关、团体所送挽联，县抗敌后援会的挽联写道："热心救国，堪与先烈媲美；奋勇杀敌，真是民众前锋。"县长苏资琛主持大会并致悼词，他赞扬烈士的献身精神说："一身虽殒兮，精神永存。薪尽火传兮，种英灵于四万万之士民。"1938年8月，一七七师移防，苏资琛调离，合阳抗日民众自卫大队失去领导，不久自行解散。

八路军抗日出征过渭南

1937年7月7日卢沟桥事变发生后，中共中央即发出国共两党合作、实行全民族团结抗战的呼吁。在全国抗日救亡运动不断高涨和日军步步进逼的情势下，国民党当局不得不接受中国共产党和爱国人士的建议，实行团结抗日，同意将红军主力改编为国民革命军第八路军。8月25日，中共中央军委发布红军改编为国民革命军第八路军的命令，朱德任总指挥，彭德怀

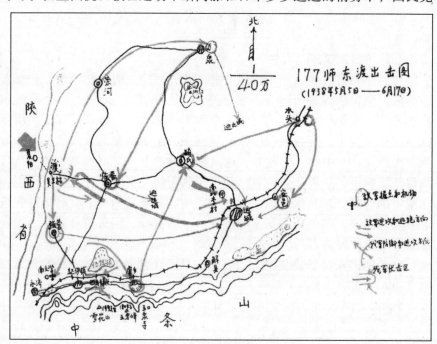

一七七师东渡出击图

任副总指挥，下辖第一一五师、一二〇师、一二九师。遵照中央军委的改编命令，驻泾阳、三原、富平等地的红军于8月至9月初先后完成改编并举行抗日誓师大会，随后即陆续出发，经富平、蒲城、白水、澄城、合阳、韩城等县，最后从韩城芝川镇东渡黄河，奔赴华北抗日前线，在渭南地区的行程共200多公里，前后历时40余天。

（一）模范的行动深远的影响

八路军开赴抗日前线时，正是国民党正面战场告急的时候，国难当头，军情急迫，因而行军速度很快。但是，他们不忘人民军队既是战斗队又是工作队、宣传队的光荣传统，一路行军，一路宣传、教育人民，撒播革命的火种，给渭南人民留下了不可磨灭的印象，产生了意义深远的影响。

八路军高昂的抗日热忱和革命英雄气概，极大地鼓舞了人民群众的斗志，坚定了战胜日本帝国主义的信心。

八路军出师时正值秋季，连绵的阴雨给部队行军带来了很大困难。战士们背着五六十斤重的武器、背包、干粮等，在泥泞的道路上艰难地前进着。有时风雨交加，战士们穿着淋透了的单衣冒雨前进，无一人掉队。行军队伍中，到处可听到宣传鼓动的快板声和高亢的革命歌声。沿途欢迎的群众看到这种情景，无不深受感动。在宿营地，指战员们除开展群众工作外，还抓紧间隙时间学唱抗日歌曲，上文化课，进行政治教育。八路军坚定的革命斗志、豪迈的英雄气概，给群众以极大的感染和力量。

八路军在紧张的行军途中认真执行《三大纪律八项注意》，所到之处，秋毫无犯，临离开宿营地时，都要把屋子、院落打扫干净，把借物一一归还，损坏了东西照价赔偿。部队出发后，还要派出检查组，认真检查执行群众纪律的情况，这一切，给人民群众留下了难以忘怀的印象，人们赞颂八路军是"王者之师"。

八路军严明的纪律和爱护群众的模范行动，使群众真正认识了人民军队的革命本质，看到了中国的前途和希望。

八路军宣传党的抗日民族统一战线政策，动员群众积极投身到抗日斗争中去。部队的文艺宣传也十分活跃，演出队、剧社经常给群众演出抗战新剧和救亡歌曲，鼓舞了群众的抗日热情，坚定了人民抗战必胜的信心。

（二）热情拥戴　大力支援

渭南人民早在大革命和土地革命战争时期就受到了革命的熏陶和锻炼，有着光荣的革命传统，对中国共产党及其领导的人民军队有着深厚的感情。这次八路军肩负拯救民族危亡的重任奔赴抗日前线，沿途无一例外地受到各县各界人士、广大群众以及地方政府的热情慰问和大力支援。

在八路军出发前，国民党陕西省政府通知沿途各县由地方政府负责组织欢迎和支应等事宜。澄城、合阳县政府都组织召开了盛大的欢迎大会，欢迎朱德总司令率部出征。合阳县百辛联六保保长房卫民受县长委托，设立粮秣站，为八路军东渡部队筹粮2万多公斤。

渭南各地党组织也积极参与了欢迎和支援八路军出征的活动。当时有些地方党组织尚未完全恢复，同时八路军不直接与地方党组织发生联系，因而党组织都是通过抗日救国会或以其他方式开展工作，如刷写欢迎标语、组织学校师生慰问部队、请部队派人做报告、动员青年参军等。在部队过境的一个多月里，几百里行军路上，像这样的欢迎活动始终不断。沿途各地不断有群众把鞋袜、水果、食品等送给战士。许多群众主动为部队带路，运送东西。

八路军"开赴抗日前线，从而完成了由国内革命战争向抗日民族战争的转变"，中国人民伟大的抗日战争由此揭开了新的一页。八路军抗日出师路经渭南地区，广泛宣传中国共产党的抗日主张，播撒革命火种，使人民群众更加热爱中国共产党和八路军，鼓舞更多的人投身到伟大的民族解放斗争中去，推动了渭南各地抗日救亡运动的深入开展。

渭南民众支援前线

1937年7月7日，卢沟桥事变发生，中国全国性抗战开始。8月下旬至9月上旬，八路军沿泾阳、富平、蒲城、白水、合阳、澄城、韩城一带东渡抗日。沿途各县青年学生在中共地方组织的领导下，与当地群众一起热烈迎送八路军出征。沿途群众把精心制作的鞋、袜和各种食品送给战士，表达各自的心意。部队经过的村镇街口、道边都摆放了长桌，上面放满了糕点、水果和其他食品，慰劳出征将士。部队经过县城或大的街镇时，各界代表和商会、市民搭起牌楼，张贴标语，敲锣打鼓，鸣放鞭炮，夹道迎送。为了使八路军尽快地奔赴抗日战场杀敌，沿途群众主动给部队当向导。地方政府和各界人士主动为部队解决食宿困难。八路军总部及各师主力，先后由韩城县芝川镇东渡黄河，进入山西。其余各部队亦先后顺利渡河，奔赴华北抗日前线。

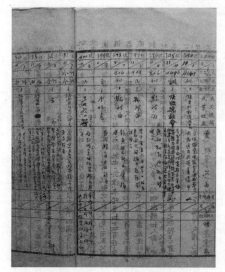

合阳县政府1938年黑池小学下乡征集支前棉衣裤文簿（局部）

1938年春，日寇占领风陵渡，进逼潼关，炮轰陕西河防，陕西即将成为国防前线和战区。中共陕西省委号召军民奋起保卫陕西，号召青年学生武装起来，随时参加战斗。中共沿河地委通过统战关系，以国民党一七七师名义在合阳中学举办了沿河七县学生军训大队。中共党员赵惠民、张志超、王寒秋、王润原、白云峰等一面做集训的组织工作，一面参加学习，各县参加的学生有20余人。同时，合阳县还组建了以青年学生为主体、以共产党员和民先队为骨干的抗日民众自卫队2万多人，准备参战。为了进一步宣传抗日，动员民众，蒲城、华县建立了读书会，渭南建立了识字班，合阳、韩城、澄城、朝邑等县青年团体积极协助中共地方组织创办了"大众书店""曙光报社""七七报社"等，在青年学生中推销《西北》《群众》《解放》等周刊，《老百姓报》《工商报》

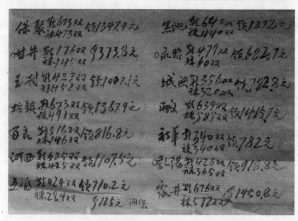

各乡镇支援抗战部队鞋袜登记表（局部）

《新华日报》以及马列、毛泽东著作和进步书籍,进一步鼓舞了民众斗志。

(摘自《渭南史志资料》)

合阳县委成立时的情况

我于1938年1月到合阳县大众书店,和地委接头后,在城内住了一个时期。过了春节后数日,我就到澄城县寺前镇找吴卜亭,在寺前镇、醍醐镇一带联系同志。不久,我回合阳县城,由雷振华介绍,到东官城村当了小学教员。这是我的社会职业。1938年春,我在东官城村介绍韩昌运、韩三昌、杨葫芦、党满盈等10余人入党。后又由他们转介绍我谈过话入党的共有10余人。这时,地委书记王俊和我联系。大约在春季成立合阳县委,成立会就在东官城我所在的学校召开。地委书记王俊也参加了分工,我任书记,刘永端任组织委员,管建勋任宣传委员。当时合阳县情况较好,驻军是杨虎城的部队,县长是苏资琛。在二尹联驻的一个营,营长是党员,和县委有关系。

管建勋以在城内开设大众书店为社会职业,分管城内及附近组织。刘永端分工巡视工作,但因没有社会职业,生活问题无法解决。地委调他离开合阳,组织委员由雷振华继任。

陕西省委第二次扩大会议于1938年8月召开,我参加完省委扩大会议后再未回合阳,以后的书记就是管建勋。

注:此材料摘录自贺三多1969年3月24日和1969年9月16日的回忆资料,标题系编者所加,收入本书时有改动。

作者简介:贺三多,山西临县人,中国共产党早期党员。

八路军出师抗日誓词

日本帝国主义是中华民族的死敌,它要亡我国家,灭我种族,杀害我们父母兄弟,奸淫我们母妻姊妹,烧我们的庄稼房屋,毁我们的耕具牲口。为了民族,为了国家,为了同胞,为了子孙,我们只有抗战到底。我们是工农出身,不侵犯群众一针一线,替民众谋福利,对友军要亲爱,对革命要忠实。如果违反民族利益,愿受革命纪律的制裁、同志的指责。

国民革命军第八路军全体指战员告抗日友军将士书

亲爱的抗日将士们,民族英雄们:

请你们接受我们热烈的敬礼和慰问!你们为了国家,为了民族,不怕辛苦,不怕困难,或在前方牺牲奋斗,或在后方维持治安,与日本强盗和汉奸卖国贼们作了英勇的斗争,真不愧为中华民族的好男儿!

"九一八"以来六年之久,我们为着全民族大团结,一致抗日救国而奋斗。现在,抗日统一战线已经成功,我们奉命改名为国民革命军,开上前方,与你们肩并肩,手牵手,尽保卫祖国的光荣任务,我们心里是非常快乐的。

可是,平津失陷,日寇大举进攻,眼看着牺牲已到最后关头,和平已经完全改变。我们那有心思,那有时间,来互相欢聚呢?!

我们和你们,现在只有一个心思,就是要尽军人保国为民的大责任,把日本强盗赶出中国去,把华北、西北守住,把平津、冀东、察北、东北四省,统统收回来,把四十九年的国耻,算一个清账。

我们和你们,同是黄帝子孙,同是中华军人,同是患难中的朋友。我们的敌人只有一个——日本帝国主义。我们要胜利,要不做亡国奴。只有紧密的团结起来,结成铁的长城,拥护中央政府和蒋委员长领导全国抗日,驱逐日本强盗出中国,消灭汉奸卖国贼,实现民族独立、民权自由、民生幸福的新中国!

民族英雄万岁!

抗日胜利万岁!

中华民国万岁!

国民革命军第八路军　　总指挥　朱　德
副总指挥　彭德怀
率　全体指战员战斗员
中华民国二十六年八月二十

陕西省委给沿河各县的信

在保卫西北、保卫陕西的伟大任务下,立即普遍的开展黄河各县的群众救亡工作,建立党在救亡工作中的领导作用与党的基础,是陕西党目前一件最主要的工作,省委听了剑人同志的报告，经过讨论后，关于东府各县救亡运动与党的工作，有以下的意见：

一、沿黄河各县（即东府）在政治上的特点

1. 无论山西或津浦线的战争，在进一步的发展的情况底下，假使我国在军事上不能给敌人以有力的打击而敌人仍继续前进的话，则沿黄河各县首先要变为西北抗战的最前线，黄河是陕西及西北每个不愿做亡国奴的人们的生命线，敌人将来进攻西北的主要点，将是由同浦、陇海两路会攻潼关或突破潼关以北黄河沿岸的任何一点，以掠取西北，这是敌人进攻西北可能的战略的主要方向，因此东府已成为接近敌人及敌人进攻的首当其冲的地区了。

2. 由于几月来前方抗战的刺激及后方救亡运动的影响，在东府大大的提高了一般群众抗战的情绪，群众帮助军队构筑黄河沿岸防御工事，群众自动的组织后援会、自卫队，

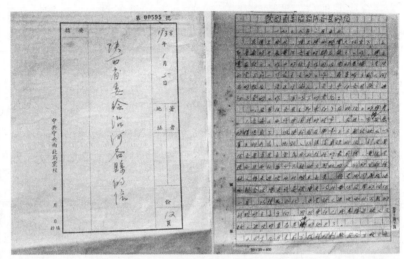

中共陕西省委给沿河各县的信（局部）

捐助鞋袜食物等给后援会，在田地工作的、道路行走的大人小孩都哼着"牺牲已到最后关头！""冒着敌人的炮火前进、前进、前进！进！……"等救亡歌曲，有许多群众向后援会要求去前方杀敌，广大群众抗战杀敌的热情已在激昂的高涨着，现在需要的是很快的把他们组织起来，武装起来，准备迎击敌人新的进攻。

3. 沿河各县即成为救亡工作的重要地区和保卫陕西军事上的要地，同时也成为敌探汉奸，特别是托匪活动的主要方向，在这几县统一战线的团结，群众动员的各项救亡运动中，它们竭力的施行着挑拨离间造谣中伤的卑污伎俩，所以在救亡运动当中，须要时刻机警的去防止，揭露他们的破坏阻碍的狠毒的阴谋，尤其对于托派匪徒的奸细诡谋，应及时的予以揭破和打击。

4. 因为某些地方政府官吏没有合理的处置给群众的负担，而有些地方绅士又借公肥私，随便加款，额外的摊派超过了正当捐款好几倍，致群众负担加重，越是穷的人负担越重，这种负担对于动员群众工作，是发生了相当的妨害，有些地方群众一组织起来，立即提出反对贪污、减轻负担的要求，实在是他们的负担使他们不能生活下去受下去了。对这些问题，必须在抗日高于一切、一切为着抗日、实行合理的负担，严防贪污等原则下，求得适当的解决。

二、救亡运动的缺点和弱点

1. 群众的救亡运动还远落在客观需要的后面，在抗战的第一时期，救亡运动没有积极的表现，国民党还是存在着害怕群众心理，后援会也没有积极的活动和

工作，在韩、合两县要比较好点，这是因党的推动及过去斗争的传统，而澄城、朝邑、同州等县，甚至到今天连救亡刊物还不能公开销售，最近一月多以来，由于学生工作团，沿河七县民众动员委员会的推动，组织群众参加救亡工作，有了不少的进步和收获，但依现在该地的客观形势需要讲，还是十二分的不够。

2. 群众组织还没有取得完全合法的地位。组织起来的有些后援会、自卫队不去向后援会、县党部登记，这都是表示没有正确的执行统一战线的策略，就是组织起来的后援会、自卫队等某些地方的县后援会或党部认为不合法，强迫其解散，这是事前没有向他们请求说明，经过他们的同意指示去进行（如澄县），因为只有取得公开合法的地位，才更便利工作的进行，更能发动起广大的群众参加。

3. 在救亡运动上，左的宗派主义、关门主义倾向还相当严重。工作中表现为不团结右倾分子，认为不积极不勇敢的人都不能参加救亡工作，甚至讥笑在会场中发言错误的群众，以致降低了他们的情绪，对国民党的态度大半还是鄙视不理，不和他们共同领导，撇开他们不管，自己做自己的，没有充实加强后援会的领导，使群众组织离开后援会的领导，这对于巩固和扩大统一战线的团结是有害的。

4. 国民党内部是不一致的。他们各级党政军领袖中间对于救亡运动的意见，存在着很大的分歧和矛盾，但我们没有去帮助他们，适当的解决他们中间的矛盾，没有在团结抗战的原则下，调解他们的意见，有时反认为他们的意见不一致是有利于我们工作的，这是过去旧的观念，现在要不得了。

5. 没有把群众的反贪污的斗争同救亡工作很好的联系起来，在一切为着抗日、一切服从抗日的前提下去解决这种问题。落后的农民意识，只看到本身的利害，不顾到国家大事，固然要不得，应当要依党的正确策略去领导群众，但这样并不是说群众反贪污斗争不要了，我们应正确的领导群众这种斗争，适当的不妨害统一战线的去解决这些斗争，才能发动起组织起广大的农民群众到抗战中来。

三、深入和扩大沿河各县的救亡运动，是目前沿河各地党的中心任务，在这任务下，去进行如下的工作

1. 统一战线是国共两党合作和共同领导的，在抗战过程中，互相发展，互相帮助，绝不是不要国民党，由我们完全独立自主的去作，要推动、说服各县国民党共同领导救亡工作，各种救亡组织应尽量取得合法，经过他们的通过与登记，当然各县的国民党人的表现是不一致的，对那些特别坏的，一方面应从各方面努力设法争取他，一方面在必要时也要以群众的力量，强迫他觉悟，引用国民政府的好的法令，蒋介石的抗战言论同他们谈判（不要拿共产党的面目同人家谈判，是用群众的立场），真实的坚决的执行国共合作的任务。其他没有党派的各阶层的热心抗日的积极分子，应当大量的去团结他们，使统一战线更加巩固与扩大起来！

2. 以后援会、自卫队为基础，组织群众，武装群众，组织各联各保的后援支会，但不是成立起一个空招牌便算完事，应充实其内容，要有经常工作，如支会应在县分会登记，克服不向县分会登记的现象，普遍的大量的组织农民的自卫队。刀、矛、来福枪等都是自卫的武器，当然能够弄到新形式快枪最好，凡是在合格年龄以内的农民，鼓动他们勇敢的参加，准备将来日寇进攻时，能广泛开展游击战争，迎击敌人，并能进行坚壁清野，以围困敌人。其他如运输队、通讯队、救护队等各种组织，也须要广泛的进行。

3. 动员所有的力量去赞助与参加沿河七县民众动委会的工作，动委本身虽有它事实上的困难，但对沿河几县的救亡运动，确实是在设法进行着，如已在合阳组织自卫队、歌咏队、少先队，开办保学教师训练班，集中韩、合、同州各县中等学生，施行军训，在他们的允许赞助下，合阳小学教师已成立小学教职员救国联合会，并已积极筹划成立各县动员分会，这一组织对于群众组织与救亡工作的开展，有很大的便利与推动，参加他们的救亡干部的登记，在农村的同志应帮助他们在农村的活动，沿河各县党应努力帮助动委会，充实其工作内容，使它成为真正有广大群众基础的民众动员的领导机构。

4. 充实和加强合、澄各县的小学教职员联合会的工作，要使每个教师都成为农村救亡工作的推动者与组织者，用小学教师作为开展农村救亡工作的桥梁，抓紧小学教师本身的团结，要他们彻底的坚决的为抗战而服务。同、朝的小学教师应立刻设法使其组织起来，这是十分必要的。

5. 托派匪徒无疑的在东府进行其汉奸活动。现在虽还没有获得很多事实，但在某些救亡工作的问题上，已发现了这种倾向。他在今天的活动是用各种面谱出现的，有时提出很"左"很"革命"的欺骗口号，有时利用国民党的论调，他们是以破坏民族统一战线，破坏国共合作，使中国抗战失败，便利他们的主子——日本法西斯的侵略为目的的。在广大群众中揭破托匪汉奸的论调，打击其汉奸行为，但在反托派斗争中，应当很机警的正确的了解清楚谁是真正的托匪，对于幼稚的左倾的热情人，不能认为托派，不然反会增长了托派声势，中了他们的毒计，对于这些左倾分子，我们应该很好的接近他们，耐烦的去说服他们。

6. 比较起来，东府各县群众的负担是相当的重。这主要的是贪污官吏绅士的鱼肉剥削，群众久处其威权下，不敢动弹。现在一组织起来，立即提出了反对贪污的问题，这在现在是比较普遍的复杂的一件工作，对这一斗争要适当的很好的解决，在斗争中应根据国民政府及军事委员会蒋委员长的电令，提出反对某某人、某某贪污的具体事实，一般的不算旧账，以便争取他们抗日；斗争的方法，采取向政府领导机关控告、请愿等合法方式，把反贪污斗争同救亡运动联系起来，使群众了解反贪污为的是抗日，为的是救亡。合理的负担应说服群众执行，在斗争中，严防汉奸托匪的挑拨破坏言论与行动妨害统一战线的团结与巩固。

7. 民先队已在韩、合、同有了初步的开展。党要加强对民先队的领导，扩大民先队的组织。发展到农村中去，不能始终限制在城市学生中，应争取其公开存在，同西安的民先队应保持组织上的联系。东府各县民先队工作上需要时，不互相发生关系，万一民先队不能公开存在，仍可不用民先队的名义，以团结青年。

8. 动员所有妇女参加救亡工作，在韩、合已有了初步成绩。首先动员知识妇女，给他们短时期的训练，作为妇运的干部，在城市在农村，开办妇女战时的各种训练班，韩城、合阳已在初步开始，应扩大发展下去，妇女运动在农村比较困难艰苦，但不能忽视妇女在抗战中的伟大作用，仍需把这种基础扩大起来。

四、党的工作

1. 党在东府的组织力量还很薄弱，在×县虽有了相当基础，（此处原空10余字，编者注）××××某县，才开始建立党的组织，更需要十二分的力量加强与扩大，因为东府党在保卫陕西的战争中负有重要的艰巨的使命，自己没有力量或力量不足够，如何能去完成自己的历史任务呢？！

2. ××两工委，要负责建立同朝党的组织，具体办法可找求过去旧的关系（但要注意是没有自首变节的，现在还很积极勇敢的分子），同时设法调动干部去作开辟的工作。

3. 对于新建立起来的支部，要加紧支部同志的教育。有很多的同志甚至支部的干部，对于统一战线的策略还不大了解，以为党还是干的过去那一套，对党的认识还很薄弱，不了解新的工作方式和方法，更不知道怎样去运用，要经过小组会、支部会教育这些基本问题，如有可能时工委自己可开办短期的训练班，及派干部来省委训练班受训（另有通知）。

4. 建立保安队保甲队中的工作，以某个部分作基础去参加其工作，准备将来转变为游击队的基本队伍。

5. 加紧抗日游击战争的准备。对党的组织、群众的组织，应制定强有力的中心工作区域，所有的党员都要学习军事知识，军事技能，准备游击战争的干部，准备武器，这在东府党是件迫切的工作。

6. 工作干部主要的应由下层训练提拔，不要依靠上级，当然在需要与可能时，省委是可以派干部帮助沿河各县工作的。

7. 自首分子，一般不能恢复其组织，更不能担负党的工作，真正表现好没有别的问题的，也只能令其参加救亡工作及群众组织，但也不要讥笑嘲弄他们，可保持很好的党外的个别关系，使其对党还存在忠实的信心，要他们在群众救亡工作中去发挥他们的作用，要他们在长期的艰苦群众工作中表现自己。

8. 省委为加强沿河各县工作的领导，决定剑人同志为省委沿河各县巡视员，代表省委就近领导沿河各县工作。

现在我们所想到的以上各问题，向你们提出这些意见，希望你们能根据这些意见，配合当地的实际情形，加以详细的讨论，定出具体的工作计划和布置，使沿河工作有一个新的开展，对于保卫陕西是有非常严重的意义，并希望对我们有经常的工作报告。

顺致

布尔什维克的敬礼！

省委
一九三八年二月五日

二纵政联对敌合阳县长潘禹九起义的报告

第一，潘之履历。潘锡畴字禹九，陕西合阳洽川镇人，现年46岁。其家祖居洽川，祖辈务农，兼营小商，有地四五十亩，房屋廿余间，全家大小共十二口人。家计小康，据党晴梵先生说，潘禹九是一个中农成分。

潘是合阳中学第一届毕业生，少有志气。处事交友异于常人，在合中毕业后，当1923—1924（民国十二、十三年）年间，因其父被土匪绑票，家中花钱甚多，他本人被匪拘留拷打，受了很大的刺激，乃决然从戎，投效王雨亭（合阳人）部，不久任连长，后随王出潼关，被编归杨虎城部四十二师（师长冯钦哉），升任营长。后又升调一六九师（师长郭唐景）任团长，能力较强，称为该师劲旅。一六九旅在抗战时于中条山失事，全覆灭，潘因在洛阳受训（名称不详）未遇难。

1942年（民国三十一年），九十八军调出山西，驻防宝鸡。潘乃升任四十二师副师长，未及三月，因潘非黄埔及军校系统，蒋、胡对杂牌军队不再补充，胡宗南派师长监视及取代杂牌军队，潘本身又不善逢迎上级，是乃弃职归里。

潘归家一年许，在家乡合阳秘密发起组织"中华人民自救团"，准备暴动，杀死合阳县长周鸿，后以主张不合时代趋势，遂告停。

潘弃军职归住家中期间，陕国民政府为拉拢人心，曾给潘以省参议之空头名义。

1947年，宋秀峰（合阳东区宋家庄人）于北平来电，潘到察哈尔省府傅作义那里任区（名不详）保安副司令。

1948年董钊任陕国民政府主席，陕人治陕，潘另欲找出路，乃由察回陕，但无相当差事，得原合中同学杨厚山（陕省出粮处长）的保荐，任韩城县长，暂时安插，待机设法。但韩县府为流亡政府，移驻朝邑两宜，干枯乏味。

荔北战役，潘于两宜镇逃脱未被俘，后改任合阳县长兼第八区保安副司令。

潘曾经杜斌丞介绍加入民主同盟，对国民党怀不满之心，对赵寿山颇有影响，亦曾有过革命之心，但无决心，反复无常，政治上模糊。但为人直爽，不吸不嫖不赌，他与党晴梵之子同过学，故亦识党先生。

我军克韩城时，山西游击队将潘之家庭没收，潘颇不满，嗣后我方将没收之东西退还，潘与别人谈"我过去确对共产党看错了"，表示后悔（我合阳县委书记谈）。

潘在渭北一带及陕中上层人士中颇有威望，且对地方没做过坏事。

第二，潘部起义经过：潘之友阎耀西者，荔北战役被俘，曾给我方写了一些材料，在1948年十月中旬，被释放回西安，行至黑池镇遇潘，将我方情形以告，潘乃留阎不去西安，着其代表到我方接洽：

（1）1948年11月7日，阎耀西由合阳来到我方，其主要目的是：（一）愿与我方订立条件，允许潘在渭南一带组织部队，待机起义；（二）保证日常供给我方情况；（三）其他问题尽量帮助。潘为表示其诚意，着阎带来西药潘尼西林二打，早发夕安两匣，六〇六一百支（我即照价付款）。据阎云："潘为表示诚意，想多组织一部分武力过来觉面子上好看一点，因潘在渭北一带颇有威望，其部属很多，如朝邑起义之杨海臣即其部下。"

（2）1948年11月12日，潘派代表——阎耀西二次来我方，阎说"潘让我见王司令员正式商谈，潘暂不动，即赴第八区设法搞队伍"。阎并说"如果不是诚意，愿以人格担保"。当时向我方提供了些敌情，但当时因我部队行动在即，为了正确的搞清合阳以南九十军部署，王司令员即令阎回合搞明敌情返来，并由联络部派梁忠正（通讯员）化装随阎同往。未料临皋战斗开始，潘又离开合阳，敌情难以切实弄清。我梁忠志两天后返来，阎亦返大荔朝邑去了，此事从此无形中断。

（3）本（1949年）年上（正）月中旬，我获悉潘与阎由西安返朝邑附近，我为了一方面得到一些西安情况，一方面继续进行潘工作，即派我交通去找阎耀西来黑池，但去人到达潘处，潘已准备妥当。据潘自称敌八专团着手改编所有团队，潘已看破无法立足，故决心起义，随与三个大队长协议，内中一大队长王佐章因过去在地方上做了些坏事，唯恐我不谅解，他即私自去了大荔，潘得知后，疑恐泄漏，乃于二十日即向北开，行至中途遇敌123D游击小队组，发生遭遇，结果潘之队伍被打散一部，并被敌将两车武器行李等物劫去（步枪150余支，步弹廿余箱），王佐章之大队，虽然派人去联络领其北开，但至此亦未前来。

第三，如何处理。潘起义人数300余人，因中途遭敌袭击，大部溃散，只带到90余人，除有机枪一挺外，余皆步枪。于上（正）月二十日晚到达我纵（代表阎耀西十九日到）。纵队首长，对潘之起义，首先召开了干部会，研究了对潘之态度，不管他本人带多少人起义，我们基本上都是采取欢迎争取的态度。纵队首长除接见潘外，并请潘会餐，政治部召开了欢迎晚会，由宣传队出演话剧，于二十九日决定全部移交给黄友分区处理。

1949年2月9日

合中师生电贺平型关大捷

一九三七年九月，八路军在山西平型关歼灭日军精锐坂垣师团1000余人，闻之举国欢腾振奋。合中师生在大捷一周年时以学生会和民先队名义发出快邮代电，表示慰问。现将原电文抄录于下：

八路军前敌司令部：

顷闻平型关奏捷，战果辉煌，大挫敌锋，振奋人心。歼敌王牌师团，缴获武器弹药无数，击毙和俘虏敌兵大量，凡有血气者，无不拍手称快。比之所谓国军者，拥兵自卫，不顾人民颠沛流离，迭失名城，敌军未至，即畏之如虎，闻风丧胆，抱头鼠窜，"弃甲曳兵而走"，日蹙国土万里。孰好孰坏，事实昭昭，不辨自明。我辈青年，爱国心虔，恨敌入骨。对我军克敌制胜，深表感戴，谨致电慰问，并望再接再厉，多打胜仗，还我河山为盼。

陕西合中学生会、民先队电启
一九三八年九月

（选自《合阳中学校志》）

陕北公学招生简章

（一）宗旨　本校以实施国防教育培养抗战人才为宗旨
（二）系别　本校暂设下列各系
　　一、社会学系：培养战时服务人员。
　　二、师范专修系：培养战时农村教育工作人员。
　　三、医学系：培养战时医务工作人员。
　　四、国防工程系：培养战时机械技术人员。
　　五、日本研究系：培养对日本间谍有深切研究之人员。
（三）投考资格及名额
甲、资格
普通
　1. 愿为抗战服务者。
　2. 无论男女凡年龄在十六岁以上三十岁以下者均合格。
　3. 身体强健，无不良嗜好者。
乙、各系
　1. 社会学系：以高中毕业或具有同等学历者为合格。
　2. 师范专修第：以初中毕业或具有同等学历者为合格。

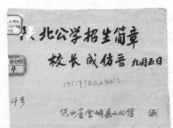

陕北公学招生简章

3. 医学系：以初中毕业或具有同等学历者为合格。
4. 国防工程系：以初中毕业或具有同等学历者为合格。
5. 日本研究系：以初中毕业或具有同等学历者为合格。

丙、名额

1. 社会学系：三百名。
2. 师范专修系：二百名。
3. 医学系：二百名。
4. 国防工程系：二百名。
5. 日本研究系：一百名。

（四）学费

学生一律免缴学费，唯每人每月须交膳费六元，一学期二十四元，一次缴纳。经本校特许者，得分期或免缴费。

书笔文具服铺日常用品自备。

（五）报名

日期：九月十五日起。

地点：凡边区以外地方来者一律在西安或三原报名即在该地考试，边区各地来到延安报名及考试。

手续：拟带毕业证书或其他证明书，如无证书或证明书，经过初步口试得特许学名。

（六）考试日期

西安三原均由报名处决定宣布延安分九月十五日和十月十日两次。

（七）考试科目

普通

一、国语；二、战时常识；三、自然科学常识。

各系

社会学系：历史地理常识、社会科学常识。

医学系：理化、认定一种外国语。

国防工程系：理化、认定一种外国语。

日本研究系：考试科目同社会学系。

（八）开学日期：十月二十日正式开学。

（九）校址：暂设延安。

（十）毕业期间：由半年到两年。

毕业后由本校发给毕业证书并介绍各地参加适当工作。

本简章自九月十五日起实行。

校长　成仿吾
九月五日

（摘自合阳县档案馆《抗战档案》）

合阳工作报告（摘录）

（一）1938年3月19日的报告

一、动员委员会，它利用旧历年关，曾举行了一次扩大宣传周，一般的收获不错，派了那个仅有的受了他们军训的学生到乡村去实际工作，主要是组织自卫队，召开群众大会，作一般的宣传。现在合阳自卫队的组织，已有十几个联保成立起来了。

前次，省后援会因各地社训与自卫队在训练之时起抵触，通令取消和停止自卫队的组织，一概由社训负责办理，但在合阳由动员会和县政府社训负责人商讨结果，不取消自卫队，把自卫队和社训队合并起来做，把自卫队的组织扩大普遍起来，社训人员完全参加自卫队的训练。他们最近会议决定，每联保派政治训练员一人（县政府九人，政训处六人，司令部八人），并由驻军选派下级军事干部，每联保二人，完全负军事训练责任，除普遍的组织自卫队外，附带组织妇女队、儿童队、老人指导会等。要于本月廿二日出发，以四个礼拜为限，这个中间还准备开检阅大会，是否能有完满的成绩，那有待于将来再说。（抄者略）

《合阳工作报告》原件（局部）

二、集中韩、合、同的中学生军训，快要结束了，同时他们已成立了军训学生联合会的组织，参加的当然是受训的二百多学生。（抄者略）联合会执委大半是同志，常委二人是同志，要拿这个组织组成几个工作队去开展朝、同、澄、平几县的学生运动及一般的救亡运动。

（二）1938年4月27日的报告

一、政治上的一些情形

1. 省委早就指出陕西国防前线的沿河各县，为各方面注视的地域，尤其是军事政治上居中心的合阳，更为复杂重要。现在客观情形证明了这个估计是完全正确的。军事要人都到这里视察军事民运，前次有胡宗南，最近的保安处长张昆生，省后援会的工作团因经常的驻在合阳，省后援会兼省政府视察员也来考察，最近西安几个资本家（有某银行纱厂）组织的慰问团来慰劳军队考察救亡工作，这里的军政及各救亡团体也都随时开着欢迎会、座谈会，表示向光顾的人们以谢意，使其源源而来。这也确实兴奋了杀贼的将士与从事救亡工作同志。同样的汉奸敌探在这里也活动的有些厉害，也捕获了几个汉奸，枪毙了两个。在西北区已有打倒红军白军欢迎黑军的标语出现，顽固的封建余孽散布些带迷信性的汉奸谣言，处处阻碍破坏群众救亡工作。

2. 实在的，这里的国民党部什么也不做。在军队与群众力量威逼下，表现出憎恶的屈从，同一些最坏的绅士勾结，包庇被县政府撤掉的联保主任，并保全他的势力，威逼县长加委，有机会便挑拨救亡上层的团结。本来以前开会决定的社训与自卫队合并训练，最近他们看到群众力量起来了，自卫队力量落在了进步的救亡干部手中，负社训责任的社训教官徐××又要组织社训队单独训练。我们还是竭力争取他们同自卫队合并训练。在上层开会谈判商讨，群众也不愿照社训以联保为单位，集中训练的办法，因为这要耽搁人民生产，又要带食粮到联保上去，而训练的人员对民众狠打狠骂，不肯下艰苦的功夫。自卫队以保为单位，时间是早晨，只有两点钟，既不耽搁生产，又在家中吃饭，训练的方法内容也是不同，所以群众是乐意的。

3. 托派在这里的活动，比前更加紧，赵彦青由汉口回来，在这里住了好几天。（抄者略）

二、救亡与群众工作

祝捷大会，很明显的表现出合阳群众工作还不实际，救亡工作还不深入，我党在群众组织中的力量太薄弱，没有核心作用的力量。党的决定还不能如愿的执行，做实际救亡工作的干部显露出不愿去作艰苦深入的工作，工作是虚浮的。组织还不够普遍，已经组织成的群众团体，没有经常的工作，但上层统一战线虽还不是十分的好，只要很好地去运用工作，还是可以的。（抄者略）

A. 民先队地方区队部已成立起来，只在中学成立一个分队，乡间村中的队员还只发生个别关系，有几处已发展有几十甚至几百（三百）队员的地方还没有系统建立起来组织。从组织上去领导，人数还没有确切的统计，本身还不知道有多少队员，乡村队员大多（或者全体）都参加自卫队，对队员的教育更谈不上，没有经常开会，大半连队员须知也看不到，教育的材料是缺乏的。

B. 自卫队的组织已经普遍起来，经常训练着，各联保都已健全，中队长以下的干部都是经过群众选举出来的，每联保以七八百人计算，全县可有二万，人数及枪支到今天还没有确切的统计，一般队员抗战情绪照常高涨，有很多很多要求过山西去，在东北区某联一个中队长（后补党员）带了五六十支枪随一七七师出发山西打游击，但对这一事情预先并不知道，没有设法加强其领导，因为他们走的很仓促，没有见面，其他关于自卫队情形前曾报告过。至于妇女工作，前已报告过，最近无多大变化。

C. 对于救亡工作的决定：

①调解上层关系，尤其是师部同县府的关系，使在救亡工作上一致，在实际的

工作上去揭露托派的分裂阴谋、破坏作用。贴标语撒宣言的方法少采取（因十一日大会已经引起磨擦，更给托匪以利用挑拨的机会借口），利用现有的上层关系，切实做下层实际工作，建立群众中的基础。

②争取民先公开地位，仍须以环境临时确定。

③充实小教联合会、妇女会。

④转变救亡工作方式，克服"左"的幼稚的作风。在每个干部在态度语言及私人生活方面，应使适合具体环境。（抄者略）

⑤充实学生后援会，转变学生的暮气现象，推动落后的学生，使每个人都参加到救亡工作中去。

⑥经过指导员自卫队、充实各联保里的后援会，使其有工作有内容。

⑦加紧自卫队的训练，特别是对自卫队干部的训练。在初次选举的干部有不好的，再经过群众去改造。把东北西各区的自卫队武装要完全争取在自己手中，动员青年加入武装部队中去，对自卫队的领导由专人负责。

三、党的工作

①自然一切工作的决定，若果没有党的组织就无法执行，所谓各项工作的决定，不过徒耗时间。合阳党组织的建立才是今年的事，地方组织可以说现在才开始有了线索，在救亡运动中，不过是几个个别同志参加活动，并由于过去着重在救亡工作上，没有特别注意发展党的组织，致使今天党的数量和质量都还非常不够，同时也不能否认，合阳党在救亡工作的核心与推动作用。

②党的组织现状：A. 合中学校支部有正式党员二人，候补党员八人（内二个是学校工友）；B. 在救亡干部之中同志有五人（妇女二人），自首分子三人，作小学教师的三人（内一人为后补）；C. 在乡村有新发展的小学教师及农民分子五六人；D. 这些总计起来是二十九个党员，还有九个军队上的同志参加了地方救亡工作，没有计算在内；E. 这些同志散布在县城东乡、东北乡、西北乡、西乡，在这些地区才算疏稀的撒上了种子，在东南乡还没有线索呢！

③在这次特委会上，对合阳工作的决定，认为合阳目前最中心的工作是扩大党的组织，建立党在城市在乡村的基础，把现在已布置在各地区的组织发展到十倍百倍。同时对于新同志的教育，同样是目前最重要的一个工作，教育材料由中央及省委印发供给。A. 发展组织的对象主要的应面向着民先队员，小学教师、农民。B. 发展的中心区域扩大现有的线索，县城、东北区、西北区及西区，各中心小学校也是发展的方向。C. 把现有的支部及零散的同志切实整理起来，学校支部成立支部干事会，分成三个小组，在一般工作上地区能联系在一起，需要发生关系的，使其发生关系，在领导上也便利，教育上也方便些，不能发生关系还作个别领导。D. 发展数量。四月份学校支部发展新党员五个，在有莘、保聚、共和三联（东区及东北区）建立起五人以上的支部，西北区的甘井联，西区的王村建立起三个人以上的支部，由合中支部及其他零散的同志在县城小商人、居民中发展同志。E. 提拔培养新的干部。在合中提拔出两个新干部（后补党员也可以的），特别去培养，使其在最短时间参加地方党的领导；F. ××完全管合阳工作，薛×负责党的青年工作，军事自卫队、妇女的工作由××管理。

（三）1938年6月11日的报告

合阳，在东府工作范围内政治环境上比较最复杂的一个区域。当河防吃紧时，军政方面的态度非常好，他们不管任何党派，只要你是抗日的，都准许活动，党委是不管事的。在这时我们派去一批同志工作，因为这些同志在党的策略路线上把握得不好，遂被环境碰晕了头脑，好像把合阳估计成特区一般。因此大部的同志都暴露了面目，特别是统一战线策略运用的不够。县长最听信我们的，同志们不会借用这个政权，去执行下层工作，只是滥用政权去撤掉某人职责，代替群众作反贪污工作，结果换了一个贪污的联保主任，群众也不知道为了什么，在我们面前树立起好多的仇人。倘若现在当政的一有变更或调整，那么我们这些同志连一个也站不住足。特别是环境染得过红，行政设施也弄得特别特殊，所以省方面再提出要撤换×××、×××的职务，并给其造谣的口实，某人被其利用，某县完全赤化了，使县长的地位不巩固了，县长对我们也不大信任了。驻军自晋南战争好转后，他们的态度转变了，慢慢的对付我们来了。这是托匪在内挑拨（托匪赵彦清、王化成都在该军师部做事）。党委是个不管事的人，对我们的活动没干涉过。后来因我们同志太左了，没了解到县长虽好，但政权仍是国民党，倘若我们工作技术不好，失漏了面目，县长是人家可以撤换的，以后换来一个坏家伙，该怎么办呢？现在党委已被撤换，新党委是个厉害家伙，他素来不表明态度，也不提一点政治意见，每天吃酒打牌。实际上他是在收罗被我们同志打击过的和失掉饭碗的人，秘密的布置他的工作。更加我们的工作方式不好，反帮助他扩大组织团结了起来。现在已开始向我们进攻了，在特委成立特别提出纠正这工作方式。只可惜我们的同志犯了政治上的麻木病，认为这是"杞人忧天"。虽则口头上承认错误，但不积极的去改正，在反派开始向我们攻击时，表现出惊慌失措，当时的工作完全是表面的形式，群众工作是自上而下用政权建立起来的，特别是忽视了党的工作。在特委成立时除外边来的几个非公开工作的同志外，仅仅有四个党员，四个月来就没有发展。那时严格纠正了这一错误。工作的对象应转变到下层去，当然不是不要上层。在四五两月党的组织扩大到一百左右，并建立县委的组织。现在成立起一个区委，又有四个不久亦可成立。群众工作比较实际些，如自卫队的训练，每保每天可以上三个钟头的课。其他的动委会、后援会等都是空的，甚至乡间还有不知这一个名词的（以前纯以县政府名义去工作）。较之好的还是自卫队，他们每次开检阅可到一万余人，新武器能占百分之十五，其他刀矛枪每人都有一件，群众情绪很高。有好几个联保的自卫队，要求过河杀敌，只因生活和枪支问题不能解决。每次驻军渡河打敌时，总有几个用自己的枪、弹、伙食自动过河杀敌。有一次队员作战打死二人。但这些队员不畏不惊惶，相反要继续过河杀敌报仇，要求过河的更多了。这一组织在我们影响下的有七八个中队，人数在两千左右。枪支约占三分之一，民先队全县共有五六百队员，在县城是公开的，乡间的是秘密的，还没有组织系统，大部是个别的。

在这里的工作经验。凡上层好的地区，如果把握不住统一战线策略的干部，决不可派往工作，因为他们会被环境把头脑碰晕的，便要张狂，反使工作不便，反要染出不好的习气，使工作不易实现。要实际，更应埋藏党的干部，不使在政权变更后工作塌台。

此地的工作与政治环境正在紊乱状态中，今后的工作应更充分的运用统一战线去进行。不轻易打击一个人，已经受过我们打击的人，应用感情社交去拉拢，去分化反派的团结，孤立死硬派。这些首先得打破自己的宗派主义和关门主义，此地工作才有开展。

（四）1938年9月1日的报告（七月份）

甲、政治方面的

1. 新来的驻军一〇九师纪律比较以前的驻军一七七师和教导团差的太远，借口检查是变相的掏腰包路劫。

2. 社训队党部中的不明事理有成见分子，勾结托派造谣联书记马某说："共产党和日本暗里勾结着，你们近来还听见八路军打日本的消息吗？"一个国民党员说："土匪和共产党暗勾着手。"这都是最近造出的谣言。总之这些分子想尽方法来在群众面前破坏我们，中伤我们，但是经过我们向群众解释以后，群众认识了他们就是破坏统一战线的汉奸。

3. 县长受了社训队与党部不明事理有成见的分子勾结县里的贪污败类、托派等威胁以后，对救亡工作消极不理，自卫队名义已经取消，改为义勇队，事实等于取消了，大队部已经改为迫击炮队。

4. 民众的情绪与认识——因为最近敌人在晋南增兵，敌人的飞机常常来轰炸，敌人的大炮声日日可以听到。鬼子兵的残杀奸淫，时时可以从难民口中传到。所有民众的抗日自卫情绪也随之高涨起来了。在街头巷尾谈论的多半是抗日情形与有关政治的问题。如有一次××同志在巷口听几个闲人谈到谁肯为抗日出力的问题上了，有一个说："咱村×××虽然在县党部里当委员，可是他对抗日的事情不闻不问，要是谁家有上衙门打官司的，他很爱管，毕了闹几块元"，因民众时时的探问与闲谈，我们的宣传工作与影响的深入，使群众的政治也一天一天提高了。

5. 和托派勾结的那些反动分子，根据了张国焘的敬告国民书，柳宁的告西北青年书，张慕陶的被捕经过等东西，在县境我们工作开发的区域即发传单，破坏我们党的信仰，我们现在发动各支讨论对付敌人造谣的处置及向群众宣传方法。

6. 这些分子造谣说："八路军的师长林×受伤是自己打的，师长是不上火线的"，拿这样方法来破坏群众对八路军的威信。

7. 社训教官给正在现受训的队长、队副及其他社训干部队员讲话时说："谁要是加入民先，赶快自动退出，如要给我知道在队里活动，定要活埋他"。我们暂时给参加社训受训期内的同志单线组织关系，只做情报工作。

8. 社训队还在各联布置了侦探，侦探民先与我们的情形，这个组织内现在尚没打入我们的同志。

乙、一月半以来的工作情形

1. 组织方面的：

   a. 现有一个健全区，是三个支部干事会、三个支部组成的。在县委直接领导的有六个支部干事会，四个支分部。最近拟在西北建立区委，并建立城内工作团（包含两个支部干事会，一个支分部，个别关系），所困难的都是新同志与候补同志，干部异常缺乏。

b. 现在全县连候补党员共有144名（七月七日统计），内有四十余名是一月半内发展下的。

c. 二十三联划分区。我们的组织基础建立于××区××区与×区×区。还有三区无组织，只有几个个别关系，现在正动员同志去这些地方找职业开辟党的工作。

2、教育方面的：因□□的党员都是新党员与候补党员，所以上一月的中心工作，是教育工作，教材是党员须知，目前国内抗战形势，及对反动分子所造的谣言的解释。

3. 党的生活：党是新开辟的，一般事都和党员经过支部生活的同志很少，全县只有两个支部比较健全，常能按时开会，纳党费，教育新同志，发展组织等等党内工作。

4. 群众方面的：

a. 民先队——有些地方的民先始终是在半公开的活动着，到现在因反动分子的进攻，在各支部领导下，完全秘密活动着，渐渐将较积极的分子都吸收进党内来。

b. 红枪会——过去东北一带有红枪会的（改名无义会）组织，自今春抗战波及陕境，该会又发动起来，但是青年都参加自卫队与民先队，该会只有十余人。我们同志没有参加的，只与该会上层发生个别关系。

c. 教师联合会——因放忙假以后教师都回家了，会亦无形中停顿了。到现在还有些学校没开学，所以还没召集。

注：以上四份工作报告摘录自原西北局党校移交的《沿河一带的工作报告》和《合阳工作报告》档案资料。原件系省委巡视员向省委写的报告，现存陕西省档案馆。1984年由乔天申、李巨有摘录。

中国国民党抗战建国纲领

中国国民党临时全国代表大会对于抗战建国之大业，制定外交军事、政治、经济、民众、运动、教育各纲领，原文如下：

中国国民党领导全国从事于抗战建国之大业，欲求抗战必胜，建国必成，固有赖于本党同志之努力，尤须全国人民一心，共同担负。因此，本党有请求全国人民捐弃成见，破除畛域，集中意志，统一行动之必要，特于临时全国代表大会制定外交、军事、政治、经济、民众、教育各纲领，议决公布，使全国力量得以集中团结，而实现总动员之效能。其纲领如左：

甲、总则

（一）确定三民主义暨总理遗教，为一般抗战行动及建国之最高准绳。

（二）全国抗战力量，应在本党及蒋委员长领导之下，集中全国，奋励迈进。

乙、外交

（三）本独立自主之精神，联合世界上同情于我之国家及民族，为世界之和平与正义，共同奋斗。

《中国国民党抗战建国纲领》

（四）对于国际和平机构及保障国际和平之公约，尽力维护，并充实其权威。

（五）联合一切反对日本帝国主义侵略之势力，制止日本侵略，树立并保障东亚之永久和平。

（六）对于世界友谊，当益求增进，以扩大对我之同情。

（七）否认及取消日本在中国领土内以武力造成之一切伪政治组织，及其对内对外之行为。

丙、军事

（八）加紧军队之政治训练，使全国官兵，明了抗战建国之意义，一致为国效命。

（九）训练全国壮丁，充实民众武力，补充抗战部队。对于华侨回国效力疆场者，则按照其技能，施以特殊训练，使之保卫祖国。

（十）指导及援助各地武装人民，在各战区司令长官指挥之下，与正式军队配合作战，以充分发挥保卫乡土、捍御外侮之效能，并在敌人后方发动普遍的游击战，以破坏及牵制敌人之兵力。

（十一）抚慰伤亡官兵，安置残废，并优待抗战人员之家属，以增高士气，而为全国动员之鼓励。

丁、政治

（十二）组织国民参政机关，团结全国力量，集中全国之思虑与识见，以利国策之决定与维持。

（十三）实行以县为单位，民众之自卫组织，从以训练，加强其能力，并加速完成地方自治条件，以巩固抗战中之政治的社会的基础，并为宪法实施之准备。

（十四）改革各级政治机构，使之简单化、合理化，并增高行政效率，以适合战时需要。

（十五）整饬纲纪，责成各级官吏忠勇奋斗、为国牺牲，并严守纪律、服从命令、为民众倡导。其有不忠职守，贻误抗战者，以军法处治。

（十六）严惩贪官污吏，并没收其财产。

戊、经济

（十七）经济建设，应以军事为中心，同时注意改善人民生活。本此目的，以实行计划经济，奖励海内外人民投资，扩大战时生产。

（十八）以全力发展农村经济，奖励合作，调节粮食，并开垦荒地，疏通水利。

（十九）开发矿产，树立重工业的基础，鼓励轻工业的经营，并发展各地之手工业。

（二十）推行战时税制，彻底改革财务行政。

（二十一）统制银行业务，从而调整工商业之活动。

（二十二）巩固法币，统制外汇，管理进出口货，以安定金融。

（二十三）整理交通系统，举办水陆空联运；增筑铁路、公路，加辟航线。

（二十四）严禁奸商垄断居奇、投机操纵，实施物品平价制度。

己、民众运动

（二十五）发动全国民众，组织农工商学各职业团体，改善而充实之，使有钱者出钱，有力者出力，为争取民族生存之抗战而动员。

（二十六）在抗战期间，于不违反三民主义最高原则及法令范围内，对于言论、出版、集会、结社，当予以合法之充分保障。

（二十七）救济战区难民及失业民众，施以组织及训练，以加强抗战力量。

（二十八）加强民众之国家意识，使能辅助政府肃清反动，对于汉奸严行惩办，并依法没收其财产。

庚、教育

（二十九）改订教育制度及教材，推行战时教程。注重于国民道德之修养，提高科学的研究与扩充其设备。

（三十）训练各种专门技术人员，与以适当之分配，以应抗战需要。

（三十一）训练青年，俾能服务于战区及农村。
（三十二）训练妇女，俾能服务于社会事业，以增加抗战力量。

（合阳县档案馆提供）

合阳县临时参议会告全县民众书

亲爱的父老兄弟姊妹们：

现在的世界，是民主世界；现在的潮流，是民主潮流；这次世界大战，在我们盟国这边讲：是反法西斯的战争。换句话说：就是捍卫民主的战争。因此所谓"盟国的最后胜利"也就是"民主政治"的胜利；所谓战后的世界和平，也就是和谐共荣的民主和平。

《合阳县临时参议会告全县民众书》

什么是"民主政治"呢？就是以民为主的政治；在最初是反对君主专制，到现在更是反封建法西斯和纳粹独裁的政治，这种政治既是以民为主，当然它代表着民众的意志和利益，是历史进程中最进步、最人道、最合理的政治。

中国自辛亥革命以后，早就标榜着"民主政治"，而其实际获得者，仅一块"中华民国"的空招牌。在国家利益方面，既未能使中国进于国际平等地位；在民众利益方面，不特政治、经济、教育、文化荤荤诸端，都说不上怎样进步；而且

"如水益深，如火益热"之生活痛苦，反跟着时间的脚步而每况愈下了。要说明这种原因：固然是内忧助长了外患，但同时外患也促成了内忧，它们是互相因果的。"民主政治"虽是一种最合理的制度，然在先进各国史乘上，皆是由民主争取而来的，非经过血与火的熏洗是不能容易得到呀！

好了！"民族复兴节"的欢呼，促成了全国的大团结，它消除了内忧，完成了统一。接着卢沟桥的枪声，展开了对外的民族革命战争。八年来血的支付，已引出了一个世界的大场面（全人类反对法西斯战争），转复了逆施倒行的趋势。（民主政治的复活与改进）在这中间，我们首先获得了国际地位的平等，粉碎了百年来使人头痛的枷锁；（不平等条约）并且，进一步侧身于四强之列；这在咱们中国是值得光荣而矜夸的一件事！

这次对外的抗日民族革命战争，现在是还没有结束呀，但日益临近于胜利的边缘。在这种胜利接近的当儿，由于世界潮流的大势与全国民众普遍的要求，以及……与建国的准备，国民政府作紧急必要的开明措施，已明令于本年十一月十二日召开国民大会，制定宪法，把政权交给咱们老百姓，要老百姓出头露面，自作主张，运用四权（选举权、罢免权、创制权、复决权）来管理政府，这就是民主政治之实行。又它的实行是以国民大会制定的宪法作根据，所以也叫做实行宪政。

在实行宪政之前，为了民主政治的学习与训练，先成立各级民意机关，代表老百姓出头说话，管理政府，监督政治，这是一个过渡的临时办法；本会便是在这种情况之下负着上述使命而产生的。

本会成立于位居国防前线之合阳——抗战将届八年之久，人民负担，随抗战年度而累增；同时旧传统的恶风气，也跟着抗战年度而日益扩大与暴露，如运输、做工、纳草、纳料、出兵、出款等项数字，实堪惊人！供给抗战，是我们人民应尽的义务，但涓滴必须归公，让他流向支持抗战的国库里去，变成抗战的力量，使抗战早日结束；虽农村膨弊，生活窘迫，在民族至上，军事第一的最高原则之下，一切为了国家，为了民族，为了战争，为了胜利，我们都应倾家纾难，毫无踯躇。但实际情形有不尽然者：譬如有些不肖军政人员不顾国家人民的利益，假公济私，妙想天开，车折价，款料草折价，甚至人（壮丁）亦折价，于是折价之风，炽于一时。又有少数无识乡镇保甲长，乘火打劫，滥派浮收，殊觉令人痛心，就未免太不成样子了，这如何使得！

本会为代表民意机关，民意的充分表现，能够具体反映得出来的，要数自由说话了，所以我们的责任，就是说话。我们代大家说能说可说而敢说的话。比方：什么事可办，我们说给政府要办；什么事不可办，我们说给政府不要办，什么事为何那样办，什么事应该怎样好，某人贤，某人歹……诸如此类；话如此赤裸裸地说，坦白白的讲，决不吞吞吐吐，以辜负民意二字。话是开心的钥匙，我们以说话向通上下四旁。我们代人民向政府说话，人民的利害，就是我们的利害。我们虽也了解人民的利害，但究不如多数人民自身体验的透彻，故而我们尤要人民向我们说话。人民的话越真切确实，我们的话也便越内容丰富而明强有力。我们当前唯一的任务：在积极方面，莫过于经济之建设与文化之提高；在消极方面，莫过于积弊之剔除与贪污之检举。尤要者：县以下各级民意机构，保民大会、乡镇民代表大会——应依法令，在四月以内早日组织成立，以期上下勾通，声情相应，万目所视，共趋一的；全……之举，各县……整齐一致；将见中国真正民主政治之实现，开五千年来未曾有之盛局，不难在这种打好的地基上，发出灿烂辉煌的花朵也。

还有一点要声明的：就是我们这次下乡视察，皆支领规定的旅费，绝对是饭食不扰。过去各机关人员下乡，虽然也是说不要招待，而实际上能实行的很少，我们说出做出，言行一致，最好是不要准备，免得白花钱！

东风和畅，春光明媚，本会不日派人下乡，和诸位父老兄弟姊妹们见面，来谈谈我们的家常；用特先此布达。敬祝：

诸位康健！

中华民国三十四年四月
（合阳县档案馆提供）

合阳县民众动员委员会工作报告摘要

关于精神方面

精神动员

一、曾举行春节宣传周印刷各种宣传品，分派各界人员携赴乡村宣传。

二、设有宣传股，负平日宣传之责。

三、前月印刷防空、防毒常识，及肃清汉奸办法五百份，已散布合阳大众并颁发保训班学员回乡宣传。

四、慰劳河东战士，前月议决："函请县政府向每户募鞋一双，共募一万九千余双，限文到十日内募齐，再决定慰劳法"。现时尚未募齐。

五、抗战建国周年纪念大会，及近日军民联欢大会已照议案分别举行。

关于人力方面

（甲）民力统制

一、健全保甲，曾议决："由县政府设政治指导员，视察保甲"。已经查明违法失职人员择优撤惩示儆。

二、调查壮丁，曾议决："按照已往经验，仓促难得查实，若详查则缓不济急。不如参照二十五年调查成案，大体尚实。"

（乙）民众组织

一、组织各种任务队，曾议决："按照地方情形，应将交通、工事、运输、通信护送各队，交县政府征调编组，活动使用较为灵便"。已实行数月，颇能得力。至于特务队，前月议决"交杨指导员培森拟具组织办法"尚未提付公决。

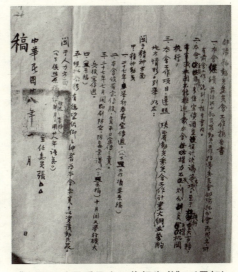

《合阳县动员委员会工作报告书》（局部）

二、训练壮丁，曾议决："乘春节之暇，由县政府会同驻军派遣教官赴乡，训练壮丁"。已如期施行。自四月以后，此项受训壮丁或迭次渡河参战或并防守河沿或随时调集检阅，颇能效力用命，有阵亡及受伤者数人，已由县政府及抗故会给款恤养。

三、编组妇女队，曾由妇女慰劳会编成，赴乡宣传获有实效，且有渡河至战地工作者，可见精神奋勇。

四、感化监犯，议决："由县党部并中等教师学生轮流前往训导"。尚未暇切实施行。

（丙）推进教育

战时教育，曾议决："乘寒假及春节之暇，由党政军各界领袖调训，公务人员及各界妇女、中小学生各三周，小学教师及商店学徒各两周，又议决：调训商店经理两周，由妇女慰劳会负责人，在王村镇训练当地妇女三周，皆已如期举行。此后驻军在民生工厂内举办下级干部训练队，即有此受训学生加入。迨前月又议决：调训保甲干部及小学教师各两周。现保训班已办过两期，下余一期及小学教师由党政军联席会会议议决：合并于暑期训练团。

关于经济方面

（甲）调济财政

一、征集现金：秘书拟有计划，前月适逢省政府冯委员达忱、财政厅陈委员汇东先后临县，因为建议，未知结果如何？

二、献金运动：近日举行。县城已献到千元之谱，各乡镇尚未献齐。

（乙）安定军民食粮，调济农村金融：秘书拟有计划，曾向前县长建议，已经转呈，省宪。但所呈非计划全文，亦未知结果如何？

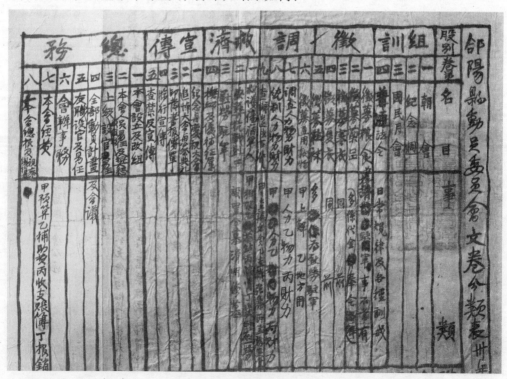

《合阳县动员委员会文卷分类表》目录

（丙）卫生

一、筹设卫生院，前月议决："应交设计委员筹商办法"。

（丁）工商业

一、肃清仇货，前月议决，"将仇货标准令告知商会并布告城乡商店，限期各将仇货销完。逾期未完者，送会设法拍卖，发还半价。不送者查出没收，充救济伤兵难民用。"现布告正在办理间。

二、试造军用煤炭炉：近来驻军所用炉式，适用硬柴，不适用煤炭。而本地缺乏硬柴，不缺煤炭。且本地煤炭灶亦不适用军锅用。广造尤觉困难。议决："由本会委员指导泥工，亲为驻军试造煤炭大炉一具。"结果尚属可用。随由试造人将造法及使用法写出，送驻军司令部，以便各部队仿造使用。

关于其他方面

（甲）救济伤兵难民

募集救济捐款，前月议决："向酒菜馆、土业商加募"。已令商会办理，并布告该业户周知。

（乙）惩究盗匪

一、传闻五福乡第十二保桥儿壑有暗杀情事，议决："向该乡受训人员查明情形，再函县府究办"。现已查明大要情形，尚未函达县府。

廿七年八月八日送
预七师政治部一份
又送本会主任委员一份

（录自合阳县档案馆）

合阳县二八年度征集现役壮丁抽签办法

一、总　则。

本县为征集壮丁实行抽签法，依修正陆军征募事务界行规则第五章各师之规定，并参酌地方情形办理之。

（一）壮丁：根据此次各联保呈报调查合格壮丁名册，除应行缓役免役者外，均得参加抽签。

（二）名额分配：县政府根据本次需要人数，对照各联保参加抽签壮丁，依壮丁比例签号顺序平均分配于各联保，依限到县城听候选取。

（三）身体检查：各壮丁送到县府后，由县政府派员检查身体，合格者征集之，不合格剔除，多余作为备补兵，不足时再按签号次序派送受检，仍按陆军新兵检查规例办理之。

（四）抽签日期及地点：为决定本期应征集现役壮丁人数及备补壮丁人数；于各联保办公处临时组设抽签事务所，举行抽签，抽签日期，由县政府于抽签前二日通知各联保。

（五）主持抽签：抽签事务由县政府主持，各乡联保主任协办之。

（六）监督：县政府派赴各联之主持、抽签委员会同当地联保主任保长、政治教师、保学（或小学）校长教员地方士绅等临场，互相监督。

（七）代表抽签人：由各保应行参加抽签之壮丁，公举代表二人，同时由参加壮丁代表中，推选总代表四人至八人分别行之。

（八）辅助人员：（1）唱名员；（2）粘贴员；（3）盖印员；（4）壮丁名称登记员；（5）整理员，上列各员之名额由县政府委员在各联政治教师、保学小学、教师中指派之。

（九）应备票簿：此次抽签之号票、姓名票及抽签等记名簿均由县政府制备之。

（十）抽签方法：抽签执行之顺序，依左例项行之。

1. 依各联各保壮丁名簿，将姓名票分别装入袋内，于抽签之前一日，县政府委员及联保主任、保长、政治保学小学各教师应齐至抽签事务所，将签号票与壮丁名称及姓名票检对后聚封之。并记明其签号数目壮丁姓名于袋之表面，保管于抽签事务所。

2. 抽签开始前，检查票号后，取出签票号封袋，在县政府委员前朗诵各壮丁姓名及号数后，剪破封袋将签号票投入箱内搅乱之。

3. 唱名员按壮丁名簿，依次序高声唱叫姓名，随将该壮丁名簿与姓名票，送交粘贴员。

4. 抽签总代表人（甲）卷起衣袖于唱名员每唱一名同时即伸右手入签箱抽取一签，号票数高声唱诵，随手交于抽签总代表人（乙）检视后将票交粘贴员。

5. 粘贴员将唱名员及抽签总代表人（乙）交来之签票号与姓名票，粘贴成联交于盖印员。

6. 盖印员于签号票姓名票之间，盖印各联骑缝印章，交于壮丁抽签名簿登记员（签号票姓名票粘贴成联，而已盖印章者称为签号

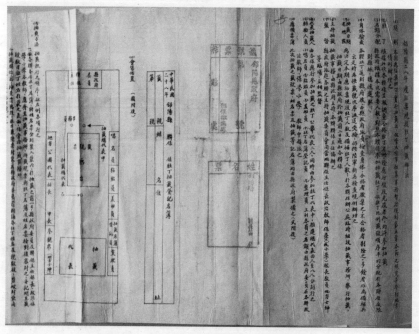

《合阳县二八年度征集现役壮丁抽签办法》

姓名联票）。

7. 抽签名簿登记员，将签号姓名联票按次登记于抽签名簿。

8. 整理员将签号姓名票检点后，按次整理之，将签之号数填入壮丁名簿上并交于登记员。

9. 县政府委员及联保主任协同查阅名簿及联票后，均于抽签名簿签名盖章，以昭慎重，并由县政府委员将各联已登记抽签人壮丁名簿当众宣布一次，始可宣布抽签完毕。

10. 县政府委员于举行宣布后，即将签号姓名联票交付各联保主任转发交于壮丁本人，如遇征集时，各壮丁得将签号注明联票带至县政府以备验收。

11. 前项壮丁抽签登记名簿。应呈县政府备案，另录副本留存联保备查。

……

十三、征集：县政府奉令后，临时以命令向各联保征集之。

十四、惩罚：如有买卖舞弊或借故逃避及有意隐匿等情事均按照违反兵役法治罪条例及陆军兵役惩罚条例从严议处。

十五、附则。

本办法如有未尽事宜得随时修改之。

本办法自公布之日施行

附：

违反兵役法治罪条例重要条文

第二条：对于应服兵役男子隐匿不报者，处一年以下有期徒刑或拘役，编造现役壮丁及龄壮丁名簿，故为不确实之记载者亦同。

第三条：对于缓役、免役、禁役、停役、除役为虚伪之证明者，处二年以下有期徒刑，其煽托者亦同。

第五条：意图避免兵役而有左例行为之一者，处二年以下有期徒刑。

故意毁伤身体而委托疾病者；

征集时无故不到逾期在一日以上者；

如逾期在三日以上者，处五年以下有期徒刑。

第六条：使人顶替兵役者，处二年以下有期徒刑，其顶替者亦同。

第八条：煽惑他人避免兵役，处一年以上七年以下有期徒刑。

中华民国二十八年三月

（录自合阳县档案馆）

合阳县三十年度拟补兵员抽签实施办法

第一条 本办法系奉国管区司令部（蒲编字第一○八号支代电）遵照奉颁《师管区征集国民兵抽实施细则》，并参照地方情形订定之。

第二条 凡在各保境内居住之中华民国男子（寄居省依户籍法当之规定，居住满六个月以上，取得现住地之寄籍者为限），年满十八岁至三十五岁之甲级壮丁，及年满三十六岁至届满四十五岁之乙级壮丁，除依照法令规定应行缓役免役者外，概须依照本办法分别抽签。

第三条 凡经此次中签之壮丁，即为三十年度（自本年五月一日起至三十一年四月一日止）正规及运输备补兵，但须先征集甲级壮丁，遇必要时得征集乙级壮丁。

第四条 县政府在本年四月一日以前，将各项准备手续办理完竣，四月起，划出城关、路井、甘井、百良、新华等五镇为三十年度合格壮丁抽签实验区。由县府军事科及指导员、兵役协会委员、国民兵团、各乡镇长督促主持办理，地方绅士及附近之乡镇长协助办理，以示慎重。在参加实验区之乡镇长于实验区抽过一二保后，统归本乡镇，选择公所在地之保及某保（辖十五保者三保，十保者二保，八保以下一保）为本乡镇实验区，会同县府委员、当地机关长主持办理，并召集本乡镇各保长及公正士绅协助办理，以资见习，完竣后逐保办理。各保二十八、二十九年度已抽签之壮丁，其手续与本办法规定相符者，仍继续有效，但雇买顶替本人确未入营服役者，则应遵照本办法重新办理，责令抽签尽先征送。

第五条 抽签地点：应觅定保内公共场所（祠堂庙观），除县乡镇实验区外，由保长及乡镇长主持办理，并由县政府派员到场监督施行，县长及各管区所派人员巡视察查。

第六条 县政府委员及乡镇保长，依照奉领之壮丁调查须知，调查办法及甲（乙）级合龄壮丁名册到达某保后，按三丁抽一、五丁抽二户详实调查，登记于合龄名册，并榜示通衢公开检举，随即依保数顺序训查。各保调查完竣后，议定各保抽签日程样表，呈报县府，并请发给签号票及应征壮丁名册，仍从开始调查之保起，调查前次公布应行抽签壮丁，有无遗漏及滥入，纠正后无异议，举行抽签，前项须应征壮丁名册应依签号顺序，各抄造三份，以一份呈乡镇公所，二份转呈县政府，一份存留备查。

第七条 此次应行抽签壮丁，倘有伪报或遗漏不实等情，其本人尽先征集外，各办理人员及保甲长等事前有意包庇者，依法惩处。

第八条 凡应抽签之甲乙级壮丁，由各保保长于抽签前一日先行通知，届时到达指定地点，亲自抽签，其在外县服务贰周特殊事故不能到场时，应由其直系亲属代行抽签，如本人不到，又无直系亲属代抽者，则由监导员代抽两张，以号数少者作为该壮丁之签号（假如抽出两张为三号，一张为九号，则以三号作为该壮丁中签之号，藉示据罚，如有本籍而寄居外籍壮丁，在他县参加抽签，取有该县府证明文件者，得免于在原籍抽签，其服役亦依其所在地为定。

第九条　抽签前由原政府统筹印制签号票，在年度上盖用县印，其不可编制印刷之总号数，签号票数目由各乡镇按所属有应参加抽签之壮丁人数，详加统计，报由县府领票后准备报销，乡镇公所在签号票上填写乡镇及保名称，并根据各保所抽签人数，将签票号编定甲级及签号，号次用大写数字大写，在编定号次上盖用乡镇公所图记，再转发各保主持抽签人，具领使用。

第十条　抽签时甲乙两级，应按先后顺序举行。抽签场，应于抽签一日完成完竣。

第十一条　抽签时应预备人员及职务如左：

1. 监导员：由县府派员及乡（镇）长充当，任全场监督指导之责。
2. 监查员：由保甲长推定保内年在四十五岁以上公正士绅二人及参加抽签壮丁二人充当，任监查员之责。
3. 唱名员：由保长派员充当，按合龄壮丁名册，依次唱名。
4. 唱签员：由甲长公推一人充当，壮丁将签出后，即为其高声宣读签号。
5. 填票登记员：由保学（小学）教师充当，将壮丁抽出之签号登记于应征壮丁名册内之签号箱，并将中签姓名填入签号票内。
6. 盖印发票员：由保长派员允当，将签号之姓名上加盖保长图记，即发给壮丁。

第十二条　抽签先由监导员及委员将签号票检视，然后搓卷成圆形封好，至抽签时打开，当众放入准备之木箱或瓦罐之中搅乱之，遂由唱名员按合龄壮丁名册，依次唱名，由壮丁亲到签筒旁，自筒内抽签，交于唱签员宣读签号（此时监查员应检视签号），同时填票登记员立将签号注于应征壮丁名册签号栏内，监查员切实负责登记，并将中签者姓名载于签号票内，交盖印发票员同保长图记盖印于姓名上，并由抽签人在票号盖左手大指指摹（代抽者须注明代抽者姓名），再将签号交于原抽签人收存。

第十三条　凡抽中为本年度征额内备补兵者，全场应对之热烈致敬鼓掌相贺，事先预备简单物品，届时予以招待，以示优异并得由壮丁家属向保长具结，保长向乡镇长向县府具结，保证不逃，由保长向壮丁家属具结负责壮丁出征后予以优待。

第十四条　抽签后，县政府奉命征补国民兵团常备队，或征集壮丁及运输兵时按各保甲乙级壮丁签号顺序，照所需名额，按人口户数平均分配，各保于奉到命令后通知各本人，遵期召集送县，如有藉故延误或逃役不归即按三十年度征募办法第十九条之规定办理之。如因疾病，经检选后剔除之壮丁，均由团区或县府发给遣回证明书，乡（镇）公所及保公所须将剔除之原因及时期，在应征壮丁名册之备考栏注明。

第十五条　壮丁经县检收后，即收缴其签号票，其被剔除之壮丁，在下届征集时，如上届被剔除之原因业已消失，仍须征送，重受检选。

第十六条　检选人员及乡镇长、保甲长及有关系办理兵役人员，在此次抽签中及抽签后，如有违法及舞弊行为者，一经查出均按违反兵役法治罪条例，妨害兵役治罪条例按从重议处。

第十七条　本办法如有未尽事宜，得随时修改之。

第十八条　本办法自公布之日施行。

（录自合阳县档案馆）

合阳县三十年度召开全县征兵会议报告书

引言

蕞尔倭寇,逼处东邻,自实行其大陆政策后,对于灭亡我国,处心积虑,无时或已,卢沟桥事变,暴露其本来面目,我中枢为救亡图存,计起而抗战,迄今时逾四载,抗战已臻至胜利阶段。

最高领袖在八中全会时报告,谓"军事已立于不败之地位,探究其原因,故由于统帅部指挥有方,亦赖有大量兵源,随时补充"。当是,则征兵为救国之先决条件,而办理征兵属当前要政。

本县奉命办理征兵,时过三载,赖各同仁之努力,虽无重大差错,然迄未臻于完善。本年为征兵之改进年,兹于召开全县兵役会议之便,将二十九年办理役政经过及本年□□拟办方案,分述为上下二编作为简略报告,望各同仁就经验所得,有兴应革者,尽量指导建议,备役政红入正乾,国家幸甚,民族幸甚。

上 编

1. 二十九年来抽签概况

查本县二十八年度举行全县壮丁总抽签,系按三丁抽一,五丁抽二等法令规定,择其体格强健者,参加抽签,但因保属创办,人民尚无正确认识,以致不无逾越法令之处,二十九年矫正前非,依照军管区实验办法,举行全县壮丁总抽签,凡属多丁而届及役龄者,一例参加,数目虽属庞大,但因自动入伍及援同胞数半,在营其余应缓役之规定,声请缓征者为数亦多,实际征到者较上年度为少,其中签数目及征到数目如附表(略)。

2. 二十九年度月征额

查本县月征额,初为九十名,嗣减为八十名,二十八年十月增为一一九名,后又增为一五三名,再增一名为一五四名,月征额既逐渐增加,此外又有加征、特征、年征,年征无额数,配职繁多,供不应求,以致欠额庞大,于是奉令有保兵运动之举。

3. 保兵运动

查本县奉令举行保兵运动,以弥补中签者之不足,每保原定九人,而未送齐者实居多数。

4. 缉捕逃亡

查国难严重,凡属壮丁,均应点戈操盾,捍卫国家,乃有少数败类不明大义,入营后随逃亡,以致二十九年自专区逃兵无法计表内,本县列入第一额,逃兵数至四百二十八之巨,殊为憾事。虽经举行全县防止逃兵运动及严厉之缉捕,而捕到者无几，此后望各保甲人员切实捕送。

5. 兵役宣传

查本县二十九年举行之春假宣传，抽签前之扩大宣传，防止逃兵运动周宣传，虽限于财力宣传品无多，但关于法令者，悉数印发，望各同仁不时向民众讲解。

6. 优待抗属

查过去关于抗属慰劳令，向无专券，虽经春征宣传及防止逃兵运动周举行时，动幕慰劳，但总数甚少，车薪杯水，收效甚微。

下 编

查上编所述，征调之困难，逃亡之未能悉数缉捕等种种缺憾，均为推进役政之阻碍，政府惩前毖后，鉴往思来，对本年度之抽签征兵以及优待抗属诸事宜，当本法令所示，悉心规划，切实督导，期臻完善，特举其要点分述如后。

1. 规定各乡（镇）配赋额

查本县过去举行壮丁总抽签后，按中签数目，依顺序指名征集，并未明白各乡配赋额数，仅以中签人数及地区大小作为分配原则，本年为以矫正计，按各乡镇壮丁总数，平均配赋额数按期征集，以昭公允。

2. 抽查应注意之点

查本年度抽签方式、办法、内容之甚详，其应行特别注意者，分别于后，望办理抽签各同人共同遵守。

一、按三丁抽一、五丁抽二法，择其身体健全、年龄数小者为参加抽签人（即有甲级者抽查甲级，无甲级者则抽乙级）。

二、各中签壮丁向保长具结，保证不逃。

三、保长向抗属具结，负责优待。

四、壮丁来源不正确以致入营逃亡者，保甲长得抵补兵役。

3. 防止逃亡

一、各保应严密监视，缉捕在逃兵丁。

二、中签者逃亡后，家属应出赏金，报请缉捕，保甲长有检举之责。

三、中签壮丁检举逃兵，可以抵补兵役，或展缓其入营期。

4. 宣传

本年度抽签时，除印发宣传品外，并翻印三十年度征补兵员实施办法五百本，转发各级保甲人员，望对民众详加解释。

5. 优待抗属

本年度征称兵员实施办法第十五等条，对于优待金之征收、发放、保管等项，均有规定。本县此次会议后，拟加强优委会组织，责成该会办理优待金及优待事项，并将依次组织保优待委员会。

6. 征送壮丁

此后各乡镇征集壮丁，务须按期送交，绝对不许有雇买顶替情事发生。

（录自合阳县档案馆）

合阳县优待应征军人办法

一、应征抗战军人入伍后，该管县政府对其家属应照左列规定予以优待：

（甲）抗战期内按时派遣联保主任保甲长分别前往慰问，并负责代为通讯。

（乙）抗战期内其直系亲属生活如确有困难情事，应由该管保甲长随时报请县府设法救济。

（丙）抗战期内，该管保甲长须特别维护其家族安全、遇有欺凌报复诬陷者，应报请县政府处理申雪，免征诉讼费用。

《合阳县优待应征军人办法》

（丁）抗战期内其直系亲属，除法定人民服役之工作外，其他临时征工均得免役。

（戊）抗战期内，其直系亲属除法定应纳之赋税外，其他临时摊派各款，均应特予免除。

（己）抗战期内，其家族对于子弟入学免费或减费，公立医院之免费诊疗、仓谷贷借等，及其一切公共利益均得优先享受。

二、凡违反本办法之规定者，均由兵役官区司令部分别依法严惩。

三、本办法自省政府核准公布之日施行，如有未尽事宜得随时修订之。

合阳县抗敌后援会翻印

（录自合阳县档案馆）

陆海军阵亡官兵遗族抚恤公粮改发代金领发办法

第一条　本会核发抚恤公粮照本办法办理之。

第二条　阵亡或死亡官兵遗族自三十四年度起，不论阶级及遗族之多寡，每户每年凭恤令随同恤金发给抚恤公粮（以下简称抚粮）七石二斗，改发代金，今自三十四年度起发给，但补领三十三年以前年份恤金者，不得发给抚粮代金又发恤金。年限之计算，从恤令填发年度计算起，至三十三年底，亡者不发抚恤公粮，凡遗族有数口而领有分领执照者，所领抚恤粮代金，得凭分领执照平均分领之。

第三条　遗族抚粮按粮食部规定地区价格，补折合代金发给之。前项规定地区为：一江浙皖区；二湘鄂赣区；三东九省区；四闽台区；五粤桂区；六川康滇黔区；七陕甘宁青区；八新疆□□□………

第四条　抚粮待金给予标准，以每年月初另以命令公布之（三十四年、三十五年标准为附式）。

第五条　抚恤代金应按抚恤会所载死亡官兵原籍所属地区粮食部核定价格发给。但遗族如有移动时，应先报请本会或各地抚恤处，借给并取得当地县政府及乡镇保甲长，或□□察，或服务机关证明确系当地文件后，向核发机关申请，按迁移地区仍需发给。

第六条　遗族迁移地区核定抚粮，折□□与原籍地区有高低，平均按迁移地区标准核发之。

第七条　凡遗族请领抚粮代金，应在领恤时同时办理除保证书一份外，恤金与抚粮代金应分别填具领据各一份。不得列一据以便报销。前项抚粮领据格式另案规定之。在未规定前暂用恤领据。

第八条　凡遗族未其请领三十四年抚粮代金，得在三十五年领抚恤时并集补领。但须分别年度及科目逐一填写，恤金依例请

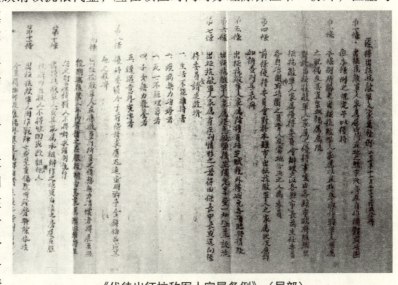

《优待出征抗敌军人家属条例》（局部）

领。三十四年以后年度如继续发给抚粮代金，而有类似前项情事者，均仿此办理。

第九条 抚粮代金经发讫后，须在恤金上加盖某年度抚粮发放戳记，以资识别而免重发。如漏盖戳记而致重发时，须由核发机关照数赔价，并予以处分之。

第十条 凡未设抚恤机关之省份，其恤金由省政府转发者，应由省政府按转发恤金办法之规定，将发各遗族所具抚粮代金，如据按月随同恤金□□□□□□送由本会候待核销。

第十一条 本会各省抚恤处鉴发抚恤代金，得按恤政发恤办法办理。但恤金及抚粮代金额照支付，书存根应分别饬□填造，不得混淆。

第十二条 抚粮领据保证书暂就恤金领据改用之，但须注明遗族详细住址，本会（各抚恤处）得按地随时通信查对，如有事实不合事情，保证人应负赔偿及法律之一切责任。

第十三条 本办法如有未尽事宜得随时呈请修改之。

第十四条 本办法奉准自三十四年度起施行。

注："□"为无法识别的字。

纪念抗战烈士追悼大会方案

大会职务

总务：王性之（作祭文，拟标语及大会名称，作诔词）。

纠察：师部负责。

指挥：同前。

司仪：党寿先。

开会程序：

1. 全体肃立。
2. 主祭者就位，陪祭者序立。
3. 奏哀乐。
4. 献花圈。
5. 向党国旗、总理遗像及烈士灵位行三鞠躬礼。
6. 恭请总理遗嘱。
7. 读祭文。
8. 向烈士默悼三分钟。
9. 主祭人致追悼词。
10. 各机关团体代表致词。
11. 赠恤金。
12. 阵亡烈士家属致答谢词。

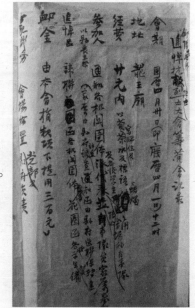

《追悼抗敌烈士大会筹备会记录》（局部）

13. 奏哀乐。
14. 礼成。

哀 启

哀启者：本会定于四月三十日（即旧历四月初一日）午刻，召集各界，在龙王庙（县城东南十里）开追悼抗敌阵亡烈士大会。所有二尹乡阵亡自卫队员敬二虎、雷保儿及伤重亡于医院之队员夏元成三烈士俱在追悼之列。并各赠恤金壹百元。除分函召集烈士家属外，相应函请贵家属主要人届期参加并收取恤金，为感。

此致

敬、雷烈士本生父母或妻子　启
四月廿八日

公 告

本会定于四月三十日开会追悼阵亡烈士。所有二尹乡阵亡及伤重殒亡自卫队员敬二虎、雷保儿、夏元成三烈士俱在追悼之列，并各赠恤金百元。除分函敬、雷二烈士家属外，惟夏烈士系二尹乡雇工，不知家属何在恤金无从赠与，相应函请：

钧政府代为探询示后，亦复金无法赠与。实纽公谊！

此致

合阳县政府　启
四月廿七日

通 知

哀启者

兹经本会委员会议议决及二十六日执委会议，先后报告：

对于沿河防军某部，近日渡河攻击河津寇敌，阵亡李连长清桂、贺连长志远二员及某部配合二尹乡自卫队渡河攻击荣河寇敌，阵亡自卫队员敬二虎、雷保儿二名，并有夏□□一名，因伤重亡于雷家洼医院。应由本会召集本县各机关团体于本月三十日上午十时，在龙王庙前开追悼大会。等语记录在卷，除各函并召该阵亡自卫队员家属参加外，相应函达通知，届时希即查照参加，如蒙赠送诔词、献品或募捐恤金，届时参加致悼。以利抗战，而慰英灵，为国捐躯之光荣。

一七七师司令部政训处

此致

县党部、县政府、社训队、保安东街大队、警察局、教育局、中学校、东街小学校、女学校、民教馆、省银行、四赋经缴队、推收所、财助所、邮政局、禁烟局、箱酒局、电报局、商会、民生工厂

抗援会　同启
四月廿日

合阳县各界追悼抗敌阵亡烈士大会上的悼词和挽联

苏资琛县长的悼词

维

中华民国廿七年四月卅日,合阳各界追悼抗敌阵亡烈士大会。

主祭人县长苏〇〇,谨率各机关团体士民,致祭于一〇五九团阵亡李连长清桂、贺连长志远及二尹联自卫队员敬二虎、雷保儿、夏元成诸烈士之灵位前。曰:事有播光于四海,流芳名于百世者,厥惟执干戈以卫国家。无论将士与平民兮,咸世人之所矜夸。人寿不过百年兮,纵老死其何补。不如效命疆场兮,实扬威而耀武。一身虽殒兮,精神永存。薪尽火传兮,种英灵于四万万之士民。幸鲁南之大捷兮,庆全战之转胜。看倭寇之将崩兮,可指日而肃清。民族之复兴举前途之光明兮,告慰英魂。俟国难之既平兮,建忠祠而表功勋。恭维

军神来招来临。

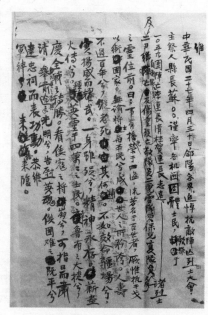

苏资琛县长的悼词

追悼烈士挽联

贺连长志远
  同士兵攻敌河津殉职光荣纪念
李连长清桂
  合力杀敌恨援兵竟不赴约,
  为国捐躯在勇士早具决心。

合阳县各界抗敌后援会恭诔

雷保儿
  二尹自卫队雷队员保儿攻敌荣河捐躯光荣纪念
夏元成
  热心救国堪与先烈比美,
  奋勇杀敌真是民众前锋。

合阳各界抗敌后援会哀诔

注：

（1）此件是合阳县委党史办李金科同志抄自合阳县档案馆二十三卷二十七页至三十四页王性之公文录内。标题是抄者所加。

（2）一九三八年四月三十日（古历四月一日）十二时，在龙王庙（县城东南十里）开追悼大会，参加的有各机关团体及各校学生、附近自卫队、阵亡自卫队员家属等。主祭人苏资琛系合阳县县长。

河防要略

一、每路口择定扼要处：原昼间派壮丁四人至十人，夜间派十人至廿人，各持枪矛，分班轮流守望休息。

二、每见上流船只则截回，下流船只则严加盘结。倘实难接近，则转报前途防守地盘，报告就近督办人员。

三、挖壕搭菴或凿土室，以资掩护。

四、下瞰路隘处，栽杆挂灯以防夜袭。

五、有陡崖临路者，上堆砖石以备擂击。

六、路系夹漕者，路口置碌碡以备冲碾。

七、昼插旗帜，夜燃火十数处，以张风威，使区不敢轻犯。

八、倘逢急远报不及，则鸣枪警报。

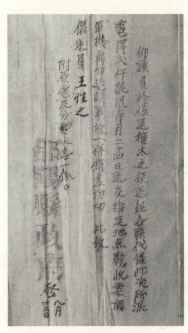

催送给河防部队的檩条电杆

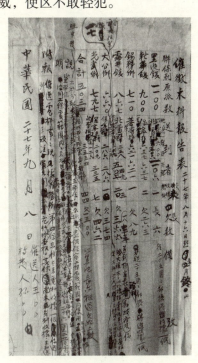

催征给河防部队的木料分配表

巡察河防峪北村的报告

蒙主任启鉴：

日前巡察河防峪北村，据云此处防地较碁南为更加坚固，途经村东察看，其实不然，该房地设在东凸秦驿山之顶。

弱点有三：

（一）该东凸与秦驿山之间有沟口，与河面相平。由此直通沟内，缘小径而上可夜袭东凸及秦驿山之归路，亦可夜袭村落，而防地不及知觉。

（二）该东凸防地之北有马道沟口（即新池村之沟口），亦与河面相平，沟口有路隐曲经过东凸防地之下，该凸顶距路甚高，夜间倘不当路，挂灯不能瞰明路上人踪，惟凸下南面小洞近路可瞰路，然洞离凸顶颇远，无退步之后路，倘小洞被攻凸顶不能保险。

（三）马道沟又有间道深入沟内，倘或通至沟上，便能抄袭后方，而沿河不及知觉，所以峪北村东坡口，须认为分防之地每夜派五六人。再马道沟两边保甲应会同察看，有无下沟路径能否与沟内间道相通，通则须视路径形势，酌派队丁防守。昔邓艾袭渡阴平可为引鉴，不敢疏忽也。除分佈清平、忠勇两联保外，而希知转饬峪北及所及风口沟，各保会办为要。

专此　并祝　公祺

王　道
四月廿七日

抗战中岔峪南山上的碉堡（遗迹）

抗战中东同蹄河边的碉堡（遗迹）

抗战中全兴寨山坡上的碉堡（遗迹）

给李广波、雷姚宸的一封信

李主任光波、雷主任姚宸弟鉴：

  日前巡察河防，察见马道沟口（即新池村之沟口，在秦驿山北），与河面相平，有间道深入沟内，倘或通至沟上，便能抄袭后方。而沿河防地不及知觉，应由沟边保甲，会同察看有无下沟路径能否与沟内有间道相通，通则视路径大小，酌派队丁防守。昔邓艾袭渡阴平，可为殷鉴，不敢疏忽也。除分X忠勇青平锡韩两联保外，希转饬所属沿沟各保会办为要。

  专此 并祝 公祺

王 道
四月廿七日

合阳防空

1. 防空哨站

抗战初期，国民党军事当局令合阳设防空哨站，与山西运城防空站联络，遇有日本飞机偷袭，由运城电告合阳，县城即敲钟警告群众出城或躲进防空洞。运城沦陷后，县防空哨站设至福山灵泉村，因传讯报警不及时，县城群众死伤严重。

2. 防空设施

抗战时期，人们已经懂得应用窑洞、地窖、古城墙，或土崖下挖猫儿洞来躲避空袭，有的富商在院内修建地窖或简易地下室躲藏，这些均是群众自发的行动。但由于历史和条件的限制，日军空袭时人民的生命财产仍遭受了严重损失。

黄河岸沟监视日寇飞机的国民党士兵

3. 日军空袭合阳情况

民国二十八年（1939）3月5日，一架日机于县城3处投弹13枚，伤5人，亡7人，毁民房数十间。3月15日，日机一架于县城投弹4处，亡1人，毁东街小学校舍及其他房屋数十间。9月27日，日机3架于县城5处投弹，炸死8人，毁房数十间。民国三十年（1941）9月，日机2架于县城投弹2处，伤3人，毁房屋、商店多处。民国三十五年（1946），防空哨站撤销。

民国三十七年（1948）9月，国民党飞机投弹县城后地巷，死2人，毁房数十间。

（摘自《合阳县志》）

抗战中设于灵泉福山的敌机瞭望哨

抗战中县城悬挂的防空警报大钟（现在烈士陵园钟楼）

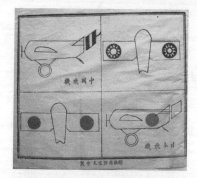

中日飞机识别标识
（合阳县防空支会宣传品）

防止敌机放毒气的对策

据谍报："敌人将以飞机到陕散放伤寒病菌。"除用防疫注射外，凡注射力不及之处，拟用下列各法防之：

1. 敌机来时起至去后一小时，以净布浸水便鼻呼吸。
2. 将食品盖蔽严密，勿容通气。

3. 不能严盖之食品，事后须经消毒（热至百度或日晒、水淘、药品杀灭）方可入口。

4. 病菌落地可见者，须用水洒湿，撒新石灰于上消灭之或用湿土埋之，以免随风飞扬。倘予消埋，忽被风起者，仍用1、2、3等法防之。

5. 人之鼻口有染病嫌疑者，用特效汤药饮之。汤药另有专书，料宜早诸备。

康家坡躲避敌机防空洞

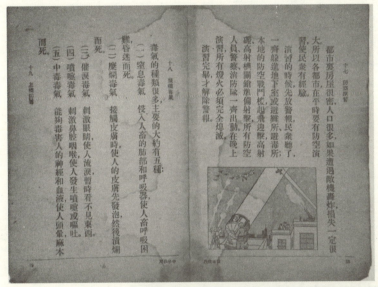

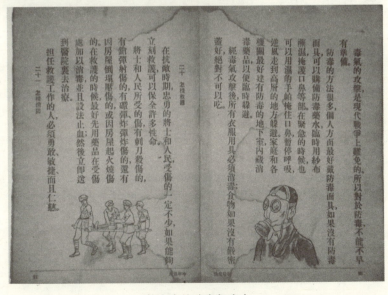
教本中的防毒气内容

合阳县民众教育馆的一封信

敬启者：

　　窃自抗战军兴，各地文化宣传事业风起云涌，唯吾合地僻风塞，一般文化程度至为低下，故文字口头等宣传，殊有与民格格不入之憾。本馆有鉴及此，特组织怒吼剧社，收招演唱员生，排练秦腔抗战剧本，拟以通俗之秦腔，作唤起民众之工具。唯草创伊始，诸凡不备，而尤以经费拮据，阻力为大，筹措多方，少见实效。素仰均会领导抗战事业，发动宣传工作，相应函达，即希特赐指导并恳助津贴，以资挹注，以便工作顺利进行，不胜翘企之至。谨上。

　　动员委员会公鉴

合阳县民众教育馆
中华民国二十七年十二月十六日

给王性之的一封信（之一）

敬启者：

　　前奉上各函，谅均阅矣。本处筹备，诸事逐渐就绪。惟经费不足，未便率尔进行。此同人等午夜彷徨，寝食难安者也。顾念国难方殷，时局多艰，凡属中华民族，均宜各尽所能，各输所有，奋身报国，力挽狂澜。与其永沦异域，万劫不复，何如同伸援溺，拯救孑遗，早出水火，登诸袵席之愈哉。此时多出一份钱财，为国家多培植一分元气，即为抗战多增加一份力量，为子孙多遗留一份德泽，光前在斯，裕后在斯，郅治保邦，百代流芳，亦无不在斯。传有之，惟善人惟能受尽言，书曰：皇天无亲，惟德是福，谨布区区，诸希鉴谅。

　　此致

中华国学社筹备处　　公启

给王性之的一封信（之二）

敬启者：

募捐公启，奉上已数阅月矣。同人等心怀杞忧，行惭念影，无米难炊，负疚良深。步武训行乞于学之尘，懔包胥效哭秦庭之旨，不惮琐，一再晓渎。各界仁人只节数日零星之小费，即可对救亡图存之大业。人心一转，天意自回。精神团结，士气百倍，抗拒强敌，扫荡魔氛，一指顾间事也。孟子曰："仁者无敌。"又曰："人人亲其亲、长其长而天下平。"谨布区区，等候明教。

此致

中华国学社筹备处
同人　谨启
七月

合阳抗战驻军

民国二十一年（1932），革命军第十七路军柳彦彪（合阳北长益人）旅进驻合阳。

民国二十四年（1935），国民革命军第十七路军杨虎城将军直属警备第三旅进驻合阳，旅长孙辅臣，与县民协力改修金水沟北坡，月余而成，后开赴抗日前线。

民国二十六年（1937），日军占领山西，河防吃紧，十七路军一七七师师长李兴中率部进驻合阳。师部先驻县城，后移南知堡，部队驻沿黄河一带村庄。一七七师乃杨虎城将军旧部，是一支拥护国共合作、坚持全面抗战的爱国部队。其中有共产党的地下组织，师参谋许权中和营长王汝昭、阎揆要等人均为共产党员。驻军期间，在中国共产党合阳地下组织和进步人士苏资琛县长的配合下，以唱歌、演戏、刷标语等形式开展抗日救亡宣传活动，举办沿河各县中学生军事训练班，为抗日救亡培训骨干，协助县政府组织、训练自卫军，推进合阳地区抗日救亡运动。1938年6月，一七七师奉命从夏阳东渡黄河抗日。

民国二十七年（1938）秋，中央军预备第七师（后升编为陆军五十三师）进驻合阳。师部先驻县城，后驻官庄。各团分驻韩庄、百里坊、同家庄、大郭村及沿河一带村庄。师长曹日晖积极反共，当风闻所部可能调至山西对日作战时，畏敌如虎，遂独出心裁，于民国二十八年农历正月初将驻地官庄改名"敬老庄"，邀请全县65

岁以上的男性老人参加"敬老会",杀猪宰羊,围屏挂帐,愚弄乡民。同年夏,以赵桂棠为首的绅士根据曹的授意,制"万人伞"献曹师,伞拍照呈送胡宗南,言传"合阳父老感戴曹公恩德,执意挽留"云云。曹日晖并亲笔撰写官庄村立"敬老庄牌坊"一块,极尽自我夸饰。同年冬,中国革命军一六七师(原属云南靖国军)进驻合阳,师长赵锡光,师部驻南知堡,军纪严明。

民国二十八年(1939)冬,中央第一军进驻合阳,军部驻贺俭村。军长陶峙岳,后易丁德隆。一师师长李正先,驻龙王庙一带;七十八师师长刘安琪,驻南蔡庄;一六五师师长王治岐,驻南知堡村。一六五师系由甘肃军阀鲁大昌部改编调陕,因给养、医药条件甚差,驻地(西卓子村)在半年内埋葬士兵600多名。

民国三十年(1941),暂编十五师进驻合阳,师长刘宗宽,师部驻百里坊村,随军剧团"培风社"常在西寺、城隍庙演出。

民国三十一年(1942),十六军进驻合阳,军长董钊,军部驻官庄。官兵不思抗战雪耻,陶醉于丝竹娱乐。随军"马当剧团"经常在官庄老爷庙过台戏楼演出《玉堂春》《囊哉装箱》等传统秦腔戏。

民国三十二年至三十四年(1943—1945),国民党二十八师进驻合阳,师长李梦笔,后易王应军。师部驻南知堡,各团分驻安家庄、鹅毛、临皋等村。师部强占南知堡村耕地30多亩,拆毁附近各村庙宇、戏楼,修建操场、澡堂和舞台。以金莲山小学作靶射击,迫令学校停课。军官肆意克扣粮饷,残害士兵,对死者或两尸一棺埋或一棺葬多尸或将死者倒入坑内原棺重用,甚至活埋重伤员。

南岳庄王家曾驻九十军炮兵连连部

南知堡董家曾驻一六七师师部和师长赵锡光

南知堡李家曾驻一五六师师部和师长王治岐,二十八师师部和师长王应尊

民国三十四年（1945），胡宗南挺进司令周贵昌率部从山西败回合阳，驻扎南知堡、项村一带，竟将金莲山完小学生陈双全拉去当了兵。

民国三十六年至三十七年（1947—1948），驻军络绎。驻县城附近的国民党二十五师（师长李日基）和三十师拆毁城内庙宇殿堂，卸走王家坡各户门窗，修筑碉堡战壕，到处拉夫抓兵，抢粮抢畜。驻大郭村的二十五师、驻路井一带的中央军第一师和十七师，四处劫掠。驻南蔡庄的七十八师一六四团，于1948年冬活埋地下共产党员赵志道。七十八师便衣队长张联甲，昼劫如匪。

百里坊关帝庙戏楼在抗战中曾驻暂编十五师师部

（选自《合阳军事志》）

抗战时期兵役

一、兵役机构

1912年至抗日战争爆发，国民政府实行募兵制。从中央到地方未设专门兵役机构，凡招募事宜，在县由县长承办。1936年以后，国民政府实行征兵制，在各地设立兵役管区。兵役管区是国民政府军事委员会设在地方的兵役机构，分为军管区、师管区、团管区三级。1938年1月，成立陕西省军管区司令部。同年，陕西军管区关中师管区在蒲城县设蒲城团管区司令部，负责处理潼关、华阴、华县、渭南、大荔、朝邑、平民、澄城、韩城、白水、蒲城等县的一切兵役事务。1938年底，渭南各县先后成立兵役科。1940年4月，各县兵役科撤销，业务由民政科兼理。11月，设立军事科，主管征兵。根据规定，五等县、六等县不设军事科，兵役业务由民政科办理。1941年，国民党政府改军、师、团管区三级制为军、师管区两级制，撤销蒲城团管区司令部，设华潼师管区司令部，专门负责兵役工作。

二、兵役制度

民国前期，沿用募兵制，百姓俗称之为招兵买马。合阳境内的"刀客"积极应募。在长期的军阀混战中，都以募兵方式补充兵员，扩充势力。应募者多为贫困户子弟、逃荒饥民及流亡逃窜者，也有一些土匪及地痞无赖被收编为军。故有"好男不当兵，好铁不打钉"之说。

民国二十六年（1937），南京国民政府颁布《兵役法暂行条例》，实行征兵制，规定年满18周岁及以上至48岁的男性公民均有服役义务。合阳于民国二十八年（1939）成立征兵协进会，后改为兵役协进会，假法令之名，行抓兵之实。各地实行抽签征兵，规定三丁抽一、五丁抽二。当年，全县中签壮丁2103名，交华潼师管区（驻蒲城）接收。民国二十八年（1939）配赋1428名，次年增至1848名。民国三十年（1941）10月后的15个月中，全县交兵1625名。民国三十一年（1942），全县壮丁已无签可抽，而配赋却增至3900名。各乡保便派款雇兵，一兵卖小麦十几至二十石，致没势面的出兵户一而再出钱买兵，"兵痞"再而三卖兵弄钱，无钱者被强抓入伍。民国三十三年（1944），县兵役办事员何振钢伙同部分乡镇长及华潼师管区主办人员，将配赋予全县的180名壮丁以一兵万元折价顶兵，180万元全部流入私囊。每遇上级阅兵查营，则拉差雇人应付了事。在抓壮丁时，国民党县兵役科、乡公所或军方头目及保甲人员率兵丁逐村逐户搜查，一旦搜出，拳打脚踢，棍棒加身，绳捆索绑、贫苦农民子弟为躲避抓壮丁，有的逃外当长工，有的改名行乞讨，有的故意致残身，造成许多人妻离子散，家破人亡。1939年至1948年底，合阳共被抓壮丁14280名。国民党军队在合阳的征兵，完全被强拉硬抓所代替，直到国民党政权灭亡。

（选自《合阳军事志》）

陕西省合阳县知识青年志愿者从军简历册

姓名	年龄	籍贯	学历	经历	党证字号	团证字号	实左	斗右	备考
魏济民	21	合阳	合阳县初中学毕业	合阳五区乡公所干事		待发	5	5	
王文卿	22	合阳	合阳县初中学毕业			待发	4	4	
颜方居	18	合阳	合阳县初中学毕业			待发	2	4	
雷明□	19	合阳	合阳县初中学毕业			待发	5	1	
孙东康	18	合阳	合阳县初中学毕业			待发	5	5	
梁永林	20	合阳	合阳县初中学毕业			待发	3	4	
梁济光	18	合阳	合阳县初中学毕业			待发	1	3	
翟治民	20	合阳	合阳县初中学毕业			待发	1	4	
□天积	18	合阳	合阳县初中学毕业			待发	3	1	上额缺损

续表

姓名	年龄	籍贯	学历	经历	党证字号	团证字号	实左	斗右	备考
宋法正	18	合阳	合阳县初中学毕业	小学教员		待发	4	1	
李守平	19	合阳	合阳县初中学毕业			待发	1	5	
□志民	19	合阳	合阳县初中学毕业						上额笑斗缺损
刘登科	18	合阳	合阳县初中学毕业						上额笑斗缺损
刘俊□	23	合阳	合阳县初中学毕业			待发	5	0	
屈□□	18	合阳	合阳县初中学毕业			待发	3	4	
刘文轩	18	合阳	合阳县初中学毕业			秦048911	0	5	
邹□	18	合阳	合阳县初中学毕业			待发	5	0	
许□	18	合阳	合阳县初中学毕业			待发	4	0	
倪怀新	35	浙江	中学毕业	曾任秘书科长等职	陕1125733		1	4	
杜光	25	山西	陆军卫生院训练班毕业	护士		待发	2	4	上额缺损
王世	19	合阳	大荔农职毕业	小学教员		待发	2	2	
柯登□	19	临泾	商高毕业	银行会计		待发	3	2	
张继祥	24		干四	曾任□□□	军1961	待发	3	2	
吴焕文	32	上海	干四	曾任□□□	待发		2	4	
张智	26	商县	高中	曾任□□□		待发	3	1	
王芝	26	山西	初中	曾任□□□		待发	2	3	
邰景	26	安徽	军委			待发			
魏相	19	合阳	高师			待发	2	0	
郭铁	20	合阳	高师			待发	4	2	
张定	19	合阳	师范			待发	3	1	
王仵	20	合阳	初中			待发	4	3	
张正	18	合阳	初中			待发	1	3	
李管	25	河北	初中	曾任□□□		待发	2	1	
刘振现	19	合阳	高中			待发	3	2	
谭志刚	18	合阳	初中			待发	2	3	
谭□	19	合阳	初中			待发	1	0	
赵□	18	合阳	初中			待发	1	3	
刘中	18	合阳	初中			待发	1	2	
马玉	23	合阳	初中			待发	1	2	

续 表

姓名	年龄	籍贯	学历	经历	党证字号	团证字号	实左	斗右	备考
刘登	18	合阳	初中			待发	4	1	
远鸿	29	河北	初中	曾任□□		待发	3	3	
李培	25	合阳	初中			待发	1	4	
赵祥	26	河南	初中			待发	2	3	
杜亚	28	山西	高中	曾任□□	待发				
雷法	18	合阳	初中	学生		待发			
李福	19	河南	初中	学生	待发				
卢虎	18	河北	初中			待发			
王虎	23	合阳	初中	原卷□□		待发			
赵威	20	合阳							
李景									

注："□"为无法识别的字。

第二部分

日寇暴行　损失惨重

关中道人民负担与呼声（陕西近况报告之六）

一、卅三年度全省民负情况

（一）据今年一月廿二日西安秦风、工商合版载，去年度全省人民负担情况（力行社讯）如下表：

项别	数额	备注
同盟负债	1000000000 元	一、县预算不敷，原不敷 225599167 元连追加各项开支约共不敷上数。
公益储蓄	1200000000 元	
县预算不敷	400000000 元	
青年从军	400000000 元	二、青年从军款全省以万计，每人直接间接约 4 万元。
田赋征实	2850000 市石	
粮食征借	13330000 市石	三、此处，各军中征用运输等差价，虽数目巨大，但因有关其他，暂不列入。
征棉折抵	230000 市石	
大户借征	250000 市石	
收谷	150000 市石	

（二）另据该报一月四日社论中说："……陕人对国家民族之贡献，不在表面，而是渗入实际之抗战建国工作中。别的姑且不论，就拿棉花、粮食、兵役之三项而论，陕人也是尽到最多之努力。据非正式之统计，军用之棉，80%以上为陕人所供给，军用之食粮，陕人起码也负担50%，兵员之补充最低限度也负担40%以上之配额。这些负担大多出于农民……"

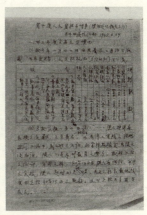

《关中道人民负担与呼声》原件（局部）

（三）上表说明：

1. 从上表可以看到光四类款子共 3000000000 元，五种粮共 16800000 市石，以全陕千万人口计算（按国民党报纸公布全陕 11000000 人口），则每人平均出款 300 元、粮 1.53 市石。

2. 关于雇买壮丁费，此表根本未报，而实际乡间派此项款额最多与最繁，就以《解放日报》二月七日发表文章中说："……征兵是乡镇保甲长和兵役人员发财之好机会，公家要一个兵，他们就得向人民要三个兵。"他举临潼县说："规定每甲每年一兵，实际上每甲每年要三兵……每丁平均价格二万元算……"全陕共956乡镇公所，7135保公所，（每保以20甲算）共142700甲，每甲每年平均3丁，共出428100壮丁，每丁以20000元计，则需8562000000元。

3. 再以青年从军款一项，据调查，临潼全县就派了1600万元，渭南900多万元，扶风700多万元，若以每县派700万元，国民党在陕所辖约80县算，则共派560000000元。

由于国民党各级人员层层剥削贪污，所以绝大部分的摊派是"宝塔式"之摊派，因此上表数字是最低之数字。

二、几个县人民负担调查比较表

几个县人民负担调查表

县系别	每亩产麦数（斗）	每亩付田赋数	每亩出杂粮杂款折麦数（斗）	每亩出麦数（斗）	每亩支出占收入%	备注
合阳××村	2.65	5	592元折2	2.5	95	共12月，土地不好
三原灵高乡××甲	6	1.2	366元折1.15	2.35	39	同上，北原地
泾阳千万乡××甲	7.3	1.15	434元折1.4	2.25	35	同上，土地较好
礼泉高岭镇××家	3.4	□.6	341元折1.1	1.7	50	同上
礼泉乡南乡××家	3.1	□.54	341元折1.1	1.64	53	同上
临潼栋杨镇××家	7	1.1	410元折1.3	2.4	35	同上
澄县××家	4.4			3.3	75	全年13个月
澄县××家	5	0.7	500元折1.6	2.3	46	同上
莘和集太乡××甲	8	2.5	496元折1.6	4.6	51	同上
长安××家	8	1.7	743元折2.5	4.2	52	同上
耀县大王镇××家	10	1.3	1200元折3.8	5.1	51	同上
清阳千云乡××家	7.3	1.3	680元折2.2	3.5	48	同上
临潼××村	8	1.6	400元折1.3	2.9	36	2—8月全村26户
合阳××村	5	0.7	685元折2.2	2.9	58	2—8月
长安××家	10	2.6	800元折2.58	2.18	51	2—8月
扶风×一中农家	5.8	0.8	204元折0.66	1.46	25	11个月

续 表

县系别	每亩产麦数（斗）	每亩付田赋数	每亩出杂粮杂款折麦数（斗）	每亩出麦数（斗）	每亩支出占收入%	备注
扶风一个贫农家	3.7			2.3	62	11个月
扶风一个富农家	6.3	1.1	1.06	2.16	34	11个月
华县××家	3.3	0.7	282元折1.1	1.8	54	九个半月

上表的说明：

（一）每亩收入支出的麦数，皆以老秤（16两）老斗（30斤），每斗麦价以最低价200元与最高价400元一斗平均310元算的。

（二）每亩收入的麦数，将秋粮一斗折五升麦，还有将出产之副产品（如棉花，旱烟叶）皆折成麦数；每亩支出光指给国民党出正粮、杂粮、壮丁费而言，如家庭零用、口食粮等皆算。

（三）十二个月之负担六个中最高所占收入95%，最低占34%，平均数51%；全年负担最高75%，最低46%，平均54%；八个月中共三个平均数48%，十一个月扶风一个村共三户平均数40%。

（四）材料的来源都是从农区来的家属户党员谈话搜集的，因此，某些地方扩大与缩小在所难免，同时都是以一年农历13个月计算的。

（五）从上表可以看到各地人民负担轻重不一，其原因：

1. 土质好坏与收获量之多寡不同。
2. 大量土地时看是否化分而决定土地之好坏（多少粮）。
3. 与当地之乡保甲长与其他人负之贪污多少和本村本户有无势力而不同。
4. 同一地区同一土地耕耘之好坏也决定产量多少与负担轻重。
5. 居高原人民之种棉利仍大，比种棉少的县如合、澄负担上较轻些。（以上五条原因之具体事例从略，抄此）

（六）杂款名目与人民最感繁重之几种负担：

1. 杂款名目（按不完全之统计）有：

(1)壮丁费；(2)出国壮丁费；(3)单丁受训费；(4)青年从军款；(5)大事费；(6)国防木料费；(7)乡保人员受训费；(8)国库券；(9)储蓄券；(10)同盟公债；(11)各科招待费；(12)合作社股金；(13)民夫费；(14)草料费；(15)军麦；(16)公家麦；(17)难民粮；(18)碉楼公事费；(19)赋征费；(20)棉粮；(21)代购棉花；(22)门牌费（不经常）。

2. 人民最感繁重之几种负担：

（1）壮丁费：合阳一个村每年2—8月每放光出壮丁费250元（另四个有壮丁之家每人还出3000元）；临潼一个村26户，27个壮丁，去年2—8月每丁已出1500元，无丁之家每放还出35元。老百姓称壮丁费是"韭菜园子割韭菜，连续不断，不知出多少才算完"。

（2）差役：A. 大车费：合阳王村镇××村12个月中每放出250元。B. 民夫：

合阳一个村12人月中共做工10天，每亩已出48元。

（3）田赋征实费：自丈量土地后，地分三等九级，每放田赋多少不一定，分5升、1.1斗、2.5斗不等。

（七）全年光给国民党出麦每亩占支出的54%，那么用什么维持生活呢？

1. 增产：农妇十之七八纺线织布赚不出官款维持生活。男人，碰到出力事亲自出力，以节省钱；赶脚吆车，做小生意，贩大烟。
2. 节衣缩食，一切从简。
3. 搞鬼：献棉中"吃潮""掺假"……
4. "借着吃，打着还"。（以上摘要——抄此）

但据祝绍周在元旦献文中写到："首先他说陕省对于全国之战时棉花、粮食、壮丁供献很多……哩，毛泽东卖烟哩！又说，卖是卖哩，人家不准他的人吃。"还有人说："老蒋不发啥，只有这样解决困难。"

关中地委统治部
1945年2月27日

注：原文基本照抄，唯有些具体例子省略。

抗战时期合阳县人口伤亡和财产损失调研报告

省、市委党史研究室：

根据省市党史部门的工作部署，我们组织人力认真查阅合阳县档案馆馆藏民国档案，走访知情的老干部及老教师，基本查清了现存档案中关于抗战时期合阳的人口变化及伤亡和财产损失情况，现就有关调查研究情况报告如下：

一、调查工作概述

年初，市委党史研究室在我县洽川宾馆组织召开澄城、韩城、合阳、大荔四县党史工作会议，传达省委党史研究室关于开展《抗战时期中国人口伤亡和财产损失调查工作的意见通知》，我县党史研究室的全体同志参加会议，学习了有关文件。随后，我们确定刘社全、李卫平同志具体负责调查工作，刘社全同志于今年2月下旬参加了省委党史研究室组织的干部培训班的学习。3月19日省委办公厅转发的省委党史研究室、省财政厅、省档案局《关于加强我省〈抗战时期中国人口伤亡和财产损失调查工作的意见〉通知》下发后，得到县委及有关部门的重视，县委组织部领导多次过问，督促工作。至3月27日基本查清了县档案馆所藏档案中有关抗战人口伤亡和财产损失档案数，并将资料目录上报省、市党史工作部门。在调查过程中采取的主要方法是：一是查阅档案资料。4月根据所查目录情况，刘社全、李卫平开始在县档案馆对合阳县档案馆所藏民国档案进行地毯式查阅，并对有关内容进行摘录分析，共查阅档案500余卷。二是查阅有关抗战的资料。我们先后对县政协文史资料委员会、合阳县志办公室、县党史研究室所存档案100余卷进行查阅，并对所查档案资料进行核实分析。三是走访老教师、老干部,让他们提供线索、核实资料。由于历史久远,资料相互有的穿插,且有多种说法,为取得可靠资料,我们先后走访老教师、老干部10人次对原资料进行核实。四是复制档案资料、填写调查表,共复制档案26份。9月初根据省市党史部门反馈给我们的有关档案资料,结合我们自己掌握的资料,形成调查初稿,11月根据渭南市委党史部门的修改意见,对调查报告再次进行修改讨论,于12月底完成调查报告。

二、抗战前后合阳的自然条件和社会经济变化状况

合阳位于陕西关中渭北黄土高原东部,东临黄河与山西临猗县相望,西隔大峪河与澄城相连,南与大荔县毗邻,北依梁山与韩城接壤。南北长41.8公里,东西约35.6公里,总面积1341.6平方公里,全县呈阶梯状地形,自东南向西北逐渐升高,海拔342~1543.8米。境内沟壑纵横,台原错落,故有"一滩二沟七分原"之说,具有典型的旱原气候特征,是典型的农业县。粮食以小麦为主,棉花为主要经济作物。

1937年卢沟桥事变后,日寇侵占晋西南,地处黄河西岸的合阳受到严重威胁,是年冬,国民革命军杨虎城部一七七师驻防关中黄河沿线一带,阻击日军西犯,师部驻扎合阳县城东街,他们在沿河一带发动民众,宣传抗日。1938年1月,进步人士苏资琛请任合阳县县长,致力于沿河前线的抗日工作,先后举办沿河中学生军事训练班、教师训练班、青年训练班、妇女训练班、基本骨干训练班,于1938年春在中共党组织的倡导下,配合一七七师组建了合阳抗日民众自卫大队,有队员两万余人,苏资琛亲任大队总指挥。在抗日民族统一战线旗帜下,合阳民众挖垫壕、修工事,协助驻军守卫河防。沿河各联保的自卫中队曾多次渡河赴山西前线参战。1938年4月,中共沿河地委在县城大众书店成立,具体指导沿河各县的抗日救亡工作。同年5月,中共合阳县委在百良东宫城小学成立。同时,国民党县党部设立"县抗敌后援分会",主办募捐、支前等事宜。同年10月,一七七师开赴山西前线抗日,蒋介石嫡系部队五十三师进驻合阳。在抗战处于相持阶段时,日寇经常炮击合阳,飞机不时袭扰,给合阳人民的生命财产造成一定的损害。

(一)人口及政权设置情况

抗战初期,全县共有人口129156人、21194户(《合阳县志》第117页《民国时期合阳部分年份户口统计表》),设23联194保。1939年撤联设乡(镇),全县共设8镇6乡148保(《合阳县志》第36页)。黄河沿岸由于受黄河主河道迁徙变化的影响较大,合阳东南沿河一带的黄河滩地,多数为居住于沿黄河原上的居民拥有,抗战开始后,河南、山西、山东等省沦陷区的难民云聚于黄河滩地,开垦荒滩。1941年,县政府为收抚流亡难胞将黄河滩地划拨给难民,在黄河岸边的全兴寨设立复兴乡,辖6个保。据记载,1944年9月15日全县共有暂居者1031户、3424人。寄籍者815户、2551人(《合阳县临时参议会会议记录》第19页)。至1945年全县共有9镇7乡154保,146171人(《合阳县志》第36页)。

(二)私商店铺情况

据《合阳县志》记载,1940年全县私营商店130家,从业人员499人,全年营业额42.9万元(法币)。由于合阳地处抗战前线,常受日机轰炸,市场萧条衰落,1941年后河南、山西沦陷,来合经商谋生者日渐增多,其信息灵,货源广,周转快,竞争力强,致使本县的百货京货商号多数歇业,物价飞涨,法币贬值,小麦成为实物

货币，粮棉投机商应运而生，平政龙王庙集会成为棉花交易主要场所，每集交易达万余斤。县城内由于粮差款巨增，每日进城办事人员增加，县城饮食服务业畸形发展，酒馆饭店增至40余家。（《合阳县志》第302页）

（三）手工业情况

抗战前，合阳手工业较为兴盛，铁木匠铺、皮麻作坊及帽铺遍及城乡街市。抗战期间逐渐衰落，1941年全县各类手工业匠2192人，至1944年递减为1471人。

（四）工业情况

据《合阳临时参议会会议记录》记载，1937年全县仅有一个县办工业民生工厂，在县城西北角的西宫，有职工50名，年产平布、格子布、条子布2000余匹，线袜300多打，销路颇畅。1939年因县城遭日机轰炸，除留铁工部、木工部于县城外，其余迁于县西北朱家河村。在极端困难的条件下，工人挖窑建房，用峪河水作动力纺纱织布、打浆造纸，至1944年职工发展到120人，抗日战争胜利后，迁回县城西宫。（《合阳县志》第245页）

（五）农民负担情况

抗战时期，合阳地方赋税收入作为上赋上报，致全县正负额增加一倍，抗战不敷款一增再增，群众垫赔的额外负担十分惊人。1941年全县额外负担达3884.5万元，平均每人达260元。

（六）财政情况

县财政预算及支出迅猛增长，据《合阳县临时参议会会议记录》记载，1944年省政府核定县财政预算收入为607.65万元。年底实收589.02万元。此外，当年的屠宰税、房捐税、营业牌照税、筵席税、警税、牲畜税等（四成解省、六成留县）计38.16万元，地价税留县0.94万元。1945年省政府核定本县财政预算总额为690万元，其中省补助511万元，地方自筹摊派225.7万元。

（七）教育情况

由于抗战，群众负担加重，日机经常轰炸，全县失龄儿童失学逐年增加。据记载，1944年底全县共有学龄儿童17953名，失学儿童竟达13812名。（《合阳县临时参议会会议记录》第20页）

（八）兵役情况

抗战开始后，合阳于1939年成立征兵协进会（后改为兵役协进会），征兵实行抽签，当年抽签壮丁达2103名；配赋兵役1428名，1940年为1848名。1941年后的15个月中，全县交兵1625名，平均月交108名。至1942年全县壮丁已无签可抽，而配赋却增至3900名，为及时补充部队各乡保便派款雇兵增加农民负担。据《合阳县临时参议会会议记录》记载，自1937年征兵开始至1944年底，全县共配赋13110名，征补11378名，合计共输送兵役24488名。（《合阳县临时参议会会议记录》第23页）

（九）文化情况

抗战爆发后，县民教馆馆长党梦笔聘请名艺人成立"铁血宣传队"，后改为"怒吼剧社"，演出《出征》《军行》《民族英雄》《血战永济》等许多新编秦腔剧目，宣传抗日救国，深得民众支持，据统计，抗战期间共演出百余场。在抗战中河南难民来合较多，聚居于黄河沿岸的全兴寨一带，为了宣传抗日，动员民众，他们组建了河南曲子和河南梆子两个戏班，在沿河一带宣传抗日。

三、侵华日军在合阳的主要罪行

1937年卢沟桥事变后，日本帝国主义大肆侵华，气焰嚣张，于1937年冬攻陷太原，继而侵占晋南。1938年春，日军重炮轰击黄河西岸，派飞机进入西北地区上空轰炸袭扰，造成众多的人口伤亡和巨大的财产损失。1938年4月12日，侵华日军从山西隔河炮击黄河西岸的陕西合阳，致使夏阳、莘里两村6名无辜群众被炸死，一些民房被炸毁。（《合阳县志》第14页）1939年3月5日（农历正月十五日）日机一架在合阳县城3处投弹13枚，毁民房10间。同年3月15日，日机一架在县城4处投弹，炸死1人，毁东街小学校舍及其房屋10间。（《合阳县志》第577页）9月27日，日机3架于县城5处投弹，炸死8人，炸毁民房数10间。10月27日（农历九月十五）上午7时，日机4架在县城后地巷、大油巷、乔家巷等处投弹60余颗，炸死57人，炸毁房屋百余间（《合阳政协文史资料》第7期第213页）。

1939年10月27日被日寇飞机炸坏的南街屈家巷柱础

11月6日，敌机3架在北街乔家巷、西街洞子巷、张家巷投弹炸死、炸伤20多人，炸毁民房数10间。（《合阳县志》第14页）1941年9月，日机2架于县城投弹2处，伤3人，毁房屋、商店多处（《合阳县志》第577页）。

四、人口伤亡情况

抗日战争时期，由于合阳地处国防前线，自1938年春至1945年日本投降，合阳多次受到日军的轰炸与炮击，造成一定的人口伤亡。

直接伤亡情况：

（一）炮击死亡情况：1938年4月12日，日本从山西隔河炮击合阳黄河沿岸村庄，合阳东王的夏阳、莘里两村6名农民被炸死。

（二）日机轰炸情况：1939年3月5日，一架日机于县城3处投弹13枚，伤5人，亡7人；同年3月15日，一架日机于县城5处投弹炸死1人；同年9月27日，日机3架于县城3处投弹炸死8人；同年10月27日，敌机4架于在县城投弹60余枚，炸死57人；同年11月6日，日机3架于县城多处投弹炸伤20余人，1941年9月日机2架于县城2处投弹伤3人。

以上两项合计共死亡79人，伤28人，伤亡共107人。

五、财产损失情况

由于合阳地处抗战前线，军事频繁，财产损失严重。自1937年抗战开始至1945年8月日军投降，国民十七路军一七七师、中央预备七师（后升编为陆军五十三师）、中央第一军、十六军、国民二十八师先后驻防合阳，合阳人民为驻军提供粮草、帮助驻军修筑工事，并多次遭受日军轰炸，合阳民众遭受一定的损失。

（一）居民财产损失情况

1. 直接损失

抗战期间日机曾多次轰炸合阳，合阳人民财产受到一定的损失。据现有资料记

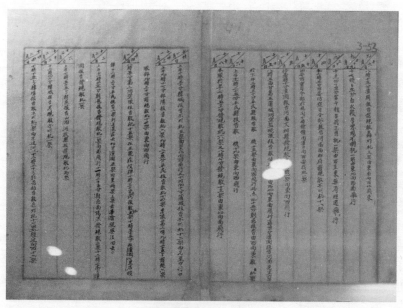

《关中道人民的呼声》

载，1939年3月5日，日机在轰炸合阳县城时炸毁民房10间。10月27日，日机4架在县城后地巷、大油巷、乔家巷等处投弹60余颗，炸毁民房100间；11月6日，敌机3架在北街乔家巷、西街洞子巷、张家巷投弹炸毁民房10间。

2. 间接损失

①修筑河防工事征用民夫情况。自抗战开始后，合阳地处国防前线，为防止日军东渡黄河，保卫陕西，合阳黄河沿岸自1938年春至1945年8月修有工事若干，有的工事多次被河水冲垮，沿河各村村民配合守军多次修筑工事。据查，1940年6月、7月两个月合阳每日以8000名民夫修筑黄河工事，共计征用民夫488000人次，致使大片秋田荒芜，造成秋粮损失2000万元以上。1944年黑池镇修筑河防工事共计征用民夫25000人次，征用木工2800余人，征用铁匠970工日，征用木板3000余页、掩盖材2000余根、铁钉500余斤、石灰8000余斤（《合阳县临时参议会会议记录》第36—37页）。

②代购军粮数：1937年至1940年全县共负担军麦38150包。1943年代第五战区购粮2310包，奉令调拨晋粮第四库军粮2110包，代第八战区购粮4251包（《合阳县临时参议会会议记录》第134页）。1945年曾先后两次为第一、第五两战区购置军粮。第一次购粮差价1700余万元，第二次负担第一战区麦1592包，第五战区麦1550包，购粮差价3770万元左右。按第二次购粮差价计算，第一次购军粮数为1416包（《合阳县临时参议会会议记录》第181页）。

③募捐情况：捐机。1943年根据奉派一县一机、二等县半机的命令，全县共捐款10万元。1944年发行同盟胜利公债1074500元。

④1944年征募慰劳金50000元。1937年11月全县募捐夹鞋14000双，捐款20.1万元，1942年自治户捐款478172元。

⑤军运代办情况：据现有资料统计，1943年全县征用车数为51696辆，1944年征用车数为30046辆（《合阳县临时参议会会议记录》第84页）。1945年1—8月共用车数为6482辆（《合阳县临时参议会会议记录》第193页）。

⑥1945年8月大军东渡黄河赔累统计数：合阳洽川地区依傍黄河，在抗战初，为防止日军西渡，沿河驻军对黄河渡口封锁长达8年，各种渡河船只因年久失修多数废弃，抗战胜利后，大军蜂拥东渡，临时负担甚重，据《合阳县临时参议会会议记

录》记载，大军渡河时在河西乡四个保的赔累数为：第一保损失为51491元，第二保为124164000元，第三保为270507600元，第四保为85250400元，合计为479973491元（《合阳县临时参议会会议记录》第207—210页）。

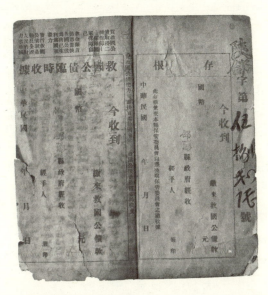

抗战中合阳人民购买救国公债支援抗战的救国公债存根和收据　　　合阳抗敌后援会捐款收据

（二）社会财产损失情况

1. 直接损失

抗战期间日机曾多次轰炸合阳，据记载，1939年3月15日与1939年9月27日日机在轰炸合阳县城时，分别炸毁房屋10间。

2. 间接损失

①军队过往供应情况：抗战时期，合阳地处河防要冲，驻军云集，部队所需草料、马秸数大多由合阳供应。据统计，自1937年至1946年全县军队过往供应数分别为1937年384000元，1938年16100000元，1939年28800000元，1940年72000000元，1941年90000000元，1942年216539368元，1943年629760000元，1944年550000000元，1945年1192456740元，1946年3300000000元，合计为6096040108元。

②优待应征军人家属：自1937年至1946年八年抗战中，合阳县每年均拿出一定的资金用于优待出征军人家属。据查，1937年为11130元，1938年为12600元，1939年为93420元，1940年为414750元，1941年445500元，1942年为100650元，1943年为20790000元，1944年为18510000元，1945年847800000元，1946年189005400元，合计为1078089300元。

③救济费：据查，1943年至1946年县政府各年支出救济费分别为10000元、10800元、19890元、4130900元，合计为4171590元。

④其他临时支出：1942年为808万，1943年为309万，1944年为45500万，1945年为7200万，合计为538170000元。

六、结论

在抗战八年中，合阳民众为了抗击日寇，不惜人力和物力，在黄河沿岸配合驻军修筑工事，数以千计的青年随军东渡黄河抗击日寇。同时也遭受了日军的炮击和飞机的轰炸，合阳民众的生命和财产遭受了一定的损失。为了抗击日军强渡黄河，合阳民众负担了驻军的粮草和军运工作，为抗日战争的胜利做出了较大贡献。

中共合阳县委党史研究室
2006年12月

日机暴行

抗日战争期间，日军侵入中国，虽未能进入陕西境内，但飞机多次从山西起飞，越过黄河对合阳县城区进行轰炸，并炸毁许多民房和其他建筑物，伤亡达10人之多。仅东街村遭受大的袭扰就有4次，并造成伤亡。

第一次，1939年3月5日（农历正月十五），日机把炸弹扔到县政府后的仓圪涝和后地巷，炸死、炸伤达5人之多，部分民房受损。

第二次，1940年12月（农历腊月初），一天早饭后日机把炸弹扔到西小巷李建生（四组李安民之父）家的面房，炸死毛驴1头，毁房3间，磨盘都被炸得粉碎，磨面者也受了轻伤，李建生的父亲被吓得精神失常达两月之久。另一颗炸弹落到东城墙附近，没有人员伤亡。

第三次，大约在1941年到1942年间，日机把炸弹扔到雷家巷党广才家的院子中间，炸塌厦房两间。广才的祖父、祖母刚跑到门楼下，炸弹就扔下来了。多亏有大照壁遮挡，才幸免于难。

第四次，1943年11月8日（农历十月十一日），是贾家巷雷志强（雷中义之父）娶媳妇的第二天，按照当地风俗，第二天早上要谢执事，新媳妇要过桥上灶进厨房切"试刀面"。大约八九点钟，新媳妇正在切"试刀面"，忽然防空警报响起，执事及家人赶快四处躲避，北巷的雷子厚（雷发科之父）和屈家巷的屈公公刚跑到贾家巷东头，看到日本飞机过来了，赶快躲到雷德寿家的门楼下。这时，飞机就把炸弹扔到雷益寿家门口，炸塌了雷德寿和雷益寿两家的门楼，雷益寿家的一个石门墩被炸得粉碎，在巷东头城墙下站岗的一个国民党哨兵也被炸死。飞机飞走后，人们纷纷走出来，听到雷德寿家倒塌的门楼下有人喊叫，巷里的人和雷德寿的

合阳县城东街关帝庙牌坊。1939年10月27日，日寇飞机轰炸合阳时，在牌楼以西附近炸死9人

家人都跑来刨砖土救人，由于有木架的支撑，两人除被擦伤外没有大碍，屈公公被刨出来时半截棉袍被烧没了。等清理完现场，不见德寿爷爷，全家都慌了神，巷里人和家里人开始四处寻找，都不见踪影，到快吃午饭时，德寿爷爷突然回来了。原来是一听见飞机响声，他就去了后院，一直没出来。家人以为他躲到门楼下遭到不测，真是虚惊一场。

以上这些事虽然已过去70多年了，但日本的侵略暴行却使广大村民难以忘记。因此，要教育后人莫忘国耻，奋发向上，努力实现习总书记提出的中国梦，使我们的国力更加强大，国防更加巩固。

2013年8月23日

注：本文系雷芝香口述、雷昌灵整理。
作者简介：雷芝香，女，1924年6月出生，东街六组人，共产党员。

战争带来的社会经济变化

一、人口及政权设置情况

抗战初期，全县共有人口129156人，21194户，设23联4保。1939年撤联设乡（镇），全县共设8镇6乡148保。黄河沿岸由于受黄河主河道迁徙的影响变化较大，合阳东南沿河一带的黄河滩地多数为居住于沿黄河原上的居民拥有，抗战开始后，河南、山西、山东等省沦陷区的难民云聚于黄河滩地，开垦荒滩。1941年，县政府为收抚流亡难胞将黄河滩地划拨给难民，在黄河岸边的全兴寨设立复兴乡，辖6个保。据记载，1944年9月15日全县共有暂居者1031户、3424人。寄籍者815户、2551人。至1945年全县共有9镇7乡154保，146171人。

二、私商店铺情况

据《合阳县志》记载，1940年全县有私营商店130家，从业人员499人，全年营业额42.9万元（法币）。由于合阳地处抗战前线，常受日机轰炸，市场萧条衰落，1941年后河南、山西沦陷来合经商谋生者日渐增多，因其信息灵，货源广，周转快，竞争力强，本县的百货京货商号多数歇业，物价飞涨，法币贬值，小麦成为实物货币，粮棉投机商应运而生，平政龙王庙集会成为棉花交易主要场所，每集交易达万余斤。县城内由于粮差款剧增，每日进城办事人员增加，县城饮食服务业畸形发展，酒馆饭店增至40余家。

三、手工业情况

抗战前，合阳手工业较为兴盛，铁木匠铺、皮麻作坊及帽铺遍及城乡街市。在抗战期间逐渐衰落，1941年全县各类手工业匠2192人，至1944年递减为1471人。

四、工业情况

据《合阳县临时参议会会议记录》记载，1937年全县仅有一个县办工业民生工厂，在县城西北角的西宫，有职工50名，年产平布、格子布、条子布2000余匹，线袜300多打，销路颇畅。1939年因县城遭日机轰炸，除留铁工部、木工部于县城外，其余迁于县西北朱家河村。在极端困难的条件下，工人挖窑建房，用大峪河水作动力纺纱织布、打浆造纸，至1944年职工发展到120人。抗日战争胜利后，迁回县城西宫。

五、农民负担情况

抗战时期，合阳地方赋税收入作为上赋上报，致全县正附额增加一倍，抗战不敷款一增再增，群众垫赔的额外负担十分惊人。1941年全县额外负担达3884.5万元，平均每人达260元。

六、财政情况

县财政预算及支出迅猛增长，据《合阳县临时参议会会议记录》记载，1944年省政府核定县财政预算收入为607.65万元，年底实收589.02万元。此外，当年的屠宰税、房捐税、营业牌照税、筵席税、警税、牲畜税等（四成解省、六成留县）计38.16万元，地价税留县0.94万元。

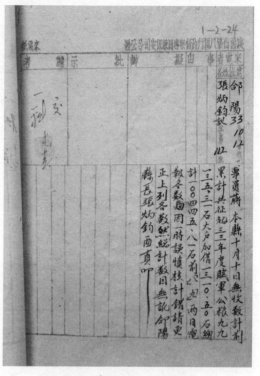

第八区各县三十三年度赋军公粮征起数字日报表

1945年省政府核定本县财政预算总额为690万元，其中省补助511万元，地方自筹摊派225.7万元。

七、教育情况

由于抗战，群众负担加重，日机经常轰炸，致使全县学龄儿童失学逐年增加。据记载，1944年底全县共有学龄儿童17953名，失学儿童竟达13812名。

八、兵役情况

抗战开始后，合阳于1939年成立征兵协进会（后改为兵役协进会）。征兵实行抽签，当年抽签壮丁达2103名；配赋兵役1428名，1940年为1848名。1941年后的15个月中，全县交兵1625名，平均月交108名。至1942年全县壮丁已无签可抽，而配赋却增至3900名。为及时补充部队，各乡保便派款雇兵，增加农民负担。据《合阳县临时参议会会议记录》记载，自1937年征兵开始至1944年底，全县共配赋13110名，征补11378名，合计共输送兵役24488名。

九、文化情况

抗战爆发后，县民教馆馆长党梦笔聘请名艺人成立"铁血宣传队"，后改为"怒吼剧社"，演出《出征》《军行》《民族英雄》《血战永济》等许多新编秦腔剧目，宣传抗日救国，深得民众支持。据统计，抗战期间共演出百余场。抗战时，河南难民来合较多,聚居于黄河沿岸的全兴寨一带,为了宣传抗日,动员民众,他们组建了河南曲子和河南梆子两个戏班,在沿河一带宣传抗日。

(摘自《合阳军事志》)

财政支出负担

民国三十三年（1944），省上核定的县财政预算中，教育经费为14.14万元。是时，合阳地处国防前线，大军云集，开支浩繁，地方不敷款一增再增，群众垫赔的额外负担十分惊人。据民国三十一年9月合阳旅省民众代表党晴梵、张缙卿等向省临参会呈送的《诉愿书》所述，民国三十年合阳县额外负担达3884.5万元（法币），每人平均达260元。又据这年（1946）合阳县政府呈送省政府的赔累月报，当年7月至11月本县民众被迫承担的零额军事征运与马乾赔累费达925.3万元（法币）。周鸿任合阳县长后，肆意扩大地方武装，胡摊滥派，横征暴敛，更比抗战期间的征派有过之而无不及。

民国二十二年（1933），全国统一折银两为银圆，每两正赋银连附加在内折合2.7银圆。全县共折征银14.1万银圆。民国三十年（1941），将全县耕地按三等九级清丈定等，逐户造册存档纳粮。同时，田赋改征实物，每元折征小麦2.8市斗（官斗，每斗折7.5公斤）。全县征小麦81200市石，合609万公斤。是时，又以"战时需要"为名，"征一借半"作为军粮。这样，全县年征借小麦即达913.5万公斤，每亩耕地负担高达9公斤左右。

(摘自《合阳县志》)

民国时期差役军征

民国初年，军阀混战，争戈迭起，兵差浩繁。合阳县设帮差局支应军务。北洋军阀统治时，军阀割据，军队所到之处即就地筹款，各军给养直接向地方随意加征，强索硬派，搜刮抢掠。还随意拉差，强迫民众运输枪械粮秣，抬送伤兵，修筑工事，稍有不从，鞭打绳拴。国民政府成立后，合阳县成立军征军运分会，负责境内过往部队征派粮食、马草、饲料、车辆、民夫、战备物资等。虽有军队粮秣发款购买之

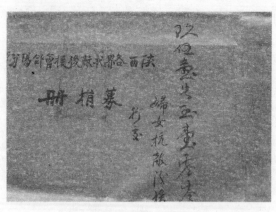

《抗战募捐册》（局部）

规定，但都因军人无视法令，军纪败坏，仍不断出现无偿索要现象。征购时由地方垫款，结果贴垫多，归还少，或价不抵出，亏赔严重，人民财产遭受极大损失，劳苦百姓对此极为不满。

据统计，自1937年至1946年，合阳县给过往军队供应的草料、马秣数为：1937年38.4万斤，1938年1610万斤，1939年2880万斤，1940年7200万斤，1941年9000万斤，1942年21654万斤，1943年62976万斤，1944年55000万斤，1945年119245万斤，1946年330000万斤，合计609603.4万斤。

1938年春至1945年8月，合阳境内修工事若干，有的工事多次被河水冲垮，沿河各村村民配合军队多次修筑。据查，1940年6月、7月，每月以8000名民夫修筑黄河工事，共计征用民夫488000人次，致使大片秋田荒芜，造成损失2000万元以上。1944年，黑池镇修筑河防工事共计征用民夫25000人次，征用木工2800余人次，征用铁匠9702日，征用木板3000余页、掩盖材2000余根、铁钉500余斤、石灰8000余斤。

据统计，1937年至1940年，合阳共负担军麦38150包。1943年，代第五战区购粮2310包，奉令调拨晋粮第四库军粮2110包，代第八战区购粮4251包。1945年，曾两次为第一、第五战区购置军粮。第一次购粮差价1700余万元，第二次负担第一战区麦1592包，第五战区1550包，购粮差价3770余万元。按第二次购粮差价计算，第一次购军粮数为1416包。

（摘自《合阳军事志》）

抗日战争时期军供支前

抗日战争时期，日军侵占晋南，合阳成为抗日前沿，在地下共产党组织的领导下，多方组织抗日武装，群众抗日热情高涨，踊跃参军，积极支前，为夺取抗日战争胜利做出了重大贡献。

1937年8月22日，中国共产党发表《抗日救国十大纲领》。8月25日，中共中央军委命令中国工农红军改编为国民革命军第八路军。9月，八路军在朱德的率领下先后途经合阳东渡黄河，奔赴山西前线抗日。9月14日，朱德总指挥在合阳县政府大堂向欢迎群众讲话，宣传抗日形势和伟大意义，使全县人民受到很大鼓舞。随后，抗日救亡活动纷纷兴起。1938年2月，举办沿河各县中学生军事训练班，接着成立沿河动员委员会妇女工作团、中华民族解放先锋队合阳地方区队、合阳抗日民众自卫大队、合阳教师抗日救国联合会等抗日群众组织。合阳抗日民众自卫大队有两万余人，1938年4月，在合阳县城举行了声势浩大的台儿庄会战祝捷大会，搞了两次检阅，每次检阅有一万多人。

陕西省委巡视员在1938年6月11日给省委的《合阳工作报告》中写道："自卫队每次检阅可到一万余人，新武器能占百分之十五，其他刀矛枪每人都有一件，群众情绪很高。有好几个联保的自卫队，要过河杀敌。每次驻军渡河打敌时，总有几个自动过河杀敌的。有一次队员作战牺牲二人，但其余队员并不惊惶，反而要继续过河杀敌报仇，要求过河的更多了。这一组织在我们影响下的有七八个中队，人数在两千左右。"

抗战中三十四兵站粮库设于张大有故居

1937年11月，本县为抗日募捐夹鞋14000双，捐款21万元；1938年，县百辛联第六保保长房卫民受县政府委托，设立粮秣站，为八路军筹集粮食4万余斤；1942年，全县自治户为抗日捐款47.8万元；1943年，全县为抗日募捐飞机款10万元；1944年，全县发行同盟胜利公债107.45万元，征募慰劳金5万余元。1943年，本县为抗日征用车51696辆，1944年征用车30046辆，1945年1月至8月征用车6482辆。

抗日战争八年中，合阳每年均会出一定资金用于优待出征军人家属。据查，1937年为1.113万元；1938年为1.26万元；1939年为9.342万元；1940年为41.475万元；1941年为44.55万元，1942年为100.65万元，1943年为2079万元；1944年为1851万元；1945年为84780万元；1946年为1890.54万元，合计为90798.93万元。

（摘自《合阳军事志》）

王敏侠日记选

十月十六日晴　星期三　三十年

中华民国的三十周年，已在炮火连天、秋雨淋漓的十月十日四万万五千万的子孙祝贺中过去了！然而我们的国家自国父率领革命志士不顾一切的牺牲，抛了无数的头颅、热血洒遍了疆场，经过了多少的挫折，才产生了我们的中华民国，这时，我们的国父正在抚育着我们国家一天一天的长大了，全国的人民都是异常的快活，心中都抱着希望，国父将她抚育成人，使全国四万万五千万儿女得享幸福，有饭吃有衣穿有房住有路走，不受任何人的压迫，每日过着自由太平的日子！

但是，命运却是苦的，我们的国家长到十四岁的时候，谁料，国父就于那年逝世了，长别了他十四岁的幼子，真是死不瞑目，四万万五千万的儿女顿然成了孤儿，所有依靠，莫不令人悲伤。当时，唯有我领袖挺身而出，率领全国同胞继续总理未竟之志愿，来把这个十四岁幼子抚养至今已三十岁了!然而这个三十年中，依然是经过了多少汪洋大海，渡过了多少的恶波，对外与帝国主义搏斗，对内与军阀走狗对抗，才能长到如今!

现在又是不讲人道的日本帝国主义来侵略我们，自廿六年至今已四年多了，还赖我领袖苦心思计全面抗战，才能支持到今日。但是，还要有全国同胞共赴国难来救自己的祖国。试看一千一百六十万方里的半壁锦绣河山已经沦陷敌手，大家若再不努力，真对不起总理在天之灵。

十一月十九日　星期三　阴雨

差不多一个月没有写日记，因为前多时防空的缘故，以及回家住了几日，因此，也懒得写，现在回忆起前多日有可记载的几件事。

（一）十月廿六日是全县保学竞学的日子，清早起来吃过饭正预备向敬老庄出发的时候，忽然打了警报，学生们又跑到城外去了，一会儿，就听见嗡嗡的机声，飞到县城上边扑通扑通的丢了几颗小炸弹，就高飞远走了。警报解除了，也顾不得去看什么地方被炸，急忙将学生召集起来去考试。刚走到敬老庄村外，又听见敌机来了，学生们入散在青草地里，看见一架很低的飞机在县城东南处又投了数颗炸弹，向东飞去，我们起来看见东南一股烟土直冲云霄。此时，心中感到无限的愤恨，可恶的敌机不知又毁灭了我们多少房屋及生命!

（二）学生因受了敌机轰炸的惊慌，到试场考试心神不定，多数是潦草答卷，只盼望很快的结束了这场事情，同时也因他们的程度太差，结果多数没有考取，本校去了12名只取了两名，这使学生们感到非常的惭愧，我的心中也觉得十分没趣。

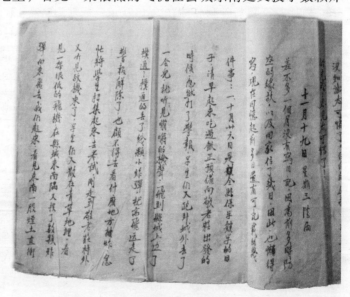

王村学生王敏侠在日记中记载的敌机轰炸情形

十二月八日　星期一

吃了早饭，到校给小学生将字帖写了，忽听门外跑来一人说：发了警报，你们还不跑吗？我即刻到院子一听，就有嗡嗡的飞机声，即刻叫学生往城外跑，此时飞机已到头顶了，还有几个学生未跑，我说：现在来不及跑了，你们还是在学校比较安全一点!此时，我的心是万分的惊慌，又思外边的小学生乱跑，因此我又冒险从后门出去，他们果然在那里惊慌失措的乱跑，我就叫他们赶快趴在地下，飞机还是在空中盘旋着，忽然砰砰的机关枪响了，接着又是炸弹的爆炸声，吓得人人胆寒，飞鸟觅林，足以暴露出惨无人道的日本帝国主义的兽行。此时我血已沸腾了，心中的怒火已爆发了，可恨我当时不能将杀人的凶手千刀万剐，只得在口中咒骂着，但不知万恶的鬼子此时杀死了我们多少亲爱的同胞，炸毁了多少房屋及财产。约有一小时之久，那杀人的敌机发挥了它的兽行，满足了它的兽性，才向东飞去，不久警报即解除了，许多人才慢慢的走回家去。我为关心我们死伤的同胞，便很快跑回家去走到街上去看被炸的情形，从北大街转弯，其余还有许多房屋已被炸弹震得东倒西歪，看了真令人悲愤，再走了几条街，也有参差的房屋，但并未见到一个死人。我心中快活的想着，敌人这次轰炸并未获得相当代价，后来回到家里，又听人说，将一个老婆婆压在皇庙的房下后来掘出来已经死了；在贾家巷还有一个岗兵也被炸死了，尸体却不十分凄惨。最令人伤惨的是县党部一个勤务，因敌机来了，来不及向外跑，只跑至后门口站着，当时正有两架敌机在那里盘旋，看见底下有人，即刻同时丢下两颗炸弹，便将那勤务立时炸得血肉横飞，死于非命，事后有人整理其尸说：只有上半身及两臂，下肢已不知去向，肚皮已被炸开，肝肠心肺俱拖在外，头颅只剩了前额，脑浆涂地，血肉模糊，闻之令人伤心流泪，真是目不忍睹，耳不忍闻，我听了此话说：要是他的父母见了，不知如何的悲伤凄惨。我又问：党部里的人有为他流泪吗？他说：谁哭他做什么？我当时听了此话，眼泪不禁流了出来，心想：那些人为何如此心硬，难道这个勤务平日对他们有什么不好之处？竟无一人为之下泪！真是没有良心！我现在正为他的父母妻子忧虑万分，当他的棺材到家的时候，他们将如何的悲伤呢？唉，万恶的鬼子，你是惨无人道的杀人野兽，你杀死了我们无数的同胞，使我们四万万五千万男女同胞痛恨切齿，全国一致团结起来，也要直捣东京，将你们这伙狗强盗消灭干净了！

三十一年一月一日　星期四　晴

韶光易逝，弹指间我们的中华民国已到了三十一岁了，全国每一个人也随着她而增长一岁，这是多么侥幸呀！在今日的目光下看哪！家家门上贴着红的春联以及伟大的国旗飘摇在各家的上空！真可以表现出来中华民国的生气，这种现象是活跃在每一个人的心中。

吃过早饭，各机关派代表去慰劳伤兵，妇女会是我同合中雷、王两位同学，十点钟响了，大家在太山庙集合，开始奔向四十五兵站的后方医院的所在地，从雷村出发，在路上我一数今天只有10个人去慰劳伤兵，在我们合阳的机关来说人数真是太少了，我的心中即起了一种不快之感。说话之间不觉已到了目的地，因此地离城一只有二里半路，所以我们也不觉得疲乏。走到医院的门口，早有两位先生将我们招待到院长的房子里，略坐一刻，喝了茶，便检查各机关所拿来的慰劳品。我到那里一看，其余各机关的物品还不算少，大约皆是二三十元之普，最可笑的惟有青年团的最少，最多不过二元的东西，只有两串枣儿及约一斤的花生，真是太得小样了，比较起来还是我们妇女会的物品最多，这儿全是我们妇女会的同志，在各街募捐到了一百多元，在昨天的下午由合中的几位同学到街上买了五十元的烧饼及五十元的挂面送到县党部动员会，在今天用大车将许多慰劳品拉到这里来了，一会儿将此东西检查毕了我们便开始到各伤兵的住所去慰问，一共有七个号舍，多是四落五散，地方也不清洁，看来那些伤兵都非常的可怜，衣单被薄，令人看了不禁悲伤，但他们都是国家最光荣的人，最后我们看完了又到院长那里再坐了一刻，然后再从原路回家，到家已是中午了。大家吃过午饭，又集合妇女队及少年、长老等队，到求知楼去开庆祝元旦大会，毕了还有合中剧团演剧及军队上高桥在四街表演，随看的人非常拥挤，男女老幼都非常兴奋，特别是小孩在人群中跳跃不定，在欢呼着，真是热闹极了。

（合阳县档案馆提供）

刘竞之日记选编

第一册　1941年7月（农历六月）至1942年1月14日（农历1941年11月28日）

△抗日战争，如火如荼，日本飞机，轰炸韩城、平民、临潼、渭南等七县，逼得合阳中学学生又到野外沟壑（我们在校时也曾如此）上课！豺狼成性的日本军阀，真可恶啊！

△9月初，师生排演小剧《打倒汉奸》，进行爱国主义教育。

△纪念"九·一八"国耻日，师生学画老虎，培养学生威武性格。

△9月24日，我校随合中宣传在"求知楼"为抗战捐款公演小剧《打倒汉奸》，此献机运动，我曾捐献一元。

△10月9日收到小姨从潼关来信云：二舅在西安，致我悲喜交集！（外祖父山东濮州人，逃荒来陕。外祖父瘟疫而逝，三舅偕母去黑龙江，大舅当兵，我母于1931年去世，唯二舅多年无音信。）

△10月20日，日寇占我郑州；又向我县对河东岸运城飞机场增加几百架飞机，天天到处狂轰滥炸！

德、意、日形成轴心，横行于世界！中、苏、美、英与之作战。二次世界大战爆发！德国攻到莫斯科，灭17国，凶恶至极！

△10月23日，省厅下文要办妇女识字班，要教师担任教员。

△10月25日秋季会考，我领党雪花等七个学生到南伍家应考，路经孟家庄，见敌机一架，在县城投弹二枚；随后又一架投弹十几枚，万恶的日本鬼子……次日方知，炸了屈家巷，伤四五人，死一条驴……

△日寇近日飞机大散"诱降"传单……

△回家一路绕僻静处！妻有病，儿缺奶，继母、婶娘奶之。多次延医诊治，病轻后去学校，学校为预三师军队所占，遂又回家。11月16日复课。

△父亲频频支差，为军队拉粮食、弹药，一次几十天。

△12月28日，日寇飞机又在县城上空扔炸弹！

△1941年12月8日，美国正式对日宣战，苏联反攻，屡次战败德寇，轴心渐趋失败！

第二册　1942年1月15日（农历1941年11月29日）至1942年7月14日（农历1942年6月5日）

△经教育科科长梁芝生给百里坊村写信，介绍我下年到该村任教。报酬600元，夏收前付给：小麦1石，折400元，全年共1000元。

△农村只放忙假，由5月2日至7月3日，前后约1个月，我家今年共收获夏粮近30石（每石275市斤，这是14口人的生活之源）。

△百晨坊原驻一五一师，换驻预备第三师。

△第二册日记总结歌：

百里坊村多学生，时局惶惶不安宁！

太平洋战虽开始，日寇乱炸未少松！

驻军调动甚频繁，百姓仍陷水火中，

支差做工经常事，出门就怕拉壮丁。

第三册　1942年7月18日（农历1942年6月6日）至1943年3月10日（农历1943年2月5日）

"寒霜"　1942年10月14日（农历9月15日）

寒霜！寒霜！可怕的寒霜，可恶的寒霜！

你从何处飞来，今朝无情的落降！

你的魔力真不小，能令宇宙立即变样。

你使树木花草枝枯叶黄；水见你而结冰，人见你而缩顶！

富人家有办法预防，穷人则显得更加恓惶！

北风啊、寒霜啊，你为什么如此猖狂？

我对你讲：你有威力，你应当发挥，你应当奔放！

面对日本鬼子的暴狂，汉奸们的丑行、勾当……把它们无情的扫荡！扫尽灭绝这些人类的蠹虫、豺狼，使中华的版图完整，国富民强！这样，才能显示你的性格——严厉、强壮，把正义伸张。

第四册　1945年3月24日（农历1945年2月18日）至1945年9月21日（农历1945年8月22日）

夏田薄收民生怨：麦子薄收，豆子不好，天气亢旱，井水干涸，人畜饮水，河沟担挑！夏粮不足，秋田难保，人人愁肠，个个煎熬！粮款加重，如何是好？民怨沸腾，社会糟糕！

6月22日，县训所受训记：几年来，日寇屡炸合阳，今日又来扰乱，写诗为证：日寇力不佳，最后作挣扎？飞机胡扰乱，谁个害怕它！

（合阳县《刘竞之日记选编》）

抗战时期日军部队在山西南部

对山西南部的"扫荡"作战。参加此次作战的兵力有第二〇、第一〇八、第一〇九师团。"扫荡"地区为河津附近黄河以东；蒲县、大宁汾河以西；离石、中阳以南。1938年11月中旬，第1军对第二〇、第一〇八、第一〇九师团下达作战的准备命令，12月20日下达作战行动命令。按照命令，第二〇师团从河津北上，12月25日至27日对柴金山和禹门口进行了"扫荡"，31日占领吉县。第一〇八师团由临汾附近西进，"扫荡"了蒲县、大宁地区；27日占领蒲县，29日占领大宁。上述两师团从12月29日开始对吉县、大宁附近的黄河以西河畔进行了大规模"扫荡"，于1939年1月10日返回河津和临汾。第一〇九师团以一部兵力由离石向中阳以南地区"扫荡"。此次作战驻太原和临汾的航空部队出动配合。

（摘自《合阳文史资料》）

第三部分

抗战组织　风起云涌

地方抗日武装组织

国民政府地方武装

合阳保安大队 民国二十四年（1935），西安保安司令徐经济派雷子明为合阳保安大队队长，编制100余人，负责全县治安，为县政府武装组织。同年5月，蒋介石命令从关中到陕北沿途各县，阻挠红军徐海东部从陕南北上和刘志丹部从陕北南下，合阳县政府责成保安大队添筑寨堡，加固城墙，编练队伍，反共剿共。

保甲训练分队 民国二十五年（1936），杨虎城驻陕，合阳23个联保，每保选派1人到西安绥靖公署保安人员训练班受训。同年8月回县，各联成立保甲训练分队，联保主任兼队长，受训回来的人任联队副，每保发5支步枪，集中训练壮丁。

合阳社会军事训练总队、国民兵团 民国二十六年（1937），西安军管区奉蒋介石命令举办陕西省社会军事干部训练班，本县各保去1人受训。同年，成立合阳社会军事训练总队部（简称"社训队"），县长黄乃祯兼总队长，设副总队长、教官和督练员，常备队住县城老爷庙。总队下辖3个后备中队，配备服装、枪支，集中宿营，训练半年，随时替补兵员。各联保成立分队，联保主任兼队长，设分队长、政治教师和助教，训练适龄壮丁。社训队布侦探于各联，监视共产党和抗日民众自卫队的活动，破坏抗日统一战线。民国二十九年（1940）春，社训队奉命改编为国民兵团。县长张丹柏兼团长。下属除原有常备队、后备队外，又增编一个自卫队，共100人，驻钟楼下，负责县府和团部的值勤、出差及城区治安事宜。各乡镇成立自卫分队，设乡镇队副和保队副，负责训练壮丁、补充兵员。民国三十一年（1942）国民兵团撤销，民国三十三年（1944）恢复，民国三十四年（1945）又撤销。

河防大队 民国二十八年（1939）春，日军在山西隔河炮轰本县沿河村庄，合阳成立了两个河防大队，又有澄城县一个大队，下编9个中队，由国民党五十三师师长曹日晖兼总队长，澄城、合阳县县长兼副总队长，沿黄河地带设防。同年冬，因暂编十五师接管河防，县河防大队解散。

合阳县战时工作总队 民国二十九年（1940），胡宗南授命第八行政区专员蒋坚忍成立商同区动员指挥部。合阳成立战时工作总队（简称"战工队"），县长张丹柏兼总队长，李精业任队副，总队部驻县城东门内原教育局。全县16个乡镇成立大队，乡镇长兼大队长，另有专职副大队长和指导员。148个保设中队，保长兼中队长，另设专职中队副和助理员若干人。战工队名为加强河防，实属包围陕北、清查共产党。大荔至宜川公路沿线每5公里建一碉堡，盘查行人。民国三十年（1941）初，合阳战工队协同西安劳动营的特务分子，在合阳搜捕中共地下党员和进步青年数十名，造成白色恐怖。同年冬，蒋坚忍邀请胡宗南委派代表来合阳进行"大检阅"，兴师动众，民怨沸腾。民国三十三年（1944）春，战工总队撤销。

合阳保警自卫团 民国三十四年（1945）冬，周鸿带私人卫士队30余人来合阳任县长。民国三十六年（1947）春，周鸿为扩充反共势力，成立合阳保警自卫团，自任团长，任卢沛为副团长，团部驻文庙。在全县各保抽调壮丁2000余人，编4个营，每营辖4个连。一营长吉子荣，二营长马林斋，三营长薛克藩，四营长邝民。第四营有官没兵，折价顶名，其身价款和军饷大部流入周鸿私囊。自卫团曾围剿皇甫庄起义部队，杀害史建堂爱人张博爱，枪杀游击队员彭发才等人，抄袭中共地下党员何邦魁、刘江霞等家，枪杀马家庄抢粮群众8名，罪行累累。至民国三十七年（1948）即古历2月16日，自卫团随周鸿逃跑至刘家岭被中国人民解放军西北野战军消灭。

国民党合阳县党部 1926年冬，中共陕甘区委指派合阳籍学生、共产党员张培园等组成工作队，回乡组建"国民党合阳县临时党部"。时，合阳县城被直系军阀残部段茂公占据，工作队遂到国民军官庄的驻地——坊镇进行工作。1927年2月13日（农历正月十二日）坊镇逢集，各界进步人士30多人和当地学生、农民召开"国民党合阳县临时党部"成立大会，选出县临时党部负责人张培园、李巨然和常委赵桂棠、党修甫、李静慈。临时县党部驻地在坊镇南街第四高小。

1931年4月，国民党陕西省党部在合阳成立党务审查员办事处，设审查员1人，干事、录士各1人，地址在县城文庙广场东南角。同年6月，改称为"国民党陕西省合阳县党委指导员办事处"。1938年4月，改为国民党合阳县党部，实行书记长制，并设秘书、干事、录士若干人。同年，在县政府设立区党部，在警察局、教育局、民教馆、县训所、田粮处、商会、临参会、合阳中学等城区机关、学校设立直属区分部。

1927年在坊镇成立的国民党合阳县临时党部提出革命的对象是帝国主义和反动军队，号召人民"赶紧起来，组织农民协会、工人协会、士兵协会、妇女协进会"，提出"打倒帝国主义""打倒害民军阀""铲除土豪劣绅"等口号，并组织到附近各村游行。"四一二"反革命政变后，国民党"清党"波及合阳，搜捕共产党人，解散革命团体，强令解散工作队，王培园等被迫重返西安，县临时党部遂自行撤销。

1931年成立的党务审查员办事处及以后的党务指导员办事处，均设有基层组织。党务审查员或指导员，每周主持一次总理纪念活动；牵头召集10月10日国庆节、孙中山就任民国大总统纪念及"五三""五卅"国耻日纪念会；筹备每年植树节、青年节、儿童节和"五一"劳动节等事宜。"九一八"事变发生后，群情激愤，党务指导员办事处门口临时张贴"打倒日本帝国主义""中日之仇，不共戴天"等标语，但随后则是反复宣传蒋介石的"攘外必先安内"的不抵抗政策，残酷镇压革命人民和抗日救亡运动。

1932年4月，韩城白色恐怖严重，共产党员高德辉被杀害，韩城中学进步教师张勉哉及共产党员鱼养廉等10多名师生转入合阳中学教书或上学。12月，合阳中学师生反对内战，积极参加抗日救亡运动，国民党合阳县党务指导员办事处和县教育局多方压制，激起师生强烈反对，掀起了学潮，捣毁了教育局和县党务指导员办事处。1933年4月，合阳县政府和县党务指导员办事处积极搜查共产党员，勒令孙玉如、刘高天出境，将韩城转来的学生一律遣回。

1937年"七七"事变后，日寇侵占晋西南，合阳受到严重威胁。同年冬，杨虎城部一七七师驻防沿河一带，师部驻扎合阳城内东街。师长李兴中、参谋长许权中

（共产党员）、参谋梁步六（共产党员），动员群众，宣传抗日。1938年1月，十七路军总指挥部政治部长、进步人士苏资琛自告奋勇请任合阳县县长，致力于沿河前线大业。苏到任后，接受中共合阳地下党关于抗日救亡工作的意见，发动、组织各方力量，积极组建合阳民众抗日大队，使当地抗日救亡运动风起云涌。国民党合阳县党务指导员张培园（共产党员）在县党部设立"县抗敌后援分会"，主办募捐、支前事宜，并从费用和物质上资助学生抗日宣传活动。同年10月，一七七师开赴山西前线抗日，蒋介石嫡系部队五十三师进驻合阳，形势迅速恶化。苏资琛以"赤化"之由被迫离职，由国民党陕西省党部执行委员张丹柏接任县长，杨培森任县党务指导员。是年底，张丹柏与杨培森密谋策划，取消"民众自卫队"，不准"民先队"活动，搜捕进步人士，阻扰合阳抗日救亡运动。

1939年1月，国民党五中全会通过"溶共、防共、限共、反共"和"整理党务"等反动决策，2月，国民党合阳县党部、县政府、县警察局即查封共产党员管建勋开办的"大众书店"，查抄革命书籍。1940年，"国民政府军事委员会商同区动员指挥部合阳战工总队"成立，县党部与之狼狈为奸，侦察共产党员活动，打击进步力量。1941年1月7日，逮捕共产党员杜松寿、吕晓天（宏远）、邢子玉、李俊青、雷新绪和姚右学、梁荣显、解振邦等进步人士，合阳白色恐怖空前。

共产党领导的地方武装

合阳县抗日民众自卫大队 民国二十七年（1938）3月，在中共沿河特委直接领导下，组建合阳抗日民众自卫大队（简称"自卫队"），县长苏资琛任大队长，梁步六（又名布鲁，共产党员，杨虎城部一七七师驻合参谋）任副大队长。同时，成立县基干训练队、青年训练队和妇女训练队。各联成立中队，设中队长（各联中队长均系共产党员）、政治指导员、教官和事务长。各保成立分队，分队下设班，每班10多名队员。全县共有自卫队员两万多人。合阳县民众自卫大队曾3次随一七七师东渡黄河与日寇作战。合阳的抗日救亡运动有声有色，轰轰烈烈，人称合阳为"小苏区"。后因苏资琛被亲日投降派排挤免职，自卫大队自散。

合阳县妇女联合会 抗日战争时期，中共党组织发动女青年和驻军家属参加抗日救亡活动，成立沿河七县动员委员会妇女工作团，后改为妇女慰劳支会（分会在西安）。1937年11月，中共陕西工委派伍仲秋（女）在本县王村镇举办为期一个半月的妇女参加训练班，学员有青年妇女40余名。期间有2人加入共产党，5人加入民先队。

中华民族解放先锋队 1937年冬，西安师范宣传队来合宣传，合阳中学成立"中华民族解放先锋队"组织(简"民先队")。1938年，中共陕西省委派白云峰、薛焰、孙滨水等来合阳指导民先队工作。全县民先队有五六百人，合阳中学百分之六七十的学生加入民先队，设队部，挂队公开活动。合阳中学民先队负责人先是杨秀峰、姚右学、雷新绪，1938年后季为刘青海（又名刘陇南）。合中民先队除开展抗日救亡工作外，还挑选介绍一批学生去泾阳安吴"青训班"和"陕北公学"学习，培养了一批革命力量。此后，坊镇、王村等完小先后成立民先队，写标语、发传单、办墙报、讲演、演话剧等，开展抗日救亡、募捐支前活动。

合阳中学民先队 合阳中学民先队曾三次去西安参加会议：第一次，1937年寒假在西安师范，由中共组织负责人冯文彬、胡乔木主持召开，内容是成立组织，领发印章，学习党的路线政策，还观看了丁玲领导的抗战剧团的宣传演出。第二次，1938年春，组织指派宋宝宗、张增荣、雷新绪、刘青海4人参加，内容是各县汇报建队情况并听取八路军战绩报告，学习党的文件，布置新任务。第三次，1938年夏，由国民党陕西省党部通知开会，以统一西北的青年运动为由，企图取消民先队及各进步青年组织。同时，中共党组织也通知各县民先队派代表参加会议，与之进行斗争。合阳民先队去3人，雷新绪为首席代表。到西安后，民先队在西安师范开会，由胡乔木主持研究斗争策略。国民党的会址在省党部。会场外，军警林立，荷枪实弹，戒备森严，如临大敌；会场内，高级糕点，日饷数次，变换品种，笼络人心。由国民党省党部书记长王季高主持开会，要取消进步青年组织，各县民先队代表坚不

合中民先队抗战中小学教师讲习会合影

同意，与其激烈争辩，唇枪舌剑，一连数天，终于挫败了国民党的威吓利诱，会议不欢而散。1939年7月，国民党当局悍然下令取缔民先队，合阳形势逆转，白色恐怖严重，民先队停止活动。

合阳民先地方区队部成立宣言

"民先"，在每个热心救亡（的）同志们都听到的，而且承认他是救亡团体之一，是许多积极救亡团体其中之一，谁也不可否认的。

"一二·九"运动后，民族解放先锋队光荣地诞生了。继之"一二、一六"郭清抬棺游行，直到今天，他光荣斗争的历史是摆在每个救亡者面前，因此，这个团体普遍了全国。特别在七月七日中华民族伟大斗争以来，展开了"八一三"全面抗战，一跃而为中华民族历史上未曾有的伟大斗争。"民先"，便在这个中华民族和最残酷的敌人日本（进行的）斗争中，表现在抗日先锋（的）伟大作用。在山西游击队、北平西山游击队、山东游击队和农村中、军队中、工厂中、西安救亡工作中，以及其他各地救亡工作中，都有他不可磨灭的伟大战绩。西安民先地方队部，在目前抗战形势下，感觉到沿河重要，首先是合阳与保卫沿河，保卫陕西和西北，有他很重要关键。同时，合阳民先队员看到形势和环境迫切需要，而成立地方临时

区队部。但是我们的工作能力是不健全的,幼稚的,可是我们有着坚决、英勇、牺牲的精神,在党政军领导之下,发挥我们的力量,(做好)一切动员工作,争取抗战胜利,是合阳民先队成立的最终神圣任务。

中华民族解放先锋队合阳区队队部

(合阳县档案馆提供)

《合阳民先地方区队部成立宣言》原件

合阳县城防委员会组织简则

第一条 为谋巩固城防安定社会特组织合阳县城防委员会(以下简称本会)。
第二条 本会以驻军政治部本县党政机关及有关城防之机关整体负责人组织之。
第三条 本会设委员七人至十一人并互推委员一人为主席主持会务。
第四条 本会委员会议每星期举行一次,如遇特别事故得由主席随时召开之。
第五条 凡遇改进城防防务及地方治安各事宜得由本会委员会议决议提供城防司令部批准施行。
第六条 本会会址暂设县政府。
第七条 本简则如有未尽事宜得呈准修正之。

第八条 本简则呈由驻军最高长官公布施行。

（合阳县档案馆提供）

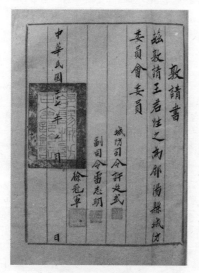

抗战中合阳县城设立
城防委员会时的聘书

合阳城防委员会委员姓名表

合阳敬先会理事会组织章程

本会为持续及提高五十三师，于二十八年春节举行敬老会之启动励俗风尚，及主持敬老小学保管产业起见，特组织敬老会理事会。

一、本会设理事长一人，为名誉职务，由发起人五十三师师长曹日晖先生任之。

二、本会设理事十九人至二十五人，为义务职。除请本县县长、党务指导员、教育局长、民教馆长及驻军政治部主任为当然理事外，余就本县公正绅士及耆老中推选之。

三、本会理事除当然理事外，任期为一年。于每年敬老大会中改选之，连选得连任。

四、本会为处理经常会务与监事收支、保管起见，常务理事七人、监察理事三人，均由理事中推定之。

五、理事会处理事项如左：

1. 全县耆老之调查、登记、通讯、联络。
2. 每年敬老大会之筹备、召集。
3. 敬老会中鳏独清寒之周恤，忠老义烈之褒扬，贫寒子弟之教育。
4. 敬老会产业之保管、经营及修缮。

六、理事会下设干事一人，为无给职，由理事会聘请之，分管于各项事务。

七、理事会每年开会一次，常务理事会每半年开会一次。如临时有特别事项，得临时召集之。

八、每年旧历三月十五日为敬老大会之期，期前一月召开全体理事会，筹划一切。

九、敬老大会及敬老小学经费，每年列造预算，统由敬老会产业收入项下支出之，不敷时由理事长商助。

十、本会会务及收支概况，每年编造年报，报告理事长，并分发敬老会各耆老。

十一、本章程由敬老大会通过，呈请本县党政当局备案。

（合阳县档案馆提供）

合阳县敬老会理干事第六次会议纪录

地址：敬老庄敬老堂
时间：二十九年九月三日上午十时
主席：张丹柏（任向午代）
记录：车秉直
出席人：张丹柏（任向午代）、雷升云、王斌贤、党梦笔、曹日晖（彭升堂代）、雷简齐、孙华亭、车秉直、车虎承、梁芝生、王瀛初、王性之、车子发、雷动之、赵桂堂

讨论事项：

1. 曹师长兼理事长，捐助国币贰仟伍佰圆，创办敬老小学基金应如何接收案。

决议：捐款由彭主任代表当会点交，常务理事接收购地。敬老理事会即日办理备案手续。捐款刊碑纪念并登报鸣谢。

2. 学校名称如何确定案。

决议：定名为合阳敬老会小学，较私立敬老小学名称更得符合实际。县敬老庄小学搬设敬老园之房屋，暂准借用，候时局安定时，即仍迁回原址恢复旧有校名，免得名称混乱。

3. 敬老庄保学经费应否合并敬老会

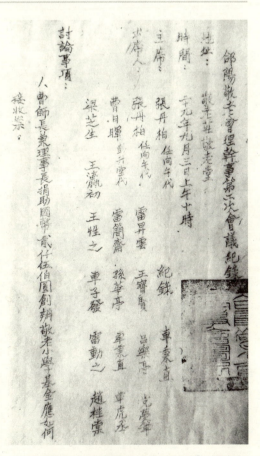

《合阳敬老会理干事第六次会议纪录》（局部）

小学案。

决议：敬老庄小学保学经费合并敬老会小学。将来县立敬老庄小学迁回时，所有保学原有教具亦归敬老会小学使用。

4. 陆军第五十三师公墓应如何管理案。

决议：公墓及墓内外地基移交敬老会小学永远管理。至公墓祭祀春祭（定清明日）、秋祭（国庆日）由敬老会小学永负祭祀之责。

5. 敬老会文卷应如何专管案。

决议：敬老会小学事务员兼管敬老会一切事务之责。

（合阳县档案馆提供）

合阳县敬老会理事会理事题名

《合阳敬老会理事会理事题名》

理事长：曹师长

当然理事：江主任震，张县长丹柏，杨委员培森，梁局长芝生，党馆长梦笔

理事：雷光天、雷动之、张子明、赵桂棠、雷升云、王宝贤、吕乐亭、张健伯、党寿仙、王瀛初，管德慧、王性之、种子平、马维骏、荆秀芬、梁剑池、金子秀、范雨三、何屏候、杨麟生

常务理事：梁芝生、党梦笔、王宝贤、吕乐亭、党寿仙、王性之、金子秀

监察理事：杨培森、赵桂棠、雷升云

干事：车秉直、孙华亭、车虎承

附： 公函

启

自二十八年春节，陆军第五十三师曹师长举行敬老会后，父告其子，兄规其弟，从军杀敌，蔚为风尚。敦高人品，劝励末俗，收效至宏。爰由本年七月二日，全体士绅耆老开会，决议常年举行敬老会，并成立敬老会理事会。除由曹师长任理事长，本县县长、党务委员、教育局长、民教馆长、驻军政治部主任为当然理事外，推选。

台端为常务理事,在案相应检附。理事会组织章程及理事名单各一份函请。
台洽此致
王性之 先生

合阳县敬老理事会理事长曹日晖

(合阳县档案馆提供)

陕西省各界抗敌后援会民众自卫队组织规程

第一条 本规程依据民众动员计划第□条制定之。

第二条 本会为普遍加强民众自卫能力,并武装民众直接参加抗战起见,特组织民众自卫队。

第三条 民众自卫队以退伍军人及壮丁组织之,凡年龄在十八岁以上五十岁以下者,均得参加,但以志愿及不脱离生产为原则。

第四条 各界民众不得藉故加入民众自卫队而逃避兵役。

第五条 自卫队之组织如下:

一、小队由队员二十八至五十人组织之,设正副小队长各一人(以村或保为单位)。

二、中队:各地成立小队在五个以上者,得联合成立中队(以区或联保为范围)设正副中队长各一人,指导员一人,干事若干人。

三、大队:每县成立一大队,设正副大队长各一人。指导员一人,干事若干人。但中队成立在五个以上者方得成立大队。

四、总队:设正副总队长各一人,于本会设立总队部,其组织办法另订之。

第六条 每队之正副队长,除总队由本会挑选任命外,余均由队员或队员代表选举之,各中队之指导员由各该县后援分会指派之,大队之指导员由本会指派之。

第七条 民众自卫队均受本会指挥,但为指挥便利及应付紧急事件起见,各县民众自卫队并得受当地分会之指挥。

《陕西省各界抗敌后援会民众自卫队组织规程》(局部)

(合阳县档案馆提供)　　抗敌后援会捐款收据

西北第十八战区各县伤兵管理协会施行办法

第一条 西北各战区驻有军医院之后方，各战区依据部颁各战区（省卫戍区）伤兵管理处（所）、各省党政军联合伤兵管理委员会组织规程第一条之规定，应组织伤兵管理协会管理各该县伤兵事宜。

第二条 各县伤兵管理协会以地域区分，冠以某某县字样。

第三条 各县伤兵管理协会（以下简称县伤协会）以下列各机关人员为委员。

（一）各县设及直属各科局科长、局长、保安大队、村社训队。

（二）县党务指导员。

（三）驻军最高之长官（如系师旅长以上，则派次级者一人）。

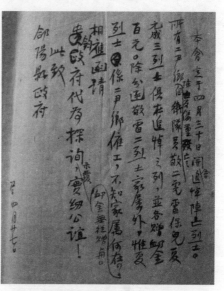

《合阳县政府抚恤抗日阵亡烈士函》

（四）驻县最高政工机关一人。

（五）县商会主席，县教育界推代表一人，当地公正士绅一人，其他救护慰劳为伤兵服务各团体代表各一人。

（六）军医院院长、政训员、管理员及伤兵荣誉维持会纠察队长。

右列各人员名额无限制，并于各委员中推选党政军阶级较高者三人，分任正副主任委员。

第四条 县伤协会之下分设总务纠察、抚慰救治四组，视各委员原服务委派机关及原负职务之适宜分配于各组，任组长或组员。

第五条 县伤协会之业务如左：

（一）指挥军警及伤兵荣誉维持会纠察队，纠正负伤官兵有碍荣誉之行为，并纠察冒充伤兵扰乱后方秩序之奸宄。

（二）指挥县伤病官兵饷项，监视委员会监放伤病官兵饷零及归队等费。

（三）鼓励已愈伤兵出院归队。

（四）协助伤病官兵之教导事宜。

（五）协助伤兵慰劳机关团体为各项宣慰工作。

（六）协助县政府指挥民众办理义务输送事宜。

（七）办理过境伤兵之招待及救治事宜。

（八）安置因证件不足不能入院疗养，而成游散之伤病官兵。

（九）调查当地伤病官兵家属生活状况，艰窘者设法予以救济。

第六条　县伤协会委员会每月开会一次，必要时召开临时会。

第七条　县伤协会委员职员均无给职亦无公费开支，但必要之纸笔墨费，得由县地方公款支给之。其县地方无公款可支者，由参与本会各机关团体分担之。

第八条　县伤协会受各该战区伤兵管理处（第十战区直属西北伤兵管理处，第八战区为战区司令长官军部运输处）之指导，并受西北伤兵管理处之指挥。其决议要点均须分报西北伤兵管理处及各该战区伤病管理处（各战区运输处）备案。

第九条　县伤协会成立，应将委员姓名及分配职务暨在原服务机关之职级等项，分报西北伤兵管理处及各战区伤兵管理处（或该战区运输处）备案。中间如有更动亦应随时具报。

第十条　本办法由西北伤兵管理处分别呈报军政部中央伤兵管理处核定施行。有关未尽事宜，得随时报由西北伤管理处转请修正之。

（合阳县档案馆提供）

第十战区伤兵管理处合阳县伤兵管理协会委员名单

姓名	原任职务	备栲
第十战区伤兵管理处部阳县伤兵管理协会委员名单		
張栢棟	縣長	
劉繼俊	縣政府第一科長	
張孔博	縣政府第三科長	
張康侯	縣政府兵役科長	
張俊傑	縣政府役政科長	
董渶卿	參佐	
梁延瑞	教育局長	
方文濤	保安大隊長	
楊培森	國民兵團副團長	西送師指派
安齐生	縣黨務指導員	西送師指派
王寶賢	縣教育界代表	
王性之	縣商會主席	
孟天池	本縣公正士紳	函請縣長指之
王賓釗	縣動員會秘書	
	第四五兵站醫院副官	

《第十战区伤兵管理处合阳县伤兵管理协会委员名单》

姓名	原任职务	备注
张丹柏	县长	
刘继	县政府第一科长	
张孔博	县政府第二科长	
张康侯	县政府兵役科长	
张俊乐	县政府禁烟科长	
董汉卿	警佐	
梁廷瑞	教育局局长	
	保安大长	
勿文涛	国民兵团副团长	
杨培森	县党务指挥员	
	一五六师	函该指派
	一五六师政治部	函改师指派
王斌贤	县教育界代表	
安济生	县商会主席	
王性之	本县公正士绅	签请县长制定
孟天池	县动员会秘书	
王赓烈	第四五兵战医院副官	

第四部分

伟业长留　功勋不朽

合阳抗战人物简介

行海亭（1890—1945），绰号"行长眉"，坊镇小伏六村人。早年随王雨亭加入中秋同志会，在陕军中任职。民国十七年（1928），随军出潼关，参与河南驻马店战役。民国十九年（1930）返陕，任团长。"双十二"事变后，晋升旅长。抗战初期，在喜峰口和祁县一带参加抗日战争。民国二十年（1931），霍乱病流行，其为地方捐赠药物。行平生好领戏班，招来驰名艺人，于民国三十二年（1943）将原新民社所存戏箱廉价转让给合阳华云剧团。民国三十三年（1944）任合阳县临参会议员。抗日战争后期，武装走私，长途贩运烟毒，获巨额暴利。

柳彦彪（1884—1959），字子菌，乳名得寿，同家庄乡北长益村人。20岁时，因斗殴闯祸出走，投奔杨虎城军王雨亭部，由士兵升伍长、班长、连长。1926年北洋军阀镇嵩军刘振华围西安城8个月，柳解围有功，晋升营长。1928年任杨虎城部国民革命军暂编二十一师（后改为十四师）一旅二团团长，随军出关。1929年11月，蒋介石讨逆军第五军总指挥唐生智与蒋反目，率部沿京汉线南下，打过确山，接近明港，势迫武胜关，总部由郑州推进至驻马店。1930年1月8日，杨虎城令冯钦哉部进击驻马店，以电话亲自指挥，责令柳"只许胜，不许败"。时天气严寒，积雪盈尺，柳赤膊上阵，持机枪扫射，终将城内唐军歼灭净尽。柳于是役负伤，南京政府特授其陆军少将衔。1930年5月，杨部整编为国民革命军十七路军，柳升任四十二师一二六旅旅长。1932年6月，柳部"围剿"陕甘游击支队。1933年柳彦彪部与徐向前、陈昌浩领导的红四方面军在川、汉地区相遇，柳在杨虎城的筹划下，与红四方面军暗订"以汉中天池为界，互不侵犯"盟约。后升为四十二师副师长。1936年12月，柳奉命率部驻扎宜川，以防黄杰、胡宗南、关麟征等蒋介石嫡系部队干扰，策应红军于西蓝路一线布防，掩护红十五军团挺进蓝田，有力地配合了"西安事变"。抗日战争初期，杨虎城被迫出国考察，孙蔚如率三十八军开赴陕西前线，柳由四十二师副师长升为九十八军副军长，兼任石家庄城防司令，转战于滹沱河、娘子关。后移防晋南城和豫北沁阳，兼豫北师管区司令。1941年9月，柳调离军队，被委以已沦陷的察哈尔省副主席、全国新生活运动委员会委员等空衔位，被迫闲居。中华人民共和国成立后，柳任陕西省政府参事、西安市政协常委。1959年11月3日病逝，葬于翠华山桃花革命公墓，1980年初移葬原籍。

王雨亭（1891—1967），曾用名王玉柱、王都，坊镇王家庄人。幼时家境贫穷，15岁同其弟玉印在蒲城孙镇学毡匠，幸识饭馆童工杨虎城，结为异姓兄弟。清光绪三十四年（1908），加入杨虎城成立的仇清抗暴组织——中秋同志会。辛亥军兴，随杨投入秦陇复汉军向枝山的向字营。是年冬，升允率清军自甘入陕镇压革命，向字营势在必战。一天，连长集合队伍说："王雨亭我看你魁梧高大，很有'虎'气，你能把桌子上摆的这十个银圆一枪一个打完，就当三排第一班长。"雨亭时年19岁，接过连长短枪，连发10弹，10个银圆落地。连长奖枪予王，让其担任班长。击退清兵后，王晋升排长。

民国二年（1913），杨虎城还乡组建队伍，王率部投奔，与杨结为十八兄弟，王排行为"八"，绰号"王半斤"，时任排长。其间，杨遭胡笠僧（景翼）部袭剿，王率部正面出击，身先士卒，击中营长，共毙、伤、俘敌30余人，为聚义后打的第一个大胜仗。战后，杨树陕西革命军旗号，开至合阳，旋赴大荔、朝邑扩充兵力；王转住本县南沟洫村寨子（今新池镇南沟村）插旗招兵，不到半月，队伍扩充至200余人。

民国四年（1915），王雨亭奉命在朝邑、华县、华阴一带截击袁军，身负重伤。翌年，陕军整编，王为陕西陆军第三混成团一连连长，驻军大荔。民国六年（1917），杨虎城率部投于右任、井勿幕编为陕西靖国军第三路第一支队。民国九年（1920），王任靖国军第三路二团团长。民国十一年（1922），直系军阀吴佩孚各部以三万之众进犯武功，妄图摧毁靖国军大本营，王率部与之战于大王店，迭获胜利，身负数伤。于右任称之为"杨门虎将"。后移住延安。

民国十三年（1924）冬，王随杨虎城部编入国民三军，任第四混成旅旅长。民国十四年（1925）春，率部驻合阳，攻打盘踞于县城的镇崇军韩清芳，收编赵桂堂、张平侯和王长安各散部。民国十五年（1926）春，刘镇华围攻西安，王雨亭诸部防守三原、泾阳。刘攻西安数月不克而派其驻大荔的麻振武部攻取三原，王即率部直捣麻振武老巢，致麻急撤攻取三原之师，遂解三原北城之围。西安解围后，王为国民联军第十路（杨虎城任总司令）冯钦哉师第二旅旅长。民国十六年（1927）10月，离开部队。民国十九年（1930），杨率十七路军入关主持陕政后，王任咨议，常驻西安"合阳会馆"。"双十二"事变后，杨被蒋介石所迫出国，王返故里务农。1948年春合阳解放，王率坊镇、两义、河西、洽川四乡自卫队起义，迎军支前，任土改委员会委员，继任第一至六届县人民代表、省人民代表和政协第一、二、三届委员。"文化大革命"中遭受冲击，1978年12月平反昭雪。

潘禹九（1903—1958），名锡畴，东王乡莘里村人。合阳中学毕业后，入王雨亭部任连长，随军出关，1930年驻马店战役后晋升营长，后又晋升团长。民国二十一年（1932），驻防韩城，协助韩城与山西河津划定黄河滩地界。民国三十一年（1942）任九十八军四十二师副师长，率部在山西晋北祁县一带抗击日寇。1948年任韩城县长，逃亡荔北。后复任合阳逃亡县长，于1949年1月在朝邑雷村率部投诚。中华人民共和国成立后，曾任西北解放军官团副团长，西北军政大学解放军军官大队大队长，西北军区司令部参谋，陕西省人民政府参事室参事等职。

康　朴（1902—1985），字纯初，县城北街人。早年随杨虎城将军参加坚守西安之役。抗日战争时期，拥护中国共产党抗日民族统一战线政策，参加原国民党三十一集团军在晋南中条山地区的抗日战斗。曾任原国民党三十八军副官处处长、第四集团军副参谋长、武汉行辕高参、二三二师师长、一兵团一军副军长等职。1947年,被指定当选为国民党"国大"代表。1948年8月在长沙随程潜、陈明仁将军率部起义,历任人民解放军某部师长、副军长、湖北省人民政府参事室副主任,曾当选为湖北省第二届人民代表,第三届政协委员;第四、第五届政协常委及民革省委委员、顾问,为促进和发展爱国统一战线做出了贡献。

康朴

梁俊亭(1909—1997),中国人民解放军指挥员。合阳县马家庄西城村人。1931年12月随国民党第二十六军在宁都起义后参加中国工农红军。1933年3月加入中国共产党。在土地革命战争时期,历任红五军团十三军三十八师排长、连长、第六后方医院卫生所所长、军委电台分队管理员、红十五军骑兵团管理员;抗日战争时期,任八路军第一二九师骑兵团连长、副团长、团长、师轮训队队长、随营学校营长、抗大太行陆军中学副大队长、延安中共党校学员;解放战争时期,任第二野战军第二纵队五旅十四团团长、西南服务团行政处处长、第二野战军第三兵团第十军三十师副师长。中华人民共和国成立后历任川南军区乐山军分区副司令员、成都军分区司令员、四川省军区副司令员兼成都警备区司令员等职。1955年9月被国防部授予大校军衔。在土地革命战争时期,参加了赣州、水口镇四次反"围剿"和湘江、娄山关、遵义及陕北直罗镇等战役或战斗,参加了举世闻名的二万五千里长征。抗日战争时期,参加了百团大战及仓石路、章河店、白马村战斗和反"扫荡"等。解放战争时期,参加了解放淄博、龙凤、龙固集、甄南、羊山等战役,率部随刘邓大军挺进大别山,进军大西南,剿匪反霸征粮。曾获中国人民解放军三级八一勋章、二级独立自由勋章、二级解放勋章、二级红星功勋荣誉章。1981年4月离休,正军职待遇。

秦武山(1913—1971),原名刘百成,独店乡秦城村人。1932年5月加入中国共产党,同年7月参加红军。1933年至1937年任陕甘苏区特委委员、书记及红一方面军前敌总指挥部地方部群众科科长、八路军一二九师民运部部长。1941年至1949年任陕甘宁边区盐务局副局长、陕甘宁晋绥联防区政治部民运部部长、陕甘宁边区联防三五八旅政治部副主任、联防军警三旅五团政委、宁夏军区政治部主任等职。1950年后,曾任渭南军分区副政委、军分区政治部主任、陕西省民政厅副厅长、陕西省第三届政协委员。"文化大革命"中遭受打击迫害,1971年含冤而死。1979年平反昭雪。

刘江霞(1915—1978),原名义海,又名建初,出身于王家洼乡临河村首富之家,父辈兄弟三人,子嗣唯其一个。1930年在韩城芝川镇第二高小上学期间,受革命同学影响,参加学潮。1932年春加入中国共产党,参加组织进步学生运动,反对政府对日不抵抗政策,批判"读书救国",主张"救国读书";驱逐反动校长,组织学生以棍棒占领学校,抵制政府逮捕进步同学。同年6月,陕甘游击支队来韩城活动，刘江霞组织参加赤卫队，配合红军发动群众，反霸筹粮。红军撤走后，掩护刘效口、冯玺玉等革命同志隐蔽转移。1932年8、9月份入合阳中学上学，因参加革命学潮，被校方开除。1933年在韩城中学上学，假期回乡组建中共临河村党支部，并担任韩城中学党支部书记。两次将家藏大烟土（每次百余两）捐为党的经费。1934年春入西安二中，后又入民立中学上学。1935年暑期，闻杨森、冯玺玉率领红军骑兵团到韩城活动，即与刘玉堂等回合阳；后又随王筠等参加组织韩城高家坡暴动。暴动失败后，帮助严文炳、姚权、杨春茂、王筠、刘玉堂等中共韩城县委负责人安全转移。1936年5月高克林来合，于刘江霞家中开会传达中共中央遵义会议精神和省委指示。1936年"西安事变"后，中共中央派邓景亭来合阳，于次年初在刘江霞家恢复中共韩城县委，陕西省委派赵伯平、梁步六参加会议。1937年"七七"事变后，刘江霞与东渡黄河的八路军——五师某团政委肖向荣联系，组织抗敌后援会，动员青年参加八路军，训练民防自卫队。1938年，江霞与何邦魁办起"树人小学"，培养革命力量，鼓励不少青年赴延安。1939年提供钱物，购买枪支弹药，与地下党员雷振华等一起建立抗日游击队。

自江霞投身革命以来，其家因僻处韩、合交界，黄河岸边，故成为中共地下活动据点，人称"韩城租界"。他多次为党的活动捐筹经费，且党的不少负责同志经常隐蔽其家，吃用盘缠，花销颇大，数年之间，家资耗费几尽。1940年后，江霞三次被捕，经多方营救，都得保释。1947年，刘江霞先后任合阳游击支队、东北大队政委。1948年3月，王震率西北野战军二纵驻扎在合阳王家洼一带整训，司令部设在江霞家。同年，江霞任黄龙军分区贸易公司经理，后入西北党校学习。1949年在西北行政委员会优抚委员会任科长，1951年进西藏，先后任日喀则分工委社会部部长、西藏第二小学（日喀则小学）校长。1956年后，任西藏驻西安办事处副处长、主任、党组书记。1958年被打成"范明、白云峰反党集团骨干成员"，1960年被开除公职、劳动教养。1978年去世。1981年4月，生前冤陷终得平反昭雪。

何邦魁（1916—1974），化名戈文、丰耳、薛念慈，王家洼乡东同蹄村人。幼年丧母，依姑母为生。1935年秋高小毕业后考入合阳中学，同年寒假回乡，由亢宏才介绍加入中国共产党，与中共韩城县委负责人姚权取得联系。1936年春，被姚指定为合阳中学党支部负责人。同年4月去西安找姚权汇报工作期间，因叛徒告密，与姚同时被捕，解押南京反省院，1937年元月经保释返家。1938年春，由苏史青介绍重新入党。同年6月，去吴堡青训班学习后回合阳，负责县委组织工作。1940年6月，在贯彻党的"隐蔽精干"方针中调回边区，任陕甘宁边区关中分区淳化县、耀县政府政务秘书。1943年回延安参加整风，1944年5月任关中分区支部书记、事务秘书。1946年9月回合阳，任中共合阳工委副书记，旋兼任游击支队副政委。其间，往返于秦晋之间，团结进步力量，筹建地方武装，并经常化装进城，穿梭于敌我之间侦察敌情。1948年合阳解放后任代县长、县委副书记，后任县委书记。1950年11月调至青海省，先后任省委秘书长、文教部副部长、省人委秘书长。"文化

何邦魁

大革命"中惨遭迫害，1974年病故。1978年10月中共青海省委为其平反昭雪。

何养民（1917—1974），化名王敏，王家洼乡东同蹄村人。1933年加入共青团，后转为中国共产党党员。1936年5月在合阳中学上学期间，与姚权、何邦魁一起被捕，押解南京反省院。1937年7月经保释后返乡，参加抗日救亡活动，发展"民先"队员。1938年2月在东同蹄重新入党，任党支部书记。后任中共合阳县沟北区宣传委员、中共合阳县委委员、合阳游击支队队长、黄龙分区供给部部长等职。中华人民共和国成立后，历任陕西省军区后勤部副部长、志愿军后勤分部参谋长、总后勤部供给学院上校政治教官、后字205部队参谋长等职。1956年因病离休。"文化大革命"中遭受迫害。1974年病故于西安。

王亚夫（1921—1988），坊镇太里村人。1937年3月在合阳中学加入中国民族解放先锋队，同年11月进入延安吴堡"青训班"学习，后转入延安陕北公学。1938年4月加入中国共产党，5月进入延安抗日军政大学学习。"抗大"毕业后分配至冀察军区挺进司令部工作，后历任平北军分区司令部参谋、平北军分区昌延大队七中队指导员、一中队中队长、武工队队长、昌延大队副政委。解放战争时期，历任冀热察辽五旅十三团独二师四团政治处主任、十一纵队三十二师九十四团副团长、四十八军一四三师四二七团副团长、团长。先后参加延庆保卫战、古北口、九屯歼灭战、隆华攻坚战、辽沈战役、平津战役、赣南追击战，出生入死，多次负伤。抗美援朝期间，历任炮兵第二十一师司令部副参谋长、第一副师长兼参谋长。参加指挥朝鲜金华、东山里战斗及马良山、上甘岭、金城反击战等炮战，荣获朝鲜自由独立二级奖章。1954年，入沈阳高级炮兵学校学习。毕业后，历任炮兵第十师师长，沈阳军区炮兵司令部参谋长、副司令员、司令员，致力于东北炮兵革命化与现代化建设。1981年6月起，任旅大警备区副司令员（副兵团级）、顾问等职。曾任第五届全国人民代表大会代表，中国共产党第九次全国代表大会代表。1988年11月病故。

（摘自《合阳县志》）

抗战中驻合阳的军政要员

吕剑人（1908—2002），陕西乾县人，1927年3月加入中国共产主义青年团，同年10月转为中国共产党党员。1931年至1938年5月，在国民党三十八军一七七师从事军运工作，任省委军委联络员、沿河地委委员。1937年10月至1938年5月在合阳工作期间，吕剑人同志联系一七七师中的党组织和合阳县政府，领导沿河党组织发动群众抗战救亡，促进了以合阳为中心的黄河抗战。

1938年6月后去西府工作。中华人民共和国成立后一直在新疆维吾尔自治区担任领导。1978年当选中共中央纪委常委。1979年任中共陕西省委书记，同年补选为政协陕西省主席兼党组书记。

王俊（1911—1963），原名霍建德，陕西清涧县人。1928年加入中国共产主义青年团，1929转为中国共产党党员。1938年4月至1939年9月任中共陕西省沿河特委（后改地委）书记。在此期间，特委（地委）机关和王俊同志住合阳县城关帝庙巷大众书店，白云峰为组织部长，统一领导沿河各县抗日活动，争取驻军一七七师和县政府对的支持，促成了沿河各县轰轰烈烈的抗战局面。1939年9月之后，王俊同志去中共西安市委工作，并被选为中共七大代表。中华人民共和国成立后任中共甘肃武威地委书记、武威军分区党委书记、中共甘肃省委委员，甘肃省总工会主席、党组书记等。

李兴中（1890—1962），字时甫，化名李石父。直隶宁河（今属天津）人，1914年保定陆军军官学校毕业，西安事变后任国民革命军三十八军一七七师师长。1937年11月，李兴中率一七七师（前五二九旅）驻合阳至潼关一线，组织陕西沿河各县民众抗日指导委员会，促成合阳抗战的大好局面。1938年5月3日，李兴中率一七七师主力从合阳夏阳渡东渡抗击日军，继而血战吴王渡，收复晋南13县。6月，一七七师全部东渡。8月，参加著名的中条山保卫战。

李兴中

八年抗战中，李兴中历任国民革命军一七七师师长、九十六军军长和第四集团军总司令，指挥部队驰骋黄河两岸和豫西平原，屡建战功，第四集团军被誉为"中条山的铁柱子"！中华人民共和国成立后，任河北省交通厅厅长、政协河北省副主席等职。

许权中

许权中（1895—1943），名广斌，字权中。祖籍山东临淄，生于陕西临潼。1925年加入中国共产党，1928年5月参加渭华起义。1936年参加了西安事变，之后任国民革命军十七路军独立旅旅长。1937年秋末，许调任九十六军一七七师参谋长，驻防合阳。期间贯彻中共陕西省委指示，配合地方党的领导和合阳县政府，训练民众抗日力量，促进合阳抗战。次年5月率该师一部转战晋南永济县张营镇，激战四昼夜，给日军以沉重打击。此后，在吴王渡与日军血战两日，连续击退日军的九次进攻；接着，又指挥所部协同友军收复晋南10余县。在晋南率军英勇杀敌，战绩卓著。1943年12月9日，被胡宗南特务暗杀。

曹日晖（1904—1955），原名日章，又名善均，字耀卿，湖南永兴人。黄埔军校第一期毕业。1938年任国民革命军陆军七十八师副师长，旋任九十军五十三师师长，同年7月驻合阳担任河防。驻防中军民关系融洽，军纪严明；曹个人捐国币2500

元办敬老小学（后名官庄小学）；建五十三师将士公墓。1939年初改官庄为敬老庄，举办敬老会，遭地方人士反对。6月，晋升陆军少将。1940年日军进犯中条山，曹率部策应牵制，后任陆军九十军中将副军长，兼汉中师管区司令。1946年5月获胜利勋章，1949年8月去台湾。

赵锡光（1901—1955），云南保山人，1921年毕业于云南陆军讲武堂。1926年参加北伐战争，后任国民党政府军师、军长，国民革命军三十八集团军副司令，抗日战争中任第八战区政治部主任，1938年8月24日调任一六七师(辖三团)中将师长。此时驻军合阳，师部驻合阳县南知堡董寿彭家，军民团结，部队经常过河打击日寇，在雷家洼村建立阵亡将士纪念碑。

1946年4月调任新疆警备总司令部中将副总司令，兼国民革命军四十二军军长，5月获胜利勋章。1949年在新疆起义，后任中国人民解放军二十二兵团副司令员兼中国人民解放军第九军军长。1954年12月任新疆军区生产建设兵团(司令员陶峙岳)副司令员。

赵锡光

陶峙岳(1892—1988)，湖南宁乡人。1916年保定陆军军官学校毕业，1926年参加北伐战争，先后任团长、副师长、师长。1937年任国民党陆军七十七军军长。参加过淞沪抗战，后任国民党军第一军军长（下辖一师、一八师、一六五师）。此时军部驻合阳县贺磴村，加强军事训练。村老记忆说："陶军长，脚一弹，训练壮丁好几万。"其在贺磴村重视军民关系，植树造林，深得群众拥护。

1949年率部在新疆起义后，任中国人民解放军新疆军区副司令员兼第二十二兵团司令员，新疆军区副司令员兼新疆生产建设兵团司令员。1983年当选第六届全国政协副主席。

李正先（1904—1983），国民革命军一师师长。字建白，生于1904年，浙江东阳人。黄埔军校第二期毕业，参加过两次东征和北伐战争。抗战爆发时任国民革命军一师一旅少将旅长，李正先在上海和日军拼命，身背五创仍不下火线，由此升任一师师长，1939年冬驻合阳县龙王庙一带。1942年10月任第一军副军长。1943年6月任三十四集团军十六军军长。先后参加南京保卫战、武汉会战、豫中会战。

1945年1月陆军大学将官班毕业后，任第一战区整编十六师师长、军长等，1949年去台湾，1964年退役，1983年去世。

刘安琪（1904—1995）国民革命军十八师师长。山东韩庄镇人。国民党陆军一级上将。黄埔军校第三期毕业。抗战时期任国民革命军六十一师师长、中央军校第七分校学生总队总队长、第一军十八师师长。1939年冬驻防合阳县南蔡庄。

后任五十七军九十七师师长、五十七军军长、青年军二〇五师师长、青年军六军军长等。抗战胜利后，任七十一军军长、第七兵团司令官、二十一兵团司令官等。1949年10月去台湾，历任台湾中部防守司令官、陆军总司令等，晋升陆军一级上将。1995年9月9日在台湾去世。

王治岐（1901—1985）国民革命军一六五师师长。字凤山，甘肃天水人，中央军校第一期毕业、陆军大学将官班第二期毕业。历任黄埔军校教导团营长、浙江保安团长、师参谋主任、甘肃保安旅旅长、中央军校第七分校第十五期总队长、八十军副军长、甘肃省保安处处长、第一军一六五师师长。1939年冬驻防合阳县南知堡李兆禄家。后任甘肃省政府主席兼一一九军军长。

1949年12月在武都起义后，任民革甘肃省委副主任、民革中央委员、甘肃省政协常委、西安黄埔军校同学会名誉会长，1985年8月1在兰州病逝。著有《王治岐回忆录》。

刘宗宽（1905—1992），国民革命军暂编十五师师长。字志弘，陕西蒲城人，黄埔军校第三期和陆军大学特二期毕业。1941年，任陆军暂编十五师师长，驻合阳防守黄河，师部驻百里坊关帝庙。1943年加入中华民族解放行动委员会（中国农工民主党前身）。1946年，遵照中共安排，潜入国民党阵营，为解放大西南做出了重要贡献。刘伯承称赞刘宗宽同志对解放战争的贡献"胜过十万雄兵，堪称第一功！"1956年后历任全国政协委员、重庆市政协副主席、农工民主党四川省委和重庆市委副主委、四川省黄埔军校同学会顾问等。

董钊（1901—1977），字介生，陕西长安县东桃园(今属西安市莲湖区)人，1938年9月，董钊升任国民革命军十六军军长；11月，奉调入陕，兼任西安警备司令及防空副司令。1942年秋，董率部驻防合阳，军部驻官庄车家祠堂。驻防期间，董钊重视军民关系，勤于学习，曾聘请王性之为其讲解古书。

王应尊（1907—　），山西襄汾人，黄埔军校第五期毕业。抗战爆发后参加淞沪会战，1938年4月任中央军校第七分校十五期第五总队大队长，1939年8月任四十二军一九一师少将副师长兼中央军校第七分校军官训练班主任，1942年4月任九十军二十八师师长。1943—1945年率师部驻合阳县南知堡李兆禄家，组织部队守卫黄河，渡河出击日寇。1949年12月在四川起义，中华人民共和国成立后曾任民革四川省委会副主任委员，第六届全国政协委员，四川省政协常委。

王性之（1917—1973），名道，字性之，号正蒙主人，王村镇窑头村人，后定居县城西街，清末毕业于陕西关中师范学堂。早年钻研理学，后研究甲骨金石与文字学，藏书万卷，学识宏富。抗战前曾任县西区区长，抗战中先后任陕西沿河各县民众动员指导委员会战时经济部第一科科长、合阳县粮秣代购处副处长、合阳县抗敌后援会秘书等。1942年5月任县政府粮政科科长。做了大量有益于抗战的工作。中华人民共和国成立后历任城关镇及县人民代表。一生笃志守

王性之（左）和
曹日晖（右）

正，清正廉洁。著作在"文革"中散失，唯《青铜时代》书稿存世。王性之的又一显著功绩是保存了抗战时期大量的珍贵资料，在他去世后其子王士哲将这些资料捐献给县档案馆，为研究陕西沿河抗战史提供了可靠依据。

苏资琛（1893—1974），据《苏资琛履历表》中记载："苏资琛，一八九三年生，陕西韩城人，一九七四年逝世。本人旧军出身。"

苏资琛

"师范学校毕业后，一九一六年至一九二六年历任中、小学教员，教育主任，教育会长。一九二七年起历任国民军科员、秦陇通讯社总编辑。一九二八年任第四方面军方振武部参谋、战史编撰委员会副主任，《河南日报》编辑。南京立法院法制委员会秘书，国民党陕西省党部指导委员会委员，伪十七路军总指挥部少将参议、政治教官、政治部长等职。一九三七年后，任合阳县长、第四集团军总司令部国民党特别党部委员、书记长、参议、政治教官等职。一九四四年后，任韩城县参议员、议长、县志馆长。"

"解放后，任陕甘宁边区参议会参议、边区政府委员，一九五〇年任陕西省农业厅副厅长；民盟中委、民盟陕西省主委；政协陕西省委员会常委、副主席；陕西省副省长，一、二、三届全国人大代表。"

"双一二事变"后，特别是抗日战争时期，因受我党进步思想的影响，曾协助我党发动群众，准备组织游击队，支援抗日，并掩护过不少地下党同志的革命活动，解放战争中也有过贡献。……

注：一九八六年八月十四日合阳县党史办干部李金科、李巨有摘抄自陕西省档案馆《干部档案》副本苏资琛履历表1—2页（一九六〇年三月十六日陕西省委统战部填写）。

抗日战争革命烈士名录

王新民（1911—1937），王村镇窑头村人。1937年11月随杨虎城部十七师九十八团七连战于太原，阵亡。

雷保儿，百良乡三汲村人。1938年攻打山西荣河县城时阵亡。

敬二虎，百良乡三汲村人。1938年攻打山西荣河县城时阵亡。

夏成元，百良乡李家庄人。1938年攻打山西荣河县城时阵亡。

李忠瑞（1919—1939），新池乡行家庄人。共产党员，八路军战士，1939年3月在山西灵丘战斗中牺牲。

孙孝先，名念宗，黑池镇申庄村人。任国民革命军一六九师上尉副官，1939年在山西运城战役中阵亡。

王治镐，路井镇高原寨人。1940年在中条山战役中牺牲。

赵士毅（1910—1941），知堡乡白灵村人。中共党员，1941年4月在西安被敌杀害。

王世杰（1920—1941），王家洼乡白眉村人。中共党员，新四军战士，1941年7月于江苏沭阳高家沟战斗中牺牲。

王贵生，百良乡北尹庄人。1941年于山西河津沙石砭村战役中阵亡。

李运兴，伏六乡坤龙村人。警三旅战士，1941年在中条山二十岭战役中阵亡。

贾金珠，坊镇乡西清善人。警三旅战士，1941年在中条山二十岭战役中阵亡。

王现斌，伏六乡太里村人。警三旅战士，中条山六六战役中阵亡。

张全定，防虏寨乡浪后村人。中条山战役中阵亡。

雷喜定，防虏寨人，中条山战役中阵亡。

赵华英（1910—1942），百良乡西村人。1942年在上海中共地下工作中失踪，追认为烈士。

郭余山（1918—1943），路井镇郭家庄人。1943年在甘肃庆阳警一旅八团失踪，后被追认为烈士。

习全海（1915—1944），王村镇井溢村人。1944年于山西运城失踪，后被追认为烈士。

解金生，防虏寨乡解庄人。在山西吴王战役中阵亡。

解树棠，防虏寨乡解庄人。在河南渑池战役中阵亡。

姚崇祥，王家洼乡同北村人。从事抗日活动，被敌人杀害于山西杨董村。

王党民，王家洼人。从事抗日活动，在日军飞机轰炸中牺牲。

（选自《合阳军事志》）

国民革命军陆军五十三师阵亡将士纪念碑名录

2011年1月29日下午，笔者在合阳城关镇官庄村南公路边车三光家门口发现一块青石碑，高约1米，宽约60厘米，厚10多厘米，竖刻士兵33人（其中辎重兵28人），自右至左如下：

工兵二连二等兵	杨良忠	湖南泸溪
工兵三连二等兵	侯德昌	陕西眉县
	刘振锡	陕西蒲城
	郭泽玉	湖南辰州
	陈喜生	湖南茶陵
辎重一连一等兵	张合林	湖南大庸

辎重二连列　兵	虞光贵	湖南醴陵
	吴光贵	湖南永兴
	罗玉林	湖南大庸
二等兵	向云和	湖南慈利
	王　桃	河南巩县
	王　德	河南巩县
	段石头	河南芦山
列　兵	郭化云	湖南永兴
辎重二连一等兵	朱允生	湖南滋宁
	祁人贵	湖南黔阳
二等兵	朱文生	河南罗山
	向桂林	湖南永顺
	谭楚吾	湖南大庸
	周文山	湖南常德
	钟文武	湖南醴陵
列　兵	朱受生	湖南慈利
	郑汉清	湖南常德
	黎思家	湖南醴州
	陈　积	湖南湘乡

阵亡将士纪念碑

《死亡官兵调查表》

辎重二连二等兵	刘全少	湖南长沙
辎重营监护队二等兵	刘自生	湖南醴陵
	雷才崑	湖南茶陵
列　兵	李铭卿	
	漆思田	湖南醴陵
	刘开彬	湖南醴陵
	李昌元	湖南醴陵
	李透龙	湖南醴陵

现将所见阵亡将士姓名著录于此，以示表彰。

合阳李心石记

注：据国民革命军陆军五十三师1939年元月刻印的"军民信守规章"（存合阳县档案馆）及该师在官庄的公坟等史料，上列士兵应是五十三师的阵亡将士，此碑之前还应有一块记述立碑缘由、时间及阵亡将士的石碑。县档案馆存王性之档案，内有1940年9月3日敬老会第二次会议记录，其中议案第四条即是五十三师公墓如何管理。

陕西沿河各县军训学生同学录

1938年2月，国民革命军一七七师在合阳中学主办了沿河各县学生军事训练班，军事科目主要是游击战术和步兵基础技术训练，政治课为抗日救亡理论和时事政治教育。李中兴师长参加了开训和结业典礼，许全中参谋长作了关于游击战争的专题报告。训练20多天后，成立了"沿河学生军训队同学联络处"，中共党员白云峰主持工作。

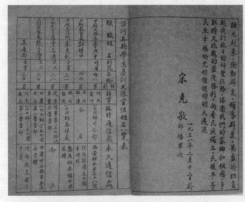

《沿河各县学生集训大队官佐姓名一览表》

陕西各县沿河学生集训大队一区队一班同学暨大队副区队长、正副班长农历元旦于合中教学楼前合影

附：

沿河各县学生集训大队学生姓名一览表

职务	姓名	别号	年龄	籍贯	校别	班级	临时通信处	永久通信处
班长	王志云		26	陕西长安	十七师教导处		一〇五九团二营四连	长安新乐镇天玉堂
班长	王殿卿		20		一七七师军训队			一七七师炮兵团
学生	李秉铎		17	韩城	韩中	三〇		韩城峁村景兴明转北薛村
	李丰艳		18	合阳	合中	二八		坊镇小学转南顺村
	杨少云		22	韩城	西安高中			韩城县长盛德转鸦儿坡
	薛敬身		17	韩城	韩中	三〇		韩城县顺德茂成转新晨村
	李 斌		20	合阳	合中	二八		城内东街永盛合转李家坡
	李禄荫		17	合阳	合中	二七		王村镇高小转北王村
	亢宏才		19	韩城	韩中	二七		芝川镇功德和转吕庄村
	李绿动		17	韩城	韩中	二七		峁村镇永庆合转本镇
	李宽理		20	合阳	合中	二八	合中校	新池村林牛福转南顺村
	赵惠民		28	韩城	韩中			西庄镇兴德合转寺庄村
	薛珍生		19	韩城	韩中	二七		城门狮子口
	申育发		19	合阳	合中	二七		城内古楼巷
	杨秀峰	野夫	20	合阳	和中	二七	城内大象书社	坊镇俊盛泰转灵井村
	吉士琦		17	韩城	韩中	二八	田赋经徵处	西庄镇天顺兴转西原村
	贺宝山		19	韩城	同师	二七		城内鼎盛厂转学巷
	孙凤卿		18	韩城	韩中	二八		城内永记书局转马庄村
	强云飞		20	韩城	东北军学生队			城内东营庙巷十九号
	李克超		19	韩城	韩中	二八		芝川镇义顺永转陶渠村
	王天恩		17	韩城	韩中	二九		南关镇盛木厂转庙后街
	张子超		33	韩城	小明伦堂小学			城内少年书报社
	石怀玉		28	澄城	合中	二八		城内同泰丰转西关村
	曹文斌		20	澄城	同师	三〇甲		城内儿童教育用品社转豆村
	张廷栋		18	韩城	韩中	二八		城内张家巷三十一号
	孟双运		20	合阳	合中	简师		黑池镇邮局转马坊村
	党勤壇		18	合阳	合中	二七		坊镇东街田观海转灵泉村
	秦坤炎		19	合阳	合中	二八		城内西街复兴源转和阳村

沿河各县学生集训大队官佐姓名一览表

级职	姓名	别号	年龄	性别	籍贯	临时通信处	永久通信处
中将大队长	李兴中	时甫	48	男	河北密河	一七七司令部	西安甜水井七十八号
少将教育长	许权中		44	男	陕西临潼	一七七司令部	陕西临潼交口镇辛理村

续表

级职	姓名	别号	年龄	性别	籍贯	临时通信处	永久通信处
中校大队副	宋克敬	子实	31	男	陕西盐屋	一七七师参谋处	盐屋祖巷镇世兴昌转
少将教育主任	于志涛	凌波	28	男	辽宁东丰	陆军第一七七师炮兵营营部	陆军第一七七师炮兵营营部
上尉区队长	张子伟	立三	30	男	甘肃甘谷	一七七师一〇五七团第二营营部	甘肃甘谷县东巷源泰堂转
	王道南	召堂	30	男	河南鹿邑	一七七师一〇五七团第二营营部	河南鹿邑县安平集
	王寒秋		24	男	河南新野	一七七师参谋处	河南新野城内关驿坑旁王宅
少尉副官	刘心齐		25	男	河北盐山	一七七师副官处	城南郊县镇耿家巷
司书	柯弘毅		26	男	陕西长安	一七七师炮兵营	长安新乐镇西关新茂昌转
上校教官	郭则沉		34	男	陕西临潼	师部	
上校教官	邵伯藩		41	男	陕西永寿	师部军医处	南京中华路府东街一二七号
政治教官	雷仲山		37	男	陕西合阳	合阳县党部	合阳坊镇同聚诚转
政治教官	苏资琛		44	男	陕西韩城	合阳县政府	韩城县教育局
中校教官	杨得春	子熙	37	男	河北宝坻	师部	
中校教官	吕稔秋	宜元	36	男	河北丰润	师部	
中校教官	刘磊		34	男	湖南湘乡	师部	
少校教官	赵斌	海元	33	男	河北永年	一七七师师部	
上尉教官	剑士义	熙亭	34	男	察哈尔阳原	一七七师师部	张家口西关外培植学校
班长	王志云		26	男	陕西长安	十七师教导队	长安新华镇天玉镇
	王殿卿		30	男	辽宁海龙	一七七师军训队	一七七师炮兵营
学生	李秉峰		17	男	韩城	韩中	韩城咎村景兴明转北薛村
	李		18	男	合阳		坊镇小学转南顺村
	杨步云		22	男	韩城		韩城县长盛德转鸦儿坡
	薛敬身		17	男	韩城		韩城县顺德茂成转新晨村

（合阳县档案馆提供）

合阳烈士简介

雷振华 名雷滨、徐尔鸣，1914年6月生，合阳县百良公社东宫城大队东宫城村人。1931年在山西华阴中学读书时参加了中国共产党。1936年在陕北瓦窑堡红军大学学习。尔后，长期在敌伪高以成等部队从事地下党活动，策动兵运，机智勇敢。

回合阳后，任合阳地下党县委青年委员。1941年奔赴山西敌后抗日根据地，组织爆破队，活动于山西平陆中条山一带，打击日寇。同年7月，日寇进行大扫荡，在反扫荡战斗中失踪。

李忠瑞 又名李践理，1919年11月23日生，合阳县新池公社行家庄大队行家庄村人。在合阳中学上学时，品学兼优，老师称其为高材生。先转入省立第一师范学校，后转入山西抗日民族大学学习。他受李公朴先生的栽培和教诲，向往革命。曾给合阳老师写信，宣传革命，信被刊登在合阳进步刊物《力报》上。后又参加了我党帮助阎锡山训练建立的抗日新军，同时加入了地下党。新军起义编入了八路军，他在一个总队搞政治工作。一次，在山西灵石县被日军包围，光荣牺牲。时年20岁，被安葬于山西灵石县。

雷振华

赵四毅 化名王福侠，1910年1月生，合阳县知堡公社白灵大队灵村人。他青年时代就向往革命，22岁（即1933年）从黄埔军校毕业后去北京，从北京回来时带了大量进步书籍，在本村以教书为掩护，宣传马列主义，从事革命活动。1933年加入中国共产党后，又打入敌伪政权，担任伪副镇长兼保长之职，期间秘密输送了本村几个人到乾县参加革命。后国民党部队发现其秘密活动，进行捕捉，于是他又二次北上延安。一年后组织上又派他到西安与王莽村以教书为名进行地下革命活动。1944年4月21日，遭敌逮捕，他坚贞不屈，被敌凶残杀害。时年31岁，遗体迁葬于本村。

王世杰 1920年2月生，合阳县王家洼公社白眉大队白眉村人。

王世杰烈士自幼上学，17岁在合阳干训班文工团半年多，18岁到陕北工校学习一年多，20岁又在抗日大学学习了一年。之后正式入伍，随部队过长江转战在江苏一带。1941年在江苏沭阳县高家洑剿匪战斗中英勇牺牲。时年21岁，遗体埋葬于江苏沭阳高家沟。

赵华英 1910年4月生，合阳县百良公社百西大队百西村人。

出生于一个贫苦农民的家庭，曾给人打短工。后来，以做生意为掩护，活动于百良、华邑一带，为党做地下工作。1936年，经党组织介绍，去延安学习，并光荣地加入了中国共产党。后又以经商为掩护，往来于汉口、江苏、上海之间，为党做地下联络工作。1942年给家里写过一封信，地址：上海东大街。之后，再无音讯。1959年，中央人民政府定为失踪军人，追认为烈士。

习全强 1915年7月生，合阳县王村公社井溢大队井溢村人。上中学时就积极宣传抗日救国的真理，宣传马列主义，积极参加学潮。投奔延安后，上过延安军政大学，毕业后，随部队去山西，在山西运城不幸失踪。时年29岁。

郭余山 1918年12月生，合阳县路井公社郭庄大队郭庄村人。又名郭积仓。

出生在一个农民家庭。小时候,在一个木匠铺当过学徒,饱受压迫剥削。1942年参加八路军,随警卫旅八团到甘肃庆阳。当时,曾给家里来过一封信,以后便无消息。时年24岁。

(合阳县民政局供稿)

抗战老兵纪略

纪略之一:永不消逝的电波

说起来你也许不信,一个小小的情报,竟然打破了日军企图西渡黄河占领我西北大好河山的美梦。

曹星回

生于1921年7月、如今已95岁高龄的曹星回(又名曹志刚、曹晶)是合阳县和家庄镇西四村一组人。1941年参加胡宗南部队,所在师师长为宋子英。1944年,奉命至韩城驻防黄河抗击日军。一次,担任无线电报务员的曹星回接到上级来报,称日军将从黄河东岸山西运城一带向我驻军投放炮弹,以打开缺口。得知这一情况后,曹星回立即报告给所在部队连长,连长据此迅速调整作战方案,实行埋伏,从而减少了部队伤亡,保存了实力。后曹星回又到国民革命军西安分区二十三军总队担任电台上尉台长。

1948年,曹星回调任宝鸡一四四师四三〇团通讯连无线电排第二台中尉台长。同年3月,参加西安、荔北战役。10月,在合阳县知堡临皋战役中被我军俘虏,参加了解放军。1949年,在驻澄城县解放军第三军后勤部任管理员。8月,随西北大军解放兰州,后调往甘肃张掖面粉厂工作。1958年10月,回乡务农。期间,曹老热爱劳动,遵纪守法,在乡邻中口碑甚好,并担任过生产队会计。

如今,曹老依然身板结实,偶尔还能读书看报。正如村民曹起泰在一首诗中所写的那样:"保卫黄河守韩城,抗击日寇挺长缨。但愿祖国早日统,九五高龄乐无穷。"寥寥数语,既是对曹老人生的高度概括,也表达了曹老的美好心愿。

纪略之二:我家就在黄河边

盛夏的古莘大地,万木葱茏,绿意盎然。在一个凉爽的早晨,笔者慕名采访了抗战老兵曹义彬。

摆在笔者面前的是曹老刚刚完成不久的几首小诗,其中一首叫《百灵庙痛歼日军战果辉煌》。诗中写道:"跳梁小丑叫日本,胃欲野心侵吞瘾。'九一八'突袭'北大营',目的在于沈阳城。长城内外日出没,突袭绥远三六年。百灵庙毙敌一千多,生俘日军二百名。"短短数句,勾勒出当年我军民同仇敌忾、保家卫国的英雄气概。

曹义彬

生于1926年、现年90岁的曹义彬是合阳县百良镇东宫城村人。1943年，在国民党新七军暂编二十五师师长刘英部下当炮兵，于韩城一带驻守河防。1945年6月，奉命渡河，在禹门口与日军接火，挖战壕，筑工事，敌退我进，乘胜追击，将日军连同其慰安妇逼至侯马。两天后，曹义彬所在部队阻止日军向北挺进，在附近火车站一边夹击欲逃向太原的日军，一边喊话。日军难以支撑，退回驻地。当年8月，曹老随部（后改编为第三军，军长罗立戎）开往石家庄抗敌。1945年，又奉命至天津接收日军投降。1947年11月，参加中国人民解放军北岳区独立旅一团一营三连，在山西应县参战时左臂、腹部、面部等多处负伤，后鉴定为三等乙级残废，在白求恩和平医院第十六分院住院治疗。1948年8月回乡。

1949年2月，在东宫城小学任教。期间，他经常用自己的亲身经历教育学生勿忘国耻、振兴中华。1984年退休后，曹老茶余饭后习书练字，修身养性，颐养天年，奉献余热。为了以实际行动纪念抗战胜利70周年，曹义彬还根据回忆先后整理撰写了《我心目中敬仰的张自忠将军》《痛责日军横蛮暴行》《缅怀先烈忠义情》等文章和诗篇，以示后人。

纪略之三：保卫家乡　保卫黄河　保卫大西北

投身抗日，保家卫国，是从小失去父亲、孤苦伶仃的成孝中人生最精彩、最难忘的一页。

生于1931年、现年86岁的成孝中是合阳县百良镇西宫城村人。1944年，15岁的成孝中随时任河防队队长的本家爷爷成子珍接驻国民党二十八师调防后所留工事，在河防队第二大队队长赵普杰（百良街人）手下当传令兵。从此，成孝中与大家一起常年驻守在北至王家洼榆林南至百良岔峪10多里的黄河大堤上，来回穿梭，早出晚归，传送情报。正如他所说的那样，送情报是任务，是机密，不得有半点马虎。有次送信时，北风呼啸，大雪纷飞，成孝中冒着严寒，不畏艰难，跌倒了，爬起来，再跌倒，再爬起，凭着"初生牛犊不怕虎"的胆量完成了任务，受到了队长的好评。

1946年至1948年，成孝中在合阳游击队队长史建堂部下，跟随马子岗、张振东等打游击，每天行军75公里以上，而且身背30公斤重的军用和生活物资。即使这样，成孝中也从不喊苦叫累。后又在八路军二纵队司令员王震部参加解放合阳临皋、大荔、重庆、湖南等战役。1949年回乡后，参加土改，在农业社种地。提到老人的爱好，儿女们说父亲善读书，喜秦腔，心胸开阔，善待亲邻，这也许是众多磨难留给他人生最宝贵的精神财富。

成孝中

纪略之四：一炮击三机　长我中华志

党发科

"咚咚咚……"随着一阵高射炮弹的腾空而起，三架日军飞机不偏不倚地正好被击了个正着，冒着黑烟纷纷坠落下来。看到眼前的一切，党发科和战友们欢呼雀跃。

生于1927年、如今89岁的党发科是合阳县和家庄镇王善庄人。1941年，14岁的党发科就随杨虎城部四十四团团长叶志芳一路行至潼关风陵渡，手握"七九"式步枪与日军展开激烈战斗。后从风陵渡经山西吴王回陕，在连长王利天（合阳百良人）身边当通讯兵。不久，又转为炮兵。据党老回忆：有次他和战友们奉命到四川拉运炮弹，当行至川陕交界的广元、汉中一带时，3架日军飞机号叫着在空中盘旋，似乎发现了目标。说时迟，那时快，党发科他们立即瞄准，连发数炮，几乎不费吹灰之力就将敌机击落下来，打破了国民革命军当时的战斗纪录。消息传出后，国民党中央机关报《中央日报》进行了宣传报道，党发科也因此从炮手成为炮长。

1944年，党发科又在军长陶司飞部参加了保卫西安火车站、机场以及陕西东部黄河防空炮战，在西安东桃园附近再次击落3架敌机。1948年党发科参加解放军，1949年转业到地方，在县粮食部门工作。1962年回乡务农，当过保管员。现在，老人精神尚好，偶尔读书看报，关心国家大事。他常说："共圆中华民族伟大复兴的中国梦，是老几辈、抗战老兵们的共同心愿。"

纪略之五：一寸河山一寸血　十万青年十万军

党忠绪，1923年2月17日生，现年93岁，同家庄镇（原杨家庄办事处）汉村河人。历经岁月的磨砺和战火的洗礼，如今老人对过去那段抗战往事依然历历在目，记忆犹新。

据党老回忆，1937年9月他就参加了集团军总司令邓锡侯下辖的李家钰部。该集团军组编完毕后，自四川步行至陕西宝鸡，后又车运至河南，渡过黄河进入山西，属第二战区指挥管辖，曾参加了著名的娘子关保卫战。1938年初，党忠绪所在的第二十二集团军奉命开赴山东，调归第五战区管辖。徐州会战开始不久，在滕县保卫战中，该集团军第四十一军一二二师师长王铭章、参谋长赵渭滨，第一二四师参谋长邹慕陶及一二二师数千名官兵，用劣质武器抵抗进攻日军。由于敌众我寡，我惨遭失败，血流成河。此次战役虽然失败了，但为之后我军台儿庄战役大捷奠定了基础。

接着，党忠绪随集团军又先后参加了长沙、常德、豫西、鄂北会战。身为传令兵的他在一次次战斗中不辱使命，机智勇敢，克服困难，千方百计并圆满地完成了肩负的重任，后因腿部负伤，离开部队徒步返乡。

中华人民共和国成立后，党老身残志坚，积极参加劳动，热爱集体，曾担任生产队会计多年，在巷院中享有较高威望。他常常告诫子女："现在社会

党忠绪

发展了,生活变好了,更要珍爱和平,自强自立,不能让历史在你们这一辈身上重演。"

纪略之六:七十年前的记忆

当地抗战老兵中最年轻、身体最好的邓天时,盛夏时节身着红衬衫,腿穿黑裤子,脚蹬粗布鞋,看上去比实际年龄要小许多,俨然一位70开外的"小老头"。

生于1931年3月的邓天时,现年86岁,是合阳县路井镇路苏村人,祖籍甘肃。14岁被抓壮丁到傅作义部队,接着在宁夏短训,半年后来到绥远抗日前线。目睹日寇烧杀掠抢、残害百姓的场景,邓天时义愤填膺,立志报国。就这样,他和战友们四处搜敌,见一个杀一个,将满腔怒火装进枪膛,埋在心里。在一次战斗中,邓天时膝盖负伤,疼痛难忍。即便如此,他还是咬紧牙关,矢志不移,圆满地完成了作战任务。

1945年抗战胜利后,邓天时又随军至河北张家口、宣化以及甘肃、宁夏、沈阳等地守卫城防,其足迹遍及大半个中国。1948年10月,邓天时随部起义投诚刘邓大军,参加了解放太原、西安等战役。在攻打礼泉时,与马步芳部进行了激烈交战。1949年4月返乡学手艺、打短工、下煤窑,1958年曾担任生产队长。

邓天时常说:"要想国强民富,必须勿忘国耻、誓雪国恨。后人不能忘记历史,应珍惜今天的幸福生活。"

邓天时

纪略之七:抗日战争的坚强后盾

没有惊天动地的壮举,没有亲历前线的感受,有的是一个抗战老兵的英雄气概和爱国情怀。这话用在生于1929年5月、今年87岁、家住合阳县城关镇顾贤村(原居杨家庄郭家河)的董新合身上再合适不过。

1943年7月,抗日战争进入胶着阶段,年仅14岁的董新合自告奋勇地参加了国民党新编十五师师长康庄的部队,驻扎在坊镇一带。经过短训,辗转至三原。长途行军至甘肃天水三十六军,一边学唱歌、学文化,一边参与黄河护防。后又随八十二军马鸿魁部队运输大队赴兰州、汉中等地,一路南下,直抵安徽、江苏徐州运送军需物资,遇到山高路陡,只好手抱肩扛。由于粮缺水少,每天只有两顿饭,董新合经常饿得头晕眼花、双腿无力。即便这样,董新合和战士们还是咬紧牙关挺了过来,为前线提供了保障,赢得了主动。他常说,自己虽然没和日军正面交锋,却是个名副其实的抗日积极分子。

1949年8月,董新合加入解放军。期间,所在部队被改编为铁道公安部队,董新合与战友们一同修筑铁路,保护桥梁,1953年12月被公安六十团荣记个人三等功1次,1954年2月荣获"全国人民慰问人民解放军代表团纪念章"1枚。1955年回乡,曾担任生产队长、治安主任、村委会主任。

而今的董新合尽管耳聋眼花,但思路敏捷,谈吐自如。

董新合

用他的话说:"同为炎黄子孙,国共应是一家。共产党好,人民政府好。有每月千余元的补助,知足了,知足了!"

纪略之八:立马中条斗敌顽

范维亭,1925年生,现年91岁,合阳县新池镇北顺村人。

见到范老时,身板硬朗的他正在筛拣麦粒。得知我们的来意后,范老的话语滔滔不绝,记忆的闸门一下子打开,似乎又回到了那个烽火连天的岁月。

1940年8月,年仅17岁的范维亭怀着杀敌报国之心替父从军,加入杨虎城部九十八军一六九师,来到山西平陆一带参加了著名的中条山战役。在一次战斗中,前后三天三夜,牺牲了15名战友,部队依旧在少吃少喝、弹药短缺的情况下成功击败了日寇的反扑。范维亭人虽小却机灵,作战勇敢,连杀数敌,尽管头部负伤,但还是有幸存活了下来。他常说:"与为国捐躯的众多难兄难弟、陕西楞娃比,我太幸运了。"负伤后,范维亭回到陕西泾阳休养,待伤势稍加好转,又辗转宝鸡、汉中、重庆、湖南、广西、贵州等地,在机枪连固守城防,抗击日寇,屡立奇功,直至抗日战争胜利。

范维亭

1947年3月,范维亭在国民党山东某部无线电班当战士。1948年10月,投诚解放军,跟随陈毅部队参加了淮海战役。1949年4月,参加渡江战役,跟随部队解放上海、浙江、福建。1951年又参加抗美援朝,期间光荣地加入了中国共产党。1955年返乡务农,曾担任村党支部书记、大队长等职。

如今,范维亭虽年事已高,但仍耳聪目明。偶尔有些头疼的毛病,还是抗战时落下的病根。他笑对人生,乐观豁达,与双目失明的老伴相濡以沫,安度晚年。

纪略之九:重新找回中国人的感觉

李根宗,1927年1月生,现年89岁,合阳县坊镇坤龙村人。16岁时,在国民党炮十六军九十四师二十团二〇六连当兵,军长为董钊,团部先后驻扎在坊镇、官庄一带,后又随部辗转至大荔、朝邑、河南灵宝。在一次战斗中,部队被日军骑兵包围,远离前线20里外的李根宗他们接到上级命令撤至潼关。经过一天一夜的严防死守,击退了敌人的数次围攻,保证了整个战役的胜利。

1945年,李根宗前往山西永济,一路北上,途经太原、娘子关、石家庄,参加接受日军炮兵部队投降,受到沿线群众热烈欢迎。在受降仪式上,日制机枪、大炮摆放得整整齐齐,遍地皆是。日军们个个盘腿而坐,垂头丧气,有的像霜打的茄子奄奄一息,有的像丧家犬,有的如惊弓之鸟。耳闻目睹这一切,李根宗和战友们兴高采烈,重新找回了中国军人的感觉。

1949年,李根宗所在傅作义部队投诚起义,加入中国人民解放军第四野战军,在河北宣化、张家口一带短训三个月后驻守北京。1950年李根宗返乡,先后担任村民兵连长、村剧团团

李根宗

长。

"与牺牲的战友比，我是幸运的。一未受伤，二能过上今天这样的好光景。知足得很，满意得很！"老人不止一次感慨万千地这样说。

纪略之十：救死扶伤是我的本分

尽管家庭状况较差、生活并不富裕，但他始终怀着一颗乐观豁达的向善之心，平静坦然，笑对人生。

1930年生、现年86岁的梁栋，是合阳县黑池镇（原马家庄办事处）北吴仁村人。1944年，被抓壮丁到国民党联勤总部二四一后方医院（院长为刘瑞环，少将）担任护士，在潼关风陵渡救治前线伤员。据梁老回忆，中条山"六六"战役中，老人所在部队伤亡惨重。当时，只有十五六岁的他不怕炮火轰鸣，子弹纷飞，凭着惊人的毅力与战友一道，把一个个伤员背下前线，为轻伤员清洗伤口，进行包扎，遇到伤势较重者则随时转往后方医院。就这样，梁栋曾参加类似大型救治10多次，其中最多一次经他亲手包扎的伤员就有八九个，他荣立三等功1次。他说："有战争就有伤亡。手心手背都是肉，大家同在抗日，能生还一个是一个，救死扶伤是我的本分。"不仅如此，梁老还告诉我们他曾见到过受日军毒气弹攻击的伤员。战斗激烈时偶尔会有日军伤员被误抬至我方医院，当人们发现其不会说中国话时，差点掐死这些狗日的。

梁 栋

1949年，梁栋投诚加入中国人民解放军，先后参加四川茂县、西康战役。1954年，转业到合阳中学担任校医。1964年，回村医疗站为乡亲们诊治病痛。由于他态度热情，服务周到，多次受到上级表彰和群众好评。不仅如此，他还将良好的医德和精湛的医术传授给儿女，造福故里，回报社会。

纪略之十一：铁血沙场铸战魂

"全国人民慰问解放军纪念章""抗美援朝纪念章""起义证""复原证"……一枚枚金色的胸章，一个个鲜红的证书，不仅倾注着刘德法崇高的爱国情怀，而且见证了他戎马生涯的光辉历程。

刘德法，1926年12月生，现年90岁，祖籍商洛丹凤，是合阳县黑池镇团结村人。1937年，17岁的他从祖籍地被抓壮丁随胡宗南部二十九军到四川内江护守城防，后在广西桂林和独山战役中与日军短兵相接，作为步兵的刘德法手握"三八式""中正式"步枪英勇杀敌，奋不顾身。据刘老回忆，独山战役前后持续一周左右，曾遭日军飞机轰炸。为了阻击敌人，部队发给每人子弹60发、手榴弹3枚。每次战斗下来，杀敌少说也有五六个，自己凭着机智勇敢却从未负伤，常常是随打随走，从不硬碰硬。他由于勇猛善战，不怕牺牲，被提升为所在步兵部队班长。

刘德法

1949年9月，刘德法在四川什邡投诚起义，加入陈毅任司令员的华东第三野战军，参加渡江战役、淮海战役并解放上海。1951年奉命入朝，在彭德怀为总指挥的二十军六十师任排长。1953年10月，随军赴浙江台州、温岭一带搞边防工作，被中国人民解放军浙江省军区司令部荣记三等功1次。1954年1月，作为开国后第一批军官转业到地方，曾在村中任生产队长、会计、科研站站长等职，并被推选为镇政协小组成员，荣获镇、村"劳动模范"和"遵纪守法户"称号。

现在，历经岁月洗礼的刘德法虽因患脉管炎行动不便，但仍显得很精神。正如他所说的那样："功名利禄都是过眼烟云。我不需要什么，我在乎的是还我一个真实，给我一个名分。"

纪略之十二：不能拖抗战的后腿

正值花季少年但血气方刚的吕文广不顾家人劝阻，自告奋勇参军。正如他当时所说的那样："国仇家恨，此时不报，更待何时！咱不能拖了抗战的后腿。"

生于1928年、今年88岁的吕文广，是合阳县王村镇南王村人。曾在韩城禹门口与日军交战，这一打就是三年。一次，身为通信兵的吕文广作为"敢死队"里年龄最小的一个，不幸被击伤左手，但他不顾疼痛，顽强抗击，终与战友们一起取得了胜利。如今，每当回忆起当时的情景，他总是说："战场上往往是你死我活，我不怕死。小日本把山西人欺负扎咧，豁出去了！"

吕文广

1945年抗战胜利后，吕文广参加了八路军。不久，又参加了解放蒲城永丰、合阳刘家岭战役。1949年，回乡务农学手艺，当瓦工，养家糊口，维持生计。我们见到老人时，他身体结实，思路清晰，正颐养天年，敲敲锣、打打鼓、下下棋是常有的事。用他的话说："现在的社会就是好，这在过去连想也不敢想，年轻人不能忘记历史！"

纪略之十三：不堪回首的岁月

成永学，1919年3月生，现年98岁，合阳县同家庄镇三池村人。

1937年，18岁的成永学便在国民党三十八军军长赵寿山部十七师五团二〇六连当步兵。期间，经常奔波于山西夏县、平陆、芮城中条山一带与敌作战，巧妙周旋。当时，日军有飞机、大炮、坦克，而国民革命军每个连除了两三挺机枪之外全是步枪。后来，他又在一〇二团机枪连二班任班长。1943年至1945年，任乡公所保队副，训练地方武装，在百良岔峪一带挖战壕，守黄河，防日寇。老人清楚地记得：在中条山"六六"战役五老庄、雪花山战斗中，伤亡惨烈，血流成河，哀鸿遍野，所在班战士牺牲得所剩无几。为了寄托对烈士们的怀念之情，军长赵寿山将"雪花山"改名为"血花山"。特别是西安女子中学前来慰问抗日将士的30名师生，他们在被日军追击无路可走的情况下，抱着附近居民拆下来的椽木扑入黄河，结果被淹死在水流之中，无一人幸免生

成学永

还。讲到这里，成永学义愤填膺，连连说："惨得很，可怜得很，日本人就不是爹娘养的。"

1949年中华人民共和国成立后，成永学回乡务农，在生产队当饲养员，一干就是11年。现在老人虽年事已高，但仍英雄不减当年勇，神采奕奕，修身养性，安度晚年。全家四儿一女，五世同堂，快乐无边。他常常告诫后人："要珍惜今天来之不易的幸福生活，发奋图强，振兴中华。"

纪略之十四：一个抗日远征军老人的自述

我叫孙永众，生于1924年8月，现年92岁，合阳县黑池镇申庄村人，上中学时曾改名为孙志钦。

18岁时，我离开合阳到西安，在战干团训练了三年，长官是胡宗南。1944年响应政府号召，我们军校（战干团）的学生不论男女，不分省内省外，从军作战，武装自己，准备牺牲。参加远征军是从西安坐飞机到昆明，后又从昆明巫家坝机场登上运输机经越南到印度，再乘坐火车、汽车到达蓝姆伽汽车训练学校。学校是美国人办的，那儿有全新的美式汽车。印

孙永众

度是英国的殖民地，学校则是中美蓝姆伽训练中心。蓝姆伽是印度的一个小镇，学校教官是清一色的美国人，训练时用的十轮大卡车由美国生产，我们之后使用的车辆是小一点的普通车，长7米，载重量23吨，学十天半月就上路。我们汽一团的长官是简立，他信奉基督教，戴一副黑框眼镜。营长是东北人，排长是广东人。学完后便拉送物资，共转运了5趟，一趟10多天、20多天不等，中间休息10天再上路转运，将储存在蓝姆伽的军用物资移交给驻加尔各答的英军库房。

1945年5月，我们汽一团开始回撤，拉着物资，离开盟友，进入中国畹町。路上坑坑洼洼，桥梁也被日本人炸了。由于道路不通，加之阴雨连绵，连吃喝都没有，洗澡就在路边的水池，美国人给我们空投吃的。7月下旬，团长简立带领我们接受杜聿明检阅。8月，日本人投降。一个月后，我被分配到南京退伍复员管理处任秘书。

最后，老人高兴地告诉我们："我就说总有天晴的时候，能等到今日，就是死了，双眼也会闭上。我没做过什么对不起国家和民族的亏心事，只希望今天的人理解我们这些抗战老兵。"

也许是性情所致的缘故，老人随即哼起了远征军团歌：男儿快意着先鞭，投笔从戎志最坚。出国远征何壮伟，飞跃喜马拉雅巅。铁轮电掣机械化，利兵坚甲永无前。浪涛翻热血，勋业著青年。气盛吞三岛，雷掣震九天。祖国复兴，世界和平。

稍息片刻，孙老忽然想起这样一段话，可能是从军誓言吧：无求生以害仁，有杀身以成仁，知识青年乎。报国疆场的时候到了，搏浪沙沉燕市冷，江湖侠士已无多，平生我亦书生耳，但未能甘俯下死。从军去、从军去……

这一段话应该就是他——孙永众，一个抗日远征军老人的内心表白，也应是他投笔从戎、远征印度、转运物资、杀敌报国的缩影。

纪略之十五:"河南是我的第二故乡!"

"河南是我的第二故乡!"生于1926年2月、今年90岁的合阳县和家庄镇良石村抗战老兵王万绪无限感慨地这样说道。

王万绪

1944年,19岁的王万绪因弟兄多,按政府当局配赋入伍,在西安训练三个月后,在国民党九十军胡宗南部下步兵连某班任轻机枪射手。在中原大地战事紧张的情况下,随队到河南鹿山前线一带抗击日寇。据老人讲,他们的装备都是美式的,每次战斗为每人配发子弹200发,手榴弹4枚。他曾参加大小战事多次,却无一处挂花。有次战斗打了三天三夜,部队伤亡严重,自己却命大活了下来。提及这些,王老总是说:"随着年龄的增长,很多事都已淡忘,只有河南战事印象最深。"

1945年,王万绪随部队驻扎陕北南部洛川一带,后在宜川、黄龙、韩城等地执行军令。1947年,从蒲城北部山区返乡务农,当过保管员、饲养员、生产队长。老人经历战场洗礼,眼见无数死尸,多次死里逃生,所以,思想超然,不计较个人得失,善诚对待社会生活,九旬之龄,耳不聋,眼不花,腿脚灵便。他感谢共产党领导的今日之和平盛世。

纪略之十六:战地上的"百灵鸟"

一米八的个头,挺直的身板,激情地诉说,突然间手舞足蹈、一展歌喉。若不是亲眼所见,很难想象面前这位抗战老兵就是人见人夸的战地"百灵鸟"——行现敬。

生于1924年11月、现年92岁的行现敬是合阳县新池镇北王庄村人。见到我们时,老人头一句话就说:"我们是革命家庭,弟弟是烈士。"据行老回忆,他20岁时就加入了西北军杨虎城部一七七师,以能歌善舞被选送到文艺班,宣传统一战线,抗日救国。期间演出了《穷人恨》《血泪仇》等脍炙人口的剧目,为抗日救亡运动发挥了积极作用。说到动情处,老人难以自抑,引吭高歌,其乐融融,似乎忘记了自己的岁数。不仅如此,当时他还代表十三军区参加了西北军政区举办的田径运动会,并以优异成绩获得奖励。1942年,行现敬所在部队先后驻扎在北至百良岔峪、南至马家庄保宁一带长达数十里的河堤上防守,打破了日军企图西渡黄河亡我中华的黄粱美梦。

抗战胜利后,行现敬于1949年参加中国人民解放军,在智取华山英雄刘继尧部任战士。1952年,该部转为地方武装,保卫陇海铁路陕西段,为运输抗美援朝物资提供保障。1955年返乡务农,参加土改、"三反五反"等运动。

斗转星移,花开花落,历经岁月洗礼的行老愈发刚毅。临走时他握住我们的手一个劲地说:"心热、心热,亲人见亲人,两眼泪湿襟,民革没有忘我们是天大的福分。"

行现敬

纪略之十七：永葆老兵本色　铭记峥嵘岁月

赵雷现，1928年元月13日生，合阳县王村镇柳池洼村人，曾用名赵明轩。

1944年，赵雷现加入国民党张治中部队一二〇军一七三师五一七团二营六连，连长吴润（瑞）是四川人。驻守甘肃东岗县时为步兵，一直在山上苦练杀敌本领，防止日军西进。1948年，他随副团长投诚整编，自甘肃岷县经四川回陕，在西安护士学校学习。

赵雷现

1949年，转业到西安601234职工医院担任护士长。1957年，响应国家号召退伍回到合阳。让人感动的是：看望老人那天，当我们让他拍个军礼照时，老人坚持要找个有沿的帽子，说自己头上的帽子不正规，不能敬军礼。随后，他颤颤巍巍地挪到房子里取了顶自认为合适的帽子戴在头上。当他举起右手时，神情陡然严肃起来。此情此景，感人至深，在场的每一位志愿者无不动容。

纪略之十八：走遍陕川鄂　矢志保家园

康升秀，1927年元月15日生，合阳县同家庄镇（原杨家庄）辛庄村人。

1942年底，康升秀加入国民党胡宗南七十六军二十四师师长廖昂部，成为无线电通讯兵。老人回忆说，当初他们用的报话机是美国赞助的，很先进，自己的工作是在陕西蒲城等地进行后方联络，收集战地情报。1944年，该军由陕西调至湖北担负守备任务，曾在湖北宜昌参加接受日军投降仪式。

后在经四川到陕西途中被解放军俘虏，经过半年营训，收编于彭德怀部队省军区独立团第二营无线电排。1953年，复员回乡。

康升秀

由于各种原因，老人晚境体况较差，生活艰难。他与双目失明的老伴相依为命，直至撒手人寰。他曾希望我们呼吁社会关爱抗战老兵，奉献爱心，帮助他们这些曾经出生入死的抗战英雄改善生活，渡过难关。

纪略之十九：起来，不愿做奴隶的人们！

吕双汉

吕双汉，1926年生，合阳县甘井镇赵庄村人。15岁时，吕双汉和其他热血青年一样，怀着杀敌报国的赤子情怀参加国民党九十军二十八师步兵连，于河南内乡县抗击日寇。在一次战斗中，他和战友们奋不顾身，英勇杀敌，虽然伤亡惨重，但为整个战役取得阶段性胜利奠定了基础，有力地阻止了日寇向我西南各地的大规模挺进。1945年抗战胜利后，吕双汉所在部队在陕北榆林投诚，于西安短期集训后自愿回乡。

1961年，吕双汉光荣地加入了中国共产党，曾担任村大队长、民兵连长等职，在平凡的岗位上任劳任怨，默默奉献，受到各级表彰和群众好评。2014年6月吕老不幸去世后，民革合阳支部前往吊唁，送去花篮。

纪略之二十：我们胜利了！

陈玉俊，1925年生，合阳县城关街道办事处（原城关镇）南街村人。

1944年下半年的一天，在西农附中上学且即将毕业的陈玉俊在校方动员下回合探亲并参军抗日。当时，全县百余名青年分成3个编队，陈玉俊所在队队长为王伏波，随队医生叫范增坤。后由县国民党主委吴焕文、三青团书记刘克庄陪送，先步行至大荔、朝邑，在华阴庙乘坐火车时每人获颁临时党团证，后至西安，此时已是1945年元旦。

到西安后，国民党陕西主委谷正鼎到陈玉俊他们临时居住的梁府街小学探望，省主席祝绍山免费送来理发票、洗澡票等礼品。1945年2月，陈玉俊离开西安，乘飞机前往云南曲靖，被编入青年远征军二〇七师六二一团，总监为罗卓英，总政治部主任为蒋经国。当年11月，陈玉俊所部奉命前往东北驻防沈阳，接收主权，遣返日本战俘、侨民，并将其押运到大连上船，同时负责接收日方送回的中国劳工。

据陈老介绍，自己参加的中国青年远征军也是中国国民革命军，简称"国军"，是专门为志愿参加抗日的有文化的学生士兵命名的，也叫"青年从军"。它是在中原战事失利，日军兵临潼关，准备进攻西北，妄图侵占云贵这一大背景下，由国民政府临时组建的一支部队。

陈玉俊

1946年8月，陈玉俊退伍，继续求学，在东北大学深造。1948年上半年，因战事随学校迁往北平直至毕业。1949年中华人民共和国成立后，回乡教书至退休。如今，每每回忆起当年投笔从戎和日本飞机轰炸合阳县城时的情景，陈老感慨良多。他告诉我们：经过艰苦卓绝的八年抗战，我们终于胜利了！这胜利来之不易，值得珍惜。

（民革合阳支部供稿）

第五部分

抗战宣传　唤醒民众

合阳大众书店

合阳大众书店，创办人本县管家河管建勋，共产党员，系党梦笔介绍入党。

成立时间大约在1937年，地址在东街一个巷口，那时为做地下工作方便，逐渐灌输宣传共产主义思想，来往开会，互通消息，使人不疑而设立，负有特殊的使命。

该店售卖挂表及进步书本，吸引青少年阅读转变思想，走向革命，合中民先队成员与该店发生许多关系，抗协队员时加反对，所以两队在学校的矛盾不时出现。社会落后人士对该店也慢慢产生怀疑。至1938年，反映到本县反动县长张丹柏那里，张信以为真，于是下令查封该店，逮捕经理。幸事先有人通风报信，得以逃跑。这次又牵及王村中心小学，校长杨志远有了嫌疑，杨提前脱离学校，县公安人员到学校进行检查，也无证据，回县报告结案。这次风波暂时宣告平息。

郭北杰回忆
1984年11月20日

怒吼剧社和华云剧团

抗日战争爆发后，县民教馆长党梦笔聘请名艺人王赖赖、马明登、杨梦星等，招收学员，成立"铁血宣传队"，后改为"怒吼剧社"。师生身着草绿色土布制服，佩戴"怒吼剧社"的胸章和雄狮图案臂章，实行军事化管理，演出《出征》《从军行》《民族英雄》《大义灭亲》《平原之役》《湘北大捷》《血战永济》等10多出新编秦腔剧，宣传抗日救国，深得民众支持。民国三十二年（1943），县长马绍中为纪念明代县丞叶华云，改"怒吼剧社"为"县立华云剧团"。国民党四十二师少将旅长行海亭捐赠箱衣，聘马静轩任副团长，请西安名艺人施学易、高正保任导演，招收学生三班，后新秀辈出，其佼佼者有杨开元、蔺遵仁、赵三敏、王尚智、李崇廉、吴尚华、党守仁、姚明忠、鲁国仁。不到10年，演剧近百出。

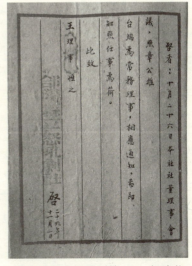

抗战中县立怒吼剧社1940年聘书

1944年秋，5名主要演员投入韩城某军剧团。此后，该社元气大伤，勉强维持到中华人民共和国成立前夕。

怒吼剧社和华云剧团曾先后借住文庙、县民众教育馆、东街里长所和泰山庙。

（选自《合阳县志》）

合阳怒吼剧社

怒吼剧社聘书

合阳县怒吼剧社约成立于1938年，是抗战初期为了宣传动员民众抗日的一支宣传队。最后由于经济条件限制，演变成职业剧团。她的名字就表明了她的使命，"怒吼"是中国人民怒吼起来了。剧团吸收的第一名学生起艺名为"强国"，也是该团红极一时的第一名小旦。这个团是由合阳县教育机关组织领导的，第一任社长党梦笔是当时合阳县的民众教育馆馆长。抗战胜利后，据说为纪念合阳古时文化名人"叶华云"，故把怒吼剧社改名为"华云剧团"。剧团经常活动于澄城、韩城、朝邑、大荔、平民等县和本县城乡。当时在宣传抗日、动员民众、活跃城乡人民文化生活方面起了一定的作用，同时也培养了文艺人才。

这个剧团开始时是以宣传队形式组织起来的，演的是一些抗日小节目，如《出征》《从军行》《原礼奉还》《闵行镇》等。这些戏有时用时装，如剪发、旗袍、制服、皮鞋、武装带、钢盔、眼镜、文明棍、长短枪等，有时用古装，如刀、矛等。

这个剧团的学生以进团的时间分为28级、29级、30级，也就是甲、乙、丙三班，先后共百余人，真正长期活动在戏剧舞台上唱得有点名气的有：

须　生：申昌德、党守仁、姚明忠、鲁国仁。

文小生：王尚智、王金科。

武小生：宁正风、李崇廉。

正　旦：赵云中、党景仁、赵尚义、习遵礼。

小　旦：杨强国、计守信、吴守礼。

净　角：张昌文、朱崇礼、王景义、李崇孝。

丑　角：蔺遵仁、康守义、王明义、蔺国民。

老　旦：马明登、杨明武。

司　鼓：蔺甲民、赵三敏、杨开元、赵正国。

琴　师：管建亭、孙绩贵、孙增瑞。

这个剧团基本上是仿照易俗社的，是宣传抗日、反对封建迷信的，开始不演有神鬼的戏，演变成职业剧团后什么样的戏都演。学生的艺名是按国民党教育宗旨所起，如昌明、文武、道德、礼义、廉耻、仁勇等。本团没有自己的创作剧本，剧本多来源于西安三大社（易俗、正俗、三意）及线胡、皮影社等团。10年间总共排演70多本大戏和100多个折子戏。

这个剧团初成立时也是摸不着方向，请了一些旧艺人。当时演出还不错，但不巩固。后来又留了几个比较有名的演员做教练，如王赖赖、马明登等，这几个人接受新事物快，并制定了一定的团章和制度。学生进团可避壮丁，学艺三年，服务三年；除学艺外，他们还学些文化知识。除学国音字母外，还要求每个学生认写1000个生字。

学生待遇是很低的，剧团挣钱多少，学生从不过问。演技好的学生每月津贴60000至80000元（即现在的6至8元）。

1941年，剧团聘请马静轩（合阳县中蒙村人，原是行长眉的副官，也给行带过剧团）为剧团的副团长。此人来后又请来施学易，施是易俗社一班学生，主演贫生，兼演须生，拿手戏有《吃鱼》《详状》《激友》《坐窑》《回府》《折桂斧》《葫芦峪》等。施除演戏外，还兼本团教练。1942年施又请来高正保，高是易俗社一班学生，来团时31岁，担任教练，又兼演员。高正保生、旦、净、丑都能来，而且装啥像啥；1945年终离团，可惜的是施学易在1945年病死在合阳。

这两位教练的到来，对戏剧团艺术人才的培养、节目的排练，特别是乙班学生的培养起了很大作用，剧团在演出质量上大有提高。怒吼剧社最红时要算1943年至1945年，1943年首次到韩城售票演出共演出一个月，每晚坐票、站票全满。团内不管是乐队或演

合阳县立怒吼剧社成立三周年纪念全体职员、教练、学生合影

员的生、旦、净、末、丑，每门四五个，可算行当齐全。戏箱也新颖（当时行长眉把他的戏箱全部捐献给剧团），节目繁多，不演重戏。售票演出的第一晚上，《三滴血》就打出去了。这次演出名声大振，也挣了钱，后剧团又去朝邑、大荔、澄城等县城演出。

1947年6月，原来进团十二三岁的娃娃都已长成20来岁的青年，壮丁无法再避，故剧团解散。演职人员回家后各自谋生，有搭民班唱戏的，有当保警队的，还有当乐人的、排家戏的。1948年2月，合阳解放，为了庆祝胜利，大部分人又被找回来演戏，随即成立了合阳县"五月剧团"。不几天，敌人进犯，剧团随县级单位撤出合阳，转移到韩城，受黄龙分区调遣，到洛川参加了黄龙剧团。

作者简介：李崇廉，男，生于1929年，合阳县王村镇北王村人，原甘泉县政协委员，现已退休。

怒斥敌机轰炸

行知省编撰的《敌机轰炸合阳记》

提毛笔不由人气炸肝胆，恨倭寇恨得人咬碎牙关！
"九一八"关东地民遭涂炭，将小孩运日本今生难还。
幼年妇做妻妾还不算，奸淫后执钢刀奶削心挖。
壮年人强逼他去上前线，若不去即活埋或上刀山。
年老人比牛马苦楚难谈，七月七卢沟桥比那更惨。
见人杀见物拿见房齐点（烧），拉住人不论谁丢火中间。
杀的人无其数惨不忍看，它凭的放毒气利用汉奸。
占我国数十省市镇村县，人提起警报声心惊胆寒。
炸的人无手足还有缺眼，活活的疼死人少头无肩。
父哭子夫哭妻多闻多见，遭此劫哭得人眼肿鼻酸。
各县的轰炸情耳听没见，眼见实耳听虚不敢妄言。
廿八年《轰炸记》人都看见，因编歌费尽心有人憎嫌。
为的是遭劫后人不纪念，并非是无饭吃卖嘴骗钱。
入城去见友好珠泪长叹，都劝我复编歌对众鸣冤。
两次劫未在城详细难辨，我只得说大概望众勿嫌。
九月里初七日上午六点，警报发人心慌不顾吃餐。
清早间天未明家家造饭，吃毕饭速出城愁甚无言。
不多时轰炸机合空乱转，初炸了文庙南泮池西边。
弹投到第第家真是稀罕，偏撂到大门口枯井中间。
早饭后二次炸人尽跑远，弹投在屈家巷路北路南。
屈乐天三间房片瓦不见，损物件无其数泪眼懒观。
屈子才在对门亲眼看见，吓得他如哑巴难辩红蓝。
警报除抬至家食不知咽，真乃是两世人由死复还。
东炸牛西炸驴血将地染，数十家门窗倒房歪墙掀。
景三屋门房炸甚是难看，雷国栋夫妻们险些命完。
梁永义人两口马房立站，炸弹皮飞在那永义腰间。
清早间他的妻不愿磨面，夫骂妻怕炸弹重而再三。
不多时炸弹下夫妻遭险，悔不该说败话应了丧言。
从此后人心慌四方逃难，城内的农商民尽将门关。
人只盼天有雨日光不见，过一日少一日只顾眼前，
恨不得把鬼子掏心挖胆。中日仇谁能忘不共戴天！

作者简介：行知省（1902—1975），字双科，号文召，合阳县甘井乡护难村人，终生以拓碑帖、裱字画为业。该诗作于1941年。

行知省记录的《抗日三字经》

自卢沟桥事件发生，迄今一年，吾人卧薪尝胆，共赴救亡道上。惟全民族陷此水深火热之中。虽妇人孺子毕应各尽所能，贡献国家，深恐穷乡僻壤未能周悉日寇逼我之恶狠。因翻印《抗日三字经》一书，以广宣传。知省久营文化事业，志切抗敌工作。是书之印，以贡献个人绵薄，激发群众情绪为职志。希阅后，诸君多事抄印，对众解释，则更为盼切。

行知省印刷的《抗日三字经》

行知省

合阳辑古堂印刷社经理行知省谨识。

人之初	性忠坚	爱国家	出自然	国不保	家不安	卫国家
务当先	昔岳母	训武穆	背刺字	精忠谱	岳家军	奋威武
打金兵	复故土	唐张巡	称忠良	禄山反	守睢阳	兴城池
共存亡	美名姓	万世扬	不成功	便成仁	古圣训	记在心
日本鬼	欺中华	似恶犬	似毒蛇	占我地	杀我民	又抢掠
又奸淫	恨如海	仇如山	我同胞	请听言	倭寇祸	起明朝
沿海岸	乱杀烧	戚继光	发兵剿	鬼倭寇	鼠窜逃	清政府
不改良	官不贤	兵不强	甲午战	海军亡	日本鬼	更猖狂
吞琉球	灭台湾	割旅顺	大连	使奸计	夺朝鲜	我藩属
丧失完	东三省	好地方	有大豆	有高粱	森林茂	煤铁藏
九一八	切莫忘	日本鬼	夺沈阳	守土将	志不刚	不抵抗
实心伤	好山河	一夜亡	我同胞	苦尽尝	彼倭寇	喜洋洋
三省亡	热河陷	日本鬼	贪无厌	侵察北	攻绥远	走私货
卖白面	炸海关	闹车站	硬逼我	讲亲善	口如蜜	腹藏剑
七月七	卢沟桥	日本兵	演野操	半夜后	奸计行	开大炮
轰宛平	夺天津	陷北平	文化地	鸟兽行	国人怒	世界惊
在上海	八一三	日本鬼	生事端	无原故	派兵船	陆战队
极凶顽	杀妇孺	屠老年	既无法	又无天	残酷状	不忍言
敌到处	搜女人	奸淫后	惨杀身	或挖眼	或剖心	赤条条

钉城门	倭寇机	任意炸	毁高楼	倾大厦	寡人妻	孤人子
我同胞	多惨死	信宗教	重自由	文明国	多讲求	彼倭寇
兴人异	毁佛像	污圣地	见回民	猪肉逼	对教徒	谤上帝
野蛮贼	人共弃	好山河	失无限	好百姓	死无算	无可忍
无可让	我国人	誓抵抗	我政府	告国民	齐抗战	求生存
无南北	无西东	御强寇	莫放松	无男女	无老幼	拼死命
把国救	人人战	处处抗	彼倭寇	易扫荡	节节防	步步营
彼倭寇	必困穷	农种植	供军粮	军粮足	军力强	深深耕
早晚浇	锄野草	留正苗	供军用	不辞劳	工人好	有心胸
早入厂	晚下工	多制造	用无穷	抵外货	国力雄	商贩卖
要公道	不居奇	不取功	卖国货	良心好	学界人	知识高
勤宣传	教同胞	倭寇心	最狠毒	亡我国	灭我族	劝同胞
钱力出	驱强敌	得幸福	军界士	贵勇敢	杀敌人	不眨眼
一当十	十当百	百当千	千当万	不胜利	不停战	佟麟阁
赵登禹	两将军	把兵举	守南宛	攻丰台	身虽死	有荣哀
姚子青	守宝山	一营士	只余三	壮烈节	实空前	郝梦龄
郑廷珍	刘家祺	三将军	摧强敌	把命拼	在火线	勇无双
忻口役	齐阵亡	北战场	威名扬	谢晋元	守闸北	四行库
作阵垒	八百士	立誓言	宁战死	不生还	阎海文	是空军
打敌机	八架焚	炸敌舰	三只沉	身受伤	落敌方	从容中
举手枪	先杀敌	后自戕	段云清	一等兵	身体健	国术精
遇敌舟	跃身上	彼倭寇	合力抗	左一拳	右一腿	两倭寇
双落水	余一寇	逃船尾	刺刀下	立作鬼	英勇哉	齐赞美
此数将	军人魂	青史上	美名存	我军民	须自励	前者作
后者继	抗到底	必胜利	既开战	有伤亡	勤救护	赖后方
童子军	服务团	冒炮火	齐向前	抬伤亡	莫迟延	在前线
有群僧	爱国家	救众生	无担架	背伤兵	方外人	实可风
好护士	好医生	到医院	医伤兵	治弹伤	须技巧	热心肠
万可宝	有老妪	有少妇	为伤兵	洗衣裤	问寒暖	如慈母
受伤将	最荣誉	听命令	守纪律	不嫖妓	不吸烟	不酗酒
不赌钱	静心养	快复员	伤养好	速出院	归部队	上前线
再杀敌	是好汉	我民族	救危亡	众壮丁	齐武装	联庄会
自卫团	训练紧	组织坚	助军队	保地方	修道路	守桥梁
蠢汉奸	难掩藏	敌侦探	要提防	我政府	贤且能	惩败将
赏英忠	我民众	须服从	我领袖	文共武	尽忠良	须拥护
□□□	□□□	毛泽东	大救星	总军事	不会败	率各军
俱精忠	各战场	立奇功	各省军	海陆空	五百万	好英雄
齐脚步	向敌攻	我祖宗	创业难	廿八省	锦江山	尺寸土
必保全	五千载	文化传	考世系	史书全	国土保	子孙延
彼倭寇	掳三岛	寡信义	多诈巧	欺我国	压世界	国际法

第五部分 抗战宣传 唤醒民众

汽车奔巴纳号
谈兴豪
船长伤
提抗议
卵击石
大横行
我自己
收失地

京沪间
说无心
众乘客
如雨注
美政府
作敌对
恨倭寇
是善意
雪国耻

许阁森
敌巧辩
迎风飘
无情弹
沈大江
与列强
爱和平
人助我
难忘记

英大使
英旗焚
美国旗
穷追逐
可怜哉
又如醉
各强国
把敌攻
血海仇

统撕裂
许使伤
离火线
随巴纳
难躲藏
敌如狂
真愚昧
愿助我
不放弃

和平约
投弹纷
载侨民
空中怒
船虽快
非故意
彼倭寇
表同情
尺寸土
宜勉励

都毁灭
敌机来
美国舰
倭寇机
乘客亡
寇狂言
岂不碎
对我国
须努力
我同胞

　　　　合阳行知省石印　　每册价洋五分
　　　　　　　　　　　　地址南大街（印）

（合阳县档案馆提供）

抗战漫画选

第五部分 抗战宣传 唤醒民众

没落的日本的象徵

肃清法西侵略者的走狗

日本法西斯军阀底二条狗

这是我们举楷时间

「走出逃敌的训戒把!」敌人的狠狈似乎不起来

頭顱破裂到已存生的极民

士兵在水上东床天空国中飞将军

第五部分 抗战宣传 唤醒民众

自速灭亡耳!

敌人到处撞壁

救国不分男女!

第二期抗战给敌人的重创

回忆我们的家怎样了

难道讲不通的东西打死

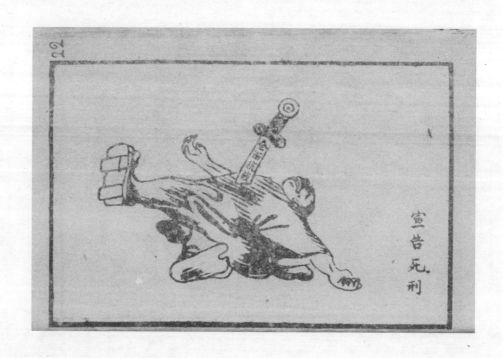

宣告死刑

第五部分 抗战宣传 唤醒民众

143

第五部分 抗战宣传 唤醒民众

流离失所的难民们

工农兵学商武装起来将日本鬼子赶出中国去！

第五部分 抗战宣传 唤醒民众

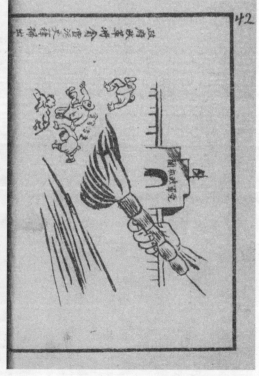

第五部分 抗战宣传 唤醒民众

第五部分 抗战宣传 唤醒民众

日本轰炸广州各省市

出卖民族利益的该杀汉奸

这是我同胞
不怕鬼子凶恶我们有组织的人民有誓卫家乡的我们们的战斗

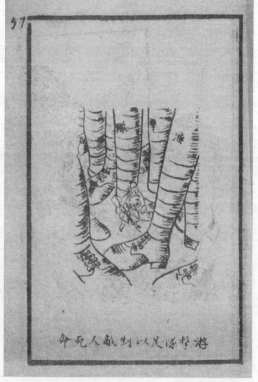

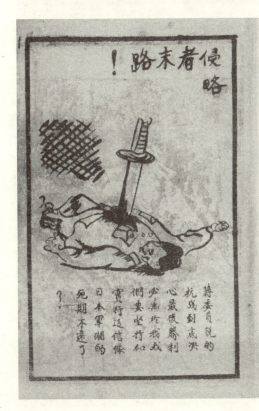

（合阳县档案馆提供）

合阳抗战花花

我投八路打东洋
菜子花儿洒地黄，我投八路打东洋。
苜蓿花儿剁拌汤，把日本死到河岸上。

蒋家粮子过来了
哎哟哟，不好了，蒋家粮子过来了。
倒趿鞋，歪戴帽，腰里别的盒子炮。
叫甲长，收草料，收不下，你甭跑。
妈啦的，唱洋戏，不唱洋戏拿枪毙。

中国人要打日本
一个铜钱没眼眼，中国会造洋硷硷。
洋硷硷，使起嫽，中国会造盒子炮。
盒子炮，打的远，中国会造千里眼。
千里眼，看的准，中国人要打日本。
打日本，贼王八，你把中国害的扎。

注：洋硷，即肥皂。

李家坡"抗战到底"标语

拉石头

干河子干，出下个"特"石川，
抬的抬来个担的担，打整闹了几十天。
稀米汤，烧的煎，蔓菁叶，窝的酸，
糜面馍，冻如砖，咬给一嘴不动弹。
汕头坡，修的宽，刮木上上怪叫唤。
梢牛打了个几十鞭，辕牛挺住不动弹。
呜儿喊叫往上掀，把人的肠子能挣断。
一下拉到黄河边，修下洋楼尖溜尖。

（魏福海编）

注："洋楼"实际上是抗日战争时河防工事的碉堡。

妇女训练
——抗日战争时期国民党祸害人民的一些做法

正月初一是新年，一保一个指导员。
指导员，都来到，先派两个地步哨。
粉白墙，写标语，今日守望就是你。
一而两，两而三，还要集合妇女班。
头一后响来的多，撼上剪子剪角角。
第二后响都来到，一人一个熨斗帽。
能骑马，能放炮，日本一见把仗笑。
妇女训练都傍间，还要训练警备班。
警备班，是小伙，准备城里去检阅。
派车辆，拉灶锅，有多少妇女都坐上（shuo）。
走长洼，过蔡庄，翻沟就到南门阁。
走到高处往下看，一下看见合阳县。
老汉一见脚一掸，不该叫妇女来训练。
问你裤带咋得断，这事叫我把心操烂。
不是南，不是北，防空洞里坐一堆。

（王岁焕口述）

抗日战争拉差车运洋面

出了北门挪一挪，一下挪到桥头河。
桥头河，洗一遍，走到芝川把牛拌。
到芝川，莫怠慢，一鞭踩到韩城县。
韩城北门开解单，不给解单难过关。
车压住来你莫慌，开条子叫你关马场。
到马场来把面卸（xiá），仓库还要扣脚价。
扣脚价还不上算，装木檩子拉蓝炭。
合阳脚户吆的欢，吆到官庄卸蓝炭。

蓝炭损下一大摊，脚价不够扣炭钱。
车马跑了七八天，买不下一根好纸烟。

（樊永江口述）

张连卖布

按：这两段迷户唱词是城郊乡七里村王胜娃老汉在抗日战争期间编的，中华人民共和国成立前后已在全县妇女中以"花花"形式广泛流传。

娃你妈，你忘咧，曾不记，那一年，
日本鬼子进中原，男女老少不得安。
婆娘编成妇女队，娃娃编成少年团。
小伙子支前又训练，升旗降旗用老汉。
指导员，新来到，一保两个地步哨。
地步哨，跑的欢，起名就叫通讯员。
妇女队，要剪发，你舍不得你的油头发。
校长叫你上学哩，你说忙的做活哩。
我叫你，快去（qia）呀，你捉住车车（cha）纺棉花。
你念书，太懵懂，把人字入字弄不清。
你把大字当犬字，犬字还有一点子。
你把各字当客字，客字还有个宝盖儿。
你把保字当呆字，呆子没有立人儿。
那天保里开月会，集合训练妇女队。
指导员，发了躁，打发保丁把你叫。
罚我支差做工哩，罚你做鞋纳袜子。
娃你妈，你忘咧，我卖的给你念了书咧，
训了练咧。

有有有，娃你妈，你当听，
张连与你说心中。合支队，黄乃贞，
各联各保拔壮丁。拔壮丁，成新营，
工事做的不得停。卸门拆窗棚工事，
烧了多少麦秸积。不是要料就要麸，
箍住甲长要买猪。一天村里跑几回。
真真儿就像捉鸡贼。拉壮丁，把我捉，
把我送到兵役科。兵役科，把我拨，
常备队上训练我。稍息、立正、向后转，
立正姿势不动弹。假若手忙脚又乱，
带把儿肘子在面前。收了操，回营盘，
心想擦火吃袋烟。不幸队长他瞧见，
见面就拿耳巴子扇。打的我，不言传，

不敢犟嘴翻白眼。一二三四不会数，
齐步正步不会走。队长见我太赖呆，
把我开除才回来。娃你妈，你忘咧，
我卖的当了兵咧，抗了战咧！

（程怀成口述　张明德记录）

说合阳

说合阳，道合阳，合阳是个苦地方。
黄河边，梁山旁，一十五万穷老乡。
七个镇，八个乡，山沟野洼地旱荒。
男耕田，女纺棉，四季没有一天闲。
自抗战，这几年，兵、差、粮、越加繁。
天大旱，米面难，少吃没穿苦受完。
日本贼，到山西，合阳百姓更受屈。
黄河岸，做工事，公务人员削民利。
差派到，要齐备，你若花钱可不去。
上宜川，走韩城，粮食、子弹拉得凶。
用一车，派三辆，借故生端节节放，
用一元，派三个，一层一层往上撂，
用一兵，派三丁，壮丁一满出不清！
收粮草，用大秤，一斤难过十两重。
只要他，腰包满，人民死活他不管。
弄下钱，生活诌，乡镇保长尻子舔。
放大利，凭钱势，给的慢了要占地。
款不纳，差不支，穷人分抬活屈死！
老百姓，喊苍天，为啥单生害民官？
大绅士，顶狗屁，仍因爱钱忘大义！

1945年写于金莲山小学，载《民众导报》

（刘竞之整理）

当兵谣

正月里，正月正，命令下来要壮丁。
有钱人，拿钱买，没钱人家拿人顶。
二月里龙抬头，绳捆硬绑送进营。
新兵进营不训练，饿着肚子上前线。
三月里，是清明，家家户户上坟茔。
提起上坟想父母，一个一个泪涟涟。
四月里，四月八，黑地白日想回家。
梦里忽然回到家，我妈给我把泪擦。
五月里，五端阳，黑地白日想爹娘。

《合阳民间文学作品选·花花专集》
（1985年合阳县文化馆收集）

爹娘不知儿的苦，知晓一定泪汪汪。
六月里，天气热，当兵的人单衣缺。
不能换季捂棉衣，热死热活不敢说。
七月里，七月七，天上牛郎会织女。
挂着眼泪望天河，低下头儿想婆娘。
八月中秋月儿圆，没有月饼敬老天。
抬起头儿往上看，天上月圆人不圆。
九月里，九重阳，当兵开拔真恓惶。
你我绑成一串串，不屄不尿要跟上。
十月里，十月一，家家户户烧寒衣。
不见上边发棉衣，冻的筛糠不敢提。
十一月，快一年，又饥又饿真可怜。
心想买点东西吃，伸手没有半文钱。
十二月，到年终，二十三灶爷上天庭。
上天多保穷人家，保佑穷家多安宁。
一日俣我还家转，诚心诚意敬神灵。

郭坚打河东

众位兄台你抽烟，听我给你说郭坚。
说郭坚，道郭坚，提起郭坚捅的酸。
八十万人马开向前，一令打开西长安。
康寅娃，战未央，胡立生领兵去三原。
岳西峰，扎草滩，白袜子先打西铜官。
陕西地面反了边，要叫陆家离长安。
陆建章，出西京，然后闪出陈柏生。
陈柏生，心不忠，要害郭坚活性命。
郭坚刚，心儿明，带领人马出省城。
上马拿的无烟钢，"帅"字旗空中遮太阳。
麻司令，和耿庄，两个先行赛虎狼。
骑的马，挎的枪，秃头剃的溜溜光。
七响八响十五响，马蹄泥，猪贯肠。
小口紧，无烟钢，手提莲菜着了忙。
迫击炮歼敌震破天，机关枪随后紧相连。
走安邑，过夏县，哪个不怕小郭坚。
过黄河，烧吴王，马踏临津排战场。
老汉提起小郭坚，钻到案底不言传。
小伙子提起小郭坚，跑的跑的比驴欢。
砖碾的老宁怕郭坚，吓的屄下几木锨。
铲的铲，卷的卷，你看懂的酸不酸！

（李长进口述　李孝忠搜集）

注：麻司令即麻振武；"马蹄泥""无烟钢"与"手提莲菜"均为枪名。

抗战花花七首

白杨树，箭箭高，老爷骑马掮大刀。
大刀长，杀东洋，东洋鬼子命不长。

桃树花开叶又青，莫说好男不当兵。
当兵才算是好汉，好铁打得好铁钉。

菜子花儿洒地黄，我投八路打东洋。
打得东洋没处钻，四蹄儿一瞪命归天。
七家面，八家水，十字路口煮日本。
你吃胳膊，我吃腿，剩下的脑叫狗啃。
你吃肉，我喝汤，要把日本鬼子消灭光。

女人缝袜子，日本没法子。
女人缝布鞋，日本不得来。
女人看麦黄，日本必定亡。

洗了手，和白面，三哥吃了上前线。
一心一意打日本，再要见面三五年。

吃罢白面忙打扮，再送哥哥上前线。
等到全国红满天，咱俩相聚大团圆！

抗战歌谣

大将军的钢刀，小百姓的肉头，钢刀仓仓响，肉头滚滚流。只要满了大将军的心意，那管小百姓的肉头堆如山丘，寄语劳苦群众及为自由而战的朋友们：

你们切不要胆识怯啊，小百姓的肉头无尽，大将军的钢刀总有锈钝的时候。

（管建勋录自澄城县文化馆《解放前的革命歌谣》）

《抗日战争歌曲选集》（4册）

抗战民谣

永定河上卢沟桥	百余丈长两丈高
桥东二里宛平县	丰台离此十里遥
七月七日正半夜	日军进攻卢沟桥
还向宛平发大炮	敌人目中无我曹

注：这首民谣是根据合阳县百良镇一位名叫赵俊山的老同志回忆小时候所学到的抗战歌谣记录而成。赵俊山老人在给档案局的信上写道："那时正是抗战时期，当时我只有五六岁。我们这里还是国统区。我在百良镇百良西村小学上学，老师们就给我们教唱这首抗日歌谣。每当看到'日本'这两个字，我就默默地唱起了这首歌谣。我们要牢记历史，面向未来。现将我记忆的歌谣记录下来，供后人铭记。"

合阳军次题序

在今天，日寇的炮火响遍了国境，全中华民族发出了不愿做奴隶的吼声，我们得能共聚一堂，研讨抗战的学术、军事和政治，这是最不容易获得的机会，也是最可庆幸的事情。尤其诸同学的坚苦卓绝的精神，充分的表现了时代的青年，是民族革命战场上的先锋，是救亡国存的柱石，是延续我中华民族历史的伟大力量，因着我们当前的危难，将造成我们未来的新生。

值兹毕业分手之期，这里，仅以内心的挚诚，希望诸同学能本着本队的队训"精诚团结"，以民族利益为前提，以抗日为原则，组织起来，充实而且扩大起来，发动群众，领导群众，英勇的担负起我们抗日的神圣任务，保卫我们的家乡和祖国，争取持久抗战的最后胜利，向着民族独立、民权平等、民生幸福的光明灿烂的明天前进。

宋克敬
一九三八年二月十二日于合阳军次

李兴中为同学录题序

现在敌人占领太原，快要逼近黄河沿岸的合阳县成了军事上重要的据点，同时在沿河各县救亡文章和动员工作上，也成了最重要中心，这里数百正受中等教育的莘莘学子敏锐的深切的感觉到，中华民族正处在生死存亡的前端。

现阶段中国抗战的最迫切问题，是如何克服摆在面前的许多弱点和艰难，在一个政府、一个领袖、一个信仰的统一指导下，动员千百万民众，配合军事作战，粉碎日寇侵略，以争取中华民族最后的光荣。

这一任务的完成，虽然是千头万绪，而站在社会中坚、热情最高、觉悟最深、意志最强的青年，就要首先动员，使每个人都成为战争员、实际工作者。三校同学感于本身责任的重大，才有共同要求集中军训之举，现当同学们受训完毕，行将回校,并要负起伟大工作任务之时,略抒感想,以为临别赠言。

(一)同学们为什么要受训呢?当然不是简单的为了锻炼身体和学一些军事常识,而是为的以更刻苦的精神接受更有纪律、更有组织的集体生活的实际训练,更适应非常时期的战争需要。无疑在中国持久抗战中,必须有大量军队的再组织和广泛民众武装自卫的兴起,这种民众武装自卫的领导者、工作者,首先就必须武装了自己,这是同学们受军训的主要意义。

(二)同学们要怎么样去工作呢?当然在同学们本身学业以外,有许许多多工作可做,而且要做。那么,首先要不断检阅自己,健全自己,更要适应客观环境,切合群众要求,维护领袖,坚定三民主义的信仰,在民族统一战线上,永远站在抗日救亡的先锋,以刻苦自励、坚决勇敢的积极精神,做全国抗战队伍中的模范。

(三)同学们怎么才能发生力量呢?力量是由组织发生的,集合多数人意志,粘结到一起,才能发生出伟大的力量。因此同学们应该互相有联络及组织,以互信互助的精神,把一切生活都建筑在抗日救国的伟业中。中华民族解放的光荣,就是同学们的光荣。

同学们,我们只要不愿意数千年祖宗的遗业由我们来断送,只要我们时常想念着被残杀荼毒的同胞们的惨痛事实,只要我们记着前方英勇拼命为国争光健儿的血,不让他们白流,洒在已死者的血迹上,用整个民族意识,建筑铁的万里长城。须知倭寇的飞机大炮虽然能轰炸我们的同胞,占领我们的土地,但决不能消灭我们全民族抗战的信心和团结。

日前,中国的抗战,虽然进入了更艰难的阶段,也就是逼迫我们更加努力的时期,但民族解放的怒火,一天天壮大和发展,就是日本帝国主义危机加深和末路来临的死兆!不错,我们在第一期抗战中失掉了许许多多繁华的城市和肥美的土地,但这并不是最后胜负,蒋委员长说:"中国持久抗战,其最后胜利之中心,不但不在南京,抑且不在大都市,而实寄于全国之乡村,与广大强固之民心。"

同学们,携起手来!高擎着抗战的火把,共同争取中华民族彻底解放的光荣。

李兴中
一九三八年二月□日于合阳军校

军民信守规章

1939年元月5日,驻合阳陆军五十三师印刷的《军民信守规章》中记录了五十三师到合阳的时间、抗战决心及军队纪律等重要信息。《规章》具体内容如下:

亲爱的合阳父老兄弟姊妹们:

一转眼已是1939年了。假如说前年是跟日本鬼子打仗的一年,去年是兵来将挡胜负难分的一年,那么,今年却是鬼子走麦城、我们开始胜利的一年了。试看自从我们自动放弃武汉以后，一直到现在，敌人到处碰壁，路路不通，敌人在广东、湖南、湖北各省，只有招架之功，原因就是我们的兵越打越多，越打越勇，军饷也是越打越有，老百姓也越打越起劲；再有敌人在这一年中的死伤不下70余万人，无法补充，钱也用干了，不能再打，眼看他（它）像船上跑马，走头（投）无路，一个个束手将被擒了。事实虽如此，但是还要我们军队和老百姓大家拼命，才能够打胜仗。

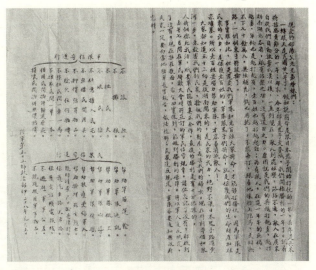

《军民信守规章》

因为军队是民众的武力，军队和鬼子们拼命，才能保护我们的生命财产和祖宗坟墓。所以老百姓要竭力帮助军队，才容易消灭敌人。

大家都知道五十三师是从湖南开来的，是民众的武力，绝对不让日本鬼子踏过黄河一步，来杀害我们的民众，抢劫我们的财产，奸淫我们的妇女，现在时刻准备和敌人拼个你死我活，只要军民能够真正合作，最后的胜利是有十分把握的。

去年七月间在军民联欢大会时所互定的军民信守规章，诸位忘记了没有？都做到了没有？现在抄在后面，希望切实做到，能做到胜利的保障。所以有军人不遵从规定，民众一定要向当地驻军长官报告，依法惩办，民众违反规定，军队亦要通知县政府究办。

军队信守遵行：

不派款，不摊粮，不拉民夫，不收民枪，不任意擅入民宅，不强借民间用具，不抑价强买物品，不赊欠任何物价，不强拉民间一车一马，不攫取民间一草一木，借用民间物件归还原处，损坏民间物件照价赔偿。

民众信守遵行：

帮助军队运输，帮助军队通讯，帮助军队做工，帮助军队向导，帮助军队侦探，帮助救护受伤军人，帮助掩埋死亡烈士，随时清查户口检查汉奸，保护汽车路火车路，保护电话线电报线，不逃避军事公差，不规避征用军事物品。

陆军第五十三师政治部
二十八年元月五日

注：文中个别误字、别字已更正。

抗战胜利虽已有71年，英雄已远去，但信念永存。青山埋忠骨，史册载功勋。透过一份份珍贵档案，我们看到的是仁人志士们年轻而又热忱的面孔，感受到的是军民一心英勇抗战的决心。今天当我们叙述起这一行行简短而又厚重的事迹，就应该明白，我们脚踩的土地，曾经掩埋着先驱的骸骨，我们前进的路上，留下过英雄的足迹。

请愿书

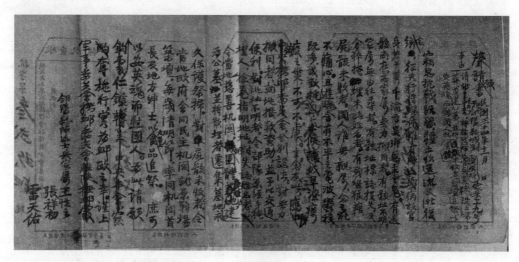

《请愿书》

时间：民国三十四年十一月□日

地点：于合阳县城刘家巷十九号

事由：请将抗战阵亡与病故官兵遗骸设法归葬，或建公墓，并将死骸未收者，设坛追祭以安英魂而慰国人。

窃思抗战即胜，疆土收还，流民渐复家乡，征夫行将归休。惟（唯）有阵亡与病故官兵若干万千，沦为异乡无主之鬼，有遗骸尚在，而家属无力搬回者，有骸址不明，家属无由往寻者，有骸址标志损失，及仓促掩埋未志姓名者，有战场狼藉，尸骸未收者。国人谁无亲属，念之能不痛心，且游魂含有不平之电波，郁绩既多，或致扰乱气候酿成旱潦瘼疫之灾，不可不虞。言念及此，应申请抚恤委员会，分别设法对无力搬回者，就地按款资助，并予以交通便利。对地址不明者，令部队原经手掩埋人，捡卷指明地址。对失志姓名者，令当地慈善机关就团体召建为公墓，并将散埋者迁集墓地永久保护祭扫。对尸骸未收者，令当地政府会同民主机关就原战场筑坛，每年清明节，率同机关首长及地方绅士以大量食品追祭。庶可以安英魂而慰国人。为此请愿。仁鉴察专施行，实为恤政之幸，谨上军事委员会抚恤委员会。

合阳县阵亡士兵家属王性之　张祥初　雷天佑

第六部分

回忆抗战　莫忘国耻

纪事篇

1937年后季至1941年1月西区地下党活动回忆

  1933年夏，那时我在我村和家庄乡东马村小学教书，由于地下党负责人党梦笔政治上动摇，不予接洽，我的组织关系中断了，但革命思想并不因此中断，同志间的来住仍然照常，进步的书刊仍订购、阅读，在群众中仍搞宣传活动。那时我订一份《文学》，是月刊，常给读者介绍一些进步文学书籍，我在生活书店立有户头，随时能向该店选购爱读的书籍，只是我们的工资少得可怜，一月3元，买不下多少，1935年后季，我到王村完小教书，月工资16元，买书不再细计算了。这些进步书籍不仅营养了我，而且做了我联系当地进步青年的工具。至于搞宣传，我是教书先生，给我提供的有课堂，学生既是我们的主要宣传对象，又是我用来宣传群众的力量。

  1937年抗日战争爆发，八路军经过合阳，东渡黄河，开赴抗日前线。朱总司令在合阳各界群众的欢迎大会上讲了话，军队在合阳驻扎一天，并和驻地好多单位的群众作了各式各样的激动人心的联欢。那天王村也驻扎了不少部队，我曾和部队的一位干部谈好，请部队中的一个小鬼给学生讲了话。一位干部还在我的宿舍里和我同炕宿了一晚，当我们亲切交谈时，我的小宿舍里挤满了好些学生，所以说也是一个非常热烈的小型联欢晚会。要不是为了让这个同志晚上休息好，这个"联欢会"简直不到天明还不会停。所有这一切，再加上从来没见过的军队的极为严明的纪律性，给人民留下了不可磨灭的印象。这对激发当地人民群众抗日救亡的积极性和必胜信念，起着无法估量的作用。

  接着一七七师驻合阳，当时合阳是国防前线，对岸山西便是日寇，经常隔河炮击。为了表示抗战，国民党派了一七七师进驻合阳。蒋的那一套手法，人所共知，如果敌人进攻关中，就让一七七师这支地方部队去挡，挡得好，首先光彩的是他，挡垮了，也正好合了他排除异己的脾胃。一七七师是杨虎城将军的旧部，是一支拥护国共合作、坚持全面抗战的爱国部队，其中有共产党的地下组织，而且人数不少，负责人是吕剑人、许权中（师参谋长）、梁步六、王汝昭（辎重营副营长）、阎揆要（营长）、李锦峰等。当时合阳县县长苏资琛、合阳县政府更是重用了不少共产党员，各乡镇的指导员（苏任县长后派的）几乎全是共产党员和民先队员。因此，合阳地面是一片抗日怒潮沸腾的大好局面。

  在这种形势的推动下，我和同校另一个教师杨国栋共同组织学生前半天上课、后半天宣传抗日救国，课程内容大量采用围绕抗日救国的教材。宣传的方式是走乡串村，用讲演、歌咏、演话剧等农民喜爱的形式。校长李子健对此甚为不满，屡次横加阻挠,甚至以开除来威胁学生,但由于我和杨国栋的积极主张,学生抗战的情绪非常高涨,李虽然不满,但也阻挠无效。

1937年秋,正当我们情绪激昂紧张地进行抗日宣传活动的时候,管建勋同志来王村给我接上了组织关系,我重新回到了党的怀抱。此后,我即在王村一带开展组织工作,首先在学生中发展了积极参加宣传抗日活动的赵旭民、王赵庆、王振清三人为共产党员,同时也在当地进步教师中发展了吕宏远(管家河小学教师)、邢子玉(山阳村小学教师),之后按上级指示成立了党支部,我为支部书记。再后,在1938年前季又在学生中发展了赵忠善、王富昌,并公开发展了10余名民先队员,只记得有王道明、王天保、王积禄几个人,其余记不清了,但活动时间不长,在形势逆转后即停止了活动。

与此同时,我还鼓励支持另一个进步教师李盟夫(我同班同学、在运庄教书)推翻王村镇联保主任杨南浦的活动。李不仅在王村一带群众中奔走联名告杨,而且以个人名义直接给杨去信要求辞职,并于王村镇集市期间多次在联保处门前向群众大讲杨的恶迹。杨被推翻后,接任联保主任的是能与共产党积极合作、支持全民抗战的民主人士张奇生,这就为我们在王村开展工作创造了有利条件。

1938年前季,上级组织派管建勋在王村镇办了一期农民自卫训练班(确切人数记不得,是各保选送且自愿参加的),进行了为期一月的训练。队长管建勋是通过县政府委派的。这期训练班对动员农民群众积极参加抗日救亡活动起了一定的推动作用,管在这期训练班中发展吕丹桂、吕广彦、吕富乾、吕佩孚入党,并成立了支部,吕丹桂为组织委员,吕宏远为宣传委员,以后因宏远工作有变,宣传委员改为赵志道。下面支部除王村农民支部和王村高小支部外,尚有管家河支部,系管俊亚负责,党员除俊亚、中斌、宏远和管建亭外,其余全记不起来了。

农民自卫队训练结束后,组织又通过县政府派黎汝英(即伍仲秋,合法身份是县政府秘书)来王村办了一期妇训班。农村妇女走出家门集中起来参加训练,这不是简单的事情,光是封建意识,就极不容易冲破。但由于总的形势很好,再加上王村那里的统战关系也搞得不错,又有张奇生这个好联保主任能积极合作,热情支持,因而能比较顺利地通过各种社会关系宣传动员,让妇女自愿前来参加。人数约廿人,多系中青年妇女,也有个别年老的,其中有张奇生的女儿春梅、雪梅和儿媳邢黛青,拥护国共合作抗日的积极分子荆茂青的嫂子和侄女,进步青年教师李盟夫的爱人雷敬宾和张演绪的爱人杨问俗,还有中学校长管德慧的母亲以及管建勋的爱人姬之焕、赵志道的爱人王晓云。这次妇女训练班,群众反映很好。这些妇女回家后,家庭表现都好,而黎汝英在这些妇女中更是扎下了相当深的根子,她们极为爱戴她们这个黎姐,乐于接受黎的教导。妇训班结束时不定期在北王村的大戏台上开了个群众性的妇女抗日救亡动员大会,并演了她们自己排的节目。妇训班的地址就在王村高小隔壁一家,最后一次结业会,张奇生,管建勋和我都参加了。黎在妇训班也发展了两个党员,一个是邢黛青,一个是雷敬宾;并发展了几个民先队员,我只记得王晓云。

1938年夏,一七七师东渡黄河开赴中条山前线,接防的是五十三师,五十三师驻在合阳以后,便于这年暑期把全县的乡镇长及高小初小所有教师,不论老少,统统集中在县城,编成一个暑期训练团,作了为期10天的军事训练,我当然也参加了这次训练。这个训练团的大队长、中队长、区队长以及班长,全是以徐冠军为总队长的社训队人员和以雷子明为总队长的保警大队的官兵。早晚集合点名，一些乡村老教师的操场动作不合要求，因而挨揍和两腿半分弯是家常事。这年后季，各乡镇都由五十三师派来了指导员，各高小则派有军事教官，对学生进行军事训练。王村镇高小的军事教官郗光耀，是个少校。

一七七师走了，苏资琛县长当然也不能存在，不久也离开了合阳。合阳形势节节逆转，给党的工作带来了不少的复杂性和困难。我们的地下活动不得不采取更加谨慎隐蔽的方针，组织发展的步子变缓了，积极抗日宣传活动减少了，并停止了民先队的活动和发展。从这个时候起到1939年秋的一年多的时间里，王村小学只发展了梁云峰和贺广禄两名党员，南蔡庄在农民中发展了赵子直，赵子祥和赵志道编为一组，由志道负责。此外，良石村的王明科由王赵庆单线联系。王村镇公所的樊蔚文和王村初小教师以及调来王村镇完小的教师李烽焰编为一组。

1939年7月，我被调到县教育局任教育委员，因而离开了王村，但整个西区仍属我在教育局管辖的区域，我在这里活动还是方便的，甚至某些方面比过去更方便些。这年七八月之间，我参加了一次研究开展当前工作的县委会议，参加的人有县委书记贺三多，委员何邦魁、何养民、管建勋、白云峰，还有东北区的区委书记成增荣（中华人民共和国成立后名成彦清）。开会的地点在西宫城成增荣家里。我和管建勋是一起去的，赶黑到达，晚上在成增荣才娶过媳妇的屋子里开会，第二天早饭后离开。

我到教育局约两个月之久，省教育厅即调各县督学、教育委员到战干团去受训。受训就是受罪，我并不想去，我把这一情况和不想去的想法告诉了管建勋，我和县委是单线联系，一贯与管接头。但管的答复是应该去的，理由是不受人家的训，教育委员就干不成，但这个教育委员我们还需要。我是10月进战干团的，同去的有郭北杰、刘绳先、李文波、党纪三。李文波到后不到半个月工夫就跑了。在受训期间，指导员给所有受训的人都发了加入伪三青团的登记表，但没有给我发，当时我还疑心这家伙是不是因为我不是国民党员而对我有疑心，我不得不做思想准备，直到后来才把我叫去给我发了，我也才消了疑。次年1月底，我们这期训练结业，共受训约4个月时间。

我们在战干团受训期间，也正是国民党反动派发动第一次反共高潮的时候，我于1940年2月即阴历年岁尾回县时，合阳各乡镇公所和所有各保都已布置了特务指导员，白色恐怖空前严重。管建勋、何邦魁、何养民等负责人均已转入边区，地下党组织全部进入隐蔽和半隐蔽状态，过去激发起来的群众革命的情绪，当然也随之大为低落。在这种情况下，如何领导同志们进行活动？该用什么对策对付敌人？我急于得到组织的指示。但管建勋已转移边区，县委其他负责人也去了，线断了，从哪里找？我不能乱碰，我还想，我找组织不易，但组织找我却没有丝毫难处，可是日复一日，也没有等见组织派人来找。后来我才从王赵庆那里打听到可能把我的关系留给了雷尚斌，于是我试找了一次雷，结果找对了，雷向我传达了组织叫我长期埋伏的指示，我是合阳地下党干部中唯一的上层分子，现在又挂了个战干团毕业生的红牌子长期埋伏，条件当然很好。

1940年夏，雷尚斌也转到边区去了，当时又没给我留下关系。因此，以后我的一切活动都是在没有党的领导下自己考虑并处理问题的。从战干团回来后，由于合阳形势的变化，我虽然和一些容易接触的同志照常接触，但再没有开过任何有关组织活动的会议。在我接触这些同志的过程中,我仍然感到人们在严重的白色恐怖下表现不一,思想混乱,"左"的"右"的都有,有的在政治上已陷入睡眠状态,有的则思想麻痹、毫不在乎,我觉得这是一些负责人走后没人领导所造成的一种极不正常的现象。怎么办?我再三考虑,觉得把一些比较坚定的骨干力量重新联络起来进行活动是完全可以的。

1940年11月教育局改科,我被调为王村镇高小校长,我便按我的想法进行工作,我聘了吕宏远、雷震亚两个党员同志为下学期教员,准备以王村高小为据点进行活动,并选定教师姚右学作为发展对象加紧进行培养考察。为了和姚交谈,好多个夜晚我和他同炕睡觉,一谈就是大半夜,甚至通宵达旦。1941年1月的一个晚上,我吸收姚加入了中国共产党。但是全没料到次日,国民党反动派在合阳各地大肆逮捕共产党员和革命群众,姚右学和同校另一位教师梁荣显同志被伪动员指挥部的特务捕走了。与此同时还在合阳中学逮捕了杜松寿、陶秀英、常仲锡,又在王村镇山阳村逮捕了邢子玉,在西北区逮捕了雷新绪、解振邦。本来,在捕前,姚曾给我讲过有人向伪党部密告过他,伪县党部也找他谈过话。对于这些,我们虽然也都注意到了,但对反动派的下毒手大肆逮捕毫无思想准备,这是一个极为沉痛的教训。

那天动员指挥部的特务是镇公所的指导员王鼎州引来的,这些特务一进学校即把佑学专人监视起来。我下课后,早在窗外等着我的特务即向我作了自我介绍,并讲了他们的来意,我以校长的身份要看他们的"公事"(即搜查令),他们让我看了。由于上面写的不止姚一个,他们让我看时,把"公事"放在窗台上,把右学名字前后其他人的名字用手遮住不让我看。能搜查出什么?右学那里我清楚,就是那些常看的一些书籍,包括我给的解放社出版的几本《列宁选集》在内,要害的东西,党内文件,一份没有。搜查时,我有意陪同,从形式上讲这也是对"客人"的一种礼貌。执行搜查任务的那个特务边走边向我解说这本内容是什么,那本内容是什么,好像在有意给我卖弄他自己懂得不少,我也顺口恭维那家伙几句"学识渊博、不简单",并趁机接过他查出的东西看看整整,不时借叫学生冲茶、取烟、添水、取火柴等机会偷抽了不少东西,这些小学生懂得是怎么回事,叫一声即到、接东西即走,机灵得很。这家伙检查很细,炕洞里边,褥下席底,凡是应查的地方都查了,连笔记本也不放过,但解放社的那几本书,由于右学塞在炕角堆放被子的褥子底下,未被查出。在检查姚的时候,梁荣显因想设法使姚脱逃,神情有些紧张,于是引起在外边巡哨的一些特务的怀疑,也被搜查了,查出的还是一些进步书刊,另外有不少《新华日报》,因此,最后他和右学统统被抓走了。

姚、梁被捕后的次日,我进县设法营救,我到教育局找局长梁芝笙,让他设法找门路说话保释,但梁说县长、党部书记长好,找熟人能说话,这个蒋坚忍不同,自己不认识他根本说不上话,无法插手。实情也确是如此,营救无门。但我在教育局又听孙念斌说邮局里查出不知谁常给邢子玉寄《新华日报》,但不知邢子玉又名邢秉中。得到这个消息后,第二天一早我即返回学校,给邢写了个信,专叫他所在村的一个学生邢选科给邢送去,但不知怎的,邢没有收到这封信,最后还是被捕了。第四天我由家走城,准备再设法营救姚、梁两位。我先到合中,才打听到他们和合中的杜松寿同志被关押在东街一个民户家里,我便到东街初小吕宏远那里,哪知吕一见我,即告诉我特务准备捕我的消息,吕的这个消息是杨汉鼎(合中学生,杨家城人)在动员指挥部得到的。吕得到这个消息后,曾经派人到处找我,我和吕商量后决定立即走避。当即吕送我出城,不料一出吕的校门,刚转过弯子朝南走,迎面就碰见王鼎洲了,我立即迎上前去,向王说我正在找他,恰好碰上了,我以姚、梁过去和王常在一起关系好为由,叫他代我去看姚、梁要什么东西,比如衣服、铺盖、钱,要钱麻烦他代给,要东西回来给我讲,我说自己还准备回家,不能耽误时间,劳他快些去问,速去速回。王问我在哪里等他,我说我现在要过雷家巷雷蔚轩老师家问个话,问毕马上回到吕的学校等他,就这样把王支走了。和吕出城后,我要吕和我一起走,但吕却要回去取钱。当时我们都没想到取钱的危险性,结果吕在回去时被捕了。我等吕总不见来,又怕特务来追我,因而离开了我和吕分手的地方,避在另一处不易被人发现的暗处遥望吕,又等了许久,不见吕来,知道事情不妙,只得只身独走。

1939年底,国民党反动派的情报网突然密布全县,白色恐怖空前严重,这个迹象表明,反动派随时都有向我们发动进攻的可能,但由于自己政治上幼稚,右倾思想严重,看不见反动派隐藏在背后的凶恶面目,以致在他们发动突然袭击时我手足无措,使不少党员被捕,当地党的工作受到极为严重的损害,这是一个极为沉痛的教训,我们失败了,但失败也考验和锻炼了我们。

1984年9月20日修改
抄于1988年5月13日

注:本文作者系杨志远。

我在合阳协助苏资琛开展军事训练活动

合阳的国民党县长苏资琛思想进步、民族感强,他的秘书科长樊中黎、总务科长苏史青都是共产党员。他在县上首创"抗日自卫大队",亲任大队长,并找李锦峰,求李支援得力军事人员,李锦峰便派我前往,我于是当了他的副大队长。大队当时有两万余人,合阳县有23个乡,每乡为一个支队。我任副队长后,首先办了一个大队直属基干训练班,由党员梁建华负责,后来又增批了3个党员,各乡抽一个人来参加,为各乡培训军事干部,实际上就是个班长训练班。

安吴青训练班派来廿余人支援合阳,我将他们全部分送各乡,以充实基层力量。合阳23个乡,我全部跑过,一队一队指导,一乡一乡训练各乡的部队,我都严肃地检阅过。军民联防,一时间搞得热火朝天。

此刻,我出于一个共产党员强烈的革命责任感,给陕西省委(当时在云阳镇)的汪锋同志写了一封信,信上说:"生意兴隆,我是个学徒,深感不行,请另派副经理来此经营,再带点货物(文件)。"我派辎重营一个20岁左右的青年直接送给汪锋(这时陕西省委对外的牌子是"八路军留守处",负责人是汪锋)。

不久，陕西省委派吕剑人同志来合阳，全面负责部队党的工作。吕剑人来了之后，第一夜住在李锦峰营部。他戴了顶礼帽，出入部队很不方便，次日便改住共产党员管建勋所办的"大众书店"。吕剑人认为，这里来往的多是知识分子，人杂事乱，不妥切，于是便由通讯连长姜树德给自己找了个地方，每天由姜树德派人送饭、作掩护，吕才得以领导工作。

吕剑人同志来了以后，我们一七七师着重做了以下思想工作：

利用寒假，开办教师训练班。从思想上动员知识分子积极投入抗战，参加的有两百余人，编了一个大队，大队长李锦峰，大队辖三个中队，王寒秋同志是第一中队长，我（梁步六）为第二中队长，第三中队长是国民党的一个社训教官，姓马，陕北人，军统特务。我常和此人对立，王寒秋总让我别理他。我们将教师训练班许多年轻有为的青年介绍到安吴青训班去学习，有一回就送了8个。现在还有一个叫樊复哉的和我保持联系，当时他也参加了青训班。

开办军事训练班。吸收各界青年积极报名参加，进行军事训练，讲授防空知识，培养、训练地方武装。这一活动由宋克敬同志负责。麻照瑞、陈方元、雷新绪都在训练班受过训，现在的渭南地委书记白云峰当时也是军事训练班的学生。

在合阳中学开办学生训练班。由该校长孙蔚如负责。

创办妇女训练班，由苏资琛的秘书伍仲秋负责，此人现在西安。

以上种种，都是围绕抗战救国这个中心工作进行的。

1986 年 4 月 28 日

注：本文作者系梁步六。

1938 年我在合阳的工作情况

1938年，合阳和沿河几个县正在日本帝国主义的威胁下，在这个时候省委给我们的任务是发动党员、发动群众，争取武装，准备开展武装斗争。这时的口号就是"保卫陕西"。

沿河学生集训队是党领导举办的，当时吕剑人同志在合阳，我们接到上级党组织的通知后，就动员韩城中学学生来参加训练。当时我在韩城工作，我是县委委员、青年部长，负责学生工作。在党的领导下，当时是驻军一七七师主办的。苏资琛在合阳任县长，极力赞成这个训练。当时参加的学生主要是韩中和合中的学生，个别的有同州师范回来的学生，澄城参加的人很少，还有一些教职员工，像赵惠民同志。黄龙、大荔当时没有人参加。民先队活动韩中占绝大多数，合阳中学人数也不少，我当时是民先队的总队长，薛焰同志、孙军会同志也是搞这项工作的，一些事情我们三人先商量，然后由我出面说。我来了后首先见的是吕剑人同志。学生训练完了以后留了一个军训学生联合会，目的是便于联络。当时我的生活费是一七七师给我的,我记得通过梁步六同志给过我十几块钱。这时我住在合阳中学,我记得这时合中有了党支部,经常和我接触的有杨秀峰、雷新绪、张增盈、成增荣。我记得这个学校当时有20多个党员,我当时也发展了一些党员。一个是王中,他当时是学校的工友,发展他的目的是因为他保管着学校的油印机,有印刷文件的便利。再一个是牛长令,为什么发展他?他当时是烧开水的,发展他是认为他是无产阶级、是工人。另外还发展过一个姓曹的,叫曹民智。这时"民先"的对立面叫"抗协"。但学校当时民先队的势力压倒一切。反动学生头目叫韩军京。再一个我接触的从西安来的学生有陈元方等人,当时也不知道他们是哪里派来的。大约到了3月我到澄城工作。当时王俊同志代替了吕剑人的工作,吕剑人主要做一七七师的工作,王俊主要做地方工作。我到澄城是地委特派员的性质,不是书记。4月间,沿河地委成立了,机关就在大众书店。大众书店南边有个小房子,王俊就在那里住着,后来环境不好了,我们也到处跑。沿河地委成立后王俊同志是书记,我是组织部长,王继洲同志是宣传部长(王继洲现在在西安铁路局,叫王勃)。王在这里只停了几个月,后到宁夏去了。再一个是胡达明同志,史青同志不久离开了这里,沿河地委所辖县份有韩、合、澄、朝,还有平民、大荔。平民、大荔没有党组织,韩、合、澄、朝党的力量比较强,合阳县第一任县委书记是贺三多。雷振华是不是县委委员我记不清了。贺三多走了后,是管建勋同志任县委书记,成员是邦魁、养民。1939年大约是2月间,当时我接触的杨敬亭、刘江霞等,其他人我记不清了,还有雷振华、吕晓天、管俊亚。那时我记得女党员是王彦堂他姐姐,我到过他家里,在坊镇附近。反正这一时期是合阳党员大发展时期,4个县有两三百或三四百,我自己就发展了30多人。1939年2月份我走的时候就留下王俊同志了。

注:此材料摘录自白云峰同志1983年11月写的回忆资料,标题系编者所加。
作者简介:白云峰,韩城人,二战时中国共产党党员,已离休。

(摘自《合阳县党史资料选编》)

关于1938年我在合阳工作的经过

一、我是怎样去合阳的:1937年底,日寇侵入晋南,这时胡宗南在西安太乙宫召集复兴社分子中的高级将领开会决定:日寇如再西进,即放弃黄河,以渭河为第一线,秦岭为第二线,实际阴谋是放弃关中,让日寇直接威胁延安圣地。孙蔚如这时是国民党陕西省主席,他带的是杨虎城的部队,蒋匪鼎文把太乙宫会议事给孙秘密说了,孙恐怕自己成了光杆,更害怕成了历史的罪人,于是我们商量打游击。孙从民政厅要了10来个县长缺,由他保荐人,原则是一个能带动两县民众,如果沦陷,即打游击。我是参与这一计划的,也是韩城人,于是我就第一个到合阳。因为这是关系到民族存亡和保卫革命圣地的重大责任，绝非一般幕僚所能胜任，因此我和一些相熟的同志如"西救"的谢华、"八办"的宣侠父、李涛等商量，请他们给我介绍几位共产党员同志。由谢华同志通知我，由樊一鸣见我，还有王闻远（现名金树堂）、雷明（罗明）、黎抚英（伍仲秋），我们五人一同去合阳的。谢当时还说："人选很难物色，现已有个苗苗儿，人还没来，决定后再来合阳，他是负责人。"这就是随后来合阳建立沿河地委的王俊同志。

二、在合阳的任务和与国民党特务的斗争：我接县长时，大约是1938年1月中下旬或2月初，只记得接事不几天就是春节。接事后首先是邀请一些当时比较公正的绅士（如张建伯、梁芝生、王性之等）成立了民众运动委员会，决定在各区、乡派政治指导员去动员、宣传、组织群众。这时，国民党县党部张培元要参加，被我婉言拒绝了。张由此就赴西安。随之王俊就到合阳，动员本县和邻县的地下党员参加了这一任务，一时来的同志很多。我和王俊同志约定党的决定由我执行的，统由樊一鸣（樊中黎）作桥梁，化成他自己的意见向我建议，我考虑后即执行（如委任指导员和其他）。我如果有什么意见也向樊指出，让他们研究可否。这时各区乡的政治指导员都已委派了。有一天我把在西安打游击的计划和驻军一七七师师长李兴中（我们是熟人）详谈了，他完全同意，并自告奋勇说他们军队可以担任军事技术训练，并供给枪支弹药等。经与樊研究后同意了。于是就草拟计划，先成立了民众自卫队指挥部。我任指挥、军队派梁步六参谋为副指挥。各区、乡都成立民众自卫队。梁那时是地下党员，还有王寒秋等。后来军队渡河，这一副指挥就由合阳地下党员管建勋担任了（管先是书店经理，后来是王村政治指导员）。各区、乡政治指导员选拔一些可靠青年上县来集训。县里成立一个民众自卫队军事训练队，队长是宋克敬（非党员），政治指导员由我们派去的党员同志担任。这实际上是基层干部训练队。后来民众自卫运动就全面展开，群众动员起来了，工作轰轰热烈、有声有色。缺点是时间太短，在群众中扎根不够。后来见这个军事训练很有成效，就在合中成立了青年军事训练队和妇女训练队。都是合阳民众自卫队指挥部领导的，是地委动员、本县和邻县民先队员参加的。后来妇女队人不多，没什么问题。学生队中韩城来的青年数量超过合阳，还有大、澄、朝、蒲来的青年。王俊同志建议，由我和李兴中师长商量，把学生队改头换面为一七七师召集的，李同意了。因此，以后学生队在名称上就成为一七七师成立的学生队，但实质上所有领导人和负责训练的人员仍是地委原来决定的那些人，仍是沿河地委领导的。

这时在合阳的地下党组织，沿河地委是总的领导，还有合阳县委书记是管建勋。军队里也有地下党组织，领导人是吕剑人。我带来这四位同志，为工作便利起见，也可能是个小组。这时我对党的组织不过问，因为我时刻有被捕的可能，所以不愿知道这些。

在这期间，国民党复兴社分子王普涵、赵和民（一个是参政员，一个是一七七师政治处长），组织了什么慰问团前来检阅，实际是侦察。还有合阳社训队负责人许冠军（可能是复兴社分子）、雷仲山带的什么前线考察团（是一个群众性组织，有20余人，其中有教授、学生等）屡次纠缠，要参加指挥部，我都拒绝了。

总之，这许多工作都是地委决定我执行的。如果说有点成绩的话，都是在党的领导下做出来的。至于缺点错误，那是执行的偏差，我是不能卸责的。至于当时有无特务活动，这要一分为二地说。一面说有，如国民党的党部社训队，什么侦察团、慰问团，不过在那时的气氛下，反动分子不敢把他们的反动活动拿出来和群众见面；另一面是地委对这一运动的组织是非常严密的，我能举出两个反证：一个是和我在西安单线联系了三四年的王奋三同志，"双十二"时我把他用在西北民众运动指导委员会组织部内作为依靠干部，他后来也给我政治部介绍来了不少党员干部，这次他来合阳，我的意见是委派他到那一区当政治指导员，让樊一鸣研究，后来他建议把王派到抗敌后援会去。当时据我推测，王虽然与我很熟，可能是没有带组织关系。当时学生训练队里曾发现韩城学生中有一抗协分子，经揭发指出后，这家伙逃跑了，同学们就追，路上一向群众说是特务，群众也相跟上追，一直追到韩城。这些事说明特务在当时的气氛下不敢公开活动，而是企图打入。那时是国民党统治着，反动分子的公开活动是客观存在的事实，怎能说没有呢？

三、我离开合阳的情况：这年6月中旬，一七七师东渡黄河抗日了，孙蔚如也不当主席了。合阳一些反动家伙如张培元、许冠军、雷仲山等就鼓动劣绅刘仁夫告我造反。一个月之间，合阳来了省上8个单位（有国民党党部、省府、民政厅、保安司令部、高等法院……）的委员来调查，都住在县党部、社训队。只有民政厅的委员给我捎来彭昭贤（国民党民政厅长，CC团分子）的话，说彭知道我是国民党的好党员，叫我把共产党员樊一鸣赶了，我的官不动。我说我主张抗日，不知谁是共产党，拒绝了。到了8月初，胡宗南的嫡系五十三师曹日晖部队以急行军袭击的方式驻扎在官庄了，这时我才知道（因为以前未接到通知，这些驻扎地点都是县党部、社训队给搞好的）。合中一些抗协分子也回来了，扬言要和我算账，要挡我。但查了一阵账，我并未用合阳的钱，做一些事的开支都是用我自己应得的钱。没查出什么，只查出一笔100元，是我给苏一萍、曹冠群带的那个学生宣传队帮助了一笔费用。但这在当时也不能提出来，所以我就平平安安地回韩城了。

我回韩城经过一个时期，韩城驻军新八师师长蒋在珍忽遣商会孙继善来约我谈话。到商会后并未说什么，只是天天打牌、吸大烟、吃喝。这样又过了一个多月，一天他突然从衣袋里掏出一封电报让我看，是蒋鼎文的电报，叫他对我"便宜从事"，并说："这是第三次电报。"我知道这是要我离开他的防地，我于是就去中条山抗战了。这是1939年初春的事。

1940年夏初，雷振华等在家里住不成，就到中条山找我来了，雷就是在中条山抗战中牺牲的。

1969年10月16日

注：本文作者系苏资琛。

（摘自《合阳县党史资料选编》）

合阳抗日的黄金时代

从1937年冬到1938年秋,是合阳抗日形势的黄金时代。苏资琛来合阳时带有4人,有樊一鸣、王闻远、雷新民(罗明)和我。我是通过地下党这个渠道来的,我先在西安妇女慰劳分会,重庆蒋介石的老婆会。当时党组织让我到合阳来,我头一个接关系的是樊一鸣。苏资琛对李兴中说:"他带来三个男的,一个女的。"我办妇训班是樊一鸣布置的任务,后来让一七七师的人也参加。樊一鸣是民政科长,凡来的人都是通过樊一鸣签字,人就来了,给苏资琛打个招呼去县政府安排。有人说苏把"抗大"的人请来了,实际上是青训班的人,一批一批地来,像是延安来的,樊一鸣有时管各联指导员开会。一九三七年十二月,吕剑人来了,我的党籍也恢复了,王闻远到合阳中学去教书,罗明接替我在合中教历史,我去王村办妇女训练班。

现在我将所记忆的1937年冬到1938年夏合阳妇女工作的主要情况记述如下:

1、1937年冬到1938年春,利用寒假时间,由一七七师部负责,组织中学生搞军事训练。借此机会,我们动员了一些女中学生。一七七师的军官太太编了一个小队,参加了这次军训。整天忙于野外操练,军事演习,上军事课等。

2、军事训练完毕后,即成立了沿河七县动员委员会妇女工作团。该团的总负责人由上层妇女担任,但实际工作是在我党的领导下进行的,组织部、宣传部由我和王丽负责。在此期间,一方面继续搞好上层统一战线工作,组织、动员当地的上层妇女,积极支持和参加救亡运动,例如李兴中的两个女儿、军医处长的妻子姚玉如等,他们始终都表现出了对工作的积极热情;另一方面组织普遍的家庭访问,更广泛地发动妇女,同时进行了歌咏、宣传等抗日救亡活动。

3、一七七师开赴中条山抗日前线,与一七七师有关系而又自愿随军的妇女同时前往。这时王丽已随军渡河,我留合阳工作,主要积极分子有从青训班调来的一位姓孟的同志,有一七七师军医处长的妻子姚玉如、李兴中的两个女儿和一些青年学生。任务是除继续组织动员妇女、扩大会员外,成立慰问队,进行募捐、宣传,到医院慰问受伤战士,受到伤员的欢迎。

4、为了更广泛地发动农村劳动妇女,全面开展农村妇运,党组织又指示我到王村去创办妇女训练班。

到王村后,我在联保处召集了会议,研究了创办妇训班的有关问题。由于我的公开职务是伪县府秘书,开

妇女联合会八姐妹

展工作有一定的便利条件，为了尽快集中妇女受训，我采取了由联保处分派各保选送妇女的办法，此外，还通过各种关系接收少数受训的人。这次妇训班的成员大多数是农村的青年妇女，也有少数青年学生、中年妇女和个别的老年妇女，训练时间原计划一个月，后因妇女们的要求，延长至一个半月，第一周以讲授为主。主要课程有政治常识和妇女运动，另外还教一些抗日歌曲。一周后每周抽出三四个下午的时间，以学习小组为单位，由组长带领，分头进行家庭访问或找亲属、朋友作一般的联络动员，晚上召集会议，或讨论学习心得，或汇报、研究工作等。还挑选一些青年妇女排演了些适合农村口味的短小的抗日救亡节目，在集会上进行宣传活动。妇训班结业时，在王村镇召开了妇女抗日救亡动员大会，大会上妇女们演出了话剧、小型节目，老年妇女做了演讲等，收效比较大。

经过前一段的学习，已涌现了一批积极分子，根据党的指示，经过认真的考察了解，从中挑选发展了两人，一位是邢黛青，另一位是王村小学教员李兴科的妻子。这两人入党后，在我留合阳工作的这段时间里，表现都很好。另外，在积极分子中挑选了7名妇女，吸收她们为民族解放先锋队队员。

总的来说，这次在王村创办的妇训班，由于党的领导和帮助，成绩是比较好的，既培养了妇女骨干，又为以后开展工作打下了良好的基础。

作者简介：伍仲秋，又名黎抚英，女，中华人民共和国成立后曾任西安电影发行公司党委书记，现已离休。此件是根据伍仲秋同志1959年6月写的《回忆材料》和1986年7月17日的访问记录整理的，已经本人校阅，标题是编者所加。

（摘自《合阳县党史资料选编》）

我在合阳的工作情况[①]

我是1937年10月左右由陕西省委军委派去合阳县联系当时驻扎在合阳（司令部在合阳）和沿河几个县的一七七师中的地下党工作的。在那里附带了解和发展恢复了合阳、澄城地方上地下党的一些党员关系。同时，开展那里地方上的民众抗日宣传组织活动。当时一七七师和合阳县县长苏资琛是西北军杨虎城部队的。苏是进步分子，在县政府用了一些进步分子和个别党员。他们在工作上积极发动群众，进行团结抗日宣传和搞民众自卫队等组织。军队中经过党组织活动也积极支持地方上的民众运动。在县政府工作的共产党员有苏史青、黎抚英。我到合阳联系一七七师中的党员关系，并通过当时在一七七师司令部参谋处工作的党员梁步六的关系认识了管建勋、翟贞祥（他二人在合阳开书店），知道了管是合阳人，翟是澄城人，过去是地下党员。澄城暴动后地下党组织垮台，他们就跑到合阳开了书店，经了解后同意他们恢复党籍。合阳地方上没有成立起党支部。合阳中学、自卫队员中可能有个别党员关系。在合阳经常和我发生党的关系的是管建勋、黎抚英、苏史青。除此之外，我再不了解澄、合地方上还有哪些党员或党小组。

1938年4月左右，王俊来合阳传达说，陕西省委决定成立沿河工委②，王俊任工委书记，我参加工委工作。工委成立后我联系的合阳、澄城的党员关系都交给工委管了。王俊主要是开展沿河各县的地下党工作。约在5月间陕西省委把我调回去、另分配工作。

注：①此资料摘自吕剑人1969年10月15日的回忆材料，标题系编者所加。
②一说是沿河工委，一说是沿河地委，一说是沿河特委，《合阳工作报告》档案中的记载是"特委"，我们取"特委"说法。

我党在合阳、韩城交界地区的建立与发展

合阳、韩城交界处东部地区南至太枣沟，北至司马迁庙原，合阳群众称"沟北"，韩城群众叫"南原"。这个地区由于地处韩、合交界，社会风俗习惯大体相同，群众常北去韩城赶集，青少年多到韩城学校上学，社会上各种进步思潮特别是马列主义思想的传播互相交流影响。

合阳、韩城的党建工作在初开始时就互有影响。土地革命时期，根据毛主席在农村建立革命根据地的战略思想，在合阳、韩城交界一带具有发展党组织的有利条件。1933年到1937年合阳的党组织就归属韩城县委领导。当时由于党组织处于地下秘密状态，加之几经变迁，这一地区党的组织沿革比较混乱。现就我个人所见所闻并和有关同志交换了意见，回忆如后：

（一）

1928年秋，张志超在范家庄建立了党支部。1932年冬韩城县委组织"韩城农民赤卫队"，在芝川与芝阳乡一带打富济贫。1933年春，陕甘游击队刘志丹同志的部队曾抵达韩城给予支持。是年4月间，高德辉同志被捕，国民党军队对寿寺村包围清剿，刘志丹同志迫于形势转移后，"韩城农民赤卫队"暂告失败。但是，韩城县委始终坚持在韩、合交界的农村中发展党组织，积蓄力量，以待时机。遂于1935年冬又在县南的高家坡、清水、范家庄、爱帖、上官庄等村组织"陕东游击队"。1936年2月间，陕东游击队在芝阳乡番底村被柳子俊围剿失败。韩城县委总结经验，接受教训，重整旗鼓，选派一批知识分子党员到韩合交界的村庄小学以教书为掩护恢复与发展党的组织。1936年秋与1937年春，司马迁庙原上各村小学教师中的共产党员有：城北村樊直亮，城南村徐岱云，姚家庄村孙岳，马龄庄刘跛子，范家庄张先民，太枣村北头张士廉，东同蹄村姚荣榜、何树臻，临河村刘江霞，伏蒙村张益山，白家庄段异文、贾德升，伦功村张耀，新庄村孙云斋，大朋村鱼养廉，三甲村段逢祜

等。1937年卢沟桥事变以前，这一带村庄多数都建立了党支部，各村庄都有不少青年去延安参加革命。

（二）

1932年春临河村刘江霞同志于韩城入党以后，他介绍本村农民刘富才、刘富喜和他家的护工×××入党。韩城县委派韩增瑞同志于1933年夏到临河村成立党支部，书记刘江霞。1935年冬刘江霞带领党员参加了"陕东游击队"武装暴动。1937年冬到1938年春，他组织党员与进步青年参加了"民众抗日自卫队"的训练，配合驻军一七七师防守黄河。为了宣传抗日，培养革命人才，在本村办了"树人小学"（以鲁迅的名字命名），共产党员姚民、何邦魁同志任教员。他们以此为阵地，教学生和农民唱救亡歌曲，向其宣传抗日救国，启发其爱国觉悟。该校学生刘养兔、刘安斋、刘法鲁、刘千祥等以后都踊跃参加革命队伍。1942年和1946年临河村党支部选派党员刘介一同志两次当上百良镇镇长，掩护了地下党同志的活动。1947年秋该支部以党员为骨干，拉起了游击队，有队员39名，在刘江霞同志的领导下，积极地配合了解放战争，在战争中刘苏红光荣牺牲，刘千祥同志成了战斗英雄。

（三）

1937年四五月到1938年5月间，韩城县委先后在王家洼地区成立的党支部有北头村党支部，书记张士廉，党员有任士吉、闵建钦、闵忠民、闵志学；白眉村党支部，书记郝文汉，党员有薛顺夏、刘海全、薛福太、薛堂现等人；在太枣村由张云翔建立支部，党员有侯西光、侯步欣、张荣直、张超；姚俊贤在伏蒙建立支部；段逢祜在王家洼建立支部。

1937年初夏，何邦魁从监狱保释回家。是年10月间何养民释放出狱回家。1937年冬到1938年春在东南蹄村，他俩同姚民、姚俊贤、保树臻、姚富凯等办起了农民识字班。何养民与何邦魁经合阳地下党组织审查，分别于1938年2月与4月间重新入党。何养民担任东同蹄村党支部书记。

1938年3月，沿河特委成立，管辖韩城、合阳、澄城、大荔、朝邑等县党的工作。1938年5月合阳县委成立。1938年7月间韩城县委将临河、伏蒙、王家洼、太枣（包括北头支部）、白眉等支部划归合阳县委，合阳县委决定成立沟北区委员会，书记为何邦魁，组织委员张士廉，宣传委员何养民。时隔不久，何邦魁参加县委工作，沟北区委书记为何养民，宣传委员张士廉，组织委员薛顺夏，主要活动是：

进行抗日宣传。组织各小学学生和在家的进步青年演唱《义勇军进行曲》《大刀向鬼子头上砍去》等救亡歌曲和《放下你的鞭子》《投笔从戎》《亡国恨》等短剧。教育农民，启发农民的爱国主义思想与抗日救国的自觉性。

向延安输送人才。动员青年奔向革命圣地——延安参加革命。王家洼地区先后输送了十几名青年去延安参加革命队伍，如白眉村有薛峰、薛震虎、薛震彪、刘士杰；太枣村有张英直、闵少骞、侯步欣、张超、闵士英；王家洼有王健；东同蹄有姚铃、姚康斌、姚树森、姚富经等；临河村有刘富怀；伏蒙村有刘振谦。

反对贪官污吏。有计划、有领导、有目的地清算了太枣村保长与共和联保主任摊派的差役、粮草账目，打击了发国难财贪官的气焰，迫使伪长保甲长秉公办事。

斗争的结果是撤换了太枣村保长。

在国难当头的形势下，拿起武器，进行抗日，沟北区委号召党员要武装自己，才能有效地防止日寇入侵陕西，刘江霞、刘介一、姚养烈、姚富会、姚全子、张超、郝文汉都备有长枪或短枪。郝文汉与薛海全为弄到枪支，还遭国民党五十三师×团捕押、拷打，在王文卿先生的保释下才免遭不幸。

沟北区委员会是合阳县成立的第一个区委。1938年5月间合阳县委成立后，逐步建立起东宫城、南尹庄支部。1939年初先后建立了西宫城、莘村、百良支部。合阳县委决定将沟北区委撤销归并成立东北区委员会，书记成彦清（即成增荣），委员有樊直亮、张毅仁和薛顺夏。1940年夏成增荣和张毅仁调回省委，樊直亮回韩城工作后，由薛顺夏担任区委书记。1945年县委负责人牛长令把县委工作交给薛顺夏负责。薛顺夏与闵士英、侯步欣、侯西光等同志筹建合阳县"河防游击队"，驻防在坊镇东清善村，不久就被伪合阳县政府搞垮。

以上所述，如有疏漏、错误，望知情者补充、指正，不吝赐教。

注：本文作者系张超。

（合阳县文史资料）

合阳县委隐蔽精干情况

我是1937年秋在西安高中由同班同学马起敬（后来知道他是党的学委成员）介绍参加民族解放先锋队的，马起敬让我组织学生抗敌宣传队回我的家乡——合阳县宣传。我与合阳籍同学成立赴合阳宣传队，由我、王孝祖（民先队员）、王乾光（国民党员）、吉凤岗（国民党员）任正副队长。合阳驻军一七七师比较进步，县长苏资琛比较开明，代表省抗敌后援会的雷仲山很进步，因此，我们的宣传活动很顺利。我们除演出、进行抗日宣传外，还积极组织和支持抗日民众自卫队。县东北区委的力量大，军队、县政府给予密切配合，自卫队发展很快，进行过一次大检阅。在自卫队的组织和领导问题上，我们发生了分歧。王乾光等主张由政府包办，我和王孝祖等主张由群众自选。因年关已到，宣传队就解散了。

1938年3月，我由马起敬介绍参加中国共产党。7月，中学毕业后的第三天，我与同学任钧、杨乐平、梁廷栋等被派往延安，除杨乐平外，我们全部进入中央党校学习。10月，党的六届六中全会在中央党校召开，我们听了中央一些领导同志的报告。同年年终结业时，毛主席还来讲了话。

毕业后，我们十几个人身着八路军服装回到陕西省委所在地——云阳镇，住在招待所（村外一座庙）里。不久，我被分派到合阳工作，职业自找，与管建勋接头。我到合阳时，情况已发生很大变化，管建勋开的书店已被查封；胡宗南部曹日晖的五十三师驻合阳；国民党县党部书记换成了积极反共的张丹柏；这时的县政府当局强化保甲制度，破坏党的活动，环境已经恶化。我通过县教育局长梁芝生（我在合阳中学的语文老师）和教育局干事孙念斌（我的小学同学），找到了管理图书的职业。不久，管建勋来与我接上关系。他向我介绍了情况，指示我负责县委两个直辖支部——合阳中学支部与秦庄支部。接着，在管家河管建勋同志家召开了县委会，管建勋、何养民、成增荣、管俊亚和我出席。会议对县委工作做了分工：管建勋任书记，何负责组织，我负责宣传。

大约在1939年6月，管建勋又约我到他家，告诉我：省委调他去省委，他的工作由我负责。我说情况还不熟悉。他说，他还可能回来，并与我详细交谈，介绍情况。此后，他再未在合阳与我见面。

合阳县的形势愈来愈紧张了。张丹柏叫喊：共产党"破坏统一""游而不击"。五十三师沿路搜查行人；强化保甲制度，强迫学生、教师、公职人员加入国民党和三青团。由于合阳抗日救亡运动发展很快，许多党员、团员已经暴露，根据这一形势，合阳县委坚决彻底执行中央提出的精干隐蔽、长期埋伏、以待时机等政策，具体做了六项工作：

1. 把中央、省委精干隐蔽精神迅速传达下去，加强与省委的联系，掩护上级同志及文件的安全。省委交通员王中在管家河落脚，只同我一人联系。原来省委来的文件一般通过管建勋主持的书店分发，书店暴露后，我们在城东约二里的康家坡小学发文件，起初由我负责，后由高丽宗负责。

2. 举办学习班，培训党员干部。由于环境恶化，我们将党员的组织生活改为在黑夜进行，如在合阳中学支部、在西北区区委书记宋伯科同志家乡都这样进行过。内容是结合本地形势讲述党的新政策新方针。有的由我与区委书记去口头传达，有的则编成小文章送往各地，这样就使党内处于有秩序的转变状态。

3. 把已经暴露或比较红的党员、干部输送到省委，现在能记起的有赵周麟、雷孝奇、宋伯科、雷纪相、李金斗、李锦庭等。把多少有点暴露的同志从负责岗位上换下来，使他不担任工作，处于静态中。

4. 在敌方强迫加入国民党三青团时，为了避免暴露，可以加入。例如，当时在国民党县政府兵役科工作的郝冯骏（中共党员）就加入了国民党。

5. 对已有动摇表现的党员，如太乐村隔沟对岸的一个小学教师（党员）出现动摇，我们立即与之切断关系。

6. 把表现好的对象吸收进党内来，如雷寒柏、李金斗、雷秉印等。我们向党员提出了广交朋友的要求，目的是掩护我们工作，分化敌人。初步布置个别党员打入敌人内部，逐步夺取武装的意图。西北区党员朱祥初、王英山分别当上了联保主任，康敬庄被送到西安王曲受训后，回来想打入县保安队。合阳中学学生党员×××也打入西安王曲受训，可惜在我离开时这两件工作才进行了一半。

1940年4月末5月初，省委派通讯员王中来传达省委指示（口头），要我与何养民一起把工作安排一下，由王中领回省委。这时省委已迁出云阳，我们还不知道省委新驻的地方。我与何养民安排了一下，把县委书记的工作交给牛长令，组织工作交给何邦魁，令他二人与管俊亚组成县委，之后我们即上了路。

为了路上安全，我穿了件国民党军官的黄呢子上装，又带了自己在合阳暑期教师受训时（1939年，他们强迫教师参加国民党时，我也填了登记表）发给我的国民党党员证,并一起商量了路上将遇到情况、对策,结果顺利地进入了边区,到达省委驻地——淳耀县的安社。王中同志先领我们见到了组织部的罗文治、胡达明、杜介夫、王文等,接着又见到了组织部长张德生同志,汇报了工作。这时,从外边回到省委的有十几个人,在附近一个村庄的一个破窑洞里办了个学习班,边学文件(如《新民主主义论》)边总结工作,同时向组织部写了党在合阳的组织状况及区委人员名单。此后我留在省委工作。

注:本文根据吴杰1983年11月3日回忆材料整理,标题系编者所加。
作者简介:吴杰,陕西省合阳县黑池镇团结村人。已离休。

(摘自《合阳县党史资料选编》)

合阳县委隐蔽精干情况概述

在抗日战争由战略防御转入战略相持阶段之际,国民党投降势力抬头,加紧推行消极抗战、积极反共政策。1939年1月,国民党召开五中全会,通过了"溶共、防共、限共、反共"和"整理党务"等反动决议,随后掀起了反共高潮。

中共中央根据国民党掀起的反共形势,对白区工作制定了"精干隐蔽,长期埋伏,积蓄力量,等待时机"的方针,从此合阳县委进入隐蔽时期。

(一)

1939年1月下旬,陕西省委派王力来合阳,给县委书记管建勋传达了抗战形势和"精干隐蔽"方针。2月,省委派吴杰(雷尚斌)回合阳,具体贯彻"精干隐蔽"方针。4月,管建勋去省委(云阳镇)汇报转入隐蔽情况。5月,管建勋在管家河召开了县委会议,参加的人有何养民、吴杰、管俊亚、赵谭冰、李介一、宋百科等。会议传达了省委指示精神,研究了隐蔽措施,具体办法是:

一、分头到各处传达省委指示精神,讲清形势,阐明政策,做好党员思想转弯工作。

二、健全党的地下交通联络,确定秘密联络点有管家河、南蔡庄小学、康家坡、白眉、东铜蹄等处。

三、共产党员以各种方式打入伪政权,利用合法身份进行党的工作。

四、对于政治上不成熟、意志不坚定、不执行隐蔽方针的党员,组织上主动截断其组织关系。

五、有组织有计划地隐蔽精干。

隐蔽精干的具体步骤是:1939年7月,管建勋调回省委,随后雷秦民、赵谭冰、张超、成彦清、宋百科等同志撤回省委。县委书记交吴杰负责。1940年4月,县委书记吴杰调回省委,离开时在康家坡召开县委会议,参加人有吴杰、薛顺夏、牛长令、管俊亚。会议决定县委书记由牛长令负责,如果情况有变,县委工作交薛顺夏接替。何邦魁负责组织,管俊亚为西北区负责人,薛顺夏为东北区负责人,李介一为正东区负责人。吴杰到省委汇报了合阳地区区委以上干部的情况。随后撤回省委的有何养民、何邦魁、张铁等。

1940年5月,省委派吴沙浪到合阳任宣传部长,来时与牛长令发生联系,第二年七八月调回省委。

隐蔽在合阳的党员,绝大多数都以各种合法身份埋伏下来,以合法身份开展党的地下工作。县委书记牛长令先在县城内老爷庙巷面坊,后转到伪十六军通讯连以工人或伙夫为掩护开展工作。1944年9月,牛长令回河南探亲时把县委负责工作交给薛顺夏,在敌人的白色恐怖下,使县委工作没有遭到破坏。

另外,关于洛川特委在我县的隐蔽情况:1939年春,洛川特委派吉文超在我县西北区发展党组织。1940年11月,洛川特委派孟树林来我县接替吉文超的工作,具体贯彻隐蔽方针。1942年吉文超调回延安,洛川特委在合阳西北区的党员先后利用伪五福乡的选举机会和其他方式,担任了乡代表、保长、保队副等,以合法身份开展党的活动。

(二)

国民党的反动政策,从1939年1月起在合阳逐步实施。

我县掀起的抗日高潮,被省政府派员镇压,当局还取消了民众自卫队,不准民先队活动。伪五十三师驻合阳,师部设在城郊官庄,常以打野为名,搜捕进步人士。

1939年2月,国民党合阳县党部、县警察局查封了共产党员管建勋开办的"大众书店",查抄了革命书籍。

1939年上半年,国民党县党部、县政府制造反共舆论,加强反共措施,组织党网发展特务,"商同区动员指挥部"派遣爪牙,侦察共产党员和进步人士活动。党网调查通讯员向"商同区动员指挥部"密告姚佑学、杨志远、吕晓天(吕宏远)、马再生、梁荣显5人;战干团合阳通讯员密告雷新绪(伯淳)。

1940年前后,"商同区动员指挥部"逮捕的共产党员有杜松寿、吕晓天(宏远)、邢子玉、李俊青、雷新绪等,进步人士有姚佑学、梁荣显、解振邦等。

精干隐蔽时期,合阳县委认真贯彻省委指示精神,措施具体得力,重视了思想教育,使党员认清了当时的形势,思想弯子转得快,骨干分期分批撤离隐蔽,在合阳坚持工作的同志能以各种合法身份隐蔽,长期埋伏。因此,在敌人反共掀起高潮期时,县委组织没有遭到重大破坏,保存了党的骨干实力,为迎接以后的革命高潮从思想上和组织上打好了基础。

注:本文作者系闫文才。

(摘自《合阳县党史资料选编》)

我任合阳县委书记的片段回忆

合阳成立县委，最早的书记是贺三多，他是山西临县人，当时在东宫城以教书为掩护进行地下工作。时间大约是1938年春节以后。贺三多是省委派来的，参加县委的有我、何养民、何邦魁、刘永端，还可能有雷振华。当时这些人以前都不认识。分工我是武装宣传，因为我在城里边。交通站先在书店，书店被查封后沿河地委交通站在管家河。韩城的薛瑞子（牛儿）在我家就跑过好几次，联系韩城县委的。澄县那就更方便了，因为有翟贞祥我表兄在那里，朝邑谁来我记不清了。后来赵谭冰同志到我村教书，成立了一个发行交通站，发行我党出的《新华日报》《军政杂志》等。

1938年下半年合阳形势发生很大变化，主要是：

一、胡宗南派来了嫡系部队五十三师，师长曹日晖，驻在合阳官庄，搞敬老庄那一套。这时一七七师东渡黄河抗日。

二、苏资琛离任，换来了县长张丹柏，张系国民党西安党部执行委员。县党部书记是杨培森。

三、这时根据党的指示，外来干部纷纷撤走，先后有贺三多、武岳、李维成、樊一鸣、黎抚英、罗明、刘永端、雷振东、张可闻、蒙永红、薛焰、孙滨水、吴建章、白云峰等。贺三多走后，我就接任了贺三多的县委书记。当时建立了东北区、正东区、西北区、正西区四个区委。合阳中学有个直属支部，当时人很多，支书是杨秀峰（灵井人）。杨走后，工作交给了雷新绪。这里边党员有王中、秦民、老牛（牛长令）等。正西区，区委书记是杨志远，东北区书记是成增荣（彦青），正东区书记是李介一，西北区书记是宋百科。1939年初全县有共产党员380多人，绝大部分是农民同志。

1939年我曾三次去省委（云阳镇），那时对外叫八路军一一五师后方留守处。第一次是4月份，去汇报工作，汇报发展情况和党组织转入地下的情况。不久后第二次去省委，在那里住了一个多月，这次是在县委书记会上选举"七大"代表。第三次去省委是王俊通知我的，根据中央精神凡是在白区搞红了的人一律都要撤到边区去。我走时县委书记工作交给了雷尚斌（吴杰）。

注：此材料摘录自管建勋同志1983年11月5日在合阳县党史座谈会上的发言。标题系编者所加。

（摘自《合阳县党史资料选编》）

1938年合阳党组织发展概况

1938年春,原"陕西省工委"派我巡视澄城和合阳两县的地下党活动情况。那时日寇占领合阳黄河东岸山西临津县,企图由此侵入陕西。守黄河的驻军总部在合阳城内,师长叫李兴中,县长叫苏资琛,他们都是杨虎城的老部下。为了防止日寇过河,他们向西安救亡团体要了一批青年学生,其中有党员刘汉仁、刘永端、张润芝等人以及不少"民先队"和"青训会"成员,以此为骨干,以驻军名义召集合、韩两县的学生和教师在合阳接受"救亡"训练。训练毕把这批学生通过县政府派到每个联保做"救亡"工作,这样的措施便利了合阳地下党和民先队、青训会的工作开展。

1938年3月,合、澄、韩三县党的领导机构沿河特委在合阳县城内关帝庙巷"大众书店"成立。吕剑人那时在国民党一七七师做敌军工作,组织上宣布他为特委书记,我为组织部长、韩城县委书记代宣传部长,我以当时任合阳伪县府政治视察员的身份指导(领导)一七七师派到各联保的学生党员并指导民先队员、青救会员、组织农村"民众自卫队"。我来合阳他只介绍了两个党员,一个是才恢复组织的管建勋,另一个是贺三多。

4月间,陕西省委派王俊代替了吕剑人的特委书记,我是该年秋末被调回省委的。我走时已正式成立的党支部有管家河支部(书记管俊亚)、东宫城支部(雷振华、韩昌运负责)、皇甫庄支部(解荣斌),此支部是管建勋介绍我去检查的。背华村(负责人宋伯科)、临河村(负责人刘江霞)、上洼村(同复初)、白眉村(郝文汉、薛顺夏)、东铜蹄(何养民、姚志成)、合中(杨秀峰、雷新绪)还有一些个别党员:南蔡庄的赵子道、杨明悠、王村镇的张祺生、邢黛青(女,是黎抚英在该村办的妇女班介绍的党员,是张祺生的儿媳)、闵士英(东北区)、王英山等。

我1938年秋离开特委时,组织部长由白云峰代替,但这些工作是王俊叫我亲自交给他的(以上个别党员可能还有漏掉的),因此白云峰他不会全部知道。我和王俊、贺三多是在东宫城谈话后去省委的,这时正研究成立区委,贺三多是合阳县委书记。

中央对蒋管区地下党的"精干隐蔽"政策的传达大概是1939年,但有的县传达得稍迟一点,按这个政策衡量,把合阳的管建勋、何邦魁、贺三多、何养民、王俊等人,还有些在该地暴露过政治面目的普通党员大部分调回省委或送延安学习。以上数人调离后,合阳隐蔽下的县委我听说(1938年冬我回省委任交通科长到1942年)这时的书记是中学工友(厨师)老牛(牛长令),以后省委派吴沙浪参加隐蔽下的合阳县委。从1940年起合阳县的党组织就隐蔽下来了。

注:此材料是苏史青1969年10月8日的回忆资料摘录,标题系编者所加。

作者简介:苏史青,韩城县人,二战时期共产党员,已故。

(摘自《合阳县党史资料》)

八路军北上抗日住合盛况

1937年，日本发动卢沟桥事变，大举侵略我国，人民忍无可忍，自己组织起来坚决抗战，各处义勇军不时在后方袭击。政府国共合作，全国地不分南北人不论老幼，团结一致，抗战到底，争取最后胜利。于是把共产党领导的军队编为八路军，全体出动开赴战场，与敌搏斗。由朱总司令率大部军队北上抗日，路经合阳。那时群众兴高采烈，升旗备炮，准备欢迎。军队一进城，炮声震天，人民蜂拥夹道拍手迎接，其军队秩序井然，步伐整齐，边走边唱，毫无散乱现象，群众举首欣羡，互相交谈：八路军比国军优秀得多了，我国有这样训练有方的队伍，战无不胜，攻无不克，一定能把倭奴赶出去。

军队在县稍加休息，全县各机关领导在东街求知楼集合举行迎接仪式。朱总司令出来讲话，他措辞客气，语音洪亮雄壮。这时大家都整齐地注视着这个衣服朴素、与士兵没有差别的黑大个。朱总司令讲了几分钟，下楼后，部队就步行从东门外开走了。

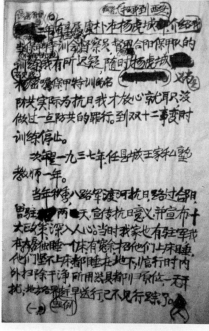

关于八路军过合阳的记载

注：本文作者系郭北杰。

1986年9月10日

朱德率领八路军途经合阳的故事

1937年7月7日卢沟桥事变后，抗日战争全面爆发。8月25日，中共中央军委改编中国工农红军为国民革命军第八路军。朱德任总指挥、彭德怀任副总指挥，辖一一五师、一二〇师和一二九师。9月6日，八路军总部朱德同志率领部队从泾阳县云阳镇出发东渡山西抗日。9月14日途经合阳，其他各师在9月下旬陆续经过。八路军在合阳留下了许多动人故事。

朱德讲话感人至深

1937年9月14日（古历8月10日）下午细雨蒙蒙，合阳城各界人士排列在城南门外的大路两旁，期待着人民的队伍——八路军的到来。不久八路军从澄城出发路经王村，越过金水沟到了县城。他们穿着灰色粗布军衣，佩戴八路臂章，脚穿麻鞋。官兵不分，穿着一样。群众高呼口号，热烈欢迎。合阳县长黄乃桢把朱德和其他首长请到县政府，接着在县政府大堂召开欢迎八路军东渡抗日大会。参加欢迎大会的有县政府的部分官员和各界进步人士以及合阳中学师生，有四五百人。会议开始，黄乃桢县长作了介绍。朱德穿着灰色粗布军衣，扎着裹腿，穿着麻鞋，身体比较消瘦，但很有精神，站着向欢迎的群众讲话。他讲了抗战的形势，宣讲了《抗日救国十大纲领》，着重讲了抗日统一战线的重要意义，表示八路军开赴抗日前线的决心。他向学生说："抗战不分前方后方，你们读书也是抗战，学好本领为抗战救国献出你们的力量。"讲话时间比较长，大家听得很认真，群众受的教育很大，群众认清了八路军是真正的抗日队伍。欢迎会结束后，县政府设宴招待，朱德即席难受地说："我们的士兵从来没吃过一顿这样的饭。"一句话说得黄乃桢无言答对。八路军官兵一致、同甘共苦的作风，真使大家深深敬佩。

抗战宣传深入人心

朱德同志和八路军将士在合阳县城住宿一夜，合阳中学师生还买了鸡蛋、烧饼等食品前去慰劳。当晚，八路军开展了各种宣传活动。

抗战剧团在东街城隍庙戏楼上演戏。节目生动活泼，有活报剧《放下你的鞭子》《亡国恨》，抗战歌曲《到敌人后方去》《松花江上》和《说东洋》等。许多人看后都流下了眼泪。合阳中学不少进步学生看后提出要参加抗日剧团。剧团随后还在同家庄、王家洼一带演出，很受群众欢迎。

同时，八路军在合阳县城内大街小巷的墙上用石灰刷写了许多抗战标语，如"打倒日本帝国主义"，"抗日高于一切，一切服从抗日"，"有钱出钱，有力出力，把日本鬼子打回老家去"等。

"没见过这样好的队伍！"

朱德率领八路军路经合阳，军纪严明，待人和气，处处为人民着想。群众普遍反映："没见过这样好的队伍！"

八路军路经王家洼时，正是枣子红了的时节，群众摘了许多红枣慰劳，可他们说"不要钱不能吃"，硬把钱给了群众。有些队伍住在太枣村侯步欣家里。侯家院内有棵石榴树，士兵们把石榴一个一个数了，记在本子上，走时向主人一个一个清点，一个不少。部队从王家洼出发时，有个好心的老乡王吉照主动给炊事员担灶具，后被首长发现，首长批评了炊事

八路军东渡黄河场景

员，他让炊事员自己挑上，让王吉照回去。

王家洼村有个生员老先生当时70多岁，在欢送部队走时老先生高兴地说："自古以来没见过这样好的军队，真乃王者之师！"

朱德同志率领的八路军从韩城芝川渡河后，9月下旬参加了太原会战，在平型关战役和忻口战役中取得了抗战以来的第一次辉煌胜利，打击了日本侵略军的嚣张气焰，增强了中国人民的抗战信心。

注：本文由李巨有、李金科征集，种文祥撰稿。

（摘自《合阳县党史资料》）

我在合阳的工作情况

（一）

我叫牛长令，河南巩县沙鱼沟公社官店大队人。家庭成份贫农。民国十年，当时我12岁，因家庭生活困难，我同父亲逃荒先到澄城县，居西城门外大店，以挖药材为生，生活仍无法维持，当年收麦时又逃至合阳桥头河。我父亲就给桥头河的苗保彦做月工，后拉长工。10月，我由澄城县到桥头河，随父亲给苗保彦家做活。到第二年不再给他家做长工，而是租种他家的地，共租了五六年，我父亲老了，这时我17岁，仍然继续以租地为生，后季还压油。到民国二十三年，经康炳顺介绍，我到合阳中学给学生烧开水。当时合阳中学校长党虎臣、事务主任党养芝都是行家庄人，教导主任梁芝生。教课的有白坡平等。图书馆的管理员是郭达夫。民国二十六年校长换成孙蔚如（官庄人）。民国二十七年我经白云峰介绍加入中国共产党，同时介绍入党的还有雷孝奇（雷福秦，碁南人）、王忠（联弟），他们俩当时都是工友，我们三人编为一个小组，领导是白云峰。数月后白云峰调走，党组织的负责人换成雷新绪，雷新绪后来又把我的关系转给管建勋，后来雷新绪被捕，管建勋指示合中组织由孙德现、吕丕周、王赵庆、牛长令负责，没有分工。民国二十八年，管建勋调走，合阳县委的负责人换成雷尚斌（吴杰）。民国二十九年5月雷尚斌调走，雷走时在康家坡小学开会，他把负责的工作交给我。当时参加会议的有薛顺夏、管俊亚，东区李介一没记得来。就在这次会后不久，李介一因病死去，东区关系失掉了。后来敌人又在合阳中学发展三青团组织，要学生都参加，党员中的孙德现、吕丕周、王赵庆给我说敌人要学生参加三青团，不参加就要暴露。我开始不同意，表示要请示上级，后来不得已准许他们参加，但要求不准暴露秘密。他们参加后没有向组织汇报过三青团的情况，但也没有破坏组织。这大约是民国二十九年的事。民国三十年，我离开合中，当时上级指示要我务实业，不要漂流，我就在县城老爷庙巷磨面粉，兼做地下工作。一直到民国三十三年，因环境恶化，雷新绪被捕后一直未见过我。我在伪十六军中特务连的工作进行得不顺利,党员中又有一些人参加三青团,我怕发生问题,准备离开。有一天薛顺夏因事找我,我就把我的工作交给薛顺夏,让他和管俊亚发生关系,说西北区有一支枪、一个油印机,有啥事找老管,我先回去看看老嫂。我在民国三十三年离开合阳回家,四五个月后,我又回合阳,磨房因欠账破产,我住在南百坂肖振亭家,以錾碨为名,深入农村做宣传工作。民国三十六年家乡母亲叫我,我准备回去,找管俊亚谈,管同意,王忠在场也同意,让我回家继续工作,组织游击队。我回家一年多家乡就解放了,我自己也没和组织联系,思想退步,自行脱党,一直务农至今。

(二)

1、我是1938年由白云峰介绍入党的,入党后是由白领导的,白走后,领导换成雷新绪,新绪走后交给孙德现。我和管建勋发生关系,管走后把我的关系交给雷尚斌,雷是县委负责人,雷走后,把他负责的关系交给我,我走后又把县委的工作交给薛顺夏,薛顺夏以后的情况就不清楚了。

2、民国二十九年左右,雷尚斌走时在康家坡小学开会,参加的人有薛顺夏、我、雷尚斌、管俊亚等。会上雷尚斌让我接他的工作,管俊亚为西北区负责人,薛顺夏为东北区负责人,李介一为东区负责人。幷说,我如需要走时,叫把工作交给薛顺夏。

3、我在合阳发展的党员有王明斋(合阳岳庄人,当时是合中伙夫),在民国二十八年,发展贾保儿(合阳东庄子人,当时是合中伙夫)、牛全有(我的叔兄弟,当时是合中伙夫,中华人民共和国成立后病故)、白金海(桥头河人,已故)、伪十六军通讯排一个姓冯的,我走时未交关系。

注:此材料摘录自牛长令1970年4月16日的回忆资料,标题系编者所加。

(摘自《合阳县党史资料》)

洛川特委在合阳的活动情况

洛川特委从什么时候开始在黄龙、韩城、合阳、澄城建立党组织的?据我所知,1938年底或1939年初,吉文超同志接受洛川特委指示来这里开展工作,创立党组织。(高克林插话:是1938年底。)吉文超同志在这些县做了许多工作,建立了党组织。1940年国民党对这些地方加强了统治,形势恶化。吉文超同志的工作方法也有些毛病,党的一些组织已有暴露,随时有遭到敌人破坏的危险。10月,洛川特委的秦力生、强自修找我谈话,让我去接替吉文超的工作。我的立足点是黄龙山南部的将军庙,主要任务是整顿党的组织,"隐蔽精干,长期埋伏,积蓄力量,以待时机"。我去后,吉文超同志把情况介绍给我。我记得当时黄龙山石铺吉家河有个支部,将军庙有一个支部,高原有一个支部,甘河有一个支部,杨庄有一个支部。我的公开身份是在赵万成(地下党员)家里做长工。为了活动方便,便于接头,与各支部负责人——蒋世祥、弥榜庆、郭谋娃、赵万成等结拜为烧香兄弟。1940年冬至1941年上半年,党组织经过整顿,把有可能出问题已暴露的人送回边区,大部分隐蔽下来,党的活动暂时处于睡眠状态。1941年冬,洛川特委指示我们在继续巩固的基础上发展组织,向群众宣传党的统一战线政策,建立革命统一战线。1942年党组织得到较大发展,一些支部变为区委,我记得这时设立区委的地方有甘河、高原、将军庙石铺的曹店,仅一年,党组织就发展到韩城。这时我再以长工的身份活动,感到不大方便。经过和地下党组织的一些同志商量,并经过特委的许可,我在澄城赵庄以东的高原村开了一个小杂货铺,以小商贩的身份来掩护,进行地下工作,搞了一年多时间。到了1942年,我的活动引起了当地一些人的注意,我将这个情况汇报给特委,特委即将我调回特委机关,让我通过地下交通联络继续负责这一带的地下党工作。1943年初,延安整风运动已进入尾声,组织决定让我去延安参加整风。1943年7月左右,特委将我从中央党校调回机关,又继续负责这一带的地下党工作。我回到黄、韩、合、澄沿山一带时没有任何公开职业来掩护,完全以秘密方式进行活动,在外活动一段时间又回到特委,在机关住了一段时间后又出来。有的同志讲我在这一带开始当党支部书记,又说当特派员,这是没有根据的。自我到这里来后,一直没有任何头衔和名义。1944年党组织在这里进一步得到发展,统一战线工作也有新的进展,群众与我们关系非常好,我们的工作一直伸展到朝邑一带。在合阳我们又通过张广文同志与皇甫庄乡长雷兴初建立了统战关系,我和雷兴初也见过面。当时,澄城、合阳、韩城、黄龙许多伪保长、保队附都与我们建立了统战关系。如澄城赵庄第四保公所在甘河村毛老鼠沟查户口时查出了我们的枪,他们就叮咛:"不要对外说。"因为统战工作的广泛开展,我们基本上是在公开半公开的情况下进行活动的,这给我们的地下党组织活动创造了非常有利的条件。在日本投降时,仅澄城的共产党员就已发展到一百五六十名,合阳、韩城的就更多了。

注:此资料摘录自孟树林1985年10月17日在渭南党史座谈会上的发言,题目系编者所加。

作者简介:孟树林,宜君县店头镇人,已离休。

(摘自《合阳县党史资料》)

抗日八年西安生活的鳞爪

抗日八年我是生活在西安的,当时西安是抗日战争的大后方,也是国内阶级斗争的最前线。生活在西安的人,对于当时阶级矛盾的现象接触得比较多,因而认识得也很清楚。当时流行着一副联语:国家政令出重庆,人民心里向延安。这就可以说明当时社会思想的情况了。兹为提供史料,就我所知道或亲身经历的几段事实,拉拉杂杂地把它写出来,藉供参考。

(一)

自从1937年7月7日日本帝国主义为把中国变成它的殖民地,制造卢沟桥事变,发动侵略战争,至1945年8月10日日本政府接受《波茨坦宣言》,请求无条件投降,整整八年零一个月,我全国人民,为了抵抗侵略,保障民族独立,牺牲的生命财产,直不可以数计,西安在抗日问题上是有特殊历史意义的。

蒋介石对帝国主义的侵略,一向采取不抵抗主义,他的实力是用来对内镇压人民维护他的法西斯反动政权的。当1931年日本发动"九一八"事变的时候,蒋介石正在江西"剿共",陷于泥坑而不能自拔,便令张学良放弃沈阳,退入关内,日本不战而占领我东北数省,全国人民激于义愤,反日爱国运动达到高潮,蒋介石遭到人民的反对,曾一度通电下野。不久他又同汪精卫勾结起来,共同登台,汪主政治,蒋主军事,并提出"攘外必先安内"的反动口号,在南昌设立行营,作为蒋介石对红军进行围剿时"御驾亲征"的机构。但是外来的侵略越来越厉害,国内阶级矛盾越来越尖锐,革命形势的发展也就越来越迅速。1934年10月,中共中央及红军主力被迫进行长征,经过一年的时间,胜利到达陕北,蒋介石又调集大军,进入陕西,西安便成为国内阶级矛盾的中心了。

中共中央关于停止内战、一致抗日的口号,完全符合全国人民的心愿,因而大大动摇了蒋介石部队剿共的军心和士气。驻在西安的杨虎城和张学良与蒋介石的关系虽各不相同,但在停止内战、共同抗日这一点上是一致的。但是,蒋介石对张、杨这一主张不但不加考虑,反而蛮横地加以斥责并给予压力,张、杨终于演出了1936年的"双十二事变",把蒋介石扣留在西安。在事变发生之前,张、杨已先和延安方面建立了联系,结果以蒋介石承诺抗日为条件,12月25日释放蒋介石回南京,形成了国共合作共同抗日的初步基础。

"七七"事变发生后,国共两党正式结成了抗日民族统一战线,红军改称八路军,与国民党军队共同对日寇作战。但蒋介石仍不放弃反共目的。战争一开始,蒋介石就派胡宗南驻兵西安,对陕甘宁边区政府进行封锁。为阻挠全国各地青年投奔延安,胡宗南在宝鸡设有青年学生辅导处,在西安设有劳动营和战时干部训练第四团,在兰州设有西北干部训练团。为了进行军事教育,在王曲设有军官学校第七分校,在翠华山设有游击干部训练班。为包围陕甘宁边区,除了强征民工筑成一道绵延数千里、纵横层叠的防御工事,并以庞大的兵力构成严密的封锁线外,还对邻近边区地带的居民实行严格的军事管制和坚壁清野。为了防止西北各地人民起义,在陕、甘、宁、青全面施行联保连坐。凡剿共省份所采取的种种法西斯政令,都在西北认真实行。自抗战开始至1949年中华人民共和国成立时止,在号称西北胡宗南的"辇毂"之下,西安人民过着水深火热的生活。最近我回了一次西安,看到中华人民共和国成立15年来天翻地覆的变化,真使人有沧桑之感。

（二）

"七七"事变前的两个月，安徽省政治改组，我调任行政院参议，5月初交卸安徽民政厅长职务，同时将代理主席职务移交给新任主席刘尚清。到了南京，参议原是一个领薪不办事的闲散人员，行政院长王宠惠却要我到院办公，那时行政院正在准备组织一个规模宏大的视察团，分赴各省视察，打算安排我在视察团负相当任务，让我每日到院做些筹备工作。"七七"事变发生后，此事因之搁浅。当时国民党政府为了应付抗战，下令疏散职工眷属，我就在9月初送眷回西安，并没有打算在西安久住。不料南京于12月13日被日寇占领，我多年来收藏的大部分书籍，如《图书集成》《九通》《二十四史》《四部丛刊》《万有文库》等，还有许多外文书籍，都随着南京沦陷而散失。但在日寇南京大屠杀的惨烈情况下，这些损失就微不足道了。

我回到西安，最初寄居在中山门内华洋义赈会新建的房屋里。西安行营主任蒋鼎文（铭三）见我回不去南京，就在行营给了我一个设计委员的名义。陕西省政府主席是孙蔚如，杜斌丞是省政府的秘书长，他对国民党的政治向不满意。多年前他同王复初到山西运城小住，那时我家住运城，我们曾经多次交换过意见，他见我回来很高兴，鼓励我参加动员工作。他说："你这几年在安徽搞得还不错，不过在我看来，把国家命运寄托在蒋介石身上是靠不住的，现在日本帝国主义已经发动侵略战争，非依靠人民群众做长期抵抗，不能取得最后胜利。"这时西安正在成立动员委员会，由地方人士分赴各县，动员人民发挥抗战力量。我认为这是我应该做也是我能够做的，于是便趁着春节回了一次合阳。路过渭南时，县长崔孟博刚接事，邀我到县署（府）休息。他的思想比较进步，对我说了几句话，我至今还记得，他说："人民的力量是伟大的，政府总害怕人民力量壮大，不便控制，不敢放手发动，这是一个很大的矛盾。"我在渭南没有久留，晚间到了大荔，县长聂雨润（滋轩）安排我住在县署（府），他说："你来得很凑巧，明日正要再这里召集各乡农民代表宣传抗日救国的期会，就请你届时出席为群众讲话，这也是一个很难得的机会。"我是动员人民抗日的，当然乐于参加。在会场看到自乡下而来的农民群众，虽灰尘满面，但精神饱满。我一提起帝国主义对中国的侵略，全场显示出无比的愤恨，对日寇发动卢沟桥事变、肆行南京大屠杀更是义愤填膺，怒不可遏。事后我感到参加这次大会，不是我动员了人民，而是人民动员了我。聂县长还要留我多住几日，但是我要趁春节回合阳，他就替我借了一辆小汽车，我记得是旧历十二月二十七日回到家乡，汽车一进村，男女老少都争先恐后地跑来观看，但彼此大多互不相识，真是有"少小离家老大回，乡音无改鬓毛衰。儿童相见不相识，笑问客从何处来"之慨。当时合阳县县长是苏资琛、驻军长官是李兴中，他们约我住在县城，我就先到城内同他们谈了些动员工作。因为春节期间，机关学校都在休假，并且我的动员对象是农民，于是我仍回村舍，借亲友往来拜节的机会同他们多见面，并利用新春各种娱乐活动，用旧瓶装新酒的办法，在原有的形式上注入些目前现实的材料，这对宣传工作是十分有利的。按照农村习惯，春节初一至元宵节的半个月内，大一点的村庄，或是白天扮演故事，或是夜间跑船走马，有些村庄还有所谓"自乐班"的业余剧团在春节开演，名曰"杂戏"。我就和他们研究临时排演些新的剧目，他们练习得很快，多是随排随演。有一次我在邻村看到新排骂伪组织的几幕话剧，对于汉奸们的那些丑恶嘴脸刻画得形态逼真、惟妙惟肖，看完之后，我深切体会到群众的智慧是无穷的，有怎样的事实，就有怎样的认识，也就会用各种各样的动态把它表现出来。在戏台的明柱上写着一副对联，我觉得也很有意思，联语是：活鬼乱当家，倘廉耻犹存，似此类妖孽，应该愧死；群魔徒害国，使法律有效，看这些东西，如何下场。

我本来是回家动员群众的，看到农民抗战情绪这样高涨，我更受到莫大的鼓舞。为了扩大宣传，我就每日藉着探亲访友四处游行。

当然我所接触的乡亲知识分子，他们在社会上说服力很大，当时还不习惯写标语，多用联语表达自己的意志，我在各处看到的很多，兹记数则于后：

寇势正猖狂，愿人人戮力同心，为整个民族求解放；
国忧方严重，望家家节衣缩食，从长期抗战谋复兴。

世界趋大同，必摧毁侵略阵营，民族始有解放日；
国际崇公理，能树起和平堡垒，倭奴会到覆亡时。

国事正艰难，痛念外侮凭陵，当效敌忾同仇志；
秦俗乐战斗，回溯先民典范，毋忘车辚驷铁风。

我在家乡住了两个多月，走的村庄很多，接触面也很广。有一次我到路井镇探亲，适逢集日，不少昔年同学来赶会，听说我来了，都赶来和我见面。有一位研究历史的老同学用今昔对比表示他对时局的看法，他说："中国今天的形势，我看和宋代差不多，宋自徽、钦被掳，高宗南渡以后，金人在北方先立张邦昌为楚，后又立刘豫为齐，敌伪纷存，几无一片净土。南宋王朝岳飞力战，百代流芳，秦桧主和，万年遗臭。人们读史，对于古人的功罪是非洞若观火，可一旦事到临头，就迷失了方向。自日本侵华以来，满洲伪政权，华北伪组织，仍扮演着傀儡戏，南京沦陷后，国民政府退守武汉，闻也有人暗地主和，这不是和南宋同一类型吗？"他这些话对我也有很大启发。

我由合阳回西安，已经是1938年的3月了，这时西安已有敌机不时侵扰，有时轰炸也很厉害。我的住所近旁曾落过几颗燃烧弹，避在防空沟里的人都被炸裂的尘土所掩盖，幸而落弹处距离稍远，人未受伤。城内居民每日为避敌机轰炸，黎明就携带干粮出城躲避，至晚始归。政府鉴于局势紧张，暗中便作放弃西安的准备。当时蒋介石左右有些从德国回来的法西斯信徒，如邓悌之流，大倡"焦土抗战"的谬论：凡是不能固守或者不愿固守的地方，决不能以一人一物资敌，在放弃之先，必须做好准备，能搬动的物资，尽量运走，不能运或者来不及运的，临走时付诸一炬。人民因无生活资料，就不能不跟着政府后迁。政府曾经一度把地方有代表性的人士排列次序，拟先分批送至汉中，当时已经送走一批。我也做了准备，曾把一部分眷属安置在眉县近山的地方。后因战局稍稳，便停止再送。但敌机不断袭扰，跑警报便成了西安人民的日常生活。我为避免朝出晚归的麻烦，就在东关南城根自己原有的空地上靠崖打了几个窑洞，每日全家到此躲避。日子长了，我又打了两眼井，筑了一道围墙，盖了几间小屋，索性把全家移到这里，名曰"莘庄"，这就是抗战八年我在西安的生活根据地。因为那时我没有担任政府实际工作，就把种树栽花作为我的日常事务。后来果树成林，花草满径，取自力更生之义，遂以"更生"名园，而自号"自力子"。

（三）

蒋介石对"双十二事变"夙恨未忘，西安局势稍稳，便首先改组陕西省政府，调蒋鼎文为陕西省政府主席，代替孙蔚如。西安行营改为办公厅，以熊斌为主任，以民政厅长彭昭贤（君颐）为省政府秘书长，代替杜斌丞，留任杜斌丞为委员，而以CC分子王德溥任民政厅长。王捷三在这次改组时被任命为教育厅厅长，代替了周伯敏。一般说来，地方政府改组是一件很平常的事，但这次陕西省政改，蒋介石极其重视。

蒋鼎文接任主席后，为培养基层干部，首先办了一个大规模的行政人员训练班，不时邀我为学员作所谓精神讲话，我也不知道该讲些什么，每次总是胡拉乱扯，多涉及社会经济情况，他们听了不像精神讲话，就送了我一副联语，上联是"发行国民经济"，下联是"出售工业政策"。因为我曾有《国民经济学原论》和《工业政策》两书出版，故以此向我开玩笑。那时抗战军兴，已经近两年了。东半壁河山大部沦陷，官僚资本和富商大贾在沿海一带或沦陷区各大城市所经营的工厂商行，都迁移至后方作经济游击，西安市面反呈现出虚假的繁荣。但是前方一切军需供应也加重到后方人民的头上，当时提出的口号是"前方流血，后方流汗"；对人民提出的要求是"有力出力，有钱出钱"。于是徭役繁兴，催科人员塞满道路，冗员多、待遇薄，所得薪俸，因物价增高猛涨，有时连伙食也不敷开支，舞弊营私相袭成为风气。乡镇保甲又复互相勾结，鱼肉乡里，人民受其压迫，敢怒而不敢言。有一次训练班学员结业，蒋鼎文请了些地方人士包括我在内参加典礼，轮到来宾讲话时，大家都不肯讲。我看那些学员都是要到各地同人民直接发生关系的，就代表来宾讲了几句话，我说："抗战军兴，国家对人民的要求是有力出力、有钱出钱，这两句是以'有'为前提，若一次举其所有，竭泽而渔，则无法支持长期抗战的需要，因此人力物力必须加意培养，能保留更生余地，才能取之不尽，对于人民所出之力、所出之钱，必须做到力不妄用，钱不虚縻，才能用之不竭。但是各地情形，大都与此相反，征夫拉车，摊粮派草，漫无限制，壮丁集合无常，运输工具长期扣押不放。保甲人员、下级干部暗中勒索，朋比为奸，长此下去，人民将无力无钱可出了。"我讲完后，蒋鼎文很表赞同，但这不过是表面，内心里总觉得这些话不符合他的要求。

1939年夏，陕西省临时参议会成立，议长是宋联奎（菊坞），参议员名额已记不清楚，只记得任期是一年，开会两次。我连任一年，开了四次会，但对人民并无贡献，殊觉惭愧。这时蒋介石在西安设天水行营，以程潜为主任。程潜原来是第一战区司令长官，1938年6月6日，日寇陷开封，蒋介石为了保卫武汉，阻止敌人西进，竟不顾人民生命财产，密令前方部队在花园口决开黄河堤岸，制造了54000平方公里的黄泛区。程潜在洛阳奉命督饬进行，结果未能阻止敌人西犯，武汉于10月25日弃而不守，程潜辞职，蒋介石就给他天水行营主任一职。天水在甘肃，行营设西安，名实就有点不符。蒋鼎文、胡宗南对程表面很尊重，遇事却暗中掣肘，连行营挂招牌也找不到适当的场所。程潜到了西安，先在五岳庙旧关中道署原张聚庭的私人住宅办公，后来才迁移到东厅门西安高中的地址，这时学校已疏散到洋县了。这里房屋虽多，目标甚大，但防空设备只挖了一道狭长的深沟，并未构筑坚固工事，有一次敌机轰炸，炸弹正投在防空沟口，躲在防空沟里的人，因沟口被土壅塞，空气不流通，窒死数十人（确数已记不清楚）。程潜因避入在后，抢救在先，幸获复苏。这些殉职人员被公葬于翠华山，称烈士焉。

天水行营在西安实际上是一个有职无权的机构。中央直属部队完全控制在胡宗南手里，关于西北大后方的一切安置，蒋介石都依靠胡宗南。西安又有以熊斌为主任由西安行营缩小的办公厅，更显得天水行营是一个上不在天下不在地的骈枝机构，但名义上却包括西北各省。程潜为了充实抗战力量，对甘、宁、青进行联系，就在武功西北农学院邀请专家、教授多人，组织西北实业考察团。由陕西到甘肃、青海、宁夏考察农田、水利、森林、畜牧。因我生长西北，向有致力于西北经济文化之夙愿（我在北平任平民大学校长时曾组织西北研究社，发行有《西北研究》月刊，辛亥革命时倡办西北大学），就让我担任团长，并由天水行营给了我一个参事名义，我就衔着行营使命偕同农学院教授周昌云、余立基、夏受虞、常英瑜、吴信德、董涵荣、黄志尚等于1939年8月24日由西安乘西兰公路长途汽车出发。由于车辆机件太坏，一路故障层出不穷，27日过六盘山，适遇大批汽车满载飞机零件及军需用品运往重庆。为了让路，我们的车子在海拔2500米的山顶上足足停驶了两个小时，藉此机会，我们就登峰，东望秦川、西望陇右，真有目穷千里之慨。毛泽东的"六盘山上高峰，红旗漫卷西风。今日长缨在手，何时缚住苍龙"这首诗就是在这里写的。过了六盘山，刚到静宁，汽车又坏了，司机说这次事故较大，修理需时，让我们暂住，我们便利用这个时间就地进行调查研究。各教授说，陇东山地适于畜牧，不宜森林，这完全基于土壤的关系。根据客观事实，终南、太白等山，佳木成林，陇东诸山，俱是绿草铺地，这就是显明的事实。在陇东住了一天，车修好了，继续并行，29日才到兰州。

甘肃省政府主席朱绍良（一民）到青海代表中央主持祭海典礼去了。省政府秘书长翁燕翼为我们安排了参观程序，建设厅厅长李世军在省府招待会上又把甘肃建设计划做了一次详细报告。我们按照程序，参观了农业政进所、手工业推广所等许多机关，最使人注意的是制造厂、造币厂和军政部第一织呢分厂，这些厂都是左宗棠在60年前创办的，初不过为修理枪炮，后逐渐扩充，现在制造厂只能造七九步枪，产量不高，品质为材料所限，亦不甚优；造币厂只造一分铜币，产量也不大。唯军政部第一织呢分厂规模较大，每月可出军毯两万条，每条成本约七元之谱。正在忙着参观，朱绍良于9月3日从青海回来了，当日就约我到省府谈话。我先请他对我们的调查研究工作多加指导，他说：在考察团未来之前，我早就通知各县，在你们工作上充分予以便利，提供材料；我在青海还同马子香（马步芳别号）谈过，他说："对你们到边疆省份来一趟，我很欢迎。"接着他看报载德国于9月1日对波兰边境全线开始敌对行为，便问道："欧洲战火已经燃烧起来了，你看对中国有何影响？"我说：当然于中国有利，因为中日战争原来就是世界大战的序幕，非经过世界大战，中日战争不能结束；非通过战后国际会议，中日问题不能解决，战局愈扩大，发动愈早，我认为对中国抗战前途愈有好处。他很同意我的看法，并给我介绍了青海人民的生活习惯。我们于9月8日离开兰州赴西宁。西宁原为甘肃的府城，1929年青海建省时划为青海的省会。沿途由于汽车时生故障，我们于9月11日才到西宁。

马步芳是青海省政府主席，对青海人民一直以封建式的家长自居。关于他在政治上的措施不是我们考虑的对象，因而在省政府为我们安排参观程序和考察路线时，各教授都说青海四分之三的面积属于游牧区域，其人民多系蒙古、藏少数民族，生产方式、生活习惯与内地大有不同，为了有所创获，应该多花一些时间，充分进行调查研究。于是决定分为两组：一组是周昌云、常英瑜、吴信德，其路线拟由湟源经都兰穿过柴达木盆地达敦煌，由敦煌返兰州；一组是余立基、夏受虞、董涵荣、黄志尚，我也参加在这一组，其路线是，先赴大通、互助、门源、八宝等县，仍返西宁，再由西宁赴共和、贵德、化隆、循化等县，取道临夏（原名河洲，因其地临大夏河，故改今名，系甘肃第五区行政督察专员驻地）返兰州。预计两组途次日程均需三旬左右。时间有限，宁夏之行，只好俟诸异日。决定之后，9月19日就分途出发，于10月13日在兰州集合回西安，所有考察所得，各教授在科学技术方面集体作了一份详细报告，然因天水行营1940年5月奉令撤销，故未能见诸实施。关于青海的一般情况，我曾印有《青海调查报告》，供留心西北人士参考。

我在西宁住了约10天，马步芳除在省政府召集有关方面向我们汇报情况外，有一天约我到他的别墅，很客气地问我对青海省政府有何意见。我说：这几天我们看到的都是省政中心工作，我感到都是脚踏实地地去做，尤其是对于壮丁训练，特别认真。我这句话引起他浓厚的兴趣。他说：白部长（指白崇禧）去年到青海来，对我谈广西训练壮丁的办法，我感到很适合于青海，就把它列为六大中心工作的首要，实行以后，没有受过训练的壮丁，不管走到什么地方，就由该地强迫施训。也因此，受训证在青海人民看来就是一种通行证，为了取得一纸证明，对受训都不敢回避。但在编组工作，与保甲有连带关系。青海游牧区域，人民逐水草而居，迁徙无常，这一点比较困难。我问：六大中心工作为什么不包括水利？他说，青海河流甚多，无水不能灌田，雨量亦不缺，水旱田并没有多大差别。接着他说，喇嘛在青海社会上占有特殊地位，凡人家有数子，必送一子入寺为喇嘛，甚或其家只留一人，余均送入寺院，但一切生活费用仍须由家中负担，死后还要把家中应分给他的资财收归寺有。近年因实行强迫教育，各寺喇嘛，其数锐减，有些寺活佛无法传授其衣钵，便向乡间强派喇嘛，如拉夫征兵者然。省府已下令禁止，可见教育之重要，我们把推广识字列为中心工作之一，就是为此。最后他说，地方情形，都很安定，就是都兰附近新来哈萨克族约三四万人，该族原隶苏联边境，因为不服苏联教育改造，被苏联用武力驱逐，经过新疆，盛世才又不相容，现全部来到青海，能否相安，不无顾虑，此事我已向中央报告矣。这是他和我谈话最多的一次。

西宁附近的塔尔寺，为黄教鼻祖宗喀巴诞生的地方，也是到青海做客必游的名胜。有一天省政府秘书长陈耀堂陪我们去参观，导游喇嘛告诉我们说，塔尔寺本名十万佛身寺，因宗喀巴大师圆寂后，其出生时埋藏胞衣的地方生成旃檀树，树叶显有十万佛身，故以为名。我问旃檀树现在还有没有，他领我们到大殿参观，宗喀巴像后一塔最高最大。他说宗喀巴大师出生的胞衣就埋在这个地方，后旃檀树年久凋残，乃建此塔以留纪念。一般以屋瓦系金色，故名金瓦寺。该寺住有喇嘛3000余人，规模之大，西安各佛寺无可伦比。在寺内看到班禅生前所乘的马车，忽然触动我一种感想，自民初以来，在西藏问题上达赖外倾，班禅内向，1924年冬班禅入京，路过西安，曾在西安八仙庵停过一个时期，那时我任陕西教育厅厅长。联欢会上，法令场中，曾经有过殊胜因缘。班禅住京数年，回藏途中，在玉树圆寂，法体送至西康，供于甘孜，其生前所用器物则保存于塔尔寺。当时护送班禅回藏的专使是赵守钰（友琴），他宣慰西藏回来，在西安见我，谈及亦有同感。

我还记得到互助县时县长说，互助有却藏寺，为章嘉活佛的专刹。近年活佛驻锡北京，很少回来。我又回忆在1936年9月初，章嘉活佛在蒙藏委员会副委员长赵丕廉陪同下到九华山巡礼，九华山在安徽青阳县，那时我任安徽民政厅长，代表安徽省政府前往招待，在山盘桓多日，形迹颇不隔膜，到处拍照，兴致甚浓，临别他用黄缎亲书"功德在民"四字赠我留念。因此，我听到却藏寺时瞻鸟及屋，就像有不同的感觉。

我这次到青海，西宁各界人士的谈话和我自己到外县同人民群众的接触，使我对经济发展史上所描述的畜牧社会的生产方式和游牧民族的生活情况获得了感性认识，对我来说，这是一个很大的收获。但是长途患痢疾，健康大受影响，主要是消化不良，头脑昏晕，连纪念周都不能参加，因为站立的时间稍久，就会昏倒在地，后来端坐也有时发晕，往往在顷刻之间不省人事，稍缓才能恢复知觉。医生说是慢性肠炎，很难医治。经怀仁医院吴霁棠院长负责治疗，一直到1940年冬天才开始好转。就在这个时候，有一天杜斌丞忽来"莘村"，手里拿着王复初的一封电报，内容是第五战区司令长官李宗仁要成立经济游击指挥处，处长由李自兼任，斌丞为副处长。斌丞力劝我去，我也愿去，但顾虑我的身体不能胜任，因而迟疑。次日拟了一电婉词推托，请斌丞代发，斌丞见到我说："你来得正好，刚才老河口来电话，说经济游击指挥处亟待成立，立候应允，我看你还是勉为一行吧，我替你复电报好了。"从此我的心理上经常交织着两种不同的矛盾思想，时而想到我的身体，医生坚决不让操劳，时而又想到抗战建国人人有责，遇事不能为国宣勤，未免有负期许。推延多日，卒以足部浮肿不耐远行而罢。曹志麟原来相约一道前往，我行不果，他就先走一步，我的情况由他代达。未几，李宗仁和他的参谋长王鸿韶复电嘱我静养，并说经济游击指挥处已决定暂缓成立，俟我病愈到郏后再议。后来王鸿韶到西安，说抗战三年，物资供应日感缺乏，军事第一已转变为经济第一，各战区均有经济委员会，操奇运用，藉资补助，所以要成立经济游击指挥处，为的是向敌抢购物资。我未去，第五战区经济游击指挥处也未成立。

（四）

1941年8月陕西省政府又改组，熊斌任主席，秘书长是辜仁发（达岸），民政厅长彭昭贤，财政厅厅长周介春，建设厅厅长凌勉之，教育厅厅长王捷三连任，还有五个委员分别是李志刚、马凌甫、刘楚才、刘治洲（定五）、张西威（警伯）。当时省政府设有垦务委员会，主任委员一人，由主席兼任，民、财、建三厅长为当然的委员，还有委员数人由主席聘任。在省政府委员分工的时候，熊斌就给了我一张垦务委员的聘书，并指定我负责处理会务。垦荒在陕西当时是一种政治运动，自抗战军兴，冀、鲁、晋、豫诸省相继沦陷、满目流亡，麇集西安。尤其在黄河决口以后，黄泛区灾民更像潮水冲开闸门，蜂拥而至，据当时官方统计，为数约100000左右，实际绝不止此。为了安辑流亡，陕西在抗战开始便将就地开垦荒地以扩大农村耕地面积视为重要问题之一。从1937年冬筹设黄龙山垦区以来，先后划定的垦区还有关中北边的马栏、汉南的黎坪以及关中西部的渭山、太白山麓这四个垦区,全部荒地,据初步统计,约有500万亩。还有非正式垦区,如扶眉垦区、泾阳嵯峨山垦区、陇县杜阳垦区及各县未划垦区的零散荒地,合计约在200万亩以上,若能全部施垦,不但难民得到安置,且可奠定后方建国的经济基础。因此,在1940年的行政计划里又把垦荒运动列为专案并制定各县发动民力开垦荒地暂行办法。办法对清查荒地、处理产权、分配收益等都作了详细规定,其目的在于使各县大规模发动民力,增产粮食。除机关、团体、学校、保安团队等动员人数及垦地亩数依可能范围另行规定外,凡荒地多、人口稠的县份须动员5000人,少者亦须动员2000人,按照规定亩数分配荒地,组织垦荒队,用合作方式进行开垦,寄养难民就地参加。后因黄龙山垦区收归国营,黎坪垦区亦由中央派员筹办,渭山垦区划为省营,各县所垦的荒地便称民营。但不管国营也罢,省营也罢,民营也罢,农村因征发频繁,熟地辍耕所在多有,垦荒成绩并不甚大,且在当时社会制度之下,资产阶级思想影响到各个阶层,土地占有与土地利用也存在着矛盾的因素,非耕者有其田不能提高农民的劳动积极性,非通力合作、集体经营不能合理地发挥土地的生产潜力。于是垦荒运动中本着有力出力、有钱出钱的原则,就出现了各种不同类型的生产组织,有由资产阶级承领荒地配合农民耕种自己经营管理的;有用股份组织,结合难民作集体经营的。前在西北军盘踞陕西时做过西安市市长的杨斌甫承垦渭河夹心滩,陕西各界救济豫灾筹募会发起沂山垦殖畜牧合作社,渭山合作社的理事是王守信,我被推为监事主席。胡宗南看到垦荒运动关系军糈民食,也组织了一个官兵生产委员会,内分理事、监事、设计三部,理事三人以陶峙岳(岷毓)、李延年及某师长任之,负责办事。据陶峙岳说,监事将在地方绅耆中聘任,拟议中的几个人有张凤翔(翔初)、宋联奎(菊坞)、李元鼎(子逸)等。设计部分拟在有关垦务机关中酌聘,在谈话中我意识到要聘我做设计委员,果然他就带着一张由胡宗南署名的聘书,但名义却是监事。其施垦区域先划定扶郿一带,渭山、渭滩都要成立办事处。但是陶峙岳只同我谈话两次,以后如何进行,我就不知道了。

在垦荒运动中省保安处在太白垦区里面划定虢川为施垦区,省政府为加强领导,于1942年成立了一个垦区指导委员会,熊斌又指定我为委员,让我负责主持会务。10月间我就到垦区视察一次,熊斌同我一道前往,还有王捷三、刘治洲同行,我们是在郿县车站下车,先到郿县县城,视察各机关。县长是高应笃(紫星),他陪我们就近到汤峪参观正在修建中的温泉——凤凰泉,泉水出自太白山缝里,从地下岩浆中分离出来,受到地心热力的影响,温度极高,水内含有多量硫黄等矿物质,可用于治疗医学上认为难以治好的疥疮类的皮肤病和风湿性的病症,这就是温泉被人重视的原因之一。一般说凤凰泉的水比临潼华清池的水温度还要高,温度愈高,疗效愈大,因此群众赞美它称为神泉。这里自然风景很优美,山峦互峙,曲水长流,"凤凰神泽"就被列为郿县八景之一。我们在此盘桓半日,晚宿齐家寨梅惠渠办事处,次日到斜峪口参观水利工程后,熊斌等一行回省。我同王捷二在保安处垦区人员的陪同下由此进山,行30余里至鹦哥嘴宿焉,是为入山第一站。此处东、南、西三面有六嘴拱向,有名此为六个嘴者,"六个"与"鹦哥"音似相近,故转变如此。次早启行,15里至关爷岭,南北川道俱已在目。再行15里至灵丹庙,此亦名桃川,有小学校一所。再行15里至五里坡,乃秦岭之脊,峰不甚高,分水作南北流,北流者出斜峪口入渭,南流者由汉中入江。垦区拟在此办一中学,名曰两川中学。因为由此北望为桃川,南眺则为虢川,就是保安处所划的施垦区域。再行15里至唐口,就到了垦区,我们住宿于距唐口15里之拐里镇。次日参观所垦田亩,走了"经济""亲爱""精诚"三个山庄,官兵们都是按照编制划分地段,以大兵团作战的方式,有领导、有计划、有组织地进行集体劳动。看到我们来了,官兵们都高兴得了不得,把他们生产的东西像表功一样拿出来作献礼,并要求我为他们讲话,又共同合照了很多相片,还导游我们到嘴头游览。此地山明水秀,有类江南,正在修建一所小学,规模相当宏大,以其地属终南乡,名曰终南乡小学。我同捷三私议,不若名为太白小学,较为适宜。在垦区视察了一天,仍循原路而回,到了齐家寨农业中学,校长孙元集和该校师生举行了一次欢迎会,要求我们把垦区调查研究的所得提供给他们以充实学习的内容。我就把垦区集体生产和官兵生活的情况向他们做了一次汇报,并动员师生们经常同垦区进行联系,求得理论和实际相结合,从感性认识中提高理性的认识。齐家寨的太白学社(剧场)还为我们演了一次戏,演员都是保安团队的官兵,演出的剧目很精彩,艺术也很高。因为我们往返都住在梅惠渠办事处,所以不但参观了那里的水利工程,还参观了沿渠利用水力建设起来的很多工厂。我能忆及的有阜新纱厂、华新纱厂、济生纸厂、大丰米厂、秦兴面粉厂,规模均不大,但在经济落后的地区,尤其是抗战的后方,是值得保护和奖励的。

(五)

到1942年,抗战已经过五年的时间,物资供应紧张,法币数额膨胀,物价犹如脱缰之马狂涨不已,人民生活动荡不宁,都盼望政府有一定办法,为之平抑。陕西省政府为适应人民的要求,于1月间成立物资管制委员会,主任委员一人,由熊斌兼任;副主任委员二人,一为谷正鼎,一为凌勉之。不久又改常委制,把副主任委员取消,改设常务委员五人,除谷正鼎、凌勉之改为常委外,加派张迺威、马凌甫、李志刚为常委,并指定张迺威驻会,马凌甫为日用品管制组组长。由于国家财经大权都掌握在四大家族手里,金融机关、公司商行都由官僚资本操纵把持,他们投机倒把,不务正业,省政府任何措施均不起什么作用,而好的办法也想不出来,只有设法便利运输,先把粮食、煤炭等物上市,对日用品拟先从调查入手,举办总登记,等到存货量与消费量正确明了之后,再用种种方法奖励货物的来源,并准备发行一种购物证,调节不合理的浪费。但这些舍本逐末的节支办法,根本不能解决当时存在的问题。

1941年在抗战过程中是变化最大的一年,6月30日德国发动攻苏,12月7日日本偷袭珍珠港,接着香港沦陷,腊戍被侵,滇缅公路封闭,外货输入之路堵塞,沿海及内地工业城市大部沦陷,工业品来源益感枯竭,农产品亦因征发频繁,壮丁不时服役,牲口长时供差,土地单位面积产量因耕作失时减产甚巨。货物在供给方面有减而无增,而需要方面,反以法币滥发,购买力不断增强,物价继续增高。存货物的不肯轻售,持法币的急于易成货物,而官僚资本又不依照国家经济政策投资于生产事业,一味经营囤积,以助其气焰。在商品生产的社会制度之下,全部国民经济都受着价值规律的支配,物价不稳定,人们生活就会受到莫大的影响。为了平抑物价,我在省政府会议上曾提过三项办法:

（一）银行缩小商业贷款，已贷出者限期收回，对工农借款特别予以便利。

（二）由公家多办示范工厂，鼓励私人集资经营；对农村副业，凡各地物质环境所宜、人民生活所需的，普遍促其发展。其与生活无关纯以营利为目的之经济机构一律取消。

（三）在农业方面应增强合作组织力量，宽筹农贷资金，推广垦务计划，并充实农业改进机构，多设农业辅导机关，尽力推动。

各委员审查后认为原则上很对，但最重要的是（一）项，省政府的职权，只能达到省银行，实行起来效果不大，且有困难。当时政府列于物价的措施，一是限价，一是查禁囤积。为了贯彻执行限价政策，尚成立所谓限政会议，以沈鸿列为秘书长，1943年8月他来西安，曾在省政府举行过一次陕、甘、宁、青、晋、豫、绥七省限政会议，我也参加了，内容就是把市面流通的货物，按照公平合理的原则，公定价格，悬牌标明，交易时不得私行更改，自由变动。这个政策一直实行到胜利以后，效果如何，两个字的答复是"破产"。限政一开始，市场便出现了确行无市的现象，问价则有，问货则无，货物都藏到防空洞里，按照漫无限制的黑市进行交易。市价限得越低，黑市涨得越高，相习日久，限价与黑市在市场上形成了并行不悖的双轨，和平共进，商家都写着两本账，一是真的营业，一是为备检查，这就是限政的成绩。

至于查禁囤积情形就更复杂了。囤积居奇，投机倒把，一向是官僚资本活动的园地，而国家政权又掌握在官僚资产阶级手里。政府查禁囤积，就是贼喊捉贼，官僚资本便利用自己的工厂或再挂些筹备工厂的招牌，藉购储原料作掩护，大事囤积货物。如官僚资本雍兴公司后方经营的事业，在蔡家坡的有蔡家坡纱厂、铁工厂、酒精厂，在益门镇的有益门酒精厂，在咸阳的有咸阳纺织厂、制革厂、印刷所，在虢镇的有虢镇业精纱厂，在兰州的有兰州面粉厂、铁工厂，这是我所知道的。他们都是以囤积居奇为本业，挂的是羊头，卖的是狗肉。有一次雍兴公司在中国银行透支了2亿元在市上垄断货物，大大激起商民的反感，原来雍兴公司和中国银行就是母子关系，雍兴公司经理束云章也就是中国银行的总经理，他是投机倒把的能手，因而就成了出色的人物。

我知道的还有第二战区经济委员会，在1942年该会结束时，原办各厂及其他投资事业奉行政院命令移交财政、经济两部。陕西省政府派我代表行政院监交。因此我对该会了解得比较清楚。主任委员是罗厚庵，副主任委员是黄胪初，原分四个组，除第四组早就结束外，现存三个组，应交代的有5个厂1个公司，3个厂由经济部接收，公司由财政部接收。这3个厂是：（一）毛织实验厂，在西安。（二）轻油提炼实验厂，在宝鸡，二厂系该会自办。（三）耀县钢铁厂，系该会投资。此外有西北印刷公司，在西安。我在监交时参观各厂，规模均不大，毛织实验厂只有纺机4部，织机数10部，主要经营囤积居奇，走着官僚资本主义的道路。

在查禁囤积的这幕活剧中，市场货物的流通无形中分着三道沟渠，官僚资本和后迁工厂的民族资本都是用工业掩护商业，缉私机关查禁人员对于它们积存的货物，就很难过问。资力小还有些非商人，则另有一种掩耳盗铃的办法。我住在东关，东关的南大街就是行店集中的区域，它不但代客经营买卖，还代客保存货物。行店存货有在抗战开始时就关进库房的，中间不知换了多少主人，这宗货仍然原封未动，因为它的主人今日是甲、明日是乙，天天都在流通，囤积的帽子就扣不到它的头上。

查禁囤积的矛头指向就是私人的商业资本。当时在西安发生了轰动一时的通诚晋案，为省政府带来了很大的麻烦。此案在缉私处初发觉时，相传囤货值2000万元以上，舆论愤激，不但认为存货应全部收没，商人还应从重治罪。恃论稍涉平稳，即疑其受贿而成为众矢之的。后来缉私处移交此案于省府时，只有4700匹布有囤积居奇嫌疑，余均照章放行矣。省府以事关重大，先交建设厅拟具办法，建设厅按照现行规章，拟将货物变价，并提出处理原则，均其平允，秘书处则于办法之上加了一个签呈，说货非一人所有，关系多数商民利害，应从宽处理，但没有法令根据，省府就按建设厅所拟办法处理，通诚晋不服，诉愿于主管官署。同时省政府接了一封公开信，信中对通诚晋代鸣不平，原信略谓。中国系农业国家，工业处于落后状态，在抗战初期本有在敌后抢购物资的可能，而政府严厉查禁仇货，一般商人对仇货不敢问津。后来感到物资枯窘，复奖励人民向敌后作经济游击，商人策动游资，冒着炮火的危险通过敌我双方阵线，无谓之损失不知超过物价若干倍，幸而辗转运至后方，物资管制机构时而检查时而没收时而处罚，反使一般商民感觉国家各种管制政策，有类猎人之设陷阱、渔人之布网罟云云。未儿通诚晋诉愿得到主管官署的平反。省政府亦于1944年1月奉行政院电着收已处分之货物变价，于一星期内发还原商，否则定予议处，通诚晋案就这样虎头蛇尾地告了结束。

在物资管制工作中最难处理的是物价与工业的矛盾。照理论讲，物价的高涨可以刺激生产、发展工业，但这要有一定的限度，超过限度，就会摧毁生产，窒息工业，目前物价上涨的速度是飞跃式的，完全超过了经济的常轨，这种性质的涨价，对任何生产事业都是有百害而无一利。就实际情况来看，原料涨价往往较成品为速而差额也较大。工业界每当一次再生产之际便感到资金之不足，原因是把成品销售出去，所收回的货币尚不足以买回相当于成品数量的原料，生产一次就要亏本一次，欲维持单纯再生产已不可得，遑言其他。面粉公司经常同省政府所纠缠的就是这个问题。西安面粉公司只有3家：（一）华峰公司，是河南的官僚资本，经理是祝伯柔；（二）成丰公司，是由济南迁来的，经理是于乐初；（三）和合公司，是河南同乡集资经营，经理是毛虞岑。此外，还有豫资创办的象峰公司，厂址在渭南。省政府对此4家公司同样看待，故称西安四公司，合计每月产量不过18万袋，西安全市有6万多户，根本供不应求。而公司每月要磨军粉15万袋（至少要磨12万袋），还要磨特工粉15万袋，因而就没有时间来磨商粉。为了照顾一般市民的生活，省政府要求4家公司要磨一部分商粉向市民出售，面价由公家规定。因此在面价问题上，省府同公司经常摆事实、讲道理，以求得公平合理，使问题得到解决。但是很困难的是麦价有涨无落，面价也不能固定不动。于是便协定了一个原则：麦价涨，面价则作相应的调整，决不让机粉的价格低于磨房的面价，这本来是很合理的，但行之未久，公司又提出要求，面价以麦价为标准是合理的，但现在的麦价经常涨在面价的前面，拿原来一袋面的价来买麦，决不能够再磨出一袋面来，公司磨一次面就赔一次本，长此下去，必致破产。有一次公司代表黄自芳还带着开玩笑的口吻对我说：你是经济学家，经济学上不是说商品的生产不决定于原生产费而决定于再生产费，因而商品的价值，不是以原生产费为准，而是以再生产费为衡。我说原生产费在成品生产以前是确定了的，是可以计算的；再生产费在成品生产以前不能预知，以未知数作计算的标准，是不可想象的事。于是公司因磨面吃亏，就用大量资本购麦，暗中出售，完全走上了囤积居奇的道路。每月除代磨军粉取得相当的工缴费外，经常借口修理机件、洗涮锅炉，或故意制造种种事故，减少开工时间，因而面粉日益不足以供应社会的需要。为了避免市场抢购的混乱，便发出一种购粉证，由保甲按户轮流配给，无证不能买，又要常涨价，市民生活遂形成粉证难得、粉价过高的双重困难。

（六）

陕西是产粮的省份，也是出棉的地区。农民每年除负担征实、征购以外，还为各战区代购军麦，发价与市价相差甚巨。我记得1944年2月间一次就代第五战区购军麦148000包，代第八战区购军麦28000包，每包200斤，发价1000元，分配各县摊购，按目前市价，每包须赔价1600元，只此一端，人民的痛苦便可以想见。至于棉花，自1941年起，政府实行花纱布统制政策以后，棉花由物资局统一收购，纱布只给厂商以20%的加工费，原料由公家供给。抗战期间，西北只有新式纱厂两家，除由敌占区后迁的申新公司在宝鸡，官僚资本雍兴公司的纱厂在蔡家坡、虢镇外，在西安只有大华纱厂一家，它在1936年就开了工，装有纱机12000锭，布机320台，由于棉价通常较沪、汉低3~4元，布价每匹高1元左右，获利甚大。1987年又向日本订购纱机13000锭，布机500台，抗战开始时，已投入生产。1939年10月某日敌机轰炸西安，烧毁工厂存棉8万余担，机器亦被烧，工厂停工数日，方才修好。又因电扇走火，布厂全部被焚，直接和间接损失甚大。经理石凤翔、湖北孝感人，曾在日本京都高等工艺学校习染织，他在大华对于培养技术干部、提高生产技术、改进生产设备等都有相当贡献，后因其女石静仪与蒋纬国结婚，石与蒋有了姻戚关系，亦多社会活动，中华人民共和国成立前夕石去了台湾。

陕西自泾惠、渭惠各渠开成后，产棉地亩日益增多，泾阳、三原、富平、高陵四县，差不多家家存棉，西北纱厂无多，棉花多由宝鸡运川销售。自花纱布统制政策实施以来，棉花由物资局统一征购，棉价也归物资局掌握。1942年物资局拟订陕棉征购价格，凡存量在50市担以上者，每担按520元征购，但是产棉成本据中央大学农学院调查，每担为1150元，陕西农业调查所调查所得为1650元，依此计算，征购一担棉花要赔本千元以上，陕西农民是靠种棉麦维持生活的。于是出身农村的知识分子，在资产阶级思想的影响下，主张集合渭北产棉之家，以合作方式集资自办纱厂，当时在西安曾发动过棉农自办纱厂的群众运动，为了扩大宣传，各报还登载出《劝棉区农民集资自办纱厂书》。据调查，当时美国12500锭纱机，全部共价28万美金，先交十分之一，即2.8万美金，按外汇折合法币7840万元，再加户头费700万元，即可订购。正在积极进行之际，日本无条件投降，经济界又起了翻天覆地的新风浪，这一运动也就在无形中停顿了。但当时所发表的《劝棉区农民集资自办纱厂书》为这一运动的主要文献，兹录于下，藉供参考。

劝棉区农民集资自办纱厂书

抗战八年，消耗物资，难于数计。负担以农村为最重，输将以农家为最多，而其所感之痛苦，亦以农民为最深。迩者欧洲战事，宣告结束，盟军全力行将集结于远东，最后胜利近在眉睫，举国人士，咸注目于战后经济之建设。陕西僻处西北，利源未启，而厥土黄壤，田惟上上，沃野千里，号称天府噢区，男耕女织，向为秦民基本生业。海通以还，帝国主义挟其机制货物，廉价倾销，我国受不平等条约之束缚，关税不能自主，外货遂充斥于通商大埠，渐侵及于城乡市镇。不但新式机械工业无法提倡，农村亦伤谷贱，濒于破产，家庭女工纺织，且受舶来布匹之压迫而摧残以尽。抗战军兴，海疆沦陷，外货输入之路塞。物价遂以供不应求，兼受法币膨胀之影响，增高继长，莫可记极。乘此非常时期，正可发展各种产业，为战后树立经济独立之基础。乃连年以来，社会游资，大都流入于囤积居奇，而用之于坐产事业者，至微且细。大规模之新式企业，未见萌芽，所恃以支持军需民用者，仅有资力薄弱设备简陋之小型工艺作业场，此在封锁期间，不受外货竞争，尚可勉强图存，一旦战事结束，国际贸易恢复自由，物美价廉之舶来品，源源流入，此等无力竞赛之弱小经营，万难存在。我之广大市场，恐仍沦为外商排泄剩余货物之尾闾，国内贤达，对此多已虑之深而筹之熟矣。此次国民党六全大会，通过工业建设纲领实施原则，谓：“工业建设，在发展工业经济，建立自力更生之基础，实行民生主义之政策，完成国防民生之合一”。又谓"应辅导鼓励人民之资本，在国家整个计划之下，参加工业建设工作"。夫所谓国家整个计划者，即就各种生产事业，区分为国防民生两部门，凡与国家生存有关之重工业，由国家直接经营，而关于民生问题之工业建设，完全鼓励人民自动投资，此已明示国民参加工业建设之途径。陕西出产棉麦，乃民生衣食之源，面粉纺织，均宜设厂。而渭北产棉区域，尤适合于纺织工业发展之条件。盖任何工业之发展，其必备之条件为：(1)原料，(2)动力，(3)市场，(4)资本，(5)劳工。故工厂地址之抉择，必选原料出产地与燃料附近区。陕西棉产，质美量丰，在世界棉花市场向占重要地位。自泾渭开渠，泾阳、富平、三原、高陵等县，多为灌溉之所及。比年政府提倡棉花增产，棉田面积已由130万亩增至300万亩，棉产已由30万担增至50万担，有此大量产额，原料之供给无虑矣。同官（今铜川）、耀县之煤，近在咫尺，各渠水力，亦可利用，动力自不成问题。至工厂所出之布匹，有西北广大市场可供推销，盖甘肃、青海向不产布，所需全仰沿海城市远道转输陕棉成布运销西北，距离近而又有陇海铁路、西兰公路贯穿于其间，运费省而成本轻，外来布匹自不能与之相角逐。惟创办伊始，集资方法与劳工来源，首先应予特别注意，依工业经济之原则，工厂规模愈大，出品成本愈轻，筹办新式纱厂，规划当力求宏大，值兹物价高涨之时，建厂购机，动需巨款，此在豪商大贾，厚资坐拥，长袖善舞，凑集非难。但资本若出少数富人之手，势必造成劳资阶级之对立，欧美先进国家垄断资本之专制，可为前车。为求适于民生主义之原则，惟有棉区农民，自行筹资，本互助合作之精神，建工业基础于农业之上，产棉之农家，即纱厂之股东，家庭妇女，田间余夫，均可进厂为工人，农工配合，劳资协调，冶原料资本劳动于一炉，据西北市场以自固，工商并进，大利归农。我本农业国家，农民占90%以上，利溥农村，国自富强。甚望我棉区同胞，在今秋收棉后，利用棉价高涨机会，用合作方式，组织起来，每户出棉不要多，而计值则为数不在少。趁此国家正在鼓励民营工业之际，急起迈进，为迎头赶上之计，一面择地建厂，一面请政府代买外汇，向友邦订购机器，群策群力，共成斯举。尤望乡邦硕彦，企业名宿，相与赞助，相与辅导，俾此利切民生之事业，早现厥成，国家民族，实利赖之。

（七）

1944年2月，陕西省政府又改组，这次改组是胡宗南主动，事前很少有人知道。省府会议时忽见报载22日行政院会议通过改组陕西省政府的议案。新任主席是祝绍周（芾南），民政厅厅长彭昭贤、建设厅厅长陈庆瑜均连任，财政厅厅长李崇年，教育厅厅长王友直，秘书长是林树恩，委员刘楚材、刘恺钟连任，新任委员有杨尔瑛、马师儒、刘谒如、孔令恂、张大同。大家都觉得很突然，熊斌说："这事前几天就有消息，我没有告诉大家，恐怕在工作上受到影响。"他还笑着说："蒋铭三任主席是二年零八个月，现在又整整二年零八个月了，这个期间，好像是陕西省政府一个任期。"新旧任是3月3日交替的，从此以后，陕西省政府就在胡宗南的支配下，进一步完全做了反人民的工具，祝绍周祸陕的罪恶，昭在人耳目，如果人们不是健忘的话，回忆一下，都可以想得起来的。

我离省府后，北洋工学院正在西安筹设分院，院长李书田（耕砚）在开学时聘我做专任教授。为时不久，胡宗南也送我一张第一战区长官部顾问的聘书。后来听说是少将待遇，每月还有相当报酬，因我没有向长官部报到，都被他的部下冒领去了。这时我的生活由于人口多，负担重，虽然教授除薪金外还有按月酌发的生活补助费，但对我来说，是不解决问题的。我记得有一个月发了生活补助费2万元，时面价已涨至2500元一袋，我家每月至少需面20袋，只此一项就要开支5万元，其他可想而知了。工商界友关心我的生活，曾协助我在莘庄搞了些家庭副业，结果都失败了。他们说，你是研究经济的，怎么连这些小经营都搞不成功？我说："割鸡焉用牛刀"这句话我现在体会到了。春节时因有所感，自撰一联云："生活日增高，老来常感两肩重；健康喜恢复，病去方觉一身轻"。这就是我当时的思想情况。

1945年8月15日，日本无条件投降，西安同各处一样，欢声动地，鞭炮声彻夜未息。但在全国庆祝胜利声中，西安工商界像天翻地覆一样起了一阵新的风暴，就是物价经过长期暴涨之后，于胜利突然降临的时候，由于心理上反常的冲动，引起了物价的暴跌。物价暴涨与物价暴跌沉重打击了工业企业，虽然形式不同，但在本质上对生产事业却构成一种钳形攻势。官僚资本和游资在物价暴涨时候，以囤积居奇夺去了工业生产的养分和阳光，在胜利时物价暴落的刺激之下，所有从前被囤积起来的大量货物轰然从洞里钻出来，像洪水泛滥似地一泻而出。在过去官僚资本和游资从正面打击了生产事业，胜利时对生产事业从反面打击得更为沉重，官僚资本对于物价的暴涨与暴落都起着杠杆的作用，其用来剥削人民的，就是法币。

国民党的法币政策，是一种封建掠夺性与买办掠夺性的货币制度，是深受着帝国主义操纵为统治阶级用来掠夺人民财富的工具。1935年11月国民党政府实行币制改革时，通货膨胀的迹象尚不甚显著，从法币改革到抗日战争前夕，发行额只增长了两倍，到抗日战争期间，法币发行额就迅速增加起来，如以1937年6月为基期，到1945年6月增发将及300倍，抗日战争胜利以后，国民党政府为了对内进行大规模的战争，就漫无限制地增发纸币，从1945年6月到1948年8月法币就增发了1500多倍。

大量发行的结果，法币急剧贬值，1948年8月法币购买力已跌为战前的0.0000002%，即千万分之二，币值的微小，已成为再行增发的障碍。为了进一步实行通货膨胀，国民党政府遂在这时发行金圆券，废弃了法币，法币300万元折合金圆券1元收回。金圆券到1949年5月已发行到697000亿元，如果和它最初的发行额比较，不到一年的时间就增长了24万倍。这就使金圆券又成了废纸。到国民党政府宣布用银圆收兑金圆券时，金圆券的币值已贬低为发行时价值的0.000000001%，即十万万分之一。从抗日战争到国民党统治崩溃的12年间，货币发行总共增加了1.768亿倍，而物价以上海为例，上涨到138842倍，严重的通货膨胀，促成了整个国民经济的崩溃。

1964年7月于南京

注：作者系马凌甫。

（选自《合阳文史资料》）

忆西安二三事

纪念"一二·九"

1936年8月，父亲领着我从县南门口高家车店雇了一辆马车去西安考初中。清晨出发，一路摇摇晃晃，经过路井、雷庄、两宜，夜宿朝邑以北20里的步昌。第二天从朝邑乘人力车（东洋车）于下午二时许到华阴庙火车站。

一路上的景物，对我这个没有出过远门的小学生来说格外新奇。我第一次见到火车，这庞然大物像条绿色长龙，风驰电掣般在铁轨上飞奔，大地为之震动。它那威武有力的一声吼叫，惊人心魂，山鸣谷应，声闻百里。那华山像个巨人，俯瞰着关中平原，奇峰峭壁，高耸云端。它一会儿隐在云雾之中，一会儿露出云外。朵朵白云从它的腰部游过。此情此景，使我感受到造物的伟大、壮美，更觉得自己的幼稚渺小。

经过一场紧张的考试，我被省立西安第一初级中学录取了，被编入秋二八级辛班。这是一所规模最大的初中，校址在早慈巷的举院。全部是男生，约有千余学生。当时在西安闲游了几天，第一次在西安东大街的一家电影院——西京电影院看了一场无声电影《荒江女侠》，随即入学报到上课。

12月9日这天，吃过早饭，全体学生在操场集合，纪念北平学生"一二·九"抗日救亡运动一周年，举行游行示威，宣传抗日救亡。学生手执写有"打倒日本帝国主义！""收复东三省，打回老家去！""反对华北自治，打倒汉奸卖国贼！""停止内战，一致抗日！"口号的小旗帜，队伍浩浩荡荡，穿出学校，通过桥梓口、西大街进入广济街，直向南院门涌去。一路上大家挥动着旗帜，高呼着口号，唱着抗日救亡歌曲，情绪极为高昂，汇合成沸腾的人潮。

南院门已是人山人海，口号声响彻市空，各色的传单漫天飞舞。东北大学、西安高中、西师、一中、二中、女师、女中、乐育、民立、民兴等大中学生汇成了人的海洋。"停止内战，要求抗日"，这是同学们一致的要求，这也是全国爱国人民大众的迫切愿望。同学们派出代表请愿，要求西北剿匪司令部张学良讲话，做出答复。学生们请愿的呼声越来越高，情绪越来越激昂。女学生们唱着《九一八》《打回老家去》等爱国战歌，动人心弦；雄壮的口号声像汹涌的怒涛，此伏彼起。一会儿，司令部出来一个副官模样的军人，他站在高凳上向群众挥了挥手，意思是要大家静下来。他说，张司令不在，去临潼谒见蒋委员长去了。学生们的意见很好，他会立即转告张司令，并请学生们回去安心上课。群众见答复不得要领，情绪更激愤了，便去省政府要省主席邵力子答话。这时竹笆市、北院门一带已布满了中央宪兵，持枪实弹，气势汹汹，如临大敌，监视着学生的行动。在省政府门前等了好久，才看见一个矮身材、没胡须、戴着一副深度近视眼镜的小老头儿出来讲话，这就是省主席邵力子。他拉着嘶哑的嗓子喊着，周围人声嘈杂，也听不清他讲了些什么，只听同学们一阵高喊——"不行！"接着就有人挥手喊道："到新城去见杨虎城！"一阵旋风似地，同学们向新城绥靖公署奔去。这时的游行队伍不像在南院门那时整齐了。太阳已渐西斜，午饭未吃，学生也有些累。正在这时，一位穿着灰色军装的军官从公署出来，站在条凳上向大家讲话。同学们顿时静了下来。那位军官是高大的身材，北方口音，语调温和而有热情。他边讲边做手势："大家要求抗日救国，精神可佩。杨主任也了解大家的心情。我们军人守土有责。杨主任回来，我即转达大家的意见，当不至使大家失望。"这位讲话的军官是李兴中，说罢便回署去了。

"杨虎城主任不见，大家说怎么办？"

"我们上临潼向蒋介石委员长请愿去！"一大群学生同声吼叫，迅即向东涌去。

如果说北平学生的"一二·九"抗日救亡运动吹起了全国人民抗日战斗的号角，那么西安学生的请愿游行可不可以说是打响了中华民族抗日解放的信号呢？

"双十二"西安事变

"叭叭叭……"密集的枪声划破西安城的夜空。

还没有打起床铃，阵阵激烈的枪声把正在酣梦中的学生惊醒。枪声还在慢一阵、紧一阵地响着。你看我，我看你，大家惊呆着，不知城里出了什么事。同学们有的坐在床上纳闷，有的到院子听动静。不多久，东方渐渐发白，枪声也随之稀疏了。太阳老高了，可是一中的校门还是紧关着。电话不通，内外消息完全断绝。第一节是李实之先生的算术课，他没有来，停上了。胆大的学生从墙缝看到巷道里不少士兵持枪迅跑，又看见人力车拉着伤兵疾奔。三个一堆，五个一摊，同学们议论开了：

"大概是东北军和西北军发生冲突了？！"

"可能是兵变吧？"

"说不定……"你一句，他一句，大家猜测着，可到底猜不透这个谜。

大约九点钟左右，枪声完全停息了。校门透了个缝，巷道戒严，有士兵把守，走读生不能来校，行人不得通行。直到吃早饭时，李实之先生才来了。同学们围着他问个不停。从李先生口中，同学们才知道昨夜张学良和杨虎城消灭了驻西安的中央宪兵团和警察局等蒋介石势力，并把蒋介石在临潼扣住了。邵元冲等中央要人被打死在西京招待所里。听了以上的消息，人人莫不惊讶，万想不到会发生这么严重的事。西安人心惶惶，谣诼纷纷，预感一场大祸即将发生。

"这回蒋介石一定不得活了，非枪毙不可！"

"他一定得答应抗日。"又一个同学接着说。

坐在墙角的一位西安同学，眼睛里射出惶惑的神情，说道："这下南京一定要出兵讨伐了，少不了一场大战！"说着，他以询问的目光望着周围的几个同学。

你一言、他一语，议论纷纷，大家都在注视着时局的发展变化。

13日晨，由远而近，天空传来沉重的隆隆声。仰望高空，先是一些小黑点，由东向西渐渐移动。随着声音的增大，这些小黑点变成了一架一架的飞机。

仰望着万里晴空，西安那位同学嚷道："看，那一定是中央的飞机，怕要轰炸西安啦！"

站在旁边，戴着高度近视眼镜的一位宝鸡同学以疑虑的口气说："蒋介石现在西安，想来南京是不敢轰炸的，将委员长炸死了那还了得！"可是听到"蒋委员长"四个字，周围的同学都没立正，而是都伸着脖子看飞机。

飞机飞近了，气氛顿时紧张起来，大家乱哄哄地叫着："看！为首3架，银白色……"

"咦，还有呢，12架，21架……"

另一个同学下意识地还扳着手指数，等飞机全过去了，他高声嚷着："总共30架！"说着，还把三个手指伸得那么高。

14日，虽说解严了，可是通街要道仍有东北军、西北军把守，盘查行人。城门紧关老百姓不得出入，城内人心惶惶不安、粮食发生恐慌，又怕西安被炸，学校也停了课。街道两旁张贴着各式的标语传单："打倒蒋介石！""立即北上抗日，停止内战！""实行张、杨抗日救亡的八大主张！"还有画着蒋介石披斗篷和宋美龄在庐山游山玩景逍遥自在，对日投降让步节节退却的讽刺画。围观的群众谈笑着、议论着，政治气氛显得格外活跃。

时局像夏天的云斯须多变：潼关失守，中央军进关；赤水桥被炸毁，东北军和中央军在渭南一带接了火。人心浮动，形势险恶，有的说临潼捉蒋打死了蒋孝光，战斗如何激烈。蒋介石吓得屁滚尿流，光着脚板逃命。捉他时，他躲在山石后只是发抖，哀求饶命，一副丑相，令人作呕。有的说南京何应钦急于进兵，别有用心。有的说冯钦哉倒戈，张、杨骑虎难下。竟还说红军已经进了西安城。真是流言遍地跑，谣传满天飞。在这时候，我也来不及去学校收拾书物，便从草滩过河，经三原、蒲城回家，离开了危岌的西安。

西安事变，震撼着全中国，震撼着全世界。是分裂，还是团结？是抗战，还是投降？是黑暗，还是光明？亿万群众关心着中华民族未来的命运。

送杨虎城出陕

东北军一个军长王以哲被枪杀了。

宋美龄、宋子文和英籍顾问端纳飞到西安。

中共代表抵达西安。

蒋介石答应了张、杨的停止内战、一致对外的要求。

《西安蒙难记》在西安大量发行，它是当时最热门的畅销书。可是这本书里所描绘的与社会上的传闻大相径庭。如果说传闻里的蒋介石像条小泥鳅，那么这本书里的蒋介石便是一尊金面佛了。他临危不惧，从容不迫，道貌岸然，义正词严。尽管黑夜逾墙逃命，蜷伏在山石后面发抖，却能厉声斥谕追捕的士兵不得放肆无礼。看了《西安蒙难记》之后，人们不禁要问：夜黑风高，寒气袭人，既然领袖威武尊严，泰然自若，那他正襟危坐房中不好吗？何以要溜之大吉呢？想到这许多地方，我们不得不对这本《西安蒙难记》的作者的无耻吹捧骗人的高超技术跷起大拇指。

传说、报纸、传单、号外像雪片似的在西安市漫天飞舞，扑朔迷离，弄得人眼花缭乱。一天，报上登出这么一则头版惊人消息：

"张学良陪同蒋委员长飞回南京。"

啊，蒋介石回南京了，人们恍如做了一场噩梦。前景如何，在人们心头已蒙上一团阴影。

西安事变和平解决，蒋介石回到南京，社会上一切照旧，学校照常上课。我回到了学校，我心想，兵荒马乱，说不定书物都丢失了。急忙走到宿舍，近窗破纸一看，衣服、文具、书籍仍是原样，不同的只是上面盖上了一层尘土。再一看，不知谁已将宿舍门上了锁，我们宿舍住四个人，上课出外，从来不锁门，可也没有遗失过东西，再仔细一看，啊！被褥不见了，正疑虑间，忽见门房老工人杨春走了过来，互道寒暄后，略谈了相别一月之久的学校情况，才知道被褥是他老人家替我们保管在一间大房子里。我取得被褥后，对杨师傅道了谢，并深为他爱校负责的高贵品质所感动。

早操后，吃过早点，响起一阵急促的铃声，接着是童子军教练尖锐的哨音，连喊操场紧急集合。站好队伍后，训育处一位职员宣布，马上去西关飞机场，欢送杨虎城主任去南京。浩浩荡荡，长长的队伍出了学校后门，经过玉祥门，直向机场走去。

机场跑道上停着一架欧亚航空公司的银灰色客机。机场上人来人往，脚步匆忙，神情紧张。跑道南边，西北军早已到达，排着整齐的队伍。各校学生、机关公务人员代表站在军队的另一边。说是欢送，但从各人脸上并看不出什么欢意，反倒充满了哀伤，沉闷的空气笼罩着一切，应该说是告别才恰当些。小卧车、马车接连而来，从里面走出许多高级官员和大绅。有穿长袍马褂留着八字胡子的，有穿西服洋装的，有穿着戎装挎着佩剑的，真是群僚毕至，送友如云了。可这些人大都神情抑郁，沉闷不乐，只有几个穿洋服的中央人员谈笑风生，来回忙个不停。

两辆黑色小卧车疾驶而来，在候机室前的小坪上停住了。为首的一辆上走出一位穿灰色中山装戴巴拿马帽的人，这就是杨虎城将军。他刚一下车，众官员都拥了上去和他握手话别，嘴里不住地说些什么。之后，是检阅他的部队。可以看见，有许多军官和士兵红润着眼眶向杨主任行举手礼，像要哭出来的样子。杨主任频频点头，招手答礼。狂风卷起一阵阵黄尘，日光惨淡，风声呜咽，此情此景，有说不出的一种滋味，有似"易水送别"的一幅画面。

轰隆隆，飞机发动起来，舱门打开。杨将军和几个穿洋服的走进机舱，杨将军在窗口不住地向欢送的群众挥着帽子示意。机头猛地一声吼叫，尾部掀起一股黄尘，飞机起飞了。它在机场低空盘旋了一周，群众还可以看见杨将军向群众不住招手。机身一转直向东飞去。机场上人们停立眺望，只见那飞机渐高、渐远、变成一个小黑点，忽一下，这个小黑点儿钻入云层便消失了。

1985年3月21日

注：本文作者系雷烽。

（选自《合阳文史资料》）

回忆合阳民先队地方区队的战斗历程

　　日本帝国主义侵略中国的历史事实，从清末延续到民国，中华民族蒙受了奇耻大辱。1937年7月7日，卢沟桥的炮声振奋了全国人心，"是可忍，孰不可忍"！爱国人民奔走相告，一致要求全面抗战。接着平、津沦陷，日本大举进攻，山西全境成为沦陷区。与山西一河之隔的合阳，由于八路军东渡黄河抗日途经合阳造成的声势，由于进步民主人士苏资琛任县长，一七七师驻防合阳，更有"大众书社"经销进步报刊和抗战读物，传播党的抗日主张政策，因之，全县人心沸腾，抗战情绪空前高涨，轰轰烈烈的抗日烈火在合阳燃烧起来了！就在此强敌入侵、民族危难之时，西师、西高、女师、二中的抗日救亡宣传队来合阳，驻合阳中学，他们讲述西安事变的伟大意义，弘扬八大主张，宣传"一·二九"和"一二·一六"青年运动的英勇事迹。与此同时，还介绍杨秀峰、雷新绪、张增盈、王炎堂、宋玉宗、姚佑学等人加入民先队。负责人杨秀峰和雷新绪。由此建立了合阳中学民先队，时间是1937年初冬（除姚外其他5人均是党员）。这年寒假，合中民先队代表雷新绪去西安参加民先队会议。会址：西师。主持人：冯文彬、胡乔木、李昌。学习抗日宣传的内容和形式：观看丁玲剧团演出节目，参加西师、西高、二中演出晚会。这次学习为合中民先队抗日宣传增加了新内容、新形式。

　　国民党军战场一溃千里，大片河山沦陷敌手。日寇疯狂进攻，风陵渡丧失。地处黄河西岸的合阳就成了国防前线。1937年年底，胡宗南于西太乙宫召开高级将领开会，决定日寇如西进，即弃黄河天险，以渭南为第一线，秦岭为第二线。阴谋是放弃关中，让日寇直接威逼我陕北革命圣地。党组织在此紧急关头决定：日寇如过黄河，我在西方一带展开游击战争，保卫延安。合阳地位更为重要。这时日寇不断隔河炮击，由运城机场起飞的日机不断轰炸、扫射，隔河可以听见日寇的军号声，合阳真的成了国防前线。省委派来干部，负责部队与地下党的工作，一时合阳成为沿河军事政治中心，西安也来了学生下乡工作团，做宣传动员工作。爱国军及民先队员摩拳擦掌准备保卫陕西、保卫延安，和日寇展开战斗！

　　1938年2月间，民先队西安队部召开会议，合阳出雷新绪、张增盈、王炎堂、宋宝宗、刘青海参加会议。地址：西师。主持人：冯文彬、胡乔木、李昌、张严、连璧为。会议内容：讲述抗战形势、斗争策略，准备参加战斗，打击日寇，指示成立民先队合阳地方民先队、发给印章。从此合阳区队成立，并发表宣言。负责人：

雷新绪、姚佑学。区队部设在合中西边，队牌为"中华民族解放先锋队合阳地方区队部"。合中队为一个分队，负责者：刘青海。又组织东街小分队，负责者：李积元、解丙乾。甘井小学分队，负责人：张定远。良石村分队，负责者：王泰斌。还有坊镇、等村各地分队。负责人记不清了。在县长苏资琛及一七七师杨、吕秘书和合中孙蔚如校长帮助下，轰轰烈烈的抗日宣传活动在合阳开展起来！现将合阳地方民先队区队所做活动扼要述说如下：

一、宣传救亡活动。组织救亡剧团，演出当时的著名话剧《小白》《八百壮士》《三江好》《赵登禹》《放下你的鞭子》《凤阳花鼓》《捉汉奸》。除演剧外，又配合歌咏队唱出雄壮激昂的抗日救亡歌曲：《义勇军进行曲》《大刀进行曲》《保卫黄河》《松花江上》《游击队歌》等。

二、组织讲演组并结合募捐活动，讲演组队员走向街头、村镇、民工工地，深入群众，宣传我八路军敌后游击队英勇杀敌事迹；宣讲日寇残暴行为及抗战必胜真理。又结合募捐活动，向国民党工部、商店、机关、教会、士绅募捐，所得款额，曾数次送缴西安八路军办事处。

三、组织担架队和慰劳队。1938年暮春，一七七师部队从夏阳渡河打击日寇，保卫黄河，保卫陕西，对日寇妄图过黄河予以迎头痛击。对胡宗南准备放弃关中的阴谋通过事实表达强烈反对。将在战斗中负伤的战士运至夏阳。合中民先队区队接受指示，在苏县长的动员号召下，组织队员、商店、城市居民、农民、基督教会，组织了担架队、护理伤员小组和慰问队，日夜兼程从夏阳将伤员全部运至雷家洼后方医院。慰问队民先队员亲手给伤员喂水喂药。虽然日夜未休息，但仍感觉愉快，因为这是为民族解放事业做的一件光荣的事。

四、下乡宣传。数九寒天，朔风凛冽。合中民先队宣传队，由白坡平、季武绍、佟必枫等老师率领，走遍合阳南北村镇及沿河地区。队员们背着被褥、口粮，开展抗日宣传。每逢集日，活动更加紧张、忙碌。记得在王村抗日，一七七师杨、吕二秘书亲临参加队员活动，队员们曾受到他们的表扬！

五、组织民族抗日自卫队。在甘井镇万年和龙泉、灵井等村组织自卫队，负责人乔志诚，雷永国、雷志娃。壮年农民踊跃参加。1938年4月间，在县南门外召开自卫队检阅大会，并庆祝台儿庄战役大捷。是日，天蒙蒙亮，全县各乡镇、村庄自卫队身背大刀，肩荷长矛，从四面八方涌进会场。会场红旗招展，抗日歌声响彻云霄，在晨曦中呈现出队伍威武雄壮、生气勃勃、无坚不摧的强大力量，保卫陕西的抗日武装在合阳建立起来了！这天，省保安司令张坤生率党卒来合，看到会场阵容，四处是红红绿绿的匾幅抗战标语，惊慌万状，认为合阳变化了，从此反共阴谋的魔爪伸进了合阳。

六、民先队队员赴晋抗战。合中民先队员参加沿河军训，既鼓舞了抗日积极性又学了打仗本领。合中教育主任和一七七师参谋王某率领他们赴山西打游击。他们是姚佑学、刘祺蔚、秦坤彦、孟双运、马其昌等，共7人。在山西抗敌共战3个月后返校。

七、介绍民先队员去中共青训班及陕北公学学习。在民先区队部的宣传鼓动下，许多队员由区队出介绍信，先后有一大批去安吴和陕北学习。记得有王献武、党长智、赵周礼、雷贵和、张焕鼎、赵周林、乔泊夫夫妇、佟夕枫、李德义、肖世俊、肖万钧、刘祺蔚、吉敬先等人。（名字记不全）为党培养了一批人才，许多优秀分子入党成了党的骨干。

八、民先队和反动势力的斗争。正当抗战紧急关头，群众抗战情绪高涨之际，国民党反动派掀起了反共高潮。合阳中学抗敌协会分子一时嚣张起来。这一反动组织仅有10名落后学生，他们在县党部的授意下，推销和散发托派分子叶青、张慕陶编的臭刊物《抗战与文化》。这个刊物以反共、破坏抗战、破坏团结和污蔑八路军抗战为能事。抗协分子每次从县党部抱回多少这个刊物，我们就没收多少，散发出去的也要追回来。后来国民党县党部改派人亲自送，也被我们抓回没收。因为我们队员耳目众，反动活动很难逃过我们。记得张得昌、张房就多次没收过送来的《抗战与文化》。抗战分子偷走民先队员名册，送教育科CC分子孙斌手，我们经过调查、侦察、派种舜孝暗中拿回。战争发展下去，两家在合中召开辩论会。抗协分子宣传《抗战与文化》中的反动言论，宣传汪精卫的"曲线救国"，并称汪为"先生"，民先队员据理批驳，弄得他们理屈词穷，狼狈不堪，灰溜溜地退出了会场。

另一方面，民众动员起来了，尤其是青年学生继承"一二九"运动的光荣传统，轰轰烈烈的抗日救亡运动形成一股巨流。国民党反动派害怕了。1938年夏，国民党省党部下令统一西北青年运动，取消民先队及各进步青年组织。我党也通知民先队代表参加。这次合阳区队去了3个人，雷新绪是出席代表。民先队这方面会址在西师，由冯文彬和胡乔木主持；国民党的会址在省党部，由省党部书记王季高主持。每次参加省党部会议之前，文彬、乔木同志都要和大家一起仔细研究斗争方式和策略。省党部参加会议时，会场外面是军警林立，荷枪实弹，又安放重机枪在会议室门口，如临大敌。会议厅里面既是高级糕点，装袋散发，一天必数次，每次变换品种；又是唇枪舌剑，激烈争辩，情绪激昂。气得王季高嘶声狂吼，拍案瞪目，但又无可奈何。如此一连数日，国民党的威吓利诱伎俩终归失败，会议不欢而散。

在抗日战争转入相持阶段时，国民党反动派于1938年七八月间下令封闭中华民族解放先锋队及14个抗战救亡团体，继续高唱一个党、民主主义、一个领袖的谬论。接着白色恐怖笼罩了合阳，赵周林奉我党指示，召集民先队员在西沟洞内开会，宣布党的指示精神，民先队从此停止公开活动，但是革命思想却深深地扎根在了每个队员心中！

注：本文作者系雷新绪。

（选自《合阳文史资料》）

民先在合阳活动的片段回忆

1937年抗战爆发后，与山西一河之隔的合阳，人心沸腾，抗战情绪空前高涨。当时我在合阳中学28级上学，和许多进步同学一起，积极投身到火热的斗争中。

1937年10月前后，管建勋同志先后介绍我和杨秀峰、王炎堂、张增盈、宋保宗等几个进步学生入党，建立了合中党支部，杨秀峰任支部书记。

合阳中学校长思想守旧，不让学生参加抗日救亡宣传活动。学生愤极，各班联合起来闹学潮，一举赶跑了校长，组织了几个抗日救亡宣传队，由白坡平、季武绍和佟夕枫几位老师带领，下乡宣传。

1937年冬西安师范宣传队来合宣传，在合阳中学组织中华民族解放先锋队（简称民先队）。来合开展民先活动的学生记得有：西安女子师范一个女同学叫郭淑慎；西安师范一个男同学，中等个，瘦脸，患有心脏病，姓名记不清；西安二中一个学生叫雷右宛。我和几个同学都参加了，党外同学姚佑学也参加了，由杨秀峰、姚佑学和我三人负责，在同学中积极发展队员，扩充组织。

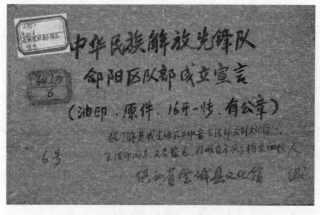

中华民族解放先锋队信封

新任合中校长孙蔚如大力支持我们，民先队公开活动，在合阳中学前院东厢房设民先队部，挂队牌。民先队员占全校学生数的一半以上。沿河七县学生集训时，上级派来白云峰、孙斌水等同志领导民先队工作。

为扩大抗日救亡宣传活动，合中以民先队员为骨干成立了救亡剧团，由赵周林、张焕鼎两同学负责。剧团分剧务、讲演，墙报、歌咏、募捐几个组。讲演稿和传单由白坡平老师撰写，他将《小放牛》《绣荷包》《凤阳花鼓》等形式装入新的内容，生动新鲜。印刷所需纸张、油墨以抗敌后援会名义向国民党县党部索取，一七七师政治处也不时供应。

募捐的范围也广，学生出面，向各机关、商号、个人和基督教会募捐。所得项款，分次寄交西安八路军办事处。

合中民先队先后三次去西安参加会议。第一次是1937年寒假，在西安师范开会，冯文彬、胡乔木主持。内容是宣传成立组织，发给印章，学习党的路线政策。还看了丁玲领导的抗战剧团的宣传演出。第二次是1938年开学初，管建勋同志指派我和宋保宗、张增盈三人参加。内容是听取各县建队活动汇报，听取八路军战绩报告，学习党的文件，布置新任务。

第三次是1938年夏，国民党省党部下令统一西北青年运动，取消民先队及各进步青年组织。我党也通知民先队派代表参加。这次我们去了三个人，我是首席代表。民先队这方面的地址在西师，冯文彬和胡乔木主持；国民党的会址在省党部，由省党部书记王季高主持。每次参加省党部会议之前，文彬、乔木同志都要和大家一起仔细研究斗争方式和策略。第二天参加会议时，会场外面是军警林立，荷枪实弹，如临大敌。会场里面既是高级糕点，装袋散发，日必数次，每次变换品种；又是唇枪舌剑，激烈争辩，情绪激昂，如此一连数天。国民党的威吓利诱终归失败，会议不欢而散。延至七八月间，国民党当局下令取缔了各县民先队的组织和活动。

沿河学生军训后，杨秀峰同学去陕北抗大，我任合中党支部书记，赵周林任宣传委员，还有教师、学生和工人两个组。教师党员有赵惠民和段济同。工人党员有老牛（牛长令）、王联弟等人。这年暑期，一七七师调走，苏资琛和孙蔚如离任。预七师（后升编为五十三师）接防，张丹柏任县长，杨培森任党部书记长，合阳形势急转直下，轰轰烈烈的抗日救亡运动面临夭折厄运。

合中抗协分子一下子嚣张起来了。他们的任务之一是推销和散发托派分子叶青编的臭刊物《抗战与文化》。这个刊物以反共、破坏抗战、破坏团结和污蔑八路军抗战为能事。抗协分子每次从县党部抱回多少该刊物我们就没收多少，散发出去的也要追回来。后来县党部改为亲自派人送，也被我们抓获没收。抗协分子偷走民先队员名册，送交教育科，我们又派人取回。抗协分子从党员衣袋中偷走党内文件，又由军事教官发还我们。斗争发展下去，在合中小操场开起了辩论会。那边宣传《抗战与文化》中的反动言论，散布汪精卫的"曲线救国"，这边针锋相对，痛加驳斥。

白色恐怖笼罩了合阳，赵周林奉党组织指示，召集民先队员在西沟窑洞开会，宣传党的指示精神，民先队从此停止活动。

种文祥整理、李巨有征集

注：作者雷新绪系合阳县甘井乡龙泉人，退休教师。

（《合阳党史资料》选编）

合阳抗日民众自卫大队情况

随着抗日形势的迅速发展，合阳成为国防前线，日寇隔河炮击，震动了人民，在此情况下，国民党派一七七师进驻合阳。苏资琛来合阳当县长，当时孙蔚如是省长。一七七师是杨虎城的部队，广大官兵是爱国的，师长李兴中，参谋长许权中。当时一七七师内有党的地下组织，领导人是吕剑人。当然还有许权中、梁步六、李锦峰、王汝昭等都是党员。苏资琛来合阳是1937年冬到1938年夏，合阳在这样特殊的历史条件下，形成了抗日救亡高潮，其表现有四：

一、沿河学生教师集训，这是一七七师和苏资琛商量、出面安排的。在合阳中学集训，参加的人有沿河学生和爱国人士。训练内容有军事、政治。

二、大办自卫军，每个联保设一个指导员。当时叫民众自卫队，苏资琛是自卫队大队长。廿三个联保，每个联保设一个中队，这就是武装群参。训练农民，我是王村联的中队长，一七七师派了好些人训练，联保派的指导员，给我们派的是澄城县交道人，五福联是刘永瑞，甘井联是雷振东，王村联是蒙永江，也叫蒙济亭，东北有一个联是张可文。自卫军还经过孙蔚如检阅了一次，在南门外操场上集中了几万人。

三、群众运动的各个方面。比如西安来的宣传队、王村的妇训班。苏资琛曾借给我300元叫我扩大书店。苏在合阳当县长赔了钱,究竟赔了多少,我说不清。

1938年武汉失守,日寇停止正面进攻,国民党实行诱降政府,国民党消极抗日,积极反共。在此形势下,合阳形势逆转,发生了很大变化。苏资琛离任,换来了县长张丹柏,张系国民党西安党部执行委员,县党部书记是杨培森。

作者简介:管建勋,合阳县管家河人。抗日战争时期曾任中共合阳县委书记。中华人民共和国成立后历任陕西省水利厅厅长、省人委秘书长等职。现已离休。此件系根据1983年11月3日管建勋《在合阳县党史座谈会上的发言》整理。已经本人校阅,标题系编者所加。

(选自《合阳文史资料》)

合阳抗日民众自卫大队

1937年卢沟桥事变后,山西大部分地区沦陷,河防吃紧,陕西危急,"保卫黄河""保卫陕西"成了陕西抗日民众的钢铁誓言。地处陕西关中东部黄河岸边的合阳人民受到日寇的严重威胁,抗日情绪日益高涨。1938年在中共沿河特委直接领导下,由合阳县县长苏资琛具体负责组织了合阳县抗日民众自卫大队。

(一)

1937年冬,日寇侵占晋西南,河防吃紧。杨虎城部一七七师驻防沿河一带,师部驻扎在合阳县城内东街。师长李兴中、参谋长许权中(共产党员)、参谋梁步六(布鲁,共产党员),他们动员群众宣传抗日,深受群众欢迎。1938年1月,进步人士苏资琛在民族危亡关头自告奋勇地请求省主席孙蔚如选派他到沿河前线合阳县任县长,主力抗战,经批准委任。苏资琛赴任前,请求中共陕西省委领导成员谢华和八路军办事处宜侠父派出一批共产党员协助工作。经批准同意樊一鸣(樊中黎,共产党员)、雷鸣(罗明,共产党员)、黎抚英(伍仲秋)和王闻远(金树堂,共产党员)四人随苏资琛前去合阳。苏资琛五人一行于1938年1月中旬到达合阳。这些共产党员与1937年冬到一七七师开展军运工作的吕剑人同志取得联系。随后,陕西省委又派王俊、贺三多到合阳开展党的地下工作。1938年3月,沿河特委成立,王俊任书记。苏资琛和王俊商定由樊一鸣作桥梁,传达沟通党组织的意见和要求。

苏资琛利用杨虎城、孙蔚如等人的关系结识了一七七师的上层领导。他同师长李兴中详谈了建立抗日游击队的计划。商定由军队担任军事技术训练,供给枪支弹药,组织举办了各种形式的军事训练班,为组建合阳县抗日民众自卫大队培训了骨干。

(二)

培训抗日民众骨干,首先从教师、学生抓起,然后推向社会青年,带动全县民众。

1938年1月先举办合阳县教师训练班，一七七师参谋李锦峰任大队长，下编3个中队，学员300余人。学习抗日理论，进行军事训练。训练一个月。结业时成立"合阳县教师抗日救国联合会"，选出主席雷振华。

1938年1月中旬，举办沿河中学生军事训练班。参加的有合阳、韩城、澄城、朝邑、平民、黄龙七县中学生。主要学员是合阳、韩城的，共200多人，在合阳中学训练。一七七师参谋长许权中亲自讲军事课，教育长是参谋宋克敬，指导员有王闻远、雷鸣、赵惠民（韩城人，共产党员）、张志超（共产党员）、伍仲秋，训练20多天。结业时成立了"沿河学生抗日联合会"，主席白云峰。军训结束，学生分赴各县开展抗日救亡运动。

1938年2月下旬，组织基干队，招收进步青年学生和教师，参加训练的有200多人，为各联成立自卫中队培训骨干。接着又举办一七七师班长训练班，并吸收基干队参加。

一七七师对合阳县的教师、学生、进步青年和基干队分期分批进行军事训练。通过训练，学习了抗日理论，提高了政治觉悟，掌握了军事本领。

1938年3月，县长苏资琛组建合阳县抗日民众自卫大队指挥部，亲任指挥，一七七师参谋长梁步六（共产党员）任副指挥，县上成立基干训练队（简称基干队），宋克敬任队长；同时还成立了青年训练队、妇女训练队等。全县23个联都成立中队，队员约2万多人，各中队派有指导员（又称政治训练员），共23人，其中县政府8人，政训处6人，司令部8人，多系共产党员，如：如意联刘永端、二尹联雷振华，共和联张麦仁，王村联管建勋、孟永江，锡韩联雷鸣夏，甘井联雷振东。此外，刘汉仁、张润滋、魏恭宪、姜明亮、张天喜、苏史青等也分别到各联保任政治指导员。每个联保成立一个中队，设中队长、政治指导员、教官和事务长。中队下按保成立分队，分队下设班，每班有10多名队员。如：锡韩联（现黑池镇北部和新池乡南部）民众自卫中队，中队长王志杰（秦庄人）、政治指导员雷鸣夏（共产党员，碁南人）、教官雷永斌（碁南人）、事务长王得志（韩庄人），下属7个保，成立了7个分队，下辖18个班，共有队员近200人。这个中队于1938年3月先后在碁南村9户祠堂分两期开办训练班，每期半个月。训练内容有政治和军事技术。政治课主要讲我党的抗日方针、政策和抗战形势，军事训练课主要讲游击战和军事操常识。全中队有5支步枪，其余多是大刀长矛。共和联（现王家洼乡）民众自卫中队有7个分队，其中白眉分队有6个班共60多名队员。队员早晨集中训练，白天上地劳动，晚上办农民夜校，定期在中队集中检阅、训练。起初枪支很少，多是大刀、长矛，有的还做了些木枪，后来请了个卷枪的，自己做了些枪。队员中还有女的剪了发，扎上裹腿，检阅时背上大刀，刀把上扎着红绸子，很神气威风。农民夜校教唱抗战歌曲，有《大路歌》《松花江上》等，讲军事课还有《战士课本》。二尹联（现百良）民众自卫中队，县长苏资琛亲自委任共产党员雷振华任中队长。自卫队没有枪支，雷振华卖了家里20亩地，买了几支步枪。随后，还请了河南一个铁匠，卷了一些"八响枪"和"一响枪"。二尹联自卫中队和一七七师河防队紧密配合，该师的营长杨九州、张兆祥亲自负责训练任务。他们还在尹庄集中训练，县长苏资琛还前来检阅了自卫队。王村联自卫中队队长管建勋，共产党员苏史青、伍仲秋亲自负责培训。伍仲秋发动妇女参加自卫队，举办了八姐妹学习班，培养了一批妇女抗日救亡骨干。经过一段时间的培训后于4月20日各联自卫中队全部建立，先后举行了两次大检阅，陕西省主席孙蔚如亲临合阳检阅。全县自卫队员集中在县城南门外大操场，县长苏资琛讲话，孙蔚如和许权中检阅，自卫队进行军事操练表演。清平联宋家庄有个70多岁的老汉，留着白胡子，扎着裹腿，背着铡刀参加操练，非常感人。

（三）

合阳县抗日民众自卫队经过一个时期的训练后，政治思想觉悟、军事技术都有了很大提高，纷纷要求到山西抗日前线参战。抗战的自卫队中有二尹联、共和联、如意联、锡韩联、王村联以及合阳中学部分师生和县基干中队等。1938年2月到4月，民众自卫大队随一七七师曾3次过黄河在荣河、稷山一带和日寇打仗。第一次打死了几个敌人，俘了3匹战马，缴获1辆小汽车。第二次在荣河以南周村附近和敌人发生遭遇战，激战了一个下午，日寇死伤数人。第三次攻打荣河城，雷振华的二尹联自卫中队表现得非常突出。他们的口号是："人如虎，马如龙，一心要打荣河城"。他们在荣河城外一片开阔地上，奋不顾身，英勇冲杀。队员没有头盔，头上顶着铁锨头做掩护。在这次战斗中敬二虎、雷保儿、夏元成壮烈牺牲。4月30日合阳县政府召开各届追悼抗日救亡烈士大会，县长苏资琛主祭致悼词，大会敬献的挽联是："热心救国堪与先烈比美，英勇杀敌真是民众先锋"。当时人们编了一首歌谣："雷振华，真英雄，带兵攻打荣河城，为国保家去出征，二尹民众显威风。不怕死，向前冲！一心消灭鬼子兵，保儿伤重丧了命，二虎战场也牺牲。昌运身强打先锋，同善体弱压后营，凯歌一曲震天地，黄河两岸人传颂。"5月，自卫大队再次过河参战，攻打永济，打得非常英勇，当时山西人编了一幕戏《血染永济》，再现了这段战事。6月，一七七师师部从合阳迁到山西吴王村，大部分部队过河抗战，师长李兴中、参谋长许权中亲自指挥。合阳自卫队随军参战。过河后连打胜仗，收复了晋西南大片土地。1939年初，白眉村薛振龙还带领河防游击队到山西抗日，打得非常英勇，当时的报上还登了他们的抗日英雄事迹。

（四）

合阳抗日民众自卫大队将全县人民抗日救亡推向高潮，全县人民积极投入抗战斗争。在苏资琛县长的带领下，各界抗日人士动员起来，市民组织担架转送从山西前线下来的伤员，学生上街下乡搞抗日宣传，农民积极修筑河防工事。抗日救亡搞得有声有色，轰轰烈烈。当时人们誉称苏资琛是"抗日县长"，称合阳是"小苏区"，抗日高潮激起了投降派的敌视，他们多方破坏，合阳县一些顽固势力罗织罪名，诬告苏资琛。省政府多次派员检查。1938年8月，苏资琛被免职，离开合阳，加之一七七师开赴抗日前线，抗日民众自卫大队无人组织领导，仅有部分联自卫中队活动，随后自行解散。

注：保儿(雷保儿)、二虎（敬二虎）、昌运（韩昌运）、同善（党同善）均系二尹联人，自卫队员。

本文作者系种文祥。

（《中国共产党合阳党史资料选编》）

抗战时期合阳的记忆碎片

今年是中国人民抗日战争胜利70周年，回顾合阳在抗日战争中的重要地位，揭露日本侵略者企图从合阳攻入陕西的罪恶阴谋，对于正视日本侵华历史、激发人们的爱国热情等有重要的现实意义。

合阳地处陕西黄河抗战的前沿，也是日本侵略者企图打开陕西大门、进而侵犯西北的战略要地。笔者近年来收集了抗战时期合阳的一些史料，现记录如下，以飨读者。

一是中共陕西省委非常重视合阳的抗战工作。1938年4月27日省委巡视员的报告写道："省委早就指出：陕西国防前线的沿河各县，为各方面注视的地域，尤其是军事政治上居中心的合阳，更为复杂重要。"省委派吕剑人来合阳作联络员，开展抗战宣传组织活动。1938年4月，在合阳成立中共沿河特委，之后，沿黄河各县的中学生集训队、沿河各县妇女抗日训练班、沿河各县教师集训班等，均在合阳举办，上述史料至今记录在案。

二是国民党部队重兵防守黄河，并不时过河游击日寇。开始是国民党一七七师，师部始驻东街（今县联社），后驻南知堡，接着是国民党五十三师、一六五师、一六七师、十六军、二十八师等。国民党九十军炮兵营、四十军炮兵团分别驻南岳庄和全兴寨守卫黄河，多次向对岸日军驻地开炮。国民党陕西军政大员多次来合阳视察河防和民众自卫队训练情况。

三是日本侵略者多次进攻夏阳渡对岸的吴王渡，企图从夏阳渡进入陕西。据《万荣县志》（1995年版）记载，1938年5月，日军不惜惨重代价，三次组织重兵突袭吴王渡，终被我守军击退。同月，日军两个团向驻扎在吴王渡附近的国民党军队进攻，双方投入约6000兵力，激战20昼夜，守军凭天险将日寇击退。另据1938年5月14日《西北文化日报》报道，1938年5月7日，日军川岸师团步骑炮联队五六百人附炮六七门偷袭吴王渡，被我守军内外夹击，败退永济。

注：本文作者系李心石。

（选自《新西部教育网》）

动员民众　保卫黄河

1937年"七七"事变后,日寇侵战山西大部分地区,河防吃紧,陕西危急。国民党三十八军(原十七路军改编)一七七师部驻防合阳。中共陕西省委决定加强沿河一带工作,陆续派共产党员、进步人士和革命青年纷纷赴沿河各地开展抗日救亡活动,掀起了抗日高潮,人们把合阳誉称为"小苏区"。当时,我在合阳工作过一段时间,现就自己亲身经历的一些情况简述如下:

(一)

1937年底,陕西省委通过西安市学委从西安市中学生中选出一批党员和进步学生到韩城、合阳一带工作,主要任务是动员民众、组织民众、保卫河防,准备开展游击战争;同时开展军运和地方党的工作。我们这一次来合阳的学生共有8名,其中党员7名,临行前成立了党支部,书记刘汉仁,组织委员张滋润,宣传委员刘永端。党员有:魏恭宪、姜明亮、张天喜、张天德。还有一个非党学生,姓陈,记不清名字了。1937年12月出发,一行到达合阳。到合阳后我们和王俊、苏史青发生组织关系。我们被分配到一七七师搞军运工作,公开身份是上士,组成该师宣传队,归司令部秘书处管理。1938年1月,我们参加该师举办的班、排长基干训练班,负责人是宋克敬。训练一个多月结束,我们就以一七七师军事人员的身份,参加了宣传动员、保卫河防的各项活动。

黄河岸边的国民革命军窑洞宿舍

(二)

1938年2月,我们宣传队第一次和基干训练班一同去山西打日本。我们的任务是宣传抗日、书写标语、口号,组织民众支援军队,并在前线喊话"优待俘虏""缴枪不杀"等,这些话都是用日语喊的,是在训练班时学的。这次过河还有合阳抗日民众自卫队配合随军打仗。去的联保有二尹联、如意联、王村联,大约有四五十人。他们的任务是配合部队打仗、抬担架,帮助后勤支援等。这次过河在荣河、稷山等地打了几仗。一次是在傅作义将军的家乡(村名记不起来了)打的,打死了几个敌人,俘获了3匹战马,还缴获了1辆小汽车。第二次是在荣河以南离周村不远的地方和敌人遭遇,激战了一个下午,天黑后敌人退走。在这次战斗中训练队一班长、我们新发展的共产党员牺牲了,还有几个士兵负伤。据群众后来反映,敌人死伤数人。第三次是我们攻打荣河城，我们在荣河城西边有条沟壕隐蔽，雷振华领导的二尹联在荣河城西片开阔地向前冲，自卫队员非常勇敢，头上顶铁锨头作掩护，几个自卫队员不幸中弹负伤。这次打荣河没有打好。不久，我们便从韩城芝川渡河回到合阳。

（三）

回到合阳后，3月，师部把我们宣传队8个人分别派到各联保作指导员。各联保的指导员都是基于训练班派的。我被派到如意联保。我们的任务是：宣传抗日，组织民众，训练自卫队，建立根据地。如意联保主任是魏兴化。全联有自卫队两三百人。武器大多数是长矛大刀，还有一部分枪支。联保有一些枪，私人还有一些枪。我们的工作开展得很顺利，因为一七七师师长是爱国进步将领李兴中，参谋长是共产党员许权中，还有省委派来的梁步六等党员，他们也在部队工作。县长是进步人士苏资琛，县政府领导大多是共产党员和进步人士。他们支持我们的工作。省委派到合阳一带工作的负责同志也经常和我们联系，指导工作。我们的工作搞得轰轰烈烈。为了建立自卫队，我们和社训队做斗争。社训队是国民党办的，和自卫队唱对台戏，坏得很。他们监视我们的活动，破坏抗日。在建立自卫队和开展各项抗日工作时，我们广泛做统战工作，争取上层支持我们的工作，如意联保主任思想比较守旧，经过做工作，还是积极支持抗日的。还有个吉风岗和我在西安二中是同学，这个人在地方上有一定影响。虽然他是忠实的国民党员，但我也曾向他做工作。县上纺纱厂刘仁夫，我们曾做工作让他支持我们。如意联有个李栋伯和联保主任魏兴化有矛盾。他参加国民党军队四十二师，任连长，驻韩城，但后来他把这个连队拉回合阳，上山为王。我们给他做工作，想搞些枪支。中共沿河特委指示我们，要我们给李栋伯做工作，我通过李栋伯的好友，同家庄共产党员、支部负责人同福初，和李联系上了。我们的意见是要李把部队带往边区，李坚持就地整编，打起八路军旗帜。鉴于当时国共合作，我们不同意，经过三次谈判，没有达成协议，李又把部队拉到山里去了。我们的统战工作是为了抗日，为了组织自卫队，准备抗击日寇，保卫河防，工作还是收到了很多效果。

（四）

1938年6月，一七七师奉命过黄河抗日。敌人力量较弱，我军连打胜仗，一七七师还有一部人留住合阳。有五个团从夏阳渡过黄河，师长李兴中、参谋长许权中亲自过河指挥，司令部驻在吴王村。部队过河后作扇形展开，我们连打胜仗，收复了晋西南大片国土。我们宣传队同司令部驻在一个院内，每天出去到临晋等地宣传。因为敌占区情况复杂，司令部不让我们走远，工作限在能够早出晚归的范围。不料有一天敌人大约有一个连队，突然从深沟爬到吴王村边司令部驻地的窑洞上边包围了师部，当时李师长感冒发烧，许权中非常机智勇敢，亲率特务连冲到司令部窑洞上面，经过一场激战，打死50多个敌人，打退了敌人的进攻。随后，司令部暂时撤回合阳。司令部撤回合阳后，形势发生了很大变化，国民党政府说合阳"赤化"了，并派人到合阳调查，一七七师可能调走，县长苏资琛也被免职。我们宣传部队决定解散。除我留地方搞工作外，其余7人都返回西安。当时沿河特委书记是王俊，组织部部长是苏史青，宣传部部长是白云峰。合阳县委成立后，县委书记是贺三多，组织部部长是刘永端，宣传部部长是管建勋。王俊给我接上了管建勋、何邦魁、王敏（何养民）的组织关系。我担任组织部长时，主要任务是发展党员、巩固组织，县委几个人分工联系支部，我联系的是县西和西北的支部，负责接收党员、宣讲《党员须知》、传达党的指示。我于1938年八九月离开合阳，苏史青派我到韩城四十二师搞军运工作。我走时贺三多还在合阳。

注：此材料是种文祥根据刘永端1987年10月5日和1982年11月两次谈话记录整理，已经本人校阅。

作者简介：刘永端，高陵人，1920年生，现任陕西省政协常委，原陕西省政协副秘书长。

（选自《合阳党史资料》选编）

合阳妇女抗日活动的回忆

1937年日寇侵入山西，一七七师移防合阳，防卫黄河。陕西省派我以随军亲属的身份到了合阳县，当时地方党的力量较弱，党在一七七师的力量较强，师长李兴中是著名的爱国将领。师部参谋梁步六、师部参谋长许权中是共产党员。县长苏资琛是拥护共产党的。我们在汪峰、吕剑人同志的直接领导下开展工作，我们首先团结好师部上中层愿意抗日的力量，取得了他们的支持，这样在地方用部队的名义就容易开展工作了。

这年12月，黎抚英（即伍仲秋）、王闻远、樊中黎等到了合阳，吕剑人同志告诉我：给你们派来了一位女同志。伍仲秋是北京大学助教，我们的力量加强了。这时，李兴中的两个小姐（女儿）也参加我们的活动，一七七师医务处长邵伯潘的爱人孙蔚如也参加进来了，还有东街一位姓王的小学教师，我们就正式成立了妇女慰问会，到沿河其他县开展抗日工作。我去韩城时，走到离合阳县城有七八十里路的地方碰上梁步六同志召开民众大会，有千余人参加，他要我讲话，我讲了毛主席的抗日主张以及动员妇女组织起来参加抗日的道理，群众热烈鼓掌。有一位老秀才把他们写给蒋介石的要求抗日的文章拿来要我修改，还有不少妇女也来听讲，说明群众的抗日积极性是很高的，我借机会在这里成立了妇女慰问会。

这年冬，一七七师在党的帮助下与县府办了沿河七县学生军事训练班，还有女生队，我和伍仲秋、孙蔚如等人也参加了训练。伍仲秋同志在王村办了妇女训练班，并发展了党员。

为了进一步推动抗日工作，我们发动群众，在春节期间召开了一次春节抗日联欢会，有400多名妇女参加。通过我党强有力的工作，我们把参加抗日组织与解放妇女结合起来，这样就更加提高了妇女的积极性。妇慰会主席由李兴中的大女儿（大学生）担任，四女儿（高中生）负责领导歌咏队，地方一位姓王的负责组织妇女慰问队的工作。

军事训练班结束后，我们分头到县各村镇工作。我去韩城，一些女生分到自己县里去工作。我们将宣传的内容和如何组织群众都做了研究部署，给分头工作的人都做了交代。

作者简介：王丽，现名王力。女，现在浙江省轻工业厅一纺织公司工作。本文系王丽于1985年1月5日所写材料。

（选自《合阳文史资料选编》）

抗战初期王村的妇训班

1937年抗战爆发，当时驻合军队一七七师是一支进步的抗日军队。县长由进步民主人士苏资琛担任。地下党员管建勋在东街创办大众书社，大量销售抗战读物和进步书刊，加上八路军北上抗日路经合阳造成的声势和各地演剧队、宣传队、歌咏队的推波助澜，全县人民，尤其是知识分子和青年学生，加入了抗日救亡的滚滚洪流。

当年10月，在党的领导和一七七师政治部协助下，沿河七县动员委员会妇女工作团与合阳妇女慰劳支会（分会在西安）成立，主要工作目标是大力开展妇女工作，动员妇女直接参加抗日救亡活动。

为了培训农村妇女运动骨干，11月，党组织派遣伍仲秋同志（女，又名黎抚英，苏资琛县长的秘书）来王村举办妇女培训班。在王村镇镇长张奇生（进步民主人士）的赞助下，入班学员40余名，其中大多是农村青年妇女，也有少数青年学生、中年妇女和个别老年妇女。训练时间为一个半月。第一周讲课，课程有政治常识、抗日战争和妇女运动，还教唱抗战歌曲。一周后，一面上课，一面深入农户做群众工作，晚上汇报讨论。还排演抗日救亡短小节目，大唱抗战歌曲。并在王村小学和南蔡庄小学师生的支持配合下多次在王村镇集会上做街头宣传，到山阳、运庄和南蔡等大村庄登台表演。又自己动手，为前方将士做军鞋、缝衣服，捐助棉花、现金，写慰问信。训练结业时，在王村召开妇女抗日救亡动员大会，演节目，唱歌曲，老年妇女登台演讲，使抗日救亡的宣传教育活动深入到穷乡僻壤。

在这一活动中，训练班发展了两名女党员，一是邢黛青（运庄人，王村镇长张奇生的儿媳），二是雷敬斌（北王村人，进步教师李盟夫之妻）。接收了4名女民先队员，有姬云焕（管家河人，管建勋之妻）、王晓云（南蔡庄人，赵志道之妻）、王秀贤（北王村人）、张春梅（硙泗人，教师雷学谦之妻）。运庄老太太杨经文也是这次妇训班的重要骨干分子。上述7人加上伍仲秋同志，被称为王村妇训班"八姐妹"。八人在结业时的照片，由王晓云同志的女儿赵清（在西安市司法局工作）作为革命文物保存。

作者简介：张健（1928—　），合阳县王村镇运庄村人。中专文化程度。1947年参加革命，中共党员，曾任百良区区长、路井区委书记、中共合阳县委宣传部部长，县志办公室主任等职。著有《话说合阳》《风雨人生》。已离休。

（选自《话说合阳》）

韩、合民众动员工作的片段

以前这里是一般人士颇少留意到的一个地方，可是自太原陷落，直到晋南军事失利后，沿河一带就变为抗战的最前线，飞机大炮的轰炸，使静悄悄的黄河也掀起了汹涌的波浪，要当亡国奴的威逼点燃了每个人抗战的烈焰，也使一时风起云涌的救亡运动开展到所有的乡村。救亡组织也在军民合作的形式下，开始建立坚固的抗战基础。

当局鉴于第一期抗战的教训，认识了群众力量对于抗战的伟大作用，所以对于宣传、组织群众、武装群众的工作，曾积极地予以赞助和领导，这的确是进步的表现。

在沿河七县动员委员奉命取消后，当局为了便利于抗战的领导与统一救亡的行动，曾命令沿河七县动员工作，由当地的最高军事长官去领导，在各县成立动员分会，直属西安动员委员会。这样，一方面可收到统一领导之效，另一方面又可收到因地制宜机动的应变之功。

以前，韩、合两县本来就组织起了不少农民自卫队，虽然后被省抗战后援会通令取消，但是，后来经过在合阳驻军、县政府、地方行政机关、社训人员及各地方救亡团体开会讨论，决定不取消自卫队，不过把它同社训队合并，仍称为自卫队，由社训人员负责自卫队的组织及训练工作，且由地方军政当局给每个联保选派一个政治指导员负责领导工作，每联保由驻军选派两个班长负责军事训练，并着所有的乡村小学教师都要帮助这一工作，去广泛地大量地进行自卫队的组织工作，而且要在一个月期间内完成。现在每个联保都有了组织，这样，军民团结便建立了坚固的基础，从此，更能发挥军民一致的伟大的抗战力量。

特别是合阳当局，其不但允许各职业部门群众救亡组织的存在，而且还亲自去热心地向各方推动，同时因为合阳在抗战前线，民众特别劳苦于救亡工作，所以一般的都有减轻负担之要求，县长对此问题颇为关心，说东区已实行了。

某些地区自卫队的选举采用民主的方式，如合阳×村前月下旬检阅自卫队及选举中队长大会，在军政当局指导之下和千余民众的热烈紧张声中，推出小学教师、中小学校群众代表，联保处共同组织主席团。选举时，临时推出若干人组织监选组，以各区队为单位，分为13组，分别监选：每个自卫队队员主动地在自己的选举票上写下了自己爱戴的热血抗战、坚决勇敢的人。这种民主的选举方式，一般群众都认为非常满意，全场鼓掌欢呼，表示自己选举的成功。会议程序进行到临时动员时，农民×××提议："前任主任杨××虽却职月余，但将年来之账目尚未公布，我们根据最高领袖之命令，应彻底检举其贪污情形……"全场群众听到这提议，都异口同声地发出赞成的吼声，后来决定由群众推出7人为清账委员会成员，现正在清算中，将有圆满结果。

韩城的自卫队也同样奉命取消了，后经该地军事当局的协商与会议通过，决定将自卫队改为社训义勇队，以前组织的自卫队也按照这个决定恢复了，不过每联保自卫队的中分队长由联保主任、保长兼任，政治指导员由县长指派，这比较缺乏民主选举的精神，希望将来能有更进一步的改善，以求得尽量发挥民众的抗战力量，达到保卫陕西、保卫西北——即保卫全中国的神圣任务！

注：本文作者系和之。

（选自《西北第九期》1938年4月13日）

沿河地委的成立

1938年，抗日战争初期，中华民族的救星——中国共产党的伟大领袖毛主席领导全国人民，坚决实行了全面抗战的人民战争路线和国共合作组成抗日民族统一战线的政策；同时，我军直接奔赴抗日前线，坚持了华北的游击战争，取得了平型关战役的胜利，狠狠打击了日寇的嚣张气焰，大大鼓舞了全国人民的抗日信心和决心，全国形势从此开始了"动员一切力量争取抗战胜利"的抗日民族革命战争的新阶段。但是，由于国民党蒋匪军在日本侵略军面前的节节败退，很短时期，丢失了祖国的半壁河山，特别是太原失陷以后，山西黄河沿岸及与山西一河之隔的陕西东府一带，常常遭到日寇炮火的袭击，直接受到日寇的侵略威胁。当时，省委为了加强东府地区党的领导，组织群众，开展游击战争，反击日寇新的进攻，于1938年初先后派吕剑人和王俊来东府，负责一七七师党的工作和沿河各县党的工作。4月，在合阳城内（大众书店，后常驻同蹄村）正式成立了沿河地委，直属陕西省委领导，地委书记是王俊，组织部部长白云峰，宣传部部长王勃，工运部部长胡达明。到1940年5月，王俊等先后调离东府，沿河地委的组织机构也随之消失。

当时沿河地委管辖的地区包括韩城、合阳、澄城、朝邑4个县，平民和大荔那时还没有县委组织。

合阳县委：38年时县委书记贺三多，委员有何邦魁、何养民、管建勋，以后继任书记者先后有何邦魁、管建勋等人。

渭南地委革委会政法组专案组

（摘自《陕西东府地下党历史资料汇编》）

沿河地委活动简况

　　沿河地委是在全国范围的抗日战争高潮的形势下建立的，这时我党和红军在广大人民群众中的政治影响极快地扩大，"民族救星"的浪潮遍及全国，在这种情况下，我党地下组织在东府沿河各县都有了进一步的迅速发展，抗日进步组织"民先队"的工作也很活跃，许多农村"抗敌后援会"和一些乡保政权也为我党所掌握，同时还控制了一部分民间枪支。为了反击日寇的侵略，同当时积极抗日的国民党一七七师在合阳县办了一次沿河学生军事训练队。在合阳还组织了民众自卫队的农民武装组织，在韩、合、澄、朝等县还开设了书店，报社，大量发行进步书刊和报纸，进行宣传群众、组织群众和武装群众的抗日民族革命斗争。

渭南地委革委会政法组专案组
1969年11月14日

（摘自《陕西东府地下党历史资料汇编》）

合阳县抗战中心小学——东宫城学校

　　东宫城学校创建于1937年2月，现为一所完全小学。学校历经沧桑，几经变迁。"西安事变"后，共产党员雷振华(又名滨徐)满怀革命热忱，于1937年2月在东宫城村小户党家祠堂自筹资金办起了一所短期实验小学。雷振华自任教师，自编教材，以通俗的社会科学和自然科学知识对学生进行识字和启蒙教育。冬季他参加了"合阳县小学教师抗战训练班"，被选为"合阳县教师抗日救国联合会"主席。

　　1938年1月，陕西省委派贺三多(化名效尧)同志来合阳开展党的工作。雷振华便多方活动，正式建立东宫城学校，将校址迁于西沟巷口的党家四份祠堂。张成仁任校长，聘贺三多为教师，一边教育人，一边开展党的工作，先后介绍贫苦农民韩昌运、韩三昌、杨胡芦、李建朝等10多人入党，成立了东宫城、西宫城、南尹的党支部。5月成立了中共合阳县委，贺三多任县委书记，雷振华曾接刘永端任组织委员，有力地领导了合阳的抗日救亡运动。1939年8月，校址又迁到东宫城南门口庵内，校长由党兴善担任，有共产党员张铁、孙岳和进步青年徐富善、陈邦彦执教。随着抗日救亡运动的高涨，学校更名为"合阳县抗战中心小学"。雷振华为学校编写了校歌，教唱抗日歌曲，排演抗战短剧，宣传抗日思想。学校还办了妇女识字班、成人夜校。学校名声大振，外县、乡、村的学生到此上学的不少，学生人数达300多人。在学生中发展了民先队员，如党全纪、雷少谦、马连升等师生高唱"徐水之滨莘野头，集合了一群小朋友。骑竹马，紧握木刀，准备着为民族去战斗！"歌声慷慨激昂，唤醒了民众，在抗日史册上留下了光辉的一页。

1944年春，学校又迁址雷家巷西头，名为东宫城小学。至合阳解放，东宫城小学掩护了不少共产党员、革命干部，是一所富有光荣革命传统的学校。中华人民共和国成立后，随着教育事业的发展，学生急剧增加，1969年学校又迁址村正中至今。几十年来，东宫城小学发扬革命传统，在办学育人上不断加大投资，全面贯彻党的教育方针，努力提高教学质量，赢得了社会的好评。

沿河学生军训情况

1937年冬至1938年春，日本帝国主义已侵占了华北大片土地，在晋南已占领了东禹门口和风陵渡，经常炮击河西，随时都有渡河的可能，直接威胁着陕西，沿河一带便成了国防前线。在此形势下，省委给我们的任务是发动党员，发动群众，争取武装准备，开展武装斗争，这时的口号就是"保卫陕西"。当时原杨虎城部一七七师驻防合阳县，担任河防警戒。该师师长李兴中是统战朋友，是积极抗战的。该师参谋长许权中是共产党员。苏资琛出任合阳县县长，他是有名的"抗日县长"，黎抚英任县政府政务秘书，樊一鸣任一科科长。联保政治指导员多是共产党员，有中央党校回来的，有抗大回来的，所以反动分子说苏资琛红到了皮，把"抗大"搬来了。同时，西安也来了些学生下乡工作团，成员有陈元方、蒲望文、曹冠群等；也办起了沿河学生军事训练大队；省委也派来干部吕剑人负责一七七师党的工作，王俊主要做地方党的工作。一时间合阳成了沿河的政治军事中心，轰轰烈烈的抗日运动在这里开展起来。

西安学生慰问十七路军

沿河学生军事训练大队是我党领导的，由一七七师主办，从经费开支、武器弹药供应到军事训练都是由该师负责。大队长是宋克敬，团级军官，他积极抗日，热心军事训练，对教学工作十分负责。连、排、班干部是从部队抽调来的，集训的地址在合阳中学时间，1938年一、二月之间，大约一个月左右，军事课的内容主要是游击战术和一些步兵基本训练，政治课的内容主要是一些抗日救亡的理论和政治形势教育，各队有党团组织活动。在训练期间，李兴中师长参加了开学结业典礼及野外演习和民先队总队召开的全体队员大会,许权中同志也来队做了一次关于游击战争问题的报告。在报告中还提到他指挥五二九旅在山西忻口战役中的经验。

训练结束后,还设立了沿河学生军事训练大队联络处。该处设在合阳中学校,我被留下负责联络,当时还印了同学录。由梁步六同志经手发给我上士生活费,大约是10块钱,我领了两个月。之后王俊同志接替了吕剑人同志的工作,约在3月间就派我去澄城县工作去了,集训的工作基本结束。

作者简介:白云峰,陕西省韩城市人,中华人民共和国成立后历任西藏自治区党委组织部长、中共渭南地委副书记等职,现已离休。本文根据白云峰1983年11月在《中共合阳县委党史座谈会上的发言》和1986年4月8日的访问谈话记录整理。已经本人校阅。

合阳中学的学生运动

我党成立后,合阳县在上海、北京和西安的学生利用回乡探亲或以邮寄进步书籍刊物等方式,在我县开始了传播马列主义的活动。在北京曾参加过五四运动的党修甫,1924年来合阳中学任教。1927年上半年他到西安师范加入共产党后返回合阳中学。1928年他去上海复旦大学实验中学任教,1931年再次返回合阳中学,一直活动到1933年。党修甫思想进步,学识渊博,热情宣传革命思想,深受学生欢迎。1927年下半年,共产党员孙蔚如也到合阳中学进行革命活动,他通过国语、美术课向学生讲授鲁迅和其他许多进步作家的作品,讲解师集贤烈士的诗文,热情宣传马列主义,无情揭露封建主义。1930年白坡平、随一高也搬到合中。1931年4月党梦笔受省委指示成立合阳支部,党梦笔任支部书记,党修甫、白坡平为委员;主要活动中心在合阳中学。支部决定办"垦荒书店",推销革命书籍报刊,同时又在合阳中学组织"读书会",作为党的外围组织,团结青年学生开展革命宣传活动,并经过培养考察,进一步在青年学生中发展党的组织。通过支部的组织领导和进步教师的教育熏陶,学生的思想有了新的觉醒,学生运动蓬勃兴起,掀起了一次又一次的学潮。

(一)

1931年6月,省教育厅认为合阳中学办得不好,要改为单级师范。学生们认为这是腐败的学校当局造成的。于是学生们反对守旧的、封建家长式的校长张健伯,进行罢课,推选代表,上书请愿省教育厅和县政府。推选的代表有管建勋、杨志远、范增坤、王用谦和王治镐等。学生要求校长张健伯辞职,解聘不称职的教师;学生向省教育厅打电报,向县长刘正亨请愿,并向社会上发出呼吁,要求声援学生的正义行动。学生代表杨志远、王用谦和刘正亨县长谈判,要求委派刘高天(刘家岭人，共产党员)任校长，立即要县长亲自给刘高天下聘书。这时刘高天已由西安回家。县长答应了学生的要求。鉴于刘高天在西安已经受聘，拒绝接收聘书，于是又派了吕乐亭(王村人)任校长，并聘请了王一然、杨弘毅和李守之(女)等进步教师。学生的呼吁也得到了社会上进步人士的支持，随即成立了"维护合阳中学请愿团委员会"，潘禹九为主任委员，绅士李敏斋、屈哲卿，学生范增坤、雷鸣霄赴省请愿，经过一番斗争，终于达到了目的。

(二)

"九一八"事变后，合中学生爱国热情高涨，学校停课宣传，学生组成7个宣传队，走出课堂，进入农村，宣传反日救国。宣传队回校后不久，大约在1931年的12月，学生爱国心切，义愤填膺地痛恨蒋介石国民党，准备捣毁国民党县党部。由于消息泄漏，县党部的要员晚上逃出县党部，没有达到目的。学生的仇恨没有消除，便决定砸县教育局。一天晚上，学生解荣斌(共产党员，防虏寨人)召集部分进步同学做了动员，之后立即冲向县教育局，从前门冲入，局长朱荣仓皇逃走，学生便把吕荫亭压倒在地，拳打脚踢。接着保安团派人镇压，学生纷纷从后门走回学校。第二天，全校学生排队上街游行示威，散发传单，书写标语，进县政府请愿，要求惩办朱荣，学生在城门口轮流站岗。后来保安团长张文彦(张俊三，太枣村人)从中调解，学潮遂逐渐平息。

(三)

1932年下半年，韩城白色恐怖严重，进步教师张勉哉和共产党员学生鱼养莲来合中，相继还有陈帮荣（党员）、樊直亮（党员）、郭向辰等学生转入合中读书。他们来校后，表现进步，思想活跃。12月间，党支部领导下的"读书会"力量壮大，有些落后学生经常讽刺"读书会"，说风凉话，双方常有争辩，形成两派，一方是进步的"读书会"，另一方是落后的"绅士派"。党支部决定：为了使进步学生在斗争中得到锻炼，对"绅士派"开展说理辩论。以后直至发展成打架，后经校长和老师调解，双方暂时停止打架，进行谈判。"读书会"要求学校开除"绅士派"学生，以致学校停课数日。县教育局局长雷国章闻讯赶到学校训话，要求按时上课。雷国章激怒了进步学生，他们大呼"把雷国章轰出去"，雷国章便扫兴而归。之后，校长吕乐亭答应了学生的要求，恢复上课，学潮暂时平息。学潮结束后的一天晚上，党支部书记党梦笔在合阳中学白坡平的房内召开了"读书会"学生会议，总结了这次学潮的经验教训，并鼓励学生继续努力。

(四)

1933年春，韩城县委派贾拓夫来合阳视察，与党梦笔、白坡平、党修甫召开党支部会，并召开了合中学生党支部会，随后开展了反对县政府民团训练活动，在城内发了不少传单。合阳县政府也慌忙搜查共产党，勒令韩城学生出合阳县境。一时白色恐怖严重。7月，毕业班掀起驱逐历史教师张健伯、停止考试的学潮，逼张健伯连夜离校，把张健伯的铺盖行李扔到校外。第二天，学校提出开除闹事学生。后经多方做工作，闹事学生没有被开除，张健伯回校上课。两天后学校恢复了正常秩序。

内战时期，合阳中学是省直属合阳支部活动中心。支部办"垦荒书店"，组织"读书会"，狠抓青年学生的政治思想教育，吸收先进青年学生入党。中共党组织在实际斗争中培养锻炼人才，结合合阳实际，掀起了一次又一次的学潮。一次次的学潮向封建主义教育展开了激烈的斗争，破坏了学校的旧秩序，宣传了革命思想，振奋了革命精神，激发了学生的爱国热情，为以后革命事业培养了一批骨干人才。

(选自《中国共产党合阳党史资料选编》)

合中师生拒赴"敬老会"活动记述

1939年是中华民族的优秀儿女用自己的血和肉与日本帝国主义在战场上拼搏了两年之后，日本帝国主义短时间想灭亡中国的黄粱美梦已成为泡影的一年。中国人民前赴后继的抗战精神，迫使日寇不得不改变政策：一方面在战场上进行"三光"政策，威逼投降派屈服；另一方面则加强诱降政策，促使国民党反动派投降。毛主席在当年6月30日发表了《反对投降活动》的文章，指出："必须认识当前形势中投降是主要危险，反共即准备投降这一个主要的特点，而用一切努力去反对投降和分裂。"

这时候，国民党的嫡系部队陆军五十三师安营在合阳县的10多个村庄里，师部就驻扎在距城2华里的官庄村。这支部队的所作所为谁也能看出是积极反共、消极抗日。他们成天花天酒地、纸醉金迷，几乎把合阳的鸡都吃光了，群众叫他们是"鸡害怕"部队。抗战两年了，他们有最优良的现代化武器装备，有雄厚的物资弹药，但就是没有和倭奴见过一面。贼不打三年自招，他们的官兵给群众说，他们部队是为反共积蓄力量。

当年6月，传来可靠消息，说五十三师要调防上战场了。群众拍手称快，但五十三师的官兵情绪紧张，惶惶不可终日。师长曹日晖竟异想天开，从各个方面大造舆论，扬言他们部队在离合之前要搞一次"敬老"活动。随即便大肆筹备，官庄的村容为之一新，不久合阳各村65岁以上的男性老人都接到"邀请书"，被邀请参加"敬老会"，官庄村也被易名为"敬老庄"。与此同时，以赵桂棠为首的合阳劣绅，根据曹日晖师长的授意，正星夜赶制"万人伞"，准备于"敬老会"举行当日敬献给"劳苦功高"的曹师长。

老人们接到"邀请书"后顾虑重重，都不知曹葫芦里装的什么药。经过一番紧张的张罗之后，"敬老会"在"敬老庄"开幕。主办者杀猪宰羊，围屏挂帐，鼓乐喧天，演出京剧线戏，数百名老人衣冠楚楚先后来到，合阳县各机关的头头一齐出动，敬献所谓的"万人伞"，场面好不热闹。

合阳中学的专职军训教官事前就在学生中间宣扬：我校决定整队参加，按班清点人数，一人不能短缺。凡是参加会的师生会后都参加宴会，酒席招待。是日十二时左右,学校打铃紧急集合,准备马上出发。军训教官、体育教员一再吹哨子,可学生就是集合不起来。校长来到宿舍,学生便跑进教室,校长到了教室,学生便蜂拥到灶房,乱喊乱嚷"不去!不去!"于是召集10余名包括军训教官、体育教师在内的老师把学生包围起来。不知是谁敲了几响钟(那时的警报信号)并大声喊叫:"警报响了,赶快跑!"说时迟,那时快,大家便从学校后边的城墙洞里跑出去了,弄得校长等人哭笑不得,只得单枪匹马地垂着头去了。

据说,下午一时左右,老人们齐集在官庄的一个大庙堂里,曹师长驾临之后,毕恭毕敬地向老人跪拜问安。老人们被曹师长出乎意料的跪拜吓呆了,鉴于礼尚往来,急忙也跪在地上。喽啰们"咔嚓"摄下了这个镜头。嗣后连同其他事前安排设计好的镜头一起上报上级,反映曹部驻合有功,合阳人民感恩戴德,跪拜恳留,机关送来"万人伞"以表诚心挽留之意。此种贪图安逸、逃避抗战的诈术诡计,真是卑鄙之尤,遗臭万年。

合中语文教师白坡平老师坚定地站在学生一边,他无比愤怒,坚决揭发其无耻伎俩。但有人说"万人伞"上也有白老师的名字。白老师知道后,异常气愤,随即以讽刺诗相赠:

　　老子和你无瓜葛,偷我姓名为什么?
　　竟将羞耻当光荣,而今怪事这样多。
　　是谁想下这法场,"万人伞"儿把名扬。
　　民意岂能假制造,你自热烈我自凉。

1984年3月21日

作者简介:党增田,合阳县坊镇乡灵采村人,原合阳中学教育主任。合阳县政协第一、第二届委员,一生从事党的教育工作,已退休。

(选自《合阳文史资料》)

合中学生闹打架、闹学潮纪实

合阳中学生闹打架、闹学潮的事实,自1933年春到1943年暑期,就我耳闻目睹、亲身经历的,分两个时期,共有七八次之多。

第一期,是1930年春季到1933年暑假,这时我是合阳中学生。我1930年春季入学,1933年暑期毕业,合中由成立到我毕业时,共是9届,我是四二制中学的最后一班毕业生(第六届改制一年后,仍复旧制)。

第九届分甲、乙两班,习惯上叫作"甲级""乙级","乙级"是1930年秋季生,是改为三三制后的第一班学生。那时,学校共有4个班,每班二三十人,数目不等,总计约百多人，这时在校学生因感受社会环境、家庭景况和政治潮流的影响，常有闹打架闹学潮的事端发生。闹打架、闹学潮，究竟怎样来区别？一般的认识（包括我个人在内）是，一群乌合之众的青年学生，为了某些个人利益，彼此打架斗殴，或被喝声而起殴打别人的，都属于闹打架的行为，如果是青年学生，感受了时代潮流的影响，为了社会事业、为了爱国、为了革命而有组织地进行的一切活动则都属于闹学潮的行为。这一时期的学生闹事行为，两种共有五次：

一、班级之间的打架斗殴

1930年秋季，我班是第一学年的第二学期，除过三三制的一年级新生外，还有两个上级班，即二年级（第八届生）和三年级（第七届生）。作为一年级的学生，应该是谦虚谨慎些。可是我班有些人作文章、写大楷有了好名声，学校常加表扬，公布作业时教员常称赞，于是我们班上滋生了骄矜气习，同学们在言语上、行动上不自觉地飘飘然起来，以致引起了高年级的厌恶和反感。这样在一个星期六的午后，学校的主要负责人都不在校内，三年级一伙人以贺敬仪、安济生为首，由我班号舍洞洞的东边拥进来，大声喊叫"人向出走！"责问我班为啥骂他们。王治镐、李正德等人的房子门靠近洞洞门，急开门惊看。于是几个人捕上去，即将王、李两个拉倒在地，拳脚踢几下，其他众人由东向西地叫骂过去，出西洞洞口远走了。我的房子在中间，虽然我也曾开门探望，但因为三年级有我的小学同学朱振民和亲戚关系的张象坤，我得以"幸免于难"。

打架刚完毕，三年级同学又打铃召开全体学生会，由贺敬仪主持并讲话，他慷慨激昂，大意说有些捣乱分子是同学中的败类，要给予严厉教训等等。之后，校方虽有所闻，也不了了之。

二、逼迫校长张健伯下台的学潮

1931年春季，开学时间不久，传来消息是县教育局局长朱文轩认为学校办得不好，于是呈报省教育厅，要把合中改为单级师范。这个消息在全校学生中引起很大的震动。当时由最高班四年级发动各班派代表商议办法，认为这种恶果是无能的校长张健伯造成的。因此在一个早上，全校一致罢课并推谢天相送给校长一封信，要他辞职下台。这个消息很快传了出去，经过县当局的研究调处，学校第二天就照常上课，两三天后，县府调派财政局局长兼地理课教员吕乐停代理校长。暑假过后，秋季开学时，吕乐停已省教育厅批准为正式校长。这次学校风潮，以改进学校面貌的气势胜利结束。

1932年春季，年节过后，吕校长从外地聘请了几个新教员，主要有：山东人李仲箋，教数理化兼教务主任，兴平县人杨宏毅教英语，长安县人王毅然教国文；还有我县的数学名教师常修甫等。学校风气为之焕然一新。

三、抗日救亡的学潮和义勇军活动

1931年"九一八"事变发生，全国人心沸腾，义愤填膺，纷纷奋起作抗日救亡的斗争活动。消息传来，合中学生首先全校罢课示威游行，继则分区下乡进行抗日宣传，并受到西安学生代表来校鼓动，组织起合中学生抗日义勇军大队。全校共分三个队，范增坤、王用谦和我各担任一个分队的队长。经常由体育教员姜纯轩教以劈力、刺枪杀敌作战技术，在节假日并作演剧、墙报等活动，学校和社会的抗日救亡风气大为振奋起来。

全国各地的抗日救亡消息不时传到学校，同学们愤恨国民党政府的不抵抗主义，于是酝酿打砸国民党的地方机关合阳县党部，以抒发爱国热情。可是事机不密，走漏消息，国民党县党部党务指导员宋秀峰和其他重要人员各自都逃跑了，宋从此再没有回合阳。

县党部没有打得了，于是变为打砸教育局的计划，同学们认为朱文轩身为教育局局长，竟然呈报省教育厅撤销合中，是摧残教育、愚民亡国，为日本帝国主义侵略开路。在将放寒假的一个晚上，同学们以义勇军的名义组集了三五十人，从教育局的大门打进去。又因有人给朱文轩通风报信，朱和一伙职员已逃匿了，只有督学吕荫亭和几个客人挨了打。同学们随即由后门撤走。后门外虽有县保卫团的团兵多人，可是学生一直闯过去，团兵们也未加干涉，当晚的打闹事件就算平息。

第二天早晨，正飞降大雪，同学们仍不甘心朱文轩的逃走，虽是雪天寒冷仍在城门站岗终日，我隐约记得城门上站岗监视的有雷成章、刘武、成德几人。刘武当时还提出责怨别人的意思，不几日县当局批准朱文轩辞职，并清查账目，办理移交手续。此后，直到1943年后朱因伤寒病不治亡故时，再没有听说过他在局长任内的任何问题。在这一事件中，县保卫团团长张文彦对学生黑夜打砸教育局、白天城门站岗、监视朱文轩，当时虽派有团丁出动和值班守卫，却不加以有力干涉，因而遭到县上"士绅们"的非议和县当局的责处。

这次学潮过后一个时期，同学们的爱国思想和对旧社会黑暗的认识都有所提高，主要与美术教员孙蔚如、数学教师党修甫等人在日常生活中对共产主义的传播和熏陶有关。同时旅外同乡亦给同学们捐助和出售些新书籍，同学们也有托人在外地购买的。当时学校里一些同学最爱看的是鲁迅的《彷徨》《呐喊》，蒋光慈的《鸭绿江上》《少年漂泊者》等。此外，学校图书馆里有许多大部头书，如《水浒转》《儒林外史》《红楼梦》，还有《中山全书》《独秀文存》《胡适文存》等等。同学们组织的读书会，因为入会须交纳一元的会费，我没有参加，也不知道有多少人参加。可是那些新小说作品，在大部分同学中也都阅览流传过。当时的一些小说，对我来说，增益科学知识不少，但不理解真实意义和精神的，也是不少。至于读书效益，在当时所起的政治影响和具体的其他革命行动上并没有显著迹象。

由于热诚的抗日救国活动与国民党政府的不抵抗主义背道而驰，学校的思想进步教师相继离校，体育教员亦更换成黄埔军校毕业的王中民，对义勇军组训活动则淡然视之，这一活动便无形中消沉了。

四、班级之间的哄闹打架

1932年秋季，第七届同学已经毕业离校。在校的四年级学生是杨国株、范增坤、杨志远、管建勋那一班，我班是三年级。我们这一班，当时总有些骄傲自满、盛气凌人的气味，既不服气"老大哥"的四年级，又轻视"同年兄弟"的乙班。班级之间常有不和睦的气息，闹小纠纷的声势时起时落。记得某一天晚上，各班都在号舍内上自习，我班的赵世爵忽然听得前面三年乙级院子里有一声叫喊，是胡叫声还是指名骂仗声，并没弄清楚，赵即随声叫骂，于是两班人都互相骂起来，接着就向房顶上一个接一个地扔砖头。这时四年级号舍洞洞口有一堆人惊得探看。我们班有人向那一堆人抛去一块砖头。这一无为的行动使两班同学自行联合起来向我班进攻。于是，我班那些健壮有力的同学，包括我在内，分别布置在东西洞洞门，凭藉

"险关"，固守"隘口"，竟然没有一个人敢向里面冲。这时同学们彼此都感到奇怪：这究竟是为了什么？于是正在进行的"仗伙"也没有一个人叫骂了，反而在黑夜里沉寂起来，只是前后向房顶上掷砖头、瓦片、土块而已。约有十几分钟后，各班都有教员分别跑去劝止和监视，我班是体育教员王忠民到场监视，他既不许我们出去"应战"，又防止外班同学"挑战"。就这样，打架声势给平息下去了。约有个半钟头，校内打铃了，各班都安然就寝。

第二天早上起床后，太阳尚未升起，我班院子里尽是砖头、瓦片和土块。同学们都觉得愤而可笑，彼此见了面，也和平常一样，好像农村里"闹社火"打架后的情景。这时有消息传来说，我班四个人被开除了。我亲自去看究竟，果然，校牌写着雷甫田、仵棨文（是我中学时的名字）、雷云汉、雷成章等人鼓动同学打架闹事捣乱学校秩序，应予开除学籍等等。我们当即质问学校当局：究竟是为了什么？吕校长没有法子答复。于是我们全班罢课示威，并将书籍行李一齐捆背出校寄放在洞子巷雷成章家中，由城内和附近村庄的同学随时听取消息。结果，还是由县当局和学校方面采取妥善办法，将同学们分别叫回去。我们四个人要写出悔过书，方准到校上课。这样我们全班同学停课约有半个月的时间，都先后回了校。我们写的悔过书，还要经国民党县党部的党务指导员曹作义"阅看"一下。之后，我们在外地邮购的书籍，曹都要"过问"。

打架混闹的后果：首先，我班同学都不同程度地受到家庭的训斥，其次是受到旧势力的压迫。因此，抗日救国活动和抗日义勇军组织形式在当地从此无形消失。同学们也感到毕业后的出路迷惘，好像一块石头压在心上。班级之间的不和睦气氛日渐消失，平息下来。

五、毕业试题引发的打闹

1933年暑期将到，三四年级同学一般都感觉到好像有一种不随心愿的事将要来到自己身上，思想上是：毕业了到哪里去？在这种心情下去迎接毕业考试，确实有许多顾虑。考试将到末期，部分同学感到历史课程比较难答，要求教历史课的张健伯先生指明出题范围或献题。张先生是我们的老校长，不答应一些人的要求。结果，在历史课将要考试的前一天晚上，毕业班乙级一伙人拥挤在张的房门外，要求张教员依照他们的意见办事。张的态度还是坚不允许。于是有些人就谩骂起来，以至大骂，跟着有些叫骂"轰出去"。又有些人把张连揪代拥，由校门揪出去，张于是到教员院里去了，再未见下文。闹事的同学中只听得李敬修的叫喊声最大。事后，大家毕业散去，再没听见情况。

第一期的打架闹学潮和抗日救国活动，主要如上述。第二期是1942年春季到1943年暑期，我在合中任教员兼班主任、教务主任时，学生还有些闹打架情况：

一、1942年秋季，一个星期六放假的晚上学生不上自习，怒吼剧团演夜戏。一群学生因为想进戏院"看白戏"而和售票员"据理"争吵起来，这时忽有人用砖头砸了汽灯，于是大家一拥冲进剧院内，硬要进剧场。维持秩序的自卫队立即奋起阻拉，双方成为"对峙"状态，剧团派人去学校"告急"。这时适逢我在校内，听到传来的消息，我立即叫打铃的娃娃笃科提上小玻璃灯笼去戏院。我进北小门，喝喊了几声，一群同学向大门涌去，由北大街跑回了学校。过了两三天，张缙卿校长召开校务会议，中心议题是整顿校风。会议结果是把到戏院闹事的四个人开除了。其中管文镖在我的印象中最深刻,因为他是合阳县省银行办事处经理的儿子。其他三个人都不记得了。这次回忆才弄明了另外三个人是李生才、王成录等人(一人未清楚)。这次闹事的经过情况只是这样,并不会有任何其他因素。

二、1943年5月,在国民党纪念"五一劳动节"这一天,合中要举行体育运动会。运动员张海潮等以事务主任李乾益对体育用品不能及时购办,揭翻了李的住所——办公室。张缙卿校长即时报请国民党合阳县党部书记李巨然,三青团合阳县分团部筹备处书记宋光祖到校查看了现场情况。随后,在运动会刚结束的一个早晨,由一名警察将张海潮送回家中。这学期没有到底,我因事即离开学校,以后的情况,就漠然不清了。

这时期还询访得到:在党晴梵校长时期,学生殴打过乡绅刘任夫;在张缙卿校长后期,学生又打过美术教员——这些都是出于个人某些成见,不会有闹学潮的意义。此后,合中直至合阳解放前夕,未发生任何闹事情况。

经上所述,合中学生闹打架、闹学潮和抗日救国活动,当时都有它的各种原因,也都已经成为历史事实。正确与否及功过问题,历史自有公论。我所草写的这些事实,错误之处,欢迎知情人指正和批评。

1986年10月28日

注:本文作者系件建华。

(选自《合阳文史资料》)

一七七师收复晋南十三县

首战张营镇

1938年4月底,一七七师奉西安行营主任蒋鼎文、三十八军军长孙蔚如及第二战区副司令长官卫立煌电令,要师长李兴中督率全师东渡黄河,至晋南三角地带寻机歼敌,策应徐州会战。

当时敌我态势如下:晋南敌之主力转用于鲁南,徐州方面,留在晋南的仅有川岸文三郎第二十师团之一个旅团和驻在侯马的板垣征四郎第五师团之一个联队,附有特种兵一部,飞机10余架。兵力不足分配,只能据守点线,有时派出巡逻队警戒干扰,进行威力侦察。伪军和伪政权刚刚组建,浮动不稳。一七七师奉命后,召开紧急会议,部署渡河作战,首先命令本师游击队急向闻喜、安邑间之敌袭扰,破坏同蒲铁路交通;编组便衣武工队,先行渡河,进行搜索和侦察,谍报队加紧搜集敌情上报。此外,组织工兵爆破队、医疗担架队、宣传队、慰问队等,做好准备,随军东渡。

1938年5月3日,一七七师主力部队分别由夏阳渡、榆林渡、芝川镇、朝邑等处东渡黄河。师部位置在吴王东渡。五三〇旅任云章部首战永济之张营镇。该镇是敌重要桥头堡,并负有掩护同蒲路交通安全之任务。我军以任旅为主攻,杨复震补充团为预备队,向张营镇之敌猛攻。敌仓皇应战,固守不退。我军士气高涨,猛攻不停,敌终不支溃退,张营镇被我攻占。敌我伤亡都甚重,我营营副张新民、张子伟及连长李少棠、卢劲节和排长李锐均负重伤。日寇撤离张营镇后进行了整顿,同时由运城派来大队增援。我五三〇旅按孙蔚如军长电令,为避免向敌硬攻,减少伤亡,转移至运城、猗氏一带袭扰敌人,一度与师部失去联络。

血战吴王渡

日寇在张营镇遭受打击,图谋报复,于是集中力量向我吴王渡师司令部进攻。敌机三五成群轮番轰炸,敌炮亦随之猛轰,继之以坦克掩护步兵向我阵地冲锋。我师部各直属营、连奋勇还击,屡挫敌锋。师部指挥所设在一窑洞内,参谋长许权中。我和作战科长张清波及少数参谋人员在这里指挥作战,李兴中师长也不时来指挥一切。许权中沉着、勇敢、机智,指挥很得力。一次正当午后,烈日炎炎,敌以大炮、掷弹筒猛射,加以飞机狂轰,弹片在洞外横飞,而许权中却毫不介意,他说:"日本鬼子的劲快使完了,咱们该反击啦!"随之,他命令炮兵一连连长姜万和以德造克虏伯野炮突然向敌还击,敌炮立刻被打成哑巴。吴王渡攻守战持续了两昼夜,师部派杨复震补充团抄袭敌人后方侧翼,敌乃溃退运城,吴王东渡之围遂解。一七七师除以杨复震团守备吴王渡外,师直属各部队乘夜奔万泉(今万荣县古城村)之敌,以一战形式攻占万泉而不守,又急速回攻临晋。稍事休整,又急攻袭同蒲路虞乡车站。

吴王渡之战,我师辎重营长李锦锋(中共党员)身受重伤,代营长王汝昭(中共党员)固守吴王渡战功卓著。吴王渡血战,击毙敌大队长山佐,缴获敌文件称:"侦悉张营之战,支那军一七七师系杨虎城部队,素质不良,而骁勇善战,不可轻敌。"

注:本文作者系苏剂吾。

(摘自《丹心素裹》)

抗战期间我在一七七师基层的活动

争取王云山

西安事变和平解决以后,中共陕西省委吕剑人同志指示我在西北军里通过熟人联系,说明和平解决的正确和放蒋的必要。我原在四十九旅补充团当连长,此时已经离职,正在西安闲住。"二二事件"王以哲被枪杀后的一天傍晚,我到西安东关云找何鸣皋解释这个问题。何是十七师四十九旅王云山团(该团是西安事变后由三十八军工兵营新扩编而成,番号记不清了)第三营营长,是我1931年就认识的老友。我和何正交谈间,四十九旅旅长王劲哉紧急集合团、营长开会,我便向何告辞。何说:"集合气氛紧张,必有要事,你等我回来再走。"

不多时候,何鸣皋回来,屏去左右,小声对我说:开馆之初,一般人抱着好奇心理来看看,及至看了《解放》和《群众》等刊物,很受吸引,接着不但本营看人越来越多,其他营、连也有人经常来看。有的人还捐款、赠书,图书馆成了个宣传抗日的场所。后来虽然部队在黄河西岸频繁移防,图书馆也随同迁移,但仍照常开馆。直到1938年夏,部队进入中条山,因战事紧张才停办。

1937年7月,卢沟桥事变发生后,我和支部同志商量并得到何鸣皋营长支持,创办了《士兵周刊》。刊物经费来源绝大部分是党员和爱国官兵的捐款。刊物上摘要转载党中央和毛主席的文章,刊登士兵自己写的稿件。官兵们看了党和毛主席的文章,受到很大鼓舞。党支部此时在我连发展了5名党员:王耕田(排长,甘肃会宁人)、徐快明(班长,陕西扶风人)、刘清云(副班长,陕西咸阳人)、常生立(士兵,陕西富平人)、×××(陕西商县人,忘记姓名)。5名党员编成一个小组,王耕田任组长,同我直接联系,不同支部其他党员发生横的关系。

8月,部队开往黄河西岸。10月,雁门关及正太路战况吃紧,我团由朝邑移驻合阳夏阳渡,日夜赶筑河防工事。吕剑人看到我工作太忙,派罗登甲来协办《士兵周刊》。罗的政治和文化水平都较高,从此刊物内容更加充实,编排也有改进,官兵更加爱读,同时也引起团副张伯虎(富平人)的猜忌,认为这个周刊是替共产党做宣传的工具,于是勾结营副赵文彦(高陵人)匿名给一七七师师长李兴中写信,诬告我唆令士兵打沉了一条难民船。师领导不经调查,即将我押进合阳监狱。张、赵以为这样一来刊物就办不下去,可是支部同志仍坚持出刊,并且联络团内官佐、当地船民,动员我连同士兵分别给师长李兴中写信,证明并无击沉难民船一事。师领导派参谋长苏济吾到监狱看我。苏对我说:"你们办的《士兵周刊》,爱国官兵观感很好,但是个别人却另有看法,你的冤案是由此发生的。我将向师长说明真相。"不久,我被开释回连,罗登甲将我被诬经过写了一篇文章登在《士兵周刊》上。王云山团长看到官兵和当地百姓对我如此声援,把我叫去问明原委,在张兆祥、雒德卿、何鸣皋三位营长的建议下,撤了张伯虎和赵文彦的职。

1939年6月6日,日军进犯中条山阵地,我军遭受很大损失,机构人员做了调整,我被编入一〇五七团,《士兵周刊》也因之停刊。

注:本文作者系卢松轩。

(摘自《丹心素裹》)

我分管一七七师地下党工作的简单经历

1937年4月底左右,我调到陕西省委军委作联络员,分管十七路军一部分地下党工作,其中包括驻防在三原一带的一七七师部分党组织关系,另外还有保三团、黄龙垦区和乾、礼等县地方武装中的党组织。这年夏秋时候，一七七师部队先后移防至沿河的合阳、韩城、澄城、大荔、朝邑等县，守卫黄河（并有一部分过河作战），准备迎击西渡黄河的日军。一七七师司令部驻在合阳。

西安学生慰问河防将士
（摄于合阳中学前楼）

军队去合阳不久，我就去那里作联络。以后我就较经常住在合阳，除有时住在合阳城内管建勋（中共党员）的书店外，还在群众家中租用了一间住房。当时我除联系一七七师中的地下党关系外，省委指令我以特派员名义兼搞地方党的工作。当时驻军的任务是守卫黄河，并协同地方政府积极宣传组织广大群众起来抗日救国，支持地方政府一切有利抗战的动员活动。地方上党组织的中心任务同样是宣传教育并组织群众抗日救国、保卫家乡。当时军队中的党组织和正在恢复发展的地方党组织，在宣传动员、组织训练群众和准备迎击日寇方面的任务是共同的，工作配合也是很密切的。

在大革命时期及大革命失败后的一段时间，沿河的韩、合、澄、朝等县地下党组织还是较多的，但后来一度遭到破坏。西安事变以后开始有所恢复。抗战开始后，省委对恢复发展沿河地方党组织很重视，提出要放手恢复和发展地方党的组织，凡有条件的地方，就建立党的领导机构。当时韩城已建立起县工委，澄城成立有区委，合阳有了党的支部。至1938年春，省委决定成立沿河工委，派来王俊同志任工委书记，我参加了工委领导，主要仍管一七七师地下党工作。直到1938年7月间，省委调我另行分配工作，派张赓良同志接替我管理一七七师地下党工作。

我所联系的军队中的党组织和党员，现在能回忆起来的重要党员有：参谋长许权中，和我是单线联系；师司令部的梁布鲁、姜树德、钟强、王寒秋，小组负责人是梁布鲁；辎重营的李锦峰（营长）、王汝昭和李醒吾（均为营副）、蒋××（军医主任）；五三〇旅的卢松轩、刘达森等。

辎重营辖两个连，各连都有支部，连长也都是党员，经回忆，党员有王雨泉、巩自洁、邹功烈、高庆云、郝秉钺等。后来，辎重营党员在中条山的一次战斗中伤亡较多，张赓良同志就是在那次战斗中牺牲的。

一七七师驻防沿河各县时，对抗日救亡各种运动是大力支持、积极援助的。如抽调人员到农村去协助地方开展群众抗日救亡工作，利用暑假办学生训练班，对青年学生进行军训，派出军官到地方上办集训班讲课，侦察河东敌情，加紧准备迎击日寇西渡等。可以说，一七七师驻防沿河时在支持援助地方开展抗日群众运动方面做了很多事情，也协助地方发展了党的组织。

关于反托派问题，我在那里工作期间，在党内没有提出过反对托派问题，没有发现党员中有托派嫌疑的人。只有梁布鲁同志曾经谈过，有几个托派嫌疑的人来合阳见过师长李兴中，李对个别人曾准备任用；但并未认准就是托派或和托派有密切关系。

由于驻防军队大力支持抗日救亡工作，更加上合阳县有位抗日的县长苏资琛，而且又处在抗日战争爆发初期，国共合作关系较好的形势下，所以沿河各县，尤其是合、澄、韩等县群众抗日救亡运动得以迅猛发展，工作进行得顺利、活跃。可以说在较短时间内那里的抗日救亡群众运动蓬勃发展起来了，农民、学生、妇女等群众抗日组织普遍建立了。广大群众的政治思想觉悟有所提高，在群众运动发展的基础上，地方党组织恢复发展也较快。

1987年6月

注：本文作者系吕剑人。

（摘自《丹心素裹》）

原十七路军一七七师在合阳驻防及合阳的抗日救亡运动回忆

1937年，"七七事变"以后，我受省委的委派，以省委联络员的身份来到合阳，主要任务是两项：一是联系军队中的地下党组织；二是恢复和发展地方上的地下党组织。

1936年"西安事变"和平解决后，蒋介石采用了两面手法，一面表示停止内战，一致对外；一面对张学良、杨虎城更加仇恨，蓄谋瓦解东北军和十七路军，并对张、杨两人实行囚禁和放逐。1937年5月，杨虎城将军被迫接受蒋介石命令，离开部队前往欧美进行考察。杨出国后，蒋介石将杨的十七路军进行了改编。卢沟桥事变后，全面抗战开始，一七七师奉命开赴合阳、韩城、大荔、朝邑等沿河地区驻防。司令部驻扎合阳县城东的官庄村。我是这年8月左右由陕西省委派去合阳联系当时驻扎在合阳沿河几县的一七七师中地下党的工作的。

"西安事变"以后，我党对十七路军以可靠的友军对待。一七七师受我党的影响多，党的力量较强，是一支坚持抗日的部队。这支部队驻防合阳的任务是坚守河防，随时随地准备抗击西渡黄河的日本侵略军；积极发动群众，进行团结抗日宣传和搞民众自卫队等组织，积极准备迎击日寇西渡黄河。这个师是杨虎城将军的主力部队之一，也是他拉得动、信得过的力量。在西安事变前后，全师官兵一致拥护杨将军的抗日救国主张，具有一股抗日救亡誓死战斗的气概。师长李兴中，原是杨虎城西安绥靖公署的要员，是杨发动西安事变的核心领导人之一。他思想进步，坚持抗日，积极协助我党工作，是一位爱国将领。该师参谋长许权中是久经考验的共产党员（后被敌人徐经纪暗杀）。司令部辎重营营长李锦峰，副营长王汝照、李醒吾以及各连长也都是共产党员，每个连都有党支部。司令部警卫连连长姜树德、参谋梁步六、王寒秋等也都是党员。当时，该师已成为与我党有紧密联系的抗日救国的一支武装力量。

当时，我的主要任务除联系一七七师中党的工作外，兼管发展和恢复地方上的地下党组织。韩城有个县工委，由白云峰、薛焰负责。合阳、澄城等县正在积极恢复发展。我到合阳联系一七七师中的党组织时，经过党员梁步六认识了管建勋、翟贞祥（他二人在合阳开"大众书店"），知道了管是合阳人、翟是澄城人，过去都是地下党员。澄城暴动后地下党组织遭到破坏，他们就跑到合阳开了书店。经了解后同意恢复管、翟党籍。后就经过管、翟在澄、合（主要在澄城）恢复和发展了几个党员。在澄城成立了党支部或党小组。记得有杨力生和一个小学教员等人。在合阳经常和我发生党的关系的有管建勋、翟贞祥、苏史青。我们就以管在合阳东街开的"大众书店"作掩护进行革命活动。1938年4月，省委决定成立沿河工委，并派王俊同志为工委书记。王到任后，宣布了省委决定，工委有我、白云峰、苏史青等人。工委第一次会议就是在大众书店秘密召开的。我们之间的活动、交换情况多在大众书店进行。为了工作的需要，管建勋同志还给我在城内老百姓家找了一个临时住宿的地方，有时开会和接头也在那儿。

抗日战争初期，日本侵占山西，妄图进犯陕西。陕西省委发表了告全省同胞书，号召全省人民紧急动员起来，保卫陕西，保卫大西北，合阳等沿河地区就成了保卫陕西的前线。在这种紧急形势之下，我们就更需要加紧工作，在党员的领导下，广泛发展抗日民族统一战线，放手发动和组织群众，使抗日高潮迅猛兴起。合阳当时的县长苏资琛是一位抗日救亡的激进人物，被人们称为"抗日县长"。他思想进步，同情和拥护我党的主张，受我党的影响较深，他与我们合作共事关系很好。他在合阳当县长时期积极支持抗日救亡运动，团结组织了一批抗日爱国进步人士，为党的组织发展和开展抗日救亡运动提供了有利的工作条件。他还担任抗日救亡运动委员会的主任委员。他在县政府任用了一批进步分子和党员，如苏史青、樊一鸣、罗铭、伍仲秋等同志，他们可以利用政府工作人员身份在工作上积极发动群众，进行团结抗日宣传和搞民众自卫队等组织，组织人民群众参加抗日救亡运动。

在省委的直接领导下，对一七七师的工作，我们的方针是正确的。一是当友军对待，在部队内广交朋友，开展统一战线工作；二是加强抗日爱国教育，巩固部队，坚守河防，准备打仗；三是协助地方开展抗日救亡运动，发展地方党组织，宣传群众，组织群众，组织农会。当时合阳的抗日救亡运动的确有声有色、轰轰烈烈，合阳是一个相当活跃的地区。县政府给各区、乡都派有抗日救亡的动员指导员，都组织起了农救会、妇救会。还有学生救亡宣传队、民众自卫队等遍布全县。群众的抗日救亡热情很高，农救会、妇救会、民众自卫队进城时都带着整齐的队伍，执着红缨枪，背着大马刀，此时此刻，当真令人异常振奋。县城内经常召开民众大会，不少爱国青年登台演讲，妇女组织教唱抗日歌曲，军队举办群众军训班，使军队和群众更加团结一致，准备迎击日寇的进犯。合阳当时抗日高潮的兴起，首先是由于我党的正确领导，我们做了大量的工作，团结了一大批爱国人士，恢复和发展了地下党组织；二是一七七师在合阳驻防，部队将领坚持抗日主张，积极宣传抗日；三是得到了进步县长苏资琛的支持，苏为我们党的活动创造了一个极好的宣传、组织群众的机会；四是1937年9月—10月，朱德、邓小平、刘伯承、贺龙、宋任穷等三次带领八路军东渡黄河路经合阳的影响；五是蒋介石对日的不抵抗主义致使山西已沦为日寇占领地区，黄河东岸的山西民众饱受日本侵略军的烧杀掳掠，过着铁蹄下的非人生活，黄河西岸的合阳民众时有见闻，所以人们义愤填膺，誓死不当亡国奴，积极投身到抗日救亡运动中。

1938年5月，省委调我去西府工委任书记，我的工作由张赓良同志接替。到7月，蒋介石为了抓取陕西政权，让原十七路军所有部队开赴山西中条山直接参加抗日战争。

一七七师在合阳驻防期间，部队内我党的力量比较强，党已经能够掌握部队。全师官兵抗日救亡情绪很高。他们坚守河防，发动群众，协助地方，在开展抗日救亡运动中确实做了大量工作。他们的事迹是值得回顾的。

1987年4月

注：本文作者系吕剑人。

（选自《合阳文史资料》）

抗战初期我党在一七七师辎重营的活动

独立营时期

辎重营是我党在一七七师重点掌握的单位之一。其前身是西安绥署独立旅独立营；再往前，是西安绥署特务营教育连，即第四连。

西安事变中，特务营执行拘捕和看管随蒋介石来西安的国民党军政要员的任务。正确地执行了不虐待、不侮辱、不拿他们一件东西的政策。不久，杨虎城将军以特务一、二团组建西安绥署独立旅，许权中任旅长。另以特务营教育连为基础，接收被国民党关押在西安的被俘红军百余人和一批青年农民，组成独立营，归独立旅直辖。全营500人，编为3个连。营长李锦峰，营副巩自洁，连长李醒吾、许乐善和我，都是中共党员。

独立营编成后，随旅部从西安进蓝田县城，担任保卫旅部和在蓝田东南高地构筑阵地的任务，准备抗击中央军向西安的进攻。这时，独立营在旅长许权中、政训处长方仲如（均为中共党员）的领导下，首先抓了对部队的抗日民族统一战线教育，提高官兵对形势的认识，团结全体官兵，向协防的红军学习。红军徐海东部东出商洛地区路过蓝田时，旅部召开欢迎大会，由李锦峰代表旅长讲话，表示热烈欢迎。徐部还派出人员与我营官兵联欢，教唱革命歌曲，讲革命故事，提高我营官兵觉悟；并为我营办了训练班，学习政治和游击战术，送去学习的有战士王清析、张德云、赖鸿昌等20多人。

我营在构筑阵地过程中，每天早收班一两个小时，向人民群众宣传抗日民族统一战线和西安事变的意义，揭露蒋介石的不抵抗政策，教唱抗日歌曲，有时也开座谈会。群众抗日情绪高涨，军民关系融洽。

蓝田县民团团长张子厚对西安事变不满，他自恃有兵有枪，向我们挑衅。独立营奉旅部命令派人逮捕张子厚，他闻风逃跑。结果把国民党蓝田县党部书记长王友植抓到，押了一段时间，处决了。蒋介石派驻西安的宪兵三团解决了，但有些骨干漏网潜逃，经过蓝田时被我营查获问明，我营经旅部批准予以处决。

西安事变和平解决后，独立营随旅部移驻耀县城内。1937年春初，由西安来一卡车，途经耀县去延安，独立营选派4名学生随车去延安红军大学学习，后他们都留在红军工作。越南胡志明同志去延安路经耀县时，独立营担任警戒，保证其安全。

独立旅进驻耀县不久，将耀县民团团长雷天一枪决。民团余部逃至西北马栏山区盘踞，与土匪勾结，对自陕北至关中的交通构成威胁。为了消灭这股反动武装，独立营奉命与阎揆要团两个连配合陕北红军进行围剿，将其缴械。部队进入马栏山，以红军为主召开了会师联欢大会。缴获的枪械马匹，我营没有要，全部留给了红军，然后返回耀县驻地。

回耀县后，李锦峰营长通过组织关系，从阎揆要团要来高庆云等3名地下党员，让他们担任班长、排长职务，在排以下人员中发展党员，建立党的基层组织。我们连以上党员则着重给他们创造建党环境，进行公开的政治教育，发扬民主，改善官兵关系，工作上给予配合。当时，我是直线关系，与独立营党支部没有组织关系。

改编为辎重营

1937年3月，一七七师成立，独立旅改编为五二九旅，独立营抽出第二连编入一〇五七团，其余编为师部辎重营，辖两个连，共300多人。营长仍为李锦峰，我和王建勋为营副，一连连长李醒吾、二连连长巩自洁。改编完成后，调驻三原县城，与师部驻在一起。这时，陕西省委派一位姓胡的同志来营领导党的工作，但不久就离开了。

守备黄河

1937年秋，河北、山西抗战失利，日寇由同蒲线南下，危及陕西。一七七师（前五二九旅，该旅已先期参战）奉命开往陕东沿河各县，守备黄河，防敌西渡，辎重营随师部进驻合阳县城。这时，陕西省委派吕剑人来领导一七七师党的工作。

部队驻合阳后，政治环境较好。师长李兴中、合阳县县长苏资琛都积极主张抗战，支持抗日群众运动。在这一有利形势下，辎重营大力开展了党的工作。各连组织了墙报委员会和读书会，设置了阅览室，实行以班为单位的民主生活会制度，发扬民主。由巩自洁连长的爱人张云霞和李兴中师长的四女儿组织歌咏队，教战士唱抗日歌曲，提高抗日热情。政治教育分两个层次，用两种方法进行。公开的，是由延安抗大结业的中共党员王力(女)上政治课，主要讲抗日民族统一战线；隐蔽的，是用个别交谈方式，讲党在中国革命中的作用、红军的性质和军民关系。八路军经合阳去山西的人员很多，辎重营请了两位干部，结合连做报告，同干部开座谈会，分析抗日形势，介绍八路军的作战经验。

为了发动群众抗日，一七七师和合阳县政府举办了沿河七县教师训练班和学生军事训练班（内有女生队），为开展游击战培训骨干。师部指派我营营长李锦峰和师部参谋宋克敬分任两个班的领导，并从师部特务连和我营抽调一批班长、排长和士兵到两个班做基层工作。师参谋长许权中（中共党员）专门写了游击战的小册子，作为训练班的一个主要军事教材。在广大农村普遍组织了自卫队，辎重营曾派出40多人去农村训练自卫队骨干。在他们去之前，我和李醒吾同他们一起研究如何工作，回来后又同他们一起总结经验，既协助了地方，又锻炼了部队。

师部组织以王革非、梁布鲁为首的游击队，去晋南开展游击战争，辎重营派在徐海东部受过训练的王清析、张德云等人去参加。

这一时期，党的组织也发展了。每连都有一个党支部，共有党员30多人。记得姓名的有：吴望兴、高庆云（原为排长，后任二连连长）、蒋士诚（少校军医主任）、王雨泉（原为营部副官，后任一连连长）、邹功烈、张宗汉、郭颖如、王军健（以上四人为排长）、郝铖、王清析、张德云（以上3人为士兵）。我和李锦峰、巩自洁、李醒吾等连长以上党员归陕西省委联络员吕剑人直接领导，与连队党支部没有组织关系。

初战吴王渡

1938年5月，一七七师（前五二九旅）奉命东渡黄河，收复晋南三角地带，以策应徐州会战。为了发动战地群众配合部队作战，师部组织了以许权中为首的工作团，王力任妇女部长，随军渡河。渡河前，吕剑人介绍张赓良来辎重营领导党的工作。

部队渡河后，五三〇旅及补充团与日寇激战于张营镇，予敌重创后转入敌后。师部和辎重营、特务连等留驻吴王渡。日寇以步炮兵千余人猛攻吴王渡，企图歼灭我师部，占领渡口。攻击重点指向吴王渡东门及其以南我营阵地，硝烟弥漫，弹如雨注。我营官兵沉着应战，待敌迫近时，突然开火，猛烈向敌打去，迫敌弃尸后退。敌人连续发动强攻，辎重营奋力抵抗，伤亡亦不断增加。营副李醒吾在战斗中负伤。有一个战士身负重伤仍然举枪挺立，怒视敌人，打出最后一颗

《西北文化日报》载吴王渡之战

子弹，然后徐徐倒下。经过两昼夜的激战，我顶住了敌人的进攻，保卫了渡口，掩护师长李兴中及师部一部分非战斗人员安全撤回河西。辎重营和师直其他部队在参谋长许权中指挥下，安全转移到敌后夏县一带活动。

注：本文作者系王汝昭。

（摘自《丹心素裹》）

关于驻合四十五兵站医院情况

驻合四十五兵站医院在去年清明节时病死士兵50名,葬在雷家洼村南破庙地址。当时甚为疑记,其他可疑情节不详。近始发现该院待遇病兵不仁之事证,即所供给病兵之蒸馍甚生硬,虽无病之人亦不敢吃,况在病兵乎?所以有人说:"医院是地狱,院长是阎君,一入医院,九死一生,他人欲救无法者乎。"此等情形,被乡人看见,谁敢当兵?再,所见病兵被褥较薄陈旧者多,病室亦无炉火,是否无钱置备,外人不得知悉。此等官员,谁应之?谁任之?殊可数息。一处如此,他处可虑。兹将该院病兵所吃之馍检举一块,另包邮上,请明察。

(合阳县档案馆提供)

魏志鹏回忆在合阳的经历

81岁的魏志鹏老人重温起当年听到抗战胜利消息时显得异常激动。

1938年,他初入兵营,头一回见到那么多伤兵,恐惧得人都吓傻了;1939年6月6日,中条山战役中最惨烈的"六六"血战拉开序幕,真正让他铭记永生的一场生死逃亡……

1945年8月15日。拂晓。河南西峡口上浦塘一个小山头。一大早醒来,魏志鹏没觉得会有什么特别,无非又是一个难熬的日子考验着一八二团一营这群已经不堪重击的战士们。仅隔一条沟的另一座山头就是日本兵的地盘。两军就这样对峙着,已经快3个月了。

永无休止的阵地战让魏志鹏早已没了时间概念,什么时候熬到头?什么时候日本鬼子会投降?21岁的他已经疲于思考。当兵快8年了,死里逃生的险况不知遇到过多少回,胜利成了遥不可及的幻想,只要能顺利熬过一天,就是上苍的恩赐。

转眼已是傍晚,这一天风平浪静,魏志鹏暗自庆幸。他不会想到之后的一个电话将彻底释放自己被压抑了快8年的泪水。

日本鬼子投降啦!真的投降啦!营长姜韬接到师部电话后喜极而泣,扯着嗓子奔走相告,虚弱的战士们闻讯后欢呼雀跃。整个小山头在哭声、笑声中动摇。"轰、轰"两枚炮弹在山腰爆炸,这是对面山头发来的示威信号。但已是强弩之末的日军早已丧尽底气,在哀号中为自己谱写丧曲。

弹药匮乏的我军战士索性用更响亮的声音回敬他们，锅、碗、盆齐上阵，哐哐啷啷敲得震天响，那一晚完全成了我军战士的"狂欢夜"。

"哐、哐、哐⋯⋯"魏志鹏像个孩子似的操起搪瓷脸盆，用擀面杖敲着，重温当年的激动。81岁的他，胳膊上青筋暴起，难以掩饰的兴奋张扬地操控着面部肌肉，丝毫不顾及盆底已是瓷片迸裂。"你不知道我们那个兴奋啊！盼了多少日子！就等着⋯⋯"老人哽咽得发不出声，两行浊泪夺眶而出。

初入兵营　亲见伤兵心恐惧

回忆往事时，老人总爱闭着眼睛。

"七七"事变爆发后，国运动荡，魏志鹏上不成学了。1937年10月，父亲把13岁的他托给在一七七师当看护兵的远房亲戚吉福庆，希望孩子能入伍，一来打日本保家卫国，二来也算有个着落。

那时一七七师在陕西合阳县守河防，魏志鹏刚去时因年龄太小被拒收。师部军医处处长邵佰番还挖苦吉福庆："你咋把个'姆娃子'（月子里的娃娃）也介绍来了呢？"这句嘲笑让魏志鹏记恨了很久。后来，一七七师五二九旅旅长许权中带领所属在山西忻口和日军板垣征四郎部队交火，全旅3000余人，战罢仅剩1000人，亟须补充兵员。

1938年刚过了年，魏志鹏正式成为一七七师新兵营的一名看护兵。

1938年5月，一七七师从合阳县夏阳渡东渡黄河，全线开赴山西，对分散在晋西南各县之敌发起进攻。师部扎营在临猗县吴王渡，5日任云章的五三〇旅两个团首先向占领永济县张营镇的敌军发起进攻，日军第二十一师团一部约五六百人拉着大炮迎战。

仅仅粗学了些医学常识的魏志鹏头一次见到伤兵满地的场景时，心生恐惧，被吓傻了。

"敌人的子弹就像雨点子一样，人根本没立脚之地。师部大院子里都是前方运下来的伤兵。我当时还没学过包扎，头一回见到那么多伤兵，人都傻了。医务主任何秦洲一巴掌扇来：'跟着学，别愣着。'士兵多是枪伤、骨折、盲管伤（子弹打到肚子里出不来），在那种情况下是不可能做手术的，只能涂些药进行简单包扎。当时每个看护兵身上都背着一个'十字包'，里头装着急救药品，人丹、阿司匹林、托氏散，止疼用的'十滴水'，外科用的碘酒、红汞水、棉花、绷带等一应俱全。因为伤亡太大，我鼓鼓的'十字包'很快就瘪了。"

此时敌人的火力逼近院子，魏志鹏搀着伤员沿着巷子根儿往村外跑，正好一颗炮弹落在墙头上爆炸。"我紧前头是一个小兵，飞溅的炮弹皮削到了他的头，他扑通一声就栽倒了，血溅到我脸上，吓得我浑身一颤。顾不上那么多了，我咬着牙横冲直撞出了村，躲进山脚下一个洞，不住地发抖。"

"六六"血战　中条山生死逃亡

一七七师退守中条山，在芮城以东、平陆以西的车村驻扎。

敌人早就视中条山为华北战场上的"盲肠"，拥兵几万，把中条山分成9段，拉网作战式向三十八军进攻。

1939年6月6日，黑色的一天，中条山战役中最惨烈的"六六"血战拉开序幕，真正让魏志鹏铭记永生的一场生死逃亡即将上演。

敌人中途将茅津渡抢占，断了师部的去路。我方处在低洼地势，敌人居高临下，打了3天，队伍伤亡惨重，师长陈硕儒下令化整为零，分成小部队，自己想办法冲，突围出去就是胜利。那天是6月9日晚上，魏志鹏必须赶在天亮前突围出去，否则天一明，洼地里的人就会被敌军的地面部队和空中配合轻而易举地消灭。

当时，魏志鹏已是师部医务处药方调剂员，逃跑中，他背着两个重重的十字包，拖着两麻袋药，被不断涌上来的医务处医生、护士围住，这个要人丹，那个要绷带，手忙脚乱之后，他长舒一口气，这才发现自己早已掉队了。

此时已是子夜，深山中茕茕孑立，那份恐惧是彻骨的。

在山沟里原地待了一宿，天快亮了，透过薄雾看见东边有部队往山上爬，魏志鹏看到了希望：从沟里往上爬的肯定是突围的友军。

果不其然，跟着队伍翻上山头，一眼就看见老处长邵佰番和他的卫兵正坐着喘气。

那是10日早上八九点，太阳明晃晃的，光芒洒在林子里，一片反光，"不好，鬼子来了！"一群"钢盔"缓缓向这边挺进，就100多米，"啪、啪、啪"，枪声四起。

"我们三个撒腿就跑，处长跑不动了，只要地上见个坑坑就捂着头倒下，屁股撅着。卫兵一看，拎起他继续跑。我当时个头小，胸前坠两个鼓鼓的十字包，哐里哐当的，来回在前头'打架'，像一只受惊的小鹿。这时最尴尬的事情出现了，因为跑得太急，大裤衩不知怎的滑掉，卡住两腿，我跌了个'嘴啃泥'，却根本顾不上提，就这样狼狈地打着趔趄继续跑。"

钻出林子，刚来到坡上一片麦茬地，敌人一颗炮弹轰过来，魏志鹏本能地卧倒，眼前一片白。灰飞烟灭后，处长和卫兵都不见了，空荡荡的山坡又只剩下他一个人。

平地上两面受敌，想着沟里能隐蔽些，魏志鹏只能一个人试着往下溜，朝杜马村方向跑。一到沟底吓了一跳：里头聚集着两三百名没有战斗力的散兵，有的把头栽进沟底浑浊的黄泥水里一通豪饮，有的就着脏水擦洗伤口。

敌人在山头上看见了，居高临下扫射，魏志鹏夹杂在混乱的人群中跑，沟底发出惨烈的吼叫声。

难兄难弟　跌跌撞撞被"生擒"

慌乱中，魏志鹏和另两个不知名的散兵撞到一起，三人搭伴而行。

"两个人姓甚名谁都不清楚，只知道有一个是一七七师工兵营的，华县人，和我是同乡，最没出息，一天到晚哭哭啼啼。另一个年龄大些，很沉着冷静。"为了不暴露目标，军装早已脱掉，三个人穿着白裤、白衬衣，像山羊一样攀岩走壁。白日躲山洞，晚上走夜路，整日提心吊胆的，翻过沟又是岭，彼岸在何方？迷失在丛林中，魏志鹏看到的是绝望。

跌跌撞撞跑到了一个叫兰村的地方，恰逢一户村民正在摊煎饼吃。"我们三个吃了几天树叶，一见粮食，眼睛都绿了。二话不说抓起人家手上的、桌上的饼子就往嘴里塞。老农瞪大眼睛，吓得发抖，不知道我们是干啥的。洗劫一空后，我把身上仅剩的两毛五分钱给了他们算是补偿。"

村里人都在逃难，为了不被敌人识破，魏志鹏他们帮一个老大妈牵赶着牛走，佯装一家人。在一个高地，俯瞰下去是一条宽阔无比的大河，魏志鹏犯了糊涂："啥河呀这么大！"遭到老乡笑话："啥河？黄河！"往西一看，有好多船，老乡告诉他那就是茅津渡。"我已经跑糊涂了，看到黄河跟做梦一般。"

刚走到西延村枣沟，魏志鹏三人被一伙来历不明的"便衣"生擒，押送至军部。"我心里那个紧张，以为是被敌兵抓了。跑了几天都没落网，今天栽到他们手上，心里真不是味。"

谁知这不过是虚惊一场，西延村属十七师的防地，意外抓到了自己人，魏志鹏和同伴享受到了盛情款待。知道离一七七师师部不远了，饱餐之后，他们归队的心情更急迫。

顺着黄河岸往东走，一路平安，途经三门峡附近的一个弯道时，魏志鹏见到的场景令他至今都毛骨悚然。"黄河上游漂下很多尸首，胳膊腿都那么粗，泡得发青，河水泛着血红色，看着让人心痛！……"再次回想那个片段，老人失声痛哭。

腹背受敌　18昼夜突围虎牢关

一场"六六"战役，让第四集团军损兵折将9000余人。大部队整编后迁至平陆县东延村，鉴于伤亡过大，一七七师师部成立护士训练班，魏志鹏参加了培训。

3年后，这个当年的"姆娃子"已是一七七师五三一团卫生队的上尉军医。

1944年4月，在五三一团团长张竞白的带领下，魏志鹏作为卫生队长，随军死守河南荥阳县虎牢关。

"敌人一到洛阳，我方全乱成一窝蜂了，长官司令蒋鼎文跑了，省政府的人也跑了，部队没人指挥了。跟'六六'战役一样，我们只能突围。顺着黄河边的小路我们走了一天一夜，到偃师北塬上，眼看离洛阳就几十里地了，蒋鼎文一纸命令调整第四军团退回原阵地。谁都心里不平啊！知道他是借刀杀人，想靠日本人剿灭我们！可如果起义就正中他的下怀，消灭我们也就更名正言顺。"

我们腹背受敌，拐回去已是危机四伏，不料撤到黑石关后，又接到蒋鼎文的命令让撤退，部队已经全部身陷囹圄。魏志鹏脑袋"嗡"的一声："完了！"

突围，又是突围，再次经历枪林弹雨，血雨腥风，命运又一回垂青魏志鹏，18个昼夜后他活着出山了。"你知道那些日子我们是咋过的？连日下雨，干粮早就长毛馊掉了，饿极了我们连发芽的红薯都吃。"

没歇几天，这支羸弱病残的部队又被"发配"去守卢氏、洛宁两地。在伏牛山区的西峡口打阵地战。魏志鹏说，那是最艰苦的一段日子："弹药、粮食都不给，3个月连盐都吃不上；山里成天下雨，每个人都被淋得湿漉漉的，一到落脚点后就赶紧烤衣服；沿路拔草背上，一停下来就打草鞋。"

直到1945年8月15日日军投降，大部队才撤下伏牛山，去洛阳参加受降仪式。

重要抉择　解放前脱离国民党

抗战结束后，三十八军被整编，魏志鹏成为一战区胡宗南六十一师一八二团里的军医，整团被派往山西孟县驻防。

1947年3月，胡宗南进攻延安，魏志鹏稀里糊涂地随着去。听"剿匪司令"董钊的指挥，从榆林向南，走到延安的岔口一带，被解放军九个旅围住猛攻。"几个小时后我们就溃不成军了，全营四五百人只活下来200多人。之前就听百姓骂我们是'日本人的菜，老百姓的害'，这一仗打完，我更觉得国民党不得人心，不想当兵了。"

那年夏，魏志鹏以身患瘘疮病亟须手术为由，入西安陆军医院治疗，后转到宝鸡虢镇兵站医院静养，这一住就是两年。1949年5月，西安快要解放了，国民党仓皇南下，想要放弃这块阵地。医院接到命令，往汉中迁移。

即将被迫踏上南去的火车，魏志鹏心情颇为复杂，这种颠沛流离、亡命天涯的生活曾是他八年抗战中的全部内容，为何要将一生都按部就班地交给命运？徘徊于车站，他做出了重要抉择：脱离国民党，爬也要爬回老家！

2005年6月6日那天，子女为老人庆贺了81岁大寿。自1939年"六六"战役之后，魏志鹏为纪念那次死里逃生，从1940年起将生日改为6月6日，65年来始终如一，甚至已经淡忘了自己的真实出生日期。"六六"战役到今年已经整整66年了，数字很巧，多值得纪念啊！

注：本文作者佚名。

魏志鹏，1924年5月10日出生于华县赤水镇。1938年初进入国民党三十八军一七七师新兵营任看护兵，1939年一七七师卫生处护士班班长，1942年初任一七七师一七七团上尉军医，1953年在西安市第三医院任内科医师，1958年在西安市第二职工医院任儿科医师，1962年在西安市第二职工医院儿科主治医师，1980年退休。

夏阳渡抗战回忆

1941年，晋南失守后，日寇即在河东吴王渡等处设置据点，对河西岸的陕西虎视眈眈，不时炮击我对岸村庄，造成无辜居民死伤无数。当时第8战区副司令长官兼第34集团军总司令胡宗南先后以嫡系第一军和董钊的十六军在西岸布防，抵御日军。1943年7月，为保存实力，胡宗南决定，将其美式装备的嫡系第一军七十八师和一六七师调往彬县、长武、旬邑一带布防，将十六军移驻合阳县城关地区，作为第二线机动部队，而将由豫东反正的汪伪军队所改编的新七军调往陕东，接替十六军的第一线防务。新七军军部驻韩城，所辖二十四、二十五、二十六3个师分别自北向南布防于禹门至朝邑的河岸各据点，全长百里。因对岸敌情不明，部队昼夜戒备。在这种情况下，一位陕西楞娃、国民革命军侦察英雄田毅生脱颖而出。

毕业于黄埔军校十七期的田毅生那时只有25岁，任新七军二十六师上尉参谋。师部在夏阳渡组织情报所，成立了侦察队，由田毅生任队长，驻守夏阳村。情报所下辖侦察组3个，每组10人，配手枪5支；水夫组两个，每组10人，备小船两只，任务是轮替渡河，每日向上级汇报所掌握的敌情。

夏阳渡与东岸吴王渡隔河相对，抗战前是晋陕黄河船渡的交通要道，两岸相距5

华里。日军占领山西后，在东岸沿线设有岗哨，监视西岸动态，并经常用隐蔽的大炮射击。西岸中国守军整日受其干扰，沿线村庄人畜遭受威胁，民心恐慌。拔除当面敌人之隐蔽炮位，成为首要任务。

夏阳渡

1943年农历十月，设在三原县的三十八集团军司令部（司令丁德隆）令河防第一线各师的侦察队渡河搜索，掌握敌情。有一天，师长李树榛视察防务，来到夏阳渡情报所，对田毅生面授机宜："对面之敌情况不明，且不时对我西岸炮击，你必须立即准备，不日渡过黄河侦察东岸沿线敌人兵力驻地、活动情况和敌之炮位。这个任务艰巨，你是黄埔学生，必须绝对完成任务。"田毅生曾担任过师长的机要秘书，深知师长此举的意义不同寻常。为确保此次行动只能成功，不能失败，田毅生对部属做了思想上的鼓气、动员和行动上的充分准备，决定于3日后渡河。

士兵、水夫：夜渡黄河情更迫

夏阳渡的对岸便是著名的吴王渡，其距临晋县城40公里，文化底蕴深厚。那里既是我国第一首爱情诗《关雎》的发源地，又是西汉名将韩信渡河袭魏豹之处，还是晋商之祖猗顿发家之处，更是山西临晋县通往陕西的主要渡口。

吴王渡地势高峻，日军在制高点上设置了岗楼，俯瞰河面，以严防国民革命军渡河，因此田毅生他们要完成此行的任务还是有相当大的难度。

常言说黄河无风三尺浪，有风浪更高。渡河点两岸相隔5华里，虽说白天在敌人监视下，河面上燕雀难飞，夜晚敌人以探照灯纵横探照，但还是有隙可寻。当时我们对对岸渡口日军情况不清楚，因而只能在漆黑的夜里驾小船过河。接到命令后别说是战友们，就是田毅生心里都很不踏实。然而，"养兵千日，用兵一时"，军人以服从命令为天职，何况"国家兴亡，匹夫有责"，更别说当兵吃粮的士兵。田毅生就以民族大义、卫国就是保家的话鼓励大家。只要胆大心细敢拼搏，办法总比困难多！常言说，将在谋而不在勇，兵贵精而不贵多。田毅生本身就是陕西人，他更明白此举对家乡的重要性。为使乡亲父老免遭涂炭，自己刀山火海也不能畏惧不前！他仔细挑选了卢海晏、刘考两名水性很好的壮年水夫撑船，又挑选了范天顺、刘化田两位有胆识并善于同老乡联系的侦察组长随行。临行前，田毅生问大家："你们怕不怕？现在说怕还来得及，我可以另外换人。"大家异口同声地说："不怕！"水夫刘考说："队长您都不怕，亲自渡河，我们怕啥？何况那边我有亲戚，好协助咱！"

在十月上旬一个风平浪静的夜晚，等到月落之后，侦察队拖船下水。秋夜的黄河滩，阵阵凉意，田毅生不由得想起荆轲刺秦王临行前唱的那句歌词："风萧萧兮易水寒，壮士一去兮不复返。"不过他在心中默默地将它改了改，改成了："风萧萧兮黄水寒，壮士一去兮定复返！"是啊，如果不复返了，情报如何传递？日寇如何消灭？所以他不能只空喊"不成功，便成仁"，而要想尽一切办法"必成功，别成仁"。

为防翻船，他们一行6人各携带一个葫芦瓢子，在东岸高耸悬崖上的敌人哨兵监视下，侦察队员心中忐忑不安，不敢大声说话，乘船直冲河心。到了河心，忽然一个巨浪打来，船舱内灌满了水，船体摇曳下沉，他们的衣服全湿了，田毅生也不由得打了个冷战，下牙不住地直碰上牙，只觉得舌根直抵喉头。星光满天，万籁沉寂，只听黄河的怒浪呼呼发声，东岸敌人的警犬不时狂吠，两道探照灯光在河心中纵横摆动。两名水夫连忙抱瓢子下水，托着船身向对面岗楼的灯光方向划行。这时天边已渐渐现出一线鱼肚白，好在吴王渡一带由于高崖遮蔽，仍显昏暗，船靠岸时、岗楼上恶犬狂吠，敌人的探照灯在水面上不停地移动搜索。接近岸边，侦察队员跳入水中，等探照灯光绕过后迅速把船推到芦草丛中沙坑里翻了个个儿，并用沙土盖住，做了记号，之后便立即潜入芦苇丛中。为了躲开敌人的视线，他们望着鬼子的岗楼，拨开芦苇向东南斜行，等到走出芦苇丛中时，天色已微明。

苇丛边沿，一片旷野，这是黄河东岸的夹滩，农民种植了一块块黄绿色的冬菜。观察了一会，他们发现不远处有一个茅庵，里面无人，便迅速钻了进去。稍事休息后，从茅庵的小窗向村子望去，只见村北菜田里站着个人，看去像是个农民。当时侦察队员行动无着，遇到这样的单身老百姓，正是极好的机会，田毅生决定冒险试探，便令范天顺前去搭话。范谈了几句，就回身招手，示意他们前进。到了跟前，果然是一位老乡，当田毅生说明了身份后，老乡警惕地四下张望，见四下无人，即邀请他们到自己家谈话。

由于天色尚未大明，路上再没遇见什么人。到了老乡家，这位老乡便告诉他老伴："这是西岸国军侦察队的弟兄。"老伴十分惊喜，连连说："你们受了冻，辛苦了！"随即端来开水并生火供侦察队员取暖。接着这位老乡又告诉田毅生

夏阳坡古道，抗战中山西通往陕西的重要关隘，可谓"一夫当关、万夫莫开"

说："我叫范子久，前些年在渭南经商，后因战乱，现在家务农。我们这个村子叫夹马口，因为偏僻，鬼子不常来，距村东南10里有个栲栳镇，那里驻有皇协军的一支警备队，除了催夫要粮，一般不常来。因此老总们不必害怕。"范子久还真诚地说："咱河东人整天盼国军过河打鬼子，把眼都望穿了，这下你们来了，我们太高兴了！"这一片肺腑之言使侦察队员心里感到十分温暖，一夜的紧张心情这时才逐渐松了下来。经过攀谈才了解到，这范子久原来是刘考岳母的侄子，刘考的岳母就在吴王渡村。由于范子久以前一直在渭南经商，所以刘考结婚后也是只知其名、不

识其面。范子久为人豪爽热情,有了刘考这层关系,更是待侦察队员如亲朋,留吃留住。当晚,田毅生和范子久促膝长谈,又计议了第二天的侦察活动,直至深夜方才安寝。

翌日晨,范子久给田毅生和侦察队员换了当地农民的服装,带着他们到吴王渡一带暗中进行侦察。侦察队员们化装成拾柴火的乡民,不时地向鬼子岗楼窥察。天色尚早,外壕吊桥未放,除哨兵抱着枪坐在岗楼前不时向西张望外,其余三三两两地坐西向东正在聊天。看来这里有10多人,是一个班,听说还有一个鬼子小队长在此指挥着南北另外两个岗楼里的两班鬼子兵,其主要任务是监视对岸国军动向及河面的动静。敌人的哨所在吴王渡村北面,有炮楼,其后百余米是炮兵阵地,周围有壕沟,白天由排哨卫兵站岗,夜晚由一个班守卫。炮位后面两百米处有树,可作射击点。田毅生把敌炮位和附近的地形地物一一看明记清,回去连夜绘制了详细的地图。

接连三天,范子久同田毅生又走了好几个地方,并找他的亲友询问鬼子的活动情况,原来在国军二十四师、二十五师的正面,从吴王渡北至荣河、河津的100多里防线上,鬼子共布防6个据点,各据点之间均配备电话和电报机,以保持联络和指挥战斗。敌人的前沿阵地是排哨所,每排均有公路通往二线临晋、猗师、荣河、河津各县城的连哨所。

三天的侦察,全靠范子久老乡的协助和指引,回到他家后,田毅生和侦察队员们十分感动地说:"范大哥,没有你当向导、没有你家这个立足点,我们在河东真是寸步难行啊!"范子久憨厚地说:"为了打鬼子,这是应该的。"当晚,侦察队员们又趁天黑划船回到西岸。归途中田毅生想,面对东岸鬼子的"空城计",我们却以两个军4万之众布置在河西,可见当时的国民党军队根本没有掌握对岸的敌情。

军人、国民:都有一颗中国心

此后,田毅生的情报所曾多次渡河,每次都在范老乡家食宿。时间长了,夹马口村的老乡也知道了。敌占区的同胞和侦察队员们彼此之间都是心照不宣,有时还打招呼。为了补偿饭钱,每次过河,侦察队员各人都带着两三斤黑糖和卷烟。但这远远不足以报偿范子久乡亲的深情厚谊,然而他从来未说过一句怨言。

1944年春节后,一次侦察结束,范子久随同范天顺组长西渡上岸,田毅生进行了热情的接待。因为关系非同一般,田毅生也没有向上级报告。第二天范子久提出去渭南看他的商号,田毅生满口答应并爽快地送了他一程。不料他南行至渭河岸卡,在盘查中因为山西口音,被国民党军队疑为奸细,解送三原集团军总部关押。经过多次严刑逼供,范子久始终未能证明身份,一直未得开释。不久,三原总部派一中校参谋来河防前线调查,指责田毅生卖渡走私,要带他同去三原。田毅生当时非常气愤,但由于自己未做任何坏事,又为了搭救开明商人范子久,便理直气壮地随同前往。在总部军法处,田毅生将范子久对国民革命军侦察队的热情接待及其冒死担任向导的情况进行了详细的陈述,之后便返回了合阳防地。由于他的陈述同范子久被拘讯时的供词完全相符,集团军总部当即将范子久释放并道歉慰勉,而且还开具了路条证明。后来范子久去渭南商号巡看后,又经夏阳渡返回,与田毅生在情报所相遇,旧事重提,大家心里都充满了一股苦涩的味道,但大敌当前,个人恩怨得失也就只当是一段小小的插曲了。

1944年，世界反法西斯战争的形势发生了根本性的转折。西方希特勒法西斯侵略势力处在灭亡的前夕，东方的日本军国主义者在太平洋战场上节节失利，呈现出捉襟见肘之势。日军为了建立一条贯通中国大陆到印度支那的交通线，保证南洋日军的补给，消灭从中囤机场起飞的美国第十四航空大队对其在中国各据点及其本土的威胁，同时为了打击国民党军队的主力，摧毁中国军队继续抗战的意志，迫使国民政府投降，遂在1944年4月发动了"一号作战"，即豫湘桂战役。战役第一阶段在平汉线郑州至信阳间展开，因战场均在河南，史称为"中原战役"。

　　中原战役爆发后，日寇为进犯豫西，将晋南兵力抽调一空。当时上峰急令河防部队对东岸敌军情况再次进行调查。第一线部队官兵认为最高当局似有渡河的意图，于是全线振奋，秣马厉兵。在农历四月初的一天夜晚，田毅生又带领3个组长划过惊涛浪，渡河直奔范子久家。

　　进入范子久家，不多寒暄，随即开始研究深入临晋县城的侦察计划。范子久不无踌躇地说："对乡野侦察比较容易，要进县城非同一般，不能轻率从事，要有得力的向导才行。"他筹思良久，提出他有个亲戚在栲栳镇任警备队长，关系可靠，他可以保证安全。根据当时上级的意图，必须深入临晋县，以弄清国民革命军对面二线之敌情，但无人向导难以进城，田毅生便采纳了范的建议，他们做了一番计议，当日下午，范子久即去栲栳镇联系，侦察队在范家准备了一些酒菜，田毅生嘱咐三个组长作了预防性的警戒安排，决定由田毅生一人出面。

　　夜幕降临后，约摸10时左右，范子久回来了，身后跟着30岁上下的一男一女，这即是警备队长夫妇，女的还抱着一个不满周岁的男孩。见他携妻带子而来，田毅生才有点放心。落座后，警备队长开言自报姓名——李尚志，田毅生也报了个化名——李志仁，李尚志惊讶地说："我们还是一家人呐。"接着便攀谈起来。李尚志说自己本是小学教员，国难当头，身受伪职心中有愧。田毅生则对他说，当前日寇已近末日，伪职军政人员只要胸怀民族大义，为抗日效力，同胞自会谅解。李即表示："为国家民族生存，在抗日大业中，如有用我之处，定当赴汤蹈火从命而行。"席间他们相互敬酒，为预祝抗日胜利干杯。从安全和利于工作出发，田毅生接受了范子久事前所做的建议，从李尚志的女人手中接抱了孩子，并将自己所戴的一枚金戒指相赠，李尚志夫妇随即拜田毅生为其子的义父，是晚12时，酒酣方散。

　　翌日一大早，李尚志骑自行车来范子久家找田毅生，行色匆匆地说："明天栲栳镇警备队要向临晋县政府解送50名民夫，你敢不敢随同前往？"田毅生心里合计，李尚志若要欺骗、陷害侦察队，现在完全可以把他们全部拘禁，他之所以没那样做，看来应该是昨晚的工作起了作用，李尚志肯定是担了很大风险才安排这件事的。想到这里，田毅生就一口答应了。

　　在同大伙商议行动计划时，有人提出怕其中有诈，要是李尚志中途耍花招，会给我们造成很大的损失，这叫害人之心不可有、防人之心不可无。这话虽然也不无道理，但不入虎穴焉得虎子，何况从李尚志的言谈中田毅生丝毫看不出他有何不良的居心，还有范子久指天发誓说这人绝对靠得住："他若要害你们今天就可以，何必等到明天？"

　　第二天黎明，田毅生力排众议，与范子久、范天顺一同去栲栳镇，换上警备队的服装，即随解送民夫的警备队前往临猗县。一路上他们很少说话，尽量避免因口音不同而造成麻烦。

县城门口有两个鬼子、3个伪军站岗，田毅生示意范天顺保持镇静。李尚志先向鬼子兵行了个军礼，然后便交出公文，用日语咕噜几句，鬼子点头示意进城，李尚志便昂然领队前行。城门两侧筑有掩体工事，看来鬼子已做好必要时退入城门顽抗的准备。街道上行人稀少，几乎没有一个青壮年，见到的多是老弱病残者，他们一个个面容憔悴，低头纳闷，看着沦陷区同胞在日寇铁蹄下的悲惨境遇，不由人触情伤感。市面一片萧条，商号大都停业，居民闭门不出。街上只有两个小杂货铺、两家饭馆在开业，却也没几个顾客。田毅生边走边小心翼翼地观察着，恰巧鬼子营房驻扎在伪县政府旁边，正逢他们开午饭，饭场上有100人左右，看来是一个中队。大门口有游动哨，禁止行人靠近。田毅生一行未敢停步，很快到县政府办理了民夫交接手续，即由李尚志带队出城，这时已是午后3点。临晋之行是有收获的，县城内的百余名鬼子就是日寇用以应急的黄河岸战斗"前哨连"。

不是田毅生得寸进尺，实在是军令如山、军情如火，田毅生回到栲栳镇，马上就想到还必须去永济侦察的问题。

永济古称蒲坂，扼蒲津关口，当秦晋要道，是古河东地区的政治、经济、文化和军事中心。它地处华北、西北、中原三大地域连接处的山西省西南端，是晋、秦、豫"黄河金三角"区域中心，西临黄河与陕西省大荔县、合阳县隔河相望，南依中条山与芮城县接壤，东邻运城市，北接临晋、猗氏县。

永济人文荟萃，唐多文士，宋多画家，明多官员，清多艺人；境内有五老峰之奇、王官谷之幽，唐开元铁牛，鹳雀楼等，风景秀美如画，人文积淀丰厚，特产主要有蒲州青柿、首阳西瓜、干樊梨、马铺头蒜、老劲子麻花、永济芦笋、永济酥梨、特早熟杏、双孢菇、任阳乡柿饼、任阳红枣、永济牛肉饺子、永济扯面、永济苹果、张营米醋等，其中以永济牛肉饺子最为出名，想起来就令人大流口水。若在和平时期，这无疑是令人向往的人间天堂。但在日寇的铁蹄下，老百姓只有痛苦的呻吟，他们在内心期盼着自己的队伍早日光复河山。

永济地处黄河大转弯处，是晋、陕、豫三角地带的重镇，距渡关仅一河之隔，其战略位置极为重要，如不掌握其情况，日后在作战指导上将是一个大漏洞，因此去永济侦察、摸清情况是很必要的。李尚志坚决不同意田毅生去永济，他说："鬼子对永济的防范比临猗严密得多，你去我操不了这么大的心．实在要去，就由我一个人骑自行车去吧！"第二天他只身单骑去永济，到城关警备队一个朋友处进行了解。第三天他回来向田毅生谈了情况，永济驻日军一个营，在城墙西南角安放野炮两门，平时已将角度、方向标定好，日夜观察，发现潼关隧道口冒烟即行开炮，对我陇海路闯关车的通行是一个严重威胁。

接着田毅生又向李尚志提出请他作一次运城之行。

运城古称河东，三国蜀汉名将关羽的故乡，位于晋、陕、豫三省交界处的黄河金三角中心地带，属于晋南地区。运城北依吕梁山与临汾接壤，东峙中条山和晋城、河南济源毗邻，西、南与陕西渭南、河南三门峡及洛阳隔黄河相望。河东大地外濒澎湃的黄河，内有绵延的中条山，被誉为"表里山河"。

绛县山楂，临猗苹果，万荣苹果，稷山板枣，运城相枣，平陆百合，垣曲猴头闻名中外；新绛云雕、稷山螺钿，绛州澄泥砚，绛州木版年画，"解州关公"铜像等工艺品举世无双；闻喜煮饼、羊肉糊饳、稷山麻花、芮城麻片、万荣凉粉、河津芝麻酥糖等令人馋涎欲滴。但这一切都随着日寇的入侵变得可望而不可即。

田毅生说："运城是晋南的枢纽，一定会有重兵，为了我军渡河作战的需要，还得请您再辛苦一趟。我知道你连日来回奔波，身体很累，但为了国家民族，还是非你莫属，相信李大哥不会推辞的。"李尚志一听此话，面露难色。田毅生明白，是自己做得有些过分了，这几日李尚志马不停蹄地东奔西跑，已经够辛苦的了，何况他人在曹营心在汉，时刻有被敌人察觉的可能，他不谨慎小心、不担惊受怕、不有所畏惧也不是常人所为。但为了尽早挺直腰板做人不再被人骂做"汉奸"，为了民族大义，经过一番思虑，李尚志终于允诺了。于是，他再次以走访亲戚为名，瞒着部下，前往运城。

两天后，李尚志风尘仆仆赶来夹马口，到范子久家向田毅生叙述了详细情况，说已查明运城驻有一个日军联队（团），配山炮一个营，汽车兵一个营，是黄河岸边的日军总指挥部。这里有三条通往黄河岸的公路：一去临晋、一去荣河、一去河津。田毅生把各次侦察的情况归纳起来，才明白在国民党新七军、十六军4万人的对面，日军总共才布置了不到2000的鬼子兵。

李尚志和田毅生侦察队分手回栲栳镇的时候，一再催促他们迅速返回西岸，不要久待。田毅生也觉得在东岸已待了五六天的时间，有可能走漏风声，决定当晚返回。就在这天傍晚，夹马口村突然来了6名鬼子和10多个伪军查户口，侦察队闻知，立即进入范家的地窖隐藏起来。鬼子来到范家，范子久沉着应对，让妻子煮了数十个鸡蛋并捉了两只母鸡给他们。鬼子接过东西，翻译替他们道了谢，没有检查就走了。田毅生他们出了地窖，对范子久夫妇一再表示感激后，便在朦胧的月色中乘船返回了西岸。

迅捷、机智：飞将军自天上落

田毅生把这次渡河的情况做了详细汇报，上级表示非常满意。河防驻军，等待着最高指挥部下达出击的命令。谁知司令长官胡宗南是真防共、假抗日，根本没有考虑渡河对日作战，只是一味地等待观望以求自保。

中原战役爆发后，日寇将华北的兵力倾巢开入河南作战，黄河对岸的日军只有一个中队。

敌人吴王渡哨所高居悬崖之上，瞰视西岸，是国民党军队渡河的首要障碍。几天后，师部调田毅生去搜索连，责令加紧训练。他察知用意，命令全连进入战备状态，加强战斗教练，主要训练科目有夜间投弹、夜间拼刺刀和擒拿格斗，并要求一切行动听指挥和注意保密工作。

4月下旬的一天，师长同意田毅生提出的拔掉敌排哨所的意见，命他率搜索连夜间渡河袭击敌人，3日内做好一切渡河和作战准备。田毅生当即随师长到黄河滩的渡河点观察地形，指明对岸情况，并说出了他自己的计划。师长很赞同，命令他要绝对保密。于是田毅生立即安排一切渡河和夜间作战的准备工作，在连内做了动员，选好有作战经验、身体强壮、有胆量、行动敏捷的老兵，每人带手榴弹4枚、子弹百发、3天干粮，做夜间渡河准备。

第二天晚10点，月色朦胧，搜索连登上两条大木船。夜渡顺利，一点多即登东岸芦苇滩隐蔽。留下两人看守船只，搜索连在村中找向导二人，兵分两路：第一排由副队长潘儒山带领，到吴王渡村以东公路五里沟口，占领两旁高地隐蔽，等东来增援之敌进入沟内后以手榴弹消灭。第二、第三排由田毅生带领到吴王渡村北的敌排哨所，由田毅生指挥消灭哨排驻地之敌，任务完成后支援第一排。要求所有参战人员轻手轻脚不许出声，以手势暗语为号进入临战状态。

第二、第三排到达敌排哨所时已是三点钟。田毅生沉着冷静地布置了包围圈。

实事求是地讲，搜索连官兵作战很勇敢，也具有不怕牺牲的精神，但绝非神兵天降、战无不胜、攻无不克，我方的胜利往往得益于敌人的大意和麻痹。那天晚上，鬼子都在仰天大睡，一个站岗的哨兵抱着枪打盹，在美梦中被搜索连悄无声息地干掉了。搜索连掐死两个哨兵，将尸体推入壕沟，直抵敌营。敌人营地周围是断崖绝壁，平日里出入有吊桥。但智者千虑必有一失，由于长期以来河东没有战事，鬼子自信他们"武运长久"，也许他们根本没有把抗日军民放在眼里，故而防备松懈，这天晚上竟然没有拉起吊桥！可谓"千里长堤、毁于蚁穴"，这成为搜索连尽快解决战斗的天赐良机。搜索连的官兵在大骂鬼子麻痹大意的同时还在心里暗暗"感谢"他们的麻痹大意，田毅生命令官兵轻手轻脚地迅速由吊桥进入哨所！

敌哨所有四间窑洞做宿舍，田毅生命令战士每4人守一窑洞门，把随身携带的手榴弹全部投进窑洞！一阵阵巨响过后，田毅生以手电筒照明查看情况，发现里面有四五十个鬼子，浑身赤裸，或缺胳膊少腿，或面目全非血糊淋拉，全部被送上了西天。

敌人的炮位是在排哨所的后边。搜索连到达时，敌哨兵跑掉了，再无防守，于是搜索连的官兵抽掉炮栓，炸毁炮膛。原来日本鬼子也不像传说中的那么厉害，也有不经打的"怂包软蛋"。任务完成后，搜索连的官兵一人未伤，各排登船返回。拔掉毒牙摧毁敌排哨所的胜利来得有点比想象的容易，连我们自己都不敢相信，大家直觉得不过瘾，好像在做梦。回头再想想，如果当时日寇防范严密、吊桥高吊，那将是一种怎样的结局？别说官兵们怎样想，田毅生自己都觉得一阵阵后怕。

登上西岸已是天明。师部的长官们都在岸边迎接搜索连官兵全胜而归。朝阳中，我方士兵的身影格外矫健，长官的笑容十分灿烂。回望天边那一轮朝阳冉冉升起，如同我抗日军民愈来愈高涨的斗志，田毅生耳边仿佛再一次听到黄河发出的阵阵怒吼。

解甲、归田：奉献余热情绵绵

田毅生此后率部参加了收复栲栳镇的战斗，随国民党军队一个团击溃了日军两个联队；参加了临（晋）猗（氏）与日寇抢夺军粮的战斗，还率部以游击战的形式多次渡河袭扰日寇，受到上峰嘉奖，为中华民族的独立解放大业做出了应有的贡献。1949年，田毅生率部在成都起义，回到人民军队的序列，任中国人民解放军十一军三十师作训科科长，直到1953年复员回家。

在纪念世界反法西斯战争胜利70周年前夕，为表达对抗战老兵的敬意，笔者受陕西金融作家协会领导的委托，于2015年6月7日专程前往西安乐居场小区，看望、拜访了现已98岁高龄的田毅生老先生。据老先生介绍，改革开放后他连任四届灞桥区政协委员，撰写、整理了多篇抗战回忆录和相关史料，还担任灞桥区黄埔同学会会长、陕西黄埔军校同学会常务理事之职,为统战工作奉献余热,现在家颐养天年。

得知笔者的来意后,老先生非常高兴,老先生感谢陕西省金融作家协会的关心,并愉快地接受了采访。他说,自己听力不太好,需要了解什么可写下书面提纲,由他逐条作出答复。98岁高龄的田老先生思路清晰,思维敏捷,声音洪亮,谈及抗战往事时,老先生慷慨激昂,绘声绘色地讲述自己亲历的对日作战情况,并对网上一些关于他的不准确记述的文章进行了订正。期间,老人的亲属向笔者展示了中共中央、国务院、中央军委向老人颁发的"纪念抗战胜利60周年纪念章"和老人撰写的《祭中山文》。得知笔者也是灞桥区政协委员且从事文史资料搜集整理工作时,老先生愈加激动,他说:"我当了20年的政协委员,对咱们政协人很有感情,对文史资料工作也很喜爱,这是存世资政育人的善事,功莫大焉!"当白来勤提出请老先生为抗战胜利70周年写几句话时,他略作沉思,挥笔写下一首诗:"八年抗战获胜利,中华民族解放。日寇跪地投降,从此不再嚣张",并郑重其事地写下了"抗战老兵田毅生"的签名。

最后田毅生老人说:"和平是对军人最大的恩赐。我们热爱和平,但也不惧怕战争,因为我们中华民族从来都是不可战胜的!小日本要是再敢猖狂胡捣蛋,我就是拼上老命也敢跟他再干一场!我们的胜利来之不易,多少年啦,我梦里都是烽烟四起、炮声隆隆,许多熟悉的面孔我却叫不上他们的名字,他们为了最后的胜利付出了生命,却没能看到和平鸽在蓝天自由地飞翔!我真幸运,我想念我的战友啊!"至此,老人家已经老泪纵横,泣不成声。

为了表达对老先生的由衷敬意和美好祝愿,笔者将自己特意用大红宣纸书写的"福"赠送给田老先生,祝老人家健康长寿,福如东海,万事胜意。老先生愉快地接受了赠品并高兴地与笔者合影留念。

作者简介:田毅生,1918年12月7日出生于陕西省灞桥区田鲍堡,儿时聪敏好学,在村中念私塾,通背四书,后考到西安一中读中学。时正逢黄埔军校招生,遂于1940年考入黄埔军校第十七期第一总队学习。1942年,被分配到黄埔军校第七分校第十八期入伍生三团任区队长,驻军凤翔师范。1943年,到新编第七军任参谋,后调任基层,任连长。1943年秋到山西临晋等地与日军作战,1944年调到韩城守卫河防,一直到1945年抗战胜利。后到西安,任新编二十六师二团三营副营长,兼师部侦查队长(少校)。之后又考入遵义步兵学校学习,1946年到南京陆军大学参谋班学习,1948年毕业,分配到九十军任作战科长、参谋主任。1949年在成都起义。中华人民共和国成立后到重庆军政大学学习,毕业后任中国人民解放军十一军三十师作训科科长,1953年复员回乡至今。

南顺村的百姓记忆

我（李育生）是在15岁那年当兵的，当时在习仲勋领导的部队，由于年龄小，只能当警卫员。在解放大西北时，我们一野六军五十二团留在西安做安保工作。我于1958年复员回乡。

抗日战争时，我还很小。到了五六岁，我记得在我们村的东边沟沿上，有国民党部队的迫击炮连驻守，目的是防止日本人过黄河。我们村里过去天旱缺水，家家都打了水窖，以保障生活用水。后来村里人都在水窖里挖了窑，窑里可以藏人。好多人曾经在窑里躲国民党抓壮丁。

记得有一天，那是夏天，家里人都到地里种庄稼了，我没事，就跑到尚进家里玩耍，玩着玩着就迷迷糊糊地睡觉了。突然听到一声巨响，我被吓得一骨碌爬起来就往外跑，跑到巷里，一看人都往西头跑，我也跟着跑，一直跑到西头的娘娘庙避难。日本人的炮弹就落在娘娘庙巷东头。当时跑着避难的兰园（音）被弹片击中，当场死了，我姐姐的脚被弹片划伤了，村里的一条狗被炸死。幸好当时巷子里人不多，再没有其他伤亡，房子也受损不大。

我到13岁的时候，就开始支差。那时派差是经常性的，村里支差的人也多，有的挖过战壕，有的运送过砖头木料，都是为了抗战。我父亲腿脚不好，跑不成长途，保里派的差必须去，我父亲就让我顶差。任务是三家组成一挂骡马车，给国民党军队拉炮弹，也拉过粮食等军用物资。到15岁时我就当兵了。

要说抗日战争，我（李守祥）记得不多，只记得村东头的沟沿上有战壕，小时候我们还到那些地方玩过。还有东边半沟，就是寨子沟，那里有地道，从村里到寨子沟半坡，我们几个小娃从南边进到地道里，看到地道里有好多窑洞，能藏好多人，还有做饭的锅台。最后我们从沟南的地道口出来。听大人讲，当时国民党军队为了防范日本人打过黄河祸害老百姓，就让村里挖地道。挖地道的人都是本村的，保长派差给甲长，甲长再派到各户支差。寨子沟里过去还有一个三郎庙，庙很大。为了抗战需要，村里人把庙拆了，木料砖头都拉到黄河边盖了炮楼了。抗战胜利后，东王的一些人把炮楼拆了，把木料砖头拉回去又盖了房子。

李育生、李守祥口述　王英民整理

注：李育生，1935年生，83岁，新池南顺村5组人，退伍军人。李守祥，1935年生，83岁，南顺村6组人，中国工商银行退休职工。

惊动军内的一件事

我是1934年生的。抗日战争时，我们村里驻扎着国民党部队的人，也有共产党的地下党员。1944年，我10岁的时候，记得当时在榆林村里驻扎着国民党的队伍。这些当兵的来到村里，不经允许，就把村里的大小庙宇都拆倒，然后送到沟边盖掩体工事了。有一天（具体时间记不清了），从榆林村里来了一群士兵，说是要在村里收笼圈（蒸馍做饭用的炊具，竹制品），给部队做饭用。许金利的父亲许存善是当时保里的副保长，还有保里的记账先生（会计）都在保里的公房里办公。他们两个就招呼那些兵，谁知来的兵气势汹汹，吵着就催要笼圈炊具。后来听人说，许保长再三解释说村里农家的东西都支援抗战了，实在再拿不出来了，那些士兵蛮不讲理，还是硬要强夺。无奈，许保长只得和他们吵了起来，许保长说要见他们的营长（当时国民党部队营部在榆林村），那些士兵就拉着许保长和记账先生向榆林村走去，一路上走着吵着，走到陌东村东下了坡，一个好像是班长模样的兵指挥其他士兵对许保长和记账先生拳打脚踢，一直把许保长打死才停手。完后那些士兵骂骂咧咧扬长而去，士兵到了营部，胡乱给营长报告了打死人的事，营长就派人通知保长（新锁的父亲）到沟底下收尸。保长带着村里人到营部闹事，要求惩办打人者。营长一看事情闹大了，就答应军法处置打人者，随即将两个士兵关进禁闭室。但是，保长和村民走了以后，那两个士兵又被放了出来，后来听人说那两个士兵是团长和营长的亲戚。保长和村里的人把许保长葬埋了。然后，保长找到灵泉村的党沄（时任合阳县国民政府议员），诉说了事情的经过，希望党沄给许保长申冤。经党沄与国民党部队长官交涉，那些打人的士兵才得以惩处，其中致人死亡的两个士兵被枪毙。至此，这次打死人事件才得以平复。此后，全村人对国民党部队产生了反感，再没有士兵来村里骚扰百姓。

王新栓口述　王英民整理

注：王新栓，现年84岁，合阳百良李家庄5组人。

抗战中的支差经历

我叫雷永发，今年86岁。抗战初期，我刚刚有五六岁，那个时候不懂事，抗战的事情记得不多。到了1942年，我刚刚10岁多，村里派民工修工事，当时担任保长的是雷天一，他到村里按照派差名单逐一点名派差，名单里就有我父亲的名字，由于我父亲身体有病，不能支差，就让我跟着去。那是，我怀着好奇的心理就跟着村里的一大帮人去了。记得当时去的人大概有十几个，具体人数记不清了，年龄最大的有万成的父亲，40多岁，还有本村的雷朱广等，其他人都记不清名字了。我是去的人当中年龄最小的。修工事的地点就在百良王家洼榆林村的黄河沿岸。大约走了多半天，来到了黄河岸边的李家庄。一看村里人很多，估计有100多人，都是民工。到了天快黑时，领工的把大家召集起来分配任务，要求所有人在天黑时都要在村里背着砖头到河岸上去，走路时要注意脚下，不能大声说话，不能点火把照明，防止被河对岸的敌人发现。于是所有人在背砖头时都不敢大声说话。在李家庄，所有的人都是吃自己带来的干粮，晚上在河岸上修工事，白天在村里帮着卸从外村拉来的砖头木料，偷空才能睡觉。由于我年龄小，当时国民党驻军的一个长官就把我留下来，给他搞服务工作，端端水、送送文件之类。这样一过就是五六天，我带来的干粮也吃完了，长官让我回家不要再来了。至于河岸上的工事修得咋样，只是听那些民工说，修得很长，还用砖头和木料盖起来，白天河对岸根本就看不到有工事。工事里可以来回走动，修好的已经有士兵住着，随时观察河面和河对岸的情况。

回到家后，不久我去大伏六村去，那里驻着国民党军队的一个团，好像是七团，团长叫亚民，不知道姓什么。他在驻守大伏六期间，把村里原有的老爷庙改建成小学校，让村里的娃娃和一些大人读书识字，宣传抗日。

记得抗战时期，我们村有好多人都参加过抗战，记得有雷全录、雷有良、雷德定三个人参加山西抗战，阵亡了。雷俊臣也到山西参加抗战，后来回来了。参加青年军的还有雷现发、马多山、马盈周，这些人都是在山西中条山打日本。

抗战胜利后，我还支过两次差，我出骡子马车，我们当时是两辆大车、一辆小车，从合阳送到宝鸡，运输弹药。到了1951年，我参军，1952年2月入朝，参加抗美援朝战争。

雷永发口述　王英民整理

注：雷永发，坊镇西蒙村人，1932年生。退伍军人。

难忘的记忆

我（王孝广）记得在黄河沿岸都有国民党的部队，他们在掩体里守着。这个掩体很长，从北菜园村一直到南边的申东村。这个掩体就是挖个一人深的土壕，上边用木料盖起来，还有野草覆盖，在外边就看不到人。

掩体上用的木料都是从当时村里的庙和祠堂拆下来的，然后运到土壕边，用来建掩体。当时我们村里就有好几个大庙，我记得天柱山上就有一个大庙，规模很大，有大殿，有厢房，还有山门，村里人把拆的所有木料砖头都拉到黄河边做掩体了。洽川村里的木料不够，就从塬上往下拉，据说也都是把庙和祠堂拆了。

那时候是打日本的需要，一开始，村里人都主动拆庙，拉运木料砖头，做掩体工事。后来就是派差，当时派差是主要的。我很小的时候就跟大人开始劳动，帮大人到地里种菜。我13岁那年，父亲因病去世。记得父亲去世前，身体不好，经常有病。有一年，不记得我有几岁，当时我们弟兄姊妹四个，我有个哥哥，要照顾家里，还要种地。村里按照支差名额要我父亲去挖海壕，当时么办法，父亲就让我顶他支差，我就报名去了。

那时我是报名支差的人当中最小的，我村里去了十几个人。工地上人很多，既有洽川各村的人，还有塬上的人，都是支差派来的。凡是支差来的人，都要自带干粮被褥，吃完了干粮就要回家去取，限定时间返回工地。

挖海壕就是在河岸边挖一条深几米（准确数字不记得了）、宽七到八米的深沟，也是从最北边的北菜园村挖到南边申东村的村南。海壕是防止日本人过黄河，从东雷渡、夏阳渡上来，专门设置的防御工事。据说那个时候山西战事吃紧，吴王村是渡河的要塞，日本人和国民党都在争夺吴王渡，死伤了好多人，好多国民党部队的伤员都是从夏阳渡运过来的，在战地医院治疗。

我到工地后，和年龄大的一起挖。开始挖时，海壕浅，能一次把沙土撂到顶，等到海壕太深，就要转沙土三四次，才能把沙土撂到顶端。那时，我年龄小，手上么劲，不能按要求及时把沙土撂上去。当时带工的是一个国民党的班长，他发现后就不由分说地拿木棍打我，疼得我眼泪直流。他边打边说：不行就让你父亲来换你。我知道父亲有病，不能干这个重活，我就不敢辩解，只能默默地承受，继续干活。挖海壕时，凡是怠工的都会遭到班长的训斥和棍棒打。这个工程持续了一年多才挖成。

我再说说日本人炮轰我村里的事。我村里有个人叫王正步（口音），是王村街上的人。有一天，他在街北头的地里种萝卜，忽然有一颗日本人的炮弹就飞过来了，他赶紧就跑了躲避，炮弹落在地里爆炸了，弹片一下就打到了他的腰上。他捂住伤口，大喊救命。当时我父亲在地里干活，看到了炮弹爆炸的情况，听到王正步在喊，就急忙跑到王正步跟前，看到王正步腰上鲜血直流，就解开自己的腰带捆绑在王正步的伤口上止血，然后把王正步抱出地里。村里人听到爆炸声，都跑向爆炸地点，看到王正步受伤，就和我父亲一起送王正步到塬上的医院，由于伤势过重，走到半路，王正步就咽气了。那时候所有人都骂日本人是瞎熊（合阳方言，意思是坏蛋）。

我（王旺牛）年龄小，好多事都是听老一辈人给我说的。我补充一件我听说的事，就是在天柱山的后边（指山的西边），新池南顺村的沟下，驻扎着国民党部队的一些炮兵，有四门大炮。不管是白天还是晚上，他们经常和在山西临晋镇的日本炮兵对打。听说日本的一颗炮弹还打到坊镇南村，不知道死人没有。村里有人亲眼看到，有一次，日本人和国民党炮兵互相打炮时，南顺村有三四个人在塬上的沟沿地里干活，听到炮声，就跑到沟沿站在那里看打炮。可能是日本人发现了沟沿上有人，以为是国民党部队的人，就打了一发炮弹，刚好打在人站的地方，当时那三四个人全部被炸死了。国民党部队的炮兵也给予了还击。

这件事我们村里好多人都知道。

王孝广、王旺牛口述　王英民整理

注：王孝广，洽川王村一组人，86岁，农民，老党员。王旺牛，洽川王村一组人，69岁，农民，老党员。

难以忘怀的经历

我于1917年11月出生在陕西省合阳县，1933年2月到镇上的一个杂货店里当学徒。有一天听到枪炮声，其他人都吓跑掉了，留下我一人看门。后来有部队到了镇上，就在外面烧饭吃，吃的是面糊。他们叫我吃，起先我不敢吃，后来看他们很和气，不凶，才敢吃一点。我当时心想，这部队真好，是不是遇到红军了？我要是能跟他们去当红军就好了。因为在家时听父亲说过，红军不打人不骂人，打土豪分田地。

红军的连长叫秦多友，见我个子小还没枪高（只有15岁）不肯收，我就一直缠住连长要去。后来连长提出三个条件说：如果你能做到就答应你当红军。这三个条件是：一、当红军要不怕死；二、部队很困难，没东西吃还要打仗；三、要肯跑路，一跑就是几百里。我一口就答应下来，于是被分到红二十五军二二三团二营当战士，政委叫田守光。我跟着部队走了十几天，在四板坡天天下雨，有一天打了一夜仗，消灭了敌人一个团。我们军团的吴焕先政委(后来牺牲了)、徐海东军长率军部及二二五团先过的河，我们二二三团在后边掩护，边打仗边过河。我人小，水流又急，一不小心翻到河里，身边的战友赶紧拉我起来一块过河。当时山水下来了，很急很猛，人都站不住，我们就手拉手，费了好大的劲才过了河。先过河的二二五团给我们烧好了饭，但敌人还在后边追，我们没法坐下来吃饭，每个人就拿帽子装上饭一边走一边吃。

大概在1934年11月，红二十五军从河南罗山出发向西向北大转移，成为著名的二万五千里长征中的一支部队。为了避开敌人的追击，我们见哪座山高就翻哪座山，因为山高了敌人的飞机炸不到，大炮轰不到，机关枪打不到，记不清翻过多少山了。为了躲避敌人的围追堵截，我们能几天几夜急行军，有的人走着走着就睡着了，一不小心脚踩空跌下山崖就没命了，后来干脆用绳子互相扣在腰上，一个连一个，一起往前赶路。冬天到了，白茫茫大雪铺天盖地，大风呼呼地吹，把人都能刮跑，爬雪山时分不清哪是山路哪是山沟，有人实在太渴了，就伸手抓雪吃，一不小心抓个空就掉下万丈深沟。吃的粮食很紧张，平时有面糊(杂粮)吃就不错了，有时来不及烧就吃生的粮食。

走到漫无边际的草地时，粮食吃光了，什么吃的东西都没有了，只好吃草根，拔一把草根放嘴里嚼嚼，如不苦就咽一点，苦的赶紧吐掉。后来实在没吃的了，一个个饿得走不动路了，团政委就把自己的坐骑——一头驴子杀掉了，每人只分到核桃那么大的三块肉。后来看到树就扒树皮吃，朝南的树皮香一点，朝北的树皮厚一点。靠这些草根、树皮来充饥，终于走出了草地。

那时每人只有一顶带有用红布做的五角星的八角帽，每人都是穿自己的衣服，各式各样，灰的黑的白的，只要是能遮体避寒的都行，到后来破得不像样，扣子掉了，拿草绳一扎继续穿。布鞋穿坏了就自己编草鞋，甚至光着脚板走路。部队不停地走，遇到荒山野林，就拿镰刀斧头砍一些树枝搭个简易棚子。有一次外面下大雨，棚内下小雨，大水把棚子都淹掉了，人还裹着被子睡在水里，真是太累太困了，什么都顾不上了。山里的水看上去很清，但有时吃到嘴里却是苦的，有的水里还有羊屎蛋，但又没有其他水，也只好将就着喝了。还有不少人生了病，没药治疗，特别是打摆子（疟疾病）、拉肚子，一转眼，活生生的人就没命了。

入伍4个月后，我调到团部当通讯员。那时交通不发达，没有电话，要送一封信只能靠人两条腿跑，还要翻山越岭，过河蹚水；也没有指南针，白天看太阳、看树，晚上看星星。领导给你指个方向，你就往那个方向去送信。有一次我去送信，跑到山坡上正要下坡时，正巧不远处有哨兵把我喊住了，说不能下，下面是悬崖峭壁，下去就出不来没命了，我赶紧往其他地方爬，绕到另外一个山坡下山。送信回到部队时天已黑了，部队下午四点多就开饭了，我错过了开饭时间，没吃上饭，只好勒紧裤带饿到天亮。

我们红二十五军从河南罗山出发一直行军打仗，途经信阳、桐阳、方城、栾川、卢氏、商南、子午镇、佛平、两当、天水、静宁、隆德、平凉、泾川、庆阳、保安后与陕北红军会师。我们最大的特点就是路跑得多，仗打得多，打完仗就走。我们解放了雨汪县，消灭敌人一个民团；在会宁县打垮敌人一个旅，敌旅长也被我们打死了；在天水消灭马洪奎一个骑兵团；解放了宁条梁(沙漠地)，消灭敌人一个营；解放了达拉池，打掉敌人一个民团。

战争是残酷的，当时敌我力量悬殊很大，我们几乎没什么武器弹药。有个王姓小青年早上才入伍，中午一仗打下来就负伤牺牲了；有的新婚不久没打几次仗就"光荣"了。开始我们还有三个团的人马，到后来只剩下不到两个团的人了。在行军途中病死、累死、饿死的也有不少人。在商南附近，中午包饺子，还未来得及煮，敌人就偷袭上来了，不少同志来不及转移就阵亡了，我们深深怀念这些英勇牺牲的好战友！

经过长途跋涉，克服千难万险，吃尽千辛万苦，我们红二十五军终于取得长征的伟大胜利，于1935年9月与陕北的红军会师了。

到陕北后，我们又打劳山、直罗镇、榆林桥……在直罗镇消灭敌人3个师，榆林桥消灭敌人1个团，这一仗我负了重伤。后来红二十五军与二十六、二十七军合并为十五军团，徐海东任军长，程子华任政委，刘志丹任副军长兼参谋长；后来又改编成七十三师，张少东任师长，赵林波任政委，蓝园清任参谋长，我担任通讯排副排长。

抗战开始后，红军改为八路军，我们部队缩编为一一五师三四四旅六八七团，张少东任团长，蓝园清为参谋长。

1937年9月24日，我们部队参加平型关战役。那天天下毛毛雨，经过激烈战斗，消灭日军1个团,缴获步枪1000多支,机枪20多挺,汽车100多辆,马车20多辆,军衣、牛皮背包都上交了,我分到一条军毯。

以后我又跟随部队南征北战,参加过百团大战、淮海战役等战斗。

中华人民共和国成立后,我转业到地方工作。1956年5月,我被评为扬州市革命残废军人"社会主义建设积极分子"。我曾被选为东台县党代会代表,多次获得弥港农场优秀党员、先进个人、江苏省扬州五台山医院优秀党员称号。1991年10月被江苏省民政厅评为先进个人。

长征的这一段经历,深深地铭刻在我的心里。我经常到学校为师生讲战斗故事,给海陆空军驻军讲革命传统,对青年们进行理想教育。平时做些力所能及的事情,如为灾区捐物捐款,帮助有困难的同志。离休后还担任离休干部支部书记,热心为老同志服务。在改革开放的今天,我们要继承光荣革命传统,弘扬长征精神,将革命进行到底。

注:本文作者系姚健。

(选自《扬州史志》)

一位抗战老兵的亲历回忆

记得1943年,国民党新七军暂编第二十五师驻防韩城,师部在西镇井溢村,师长刘英。防守黄河几载,至1945年中季,我部奉命强渡黄河至山西的清涧,迂回偏北的东禹门日军驻地,部署修工事,当即与日军交火,连续战斗两天,敌被迫夜间退缩侯马。据说禹门日军还有随军妓院(即慰安妇)。接着我追击至侯马,对日军形成包围之势,我奉命围而不打,但日军南下、北上,坚决阻击。10多天后,一列满载日军的车准备北上,刚出北卡口,我军以优势兵力从东、西两侧居高临下,枪炮齐鸣,手榴弹如雨般地落下。敌人无奈返回阵地,不再乱动。两个月以后,于8月,日军宣布无条件投降,毛主席在延安发表了一篇文章《桃子该谁摘》。

为了抢占地盘,胡宗南调了5个军,改我部为第三军,沿同蒲至榆次,改正太,出娘子关至石家庄。其他部队北上保定、北平,而第三军留石家庄。接着日军缴械,接收日军。石家庄乃日军的被服粮袜、武器弹药供给部,日军物资丰厚。北兵营纯属物资库房,有库房10排,每排50座,每座如5间大房大,结构很简易,距地三尺高,栽有木桩若干,上架木板(当作楼板),周围有柱子,以木板代墙,屋顶有梁檩,橡与橡之间相隔50公分,以铜钱厚的两米长、1米宽的铁板扣死,作为一座库房。自楼板垒至屋顶,50座皆同,次排小麦或大米同上。军服上衣下衣一捆50件,黄或白毛毯每捆50床,鞋袜1捆。手榴弹每箱20枚,王八盒子枪每箱10把包好。其他物资皆丰富。此后时间不长,从南边北上的日军至石家庄,我们将其遣送至天津,令其登船返故国。船返中国时捎回被掳去的中国民工(日本称其为苦力),他们荣幸地回到母亲怀抱,与久别的亲人相聚,内心是多么的高兴啊!

写几句顺口溜：

九一八七七事变，日军横暴大野蛮。
侵中华惨无人道，到头来降表告终。
战争贩子十多人，三绞而亡命归阴。
安倍反政历史实，血缘好战信传承。

2015年4月28日

注：本文作者系曹义彬。

日本人炮轰了我家

要说抗日战争，我那时太小，记忆不多。我记得四五岁时，有一天，我在家里玩耍，家里人刚从地里回来准备休息，突然听到黄河对岸又开始打炮，紧接着沟口的国民党部队也打炮还击。由于黄河两岸的炮击是经常的，互相对射，大家都习惯了，就不当一回事。但这次却不同，日本的炮弹从东边直飞过来，穿过东边三户邻家，最后落在我家前院的房脊上（我们这里的院子基本上都是前后两进，前边住人，后边是养牲口的大场子），把我家东厦房的后背墙（土坯墙）打了个窟窿。幸亏那个炮弹是个哑弹，没有爆炸。全家人被吓得不得了。村里的人都来到我家看那个炮弹。后来，沿河保警队（就在王村街上住着）来了几个人，疏散了人群，才把那个炮弹取下来拿走了。我当时不懂事，只是看热闹。后来想想，日本人太可恨，隔着黄河都要打我们。

我记得，黄河两岸经常打炮。不知道日本人的炮位在哪里，国民党的大炮就在我们这个村子西边的塬上，那是新池的行家庄沟口。只要日本人打炮，国民党的大炮也就打起来了。

到了第二天，日本人又打炮，这一次，有个炮弹落在巷子东头一家的空院子里爆炸了，地上的土被炸得飞上了天，那个院子也被炸毁了。多亏那里没人，没造成人员伤亡。

这就是我记得的日本人炮轰我家的情况。

王汉宝口述 王英民整理

注：王汉宝，洽川王村二组人，85岁，农民。1951年参军，曾赴朝作战。

1970年姑妈所写的一份材料

《习仲勋传》里有这么一段，看完习仲勋给齐心的信，齐心的挚友伍仲秋（时任西北电影发行公司党委书记）惊讶地说：这哪里是夫妻通信？简直是革命的两地书呀！

这个伍仲秋（曾化名黎抚英）就是我们的姑妈，1913年出生在江西省宜春市宜丰县何家村石门，少小因不满家庭男尊女卑而离家出走，就读于南昌女子师范，后经党内指示，考入国立北平女子文理学院，1935年毕业后先任校图书馆职员，随后参加陕西地下抗日工作。我曾在《他们应该永远活在国人心中》一文中说到姑妈的革命坚定性与忠诚（《重庆知青》，2014年第二期）：

"我们的责任是向人民负责。"

"1937年年底，经西安妇女慰劳分会负责人韩钟秀（中共党员，那时群众抗日救亡团体不设中共党支部）找我谈话，要求我去合阳搞妇女工作；并说，樊一鸣是将来合阳县抗日民族解放先锋队的负责人。我和樊一鸣接头后，樊说：你由苏资琛（后任陕西省农业厅副厅长、陕西省副省长等职）带领去合阳，由军车送往，同行的还有雷鸣（罗明）、王闻远（金树堂）。到合阳后，一七七师接待我们好吃好住，但没有安排公开职务以做掩护。后来，樊一鸣与一七七师师长李兴中交谈，说从八路军办事处带来的4人可以在该师工作，可起核心作用。后来的情况是，为避免李兴中（第三军团九十六军军长兼一七七师师长）顾虑，由孙蔚如推荐，苏资琛为合阳县长。我被安排为县府秘书，樊一鸣任县府一科长，王闻远、雷鸣在合阳中学工作。"

（姑妈怕"造反派"找事，后面写就避重就轻，减少了不必要的许多麻烦）

"我从西安去合阳，韩钟秀给我的任务是搞妇女工作，所以，县府秘书一职于我实挂空名，只是在苏资琛为县长时，叫我给写《告合阳民众书》，内容是动员群众起来抗日。"

"苏任县长期间，记得由中共所举办的安吴堡青训班（负责人冯文彬）介绍来过一些男女青年，做抗日救亡工作，都由县府接洽安排。"

"我在合阳搞妇女工作时，有需要县府帮助的地方，苏资琛也尽力帮助。"

（伍仲秋的入党介绍人为吕剑人，吕曾任宝鸡地委书记、新疆维吾尔自治区政协副主席，1979年任陕西省委书记）"总的来说，1937年冬到1938年夏或秋，我在合阳工作这一段时间，驻军一七七师师长是愿意抗日的（后来换防来的国民党军是反共的），他的两个女儿也都参加了妇女抗日工作；苏资琛的表现也是积极抗日的。因此，那时的环境条件较好，对于动员组织群众搞抗日救亡工作也较为顺利。

（妇慰会：中国妇女慰劳自己抗战将士会陕西分会，1937年8月16日于西安成立）还有，1938年秋，韩钟秀、林立等到八办给朱总司令献旗，朱总询问了妇委会工作，给予了鼓励！"

伍仲秋
1970年11月12日

注：本文作者系伍晓潮、王侠。

《抗日三字经》现身合阳

"七月七，卢沟桥。日本鬼，演操练。半夜后，奸计行。开大炮，轰宛平。夺天津，陷北平……"这些朗朗上口的字句出自一本叫作《抗日三字经》的小册子。全文500多句、1500多字，道出了中国军民同仇敌忾、浴血抗战的壮烈情怀，成为中国军民抗战的一个历史见证。这个小册子的编写时间确定，但作者不明。8月11日，记者在合阳县看到，该书为64开本薄绵纸石印，高约14.2厘米，宽约8.7厘米，仿古代木版书形式，右上部为书名，下部为"合阳第一印刷社印"。印刷时间未刊，但印刷者在前言中有一句："自卢沟桥事变发生，迄今一年。"由此可推知此书印于1938年，距今已67年。但册子未注明作者姓名，成为憾事。

收藏者张建昌今年73岁，抗日战争时期在合阳县城一家花店当学徒，他看完此书后非常喜欢，便花洋五分买了下来，并一直珍藏到现在。

这册《抗日三字经》共9页，每页14行，每行4句12字。作者利用《三字经》这种群众喜闻乐见的形式宣传抗日，开头即点明主题："人之初，性忠坚。爱国家，出自然。国不保，家不安。卫国家，务当先。"然后从抗击倭寇讲到甲午海战，再到"卢沟桥"事变，控诉日寇侵华的种种暴行，歌颂抗日的英雄，号召全国人民团结起来，"齐抗战，求生存。无南北，无西东。御强寇，莫放松。无男女，无老幼。拼死命，把国救。人人战，处处抗。彼倭寇，易扫荡"。

这册《抗日三字经》的印刷者是闻名合阳的碑帖专家行知省先生。日本帝国主义的飞机三次轰炸合阳后，行知省怀着满腔仇恨自编自印《敌机轰炸合阳纪》，并在乡间集会上宣讲，动员群众抗日。在前言中，行知省写道："自卢沟桥事变发生，迄今一年，吾人卧薪尝胆，共赴救亡道上。惟全民族陷于水深火热之中，虽妇人孺子毕应各尽所能，贡献国家。深恐穷乡僻壤，未能周悉日寇逼我之恶恨，因翻印《抗日三字经》

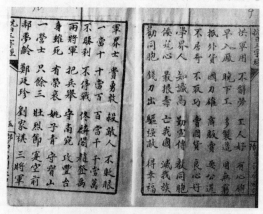

行知省编撰的《抗日三字经》

一书，以广宣传。知省久营文化事业，志切抗敌工作。是书之印刷即以贡献个人绵薄，激发群众情绪为职志。希阅后诸君多事抄印，对众解释，则更为盼切。"

注：本文作者系史耀增。

抗日民俗的田野调查与研究

伟大的中国人民抗日战争，是全世界人民反法西斯战争的重要组成部分。在长达八年的抗战中，中国人民艰苦抗争，浴血奋战，以气壮山河的英雄气概谱写了保家卫国的壮丽凯歌。在这次战争中，地处抗日前线的陕西合阳县，抗日驻军密集，抗战组织众多，抗日救亡活动风起云涌，留下了较为丰富的抗日民俗史料。在党中央号召发扬民族优秀传统、促进和谐社会建设的形势下，努力开展民俗的田野调查与研究，对推进中国特色社会主义建设有重要的现实意义和深远的历史意义。现就笔者对合阳抗战民俗的田野调查情况简述于后。

一、合阳在陕西抗战中的地位

合阳县地处陕西省东部的渭北平原，东隔黄河与山西接壤，北倚梁山和延安相邻，尤以依山傍河之势成为古今军事要塞。在合阳南北40多公里的河面上，分布着榆林渡、岔峪渡、东雷渡、夏阳渡、廉庄渡等多处渡口。这里不仅是秦晋相接的咽喉，而且是中原及华北进入西北的重要通道。

特殊的位置，使合阳在陕西乃至中国抗战史上成为举足轻重的地域。1938年春日寇侵占晋南后，除经常隔黄河炮击合阳外，敌机5次飞过黄河轰炸合阳。日寇在临晋布置重兵，企图打通合阳，进攻陕西。陕西当时提出"保卫黄河，保卫陕西，保卫西北"的口号。中共陕西省委巡视员在《1938年4月27日的报告》中说："省委早就指出，陕西国防前线的沿河各县，为各方面注视的地域，尤其是军事政治上居中心的合阳，更为复杂重要。"中共陕西省委《1938年6月11日的报告》指出："合阳在东府工作范围内政治环境上是比较复杂的一个区域。"中共渭南地委在总结抗日工作时指出："1938年春，日本侵略军攻占晋南，占领黄河各渡口，以合阳为中心工作地带。"1938年3月，领导韩城、合阳、澄城、大荔、朝邑、平民等沿河各县地下党工作的中共沿河特委在合阳县大众书店成立。之后由沿河特委促成的沿河七县中学生军事训练队、沿河各县妇女工作团等抗日救亡组织相继在合阳诞生。鉴于合阳的特殊地位，从抗战开始，先后有国民党三十八军一七七师（师长李兴中）、中央陆军五十三师（师长曹日晖）、国民革命军一六七师（师长赵锡光）、中央第一军一六五师（师长王治岐）、暂编十五师（师长刘宗宽）、国民党二十八师（师长李梦笔）及十六军（军长董钊）等大量部队在合阳驻防，准备与日寇决战。国共两党及各界政要频繁往来于合阳。1937年9月—10月，朱德、刘伯承等数次率领八路军东渡黄河途经合阳，在县城做抗日宣传动员。中共陕西省委把合阳列为抗战中心地区，先后派吕剑人、白云峰等领导党的地下工作。胡宗南及省保安处长张昆生来合视察军运，三十八军军长兼省政府主席孙蔚如来合检阅自卫队，省抗敌后援会工作团、各界慰问团、省政府视察员常来合阳考察慰问。汉奸敌特和反动组织也深入合阳频繁活动，被抗日军民捕获与枪毙数人。

一七七师原属杨虎城将军领导的部队，驻防合阳后，师长李兴中积极抗战，参谋长许权中及参谋梁步六为共产党员，县长苏资琛是抗日进步人士，所以合阳的抗日救亡工作成绩卓著。农民挖战壕、抬担架，送粮支前；教师学生开展抗战宣传；妇女组织募捐，慰问伤员；民众自卫队多次随军过黄河打击日寇，并参加收复永济的激烈战斗。上述情况充分说明，合阳是中国抗战史上光辉的一页。

二、合阳遗存丰富的抗日民俗史料

在抗日战争中合阳留下了较丰富的民俗史料，然而，由于历史和社会的原因，这些重要史料或无人收集自行流散，或保管不善自然损坏。为了搞好抗日民俗史料保护，笔者深入田野，广泛征询，使一批珍贵史料重见天日。

1. 民间歌谣。合阳是《诗经》的重要发祥地之一，被中国诗经学会称为"《诗经》发祥地上一颗璀璨的明珠"。受《诗经》的影响，千百年来合阳民间有编诗、唱诗的传统，至今流传着一种类似《诗经》名叫"花花"的民间歌谣。2006年春，本县南知堡83岁的董修已老人向笔者讲述了抗战中小学生传唱的一首花花："菜子花儿开，日本衰。小麦稍儿黄，日本亡。苜蓿花儿杂拌汤，鬼子死在河岸上。"1938年4月，合阳民众自卫队二尹联中队在队长雷振华带领下过黄河攻打荣河县城。战斗打得非常激烈，队员敬二虎、雷保儿、夏元成壮烈牺牲。在县城政府召开各界追悼抗日烈士大会后，有人编了一首花花："雷振华，真英雄，带兵攻打荣河城。为国保家去出征，二尹民众显威风。不怕死，向前冲，一心消灭鬼子兵！保儿伤重丧了命，二虎战场也牺牲。昌运身强打先锋，同善体弱压后营。凯歌一曲震天地，黄河两岸人传颂。"花花《我投八路打东洋》的歌词是："菜籽花儿洒地黄，我投八路打东洋。打得东洋没处钻，四蹄儿一蹬命归天。"另外还有《中国人要打日本》《妇女训练歌》等，都是至今仍在群众中流传的抗日花花。

2. 射虎（亦称社火）与楹联。古代合阳射虎在陕西卓有影响，所谓"服制甲天下，社火赛扬州"。射虎即由农人扮演历史典故或戏曲故事中的人物，装成彩车，用以影射现实，再把总的内容写作总牌（撰长联），分段内容作分牌（撰短联）装扮表演。1998年11月，笔者在本县黑池镇见到一册民国间《合阳射虎录》，其中多录抗战期间的射虎文联。如1938年元宵节铜蹄村的射虎分牌"统一战线"联为："保护民族誓与倭奴作战，维持主权要把鬼子殄灭。"韩城县防空队射虎总牌长联是："勿做游艺观，为大家印象深刻，加紧防空设备；权当特教看，愿同跑工作努力，保障集体安全。"分牌分别由防空警报、防空管制、防空团练的故事组成。

抗日战争中，合阳拟写了大量的抗日楹联。如1938年4月30日，合阳县各界人士追悼抗日烈士大会挽联是："热心救国堪与先烈比美，英勇杀敌真是民众先锋。"1945年春节，国民党二十八师师部在南知堡演戏的对联是："庆新年演抗日新戏激扬民风，度佳节传胜利佳音振奋人心。"县城关帝庙曾贴出对联："赤兔马踏破蓬莱岛，效法他复汉志气；青龙刀砍翻太阳旗，培养我抗战精神。"

3. 书籍及纸品。抗战中合阳军民印刷了大量的抗战书籍及纸品。据笔者知见，一是1939年行知省编著的《敌机轰炸合阳记》。据说原书为32开石印本，书的封面为版刻印刷。1999年元月，笔者见到了该书的手抄本。该书详细记录了1939年农历九月十五日4驾敌机轰炸合阳县城，炸死群众57人、炸坏房屋百间的史实，并对敌机投弹的地点、死伤人员的位置及警察局事后察看情况作了全程记录。二是1938年7月行知省石印本《抗日三字经》。这本"三字经"表彰了历史上的民族英雄和"七·七"事变后涌现的著名抗日将士，揭露了日本帝国主义的暴行，号召全国同胞"雪国耻，收失地"。经查史料，《抗日三字经》作者为老向（1901—1968），原名王向辰，河北束鹿人。该《抗日三字经》是中国抗战中的重要宣传品。当年虽有多种版本，但行先生的石印本已成为传世孤本。三是1940年《合阳中学同学录》。该"同学录"为大32开土纸本，记录了当年合阳中学教职员工和269名毕业生的多种信息。尤有价值的是校长管德慧的序言，号召"每个人的学习工作与生活，都应与这个战争时代紧紧的配合着"。序言实际是一篇充满激情的抗日动员令。四是驻合阳陆军五十三师政治部1939年元月印刷的《军民信守规章》。"规章"为16开黄纸油印。虽仅一页，但其中记录有抗战一年半来"敌人死伤七十余万人"、五十三师召开军民联欢大会，以及军队和民众各要遵守的12条规章等重要内容。五是王性之担任抗敌组织的聘书和委任状。此外，还收集到1937年"合阳县抗敌后援分会捐款收据"等资料。

4. 抗战民俗实物。一是县城防空警报大钟。抗日战争中，合阳光济寺大铁钟（高2.4米）被悬挂于县城钟楼，作为防控报警之用。在敌机多次飞临县城前，城防人员敲打钟报警。此钟现收存于县城，供人们瞻仰凭吊。二是《忆城楼序》碑。2003年4月10日，笔者在县城东门外一家门道见到了1942年元月合阳县县长马绍中撰写的《忆城楼序》碑。青石碑高52厘米，宽90厘米。该碑是先年冬马绍中任县长后在县城政府右侧领导修筑防空台顶的记事碑。此碑是合阳县城防空的见证。三是建国纪念碑。今年5月，笔者在县城范宅发现1939年7月7日合阳县长张丹柏题写的《抗战建国纪念碑》。碑高166厘米，宽68厘米，厚20厘米。青石质，额残，尚见国民党党徽残迹。据说此碑当时立于县城，曾激发了民众不忘

《忆城楼序》碑

国耻、抗击日寇的信心和决心。四是陆军五十三师师长曹日晖于1939年题写的《敬老庄》碑。石碑宽101厘米，高53厘米，厚14厘米。该碑的存世，是传闻中曹日晖在官庄建敬老庄、为其树万民伞兵丑闻的见证。五是合阳坊镇联某自卫队员用过的大刀。该刀铜柄钢刃，长74厘米，刃宽6厘米。透过刀光，似见当年自卫队员驰骋疆场的英雄气概。六是行先生刻制的《敌机轰炸合阳记》封面书版。该书版刻有敌机轰

炸合阳的时间、书名及编著者。七是1938年沿河各县学生军训大队同学的合影照片。照片高16.8厘米，宽23.5厘米，但见全副武装的29名同学精神抖擞，一副随时准备奔赴战场的英勇姿态。

5. 抗战遗址遗物。一是福山三清阁瞭望哨遗址。抗战中每当日本飞机飞临黄河上空时，福山瞭望

东同蹄村黄河边抗战部队住过的窑洞

哨即电话通知县城，哨兵即鸣钟报警。现在福山三清阁几经修复，成为人们追忆合阳抗战的旅游景点。二是夏阳老坡藏兵洞。当年的夏阳老坡是黄河川道通往县城的要道，至今保留着抗战中民众挖掘的藏兵洞。藏兵洞高约1.3米，宽约60厘米，后边相通，至今完好。据灵泉村党友曼老人讲，抗战时在夏阳坡藏兵洞准备了许多碌碡、石头和铁耙，以阻挡从黄河川道上来的日寇。三是抗战中合阳驻军一七七师、一六五师等师部驻地院落保存完好，院房中留下了抗战志士的深刻印记。

三、抗日民俗田野调查的现实意义

1. 通过田野调查，保护了一批重要的抗日资料。10多年来，笔者在各处调查抗战史料的同时，耐心劝导保存者悉心珍护，使行先生石印本《抗战三字经》、五十三师《军民信守规章》等孤品资料得以有效保护。特别像口传的民间歌谣、文联等非物质文化遗产，通过收集整理，使之得以继续流传。

2. 通过抗战民俗史料的学习，使更多的人接受了爱国主义教育，提高了抗日民俗史料保护的自觉性。在调查研究的同时，我曾把这些史料作为导游培训的内容，对青年同志进行教育。2003年春，笔者帮助合阳县档案馆举办了包括抗战内容在内的历史档案展览，省档案系统还组织档案工作者前来参观，本县部分学生和各界群众进行了参观学习。通过宣传展览，人们从这些资料中看到了日本帝国主义的侵略暴行，懂得了中国人民抗日战争的艰苦卓绝，更加珍惜今天的幸福生活，也可见抗战史料一定能在宣传群众、教育群众、建设和谐社会方面发挥积极作用。

3. 抗日民俗史料提高了旅游风景区游客的旅游兴趣，提高了合阳旅游的知名度。合阳县是国家重点风景名胜区洽川黄河湿地的所在地，每年来合阳的各界游客有30多万人次。其中，不少游人对合阳抗战的故事饶有兴趣。笔者相信，合阳抗战民俗史料将在合阳的社会经济发展中发挥更大的促进作用。

4. 合阳抗日民俗的田野调查资料，丰富了陕西抗战史料，填补了黄河两岸抗日史料的某些空白，尤其像《抗日三字经》《军民信守规章》以及夏阳老坡藏兵洞等这些珍贵的遗存资料，将对今后研究抗战历史提供重要的实物依据。

四、挖掘和保护抗日民俗资料刻不容缓

中国人民的抗日战争是世界近代史上产生过重大影响的事件。抗日战争不但在过去，而且在现在和今后都将对中国社会的进程产生深远影响。抗日战争胜利距今不过60多年时间，当年抗战的一些亲历、亲见、亲闻者至今尚在，有些抗战的实物还在民间遗存。因此，抓紧抗日民俗资料的挖掘、征集和研究，是值得当前民俗工作者重视的大问题。为此建议如下：

1. 各级民俗学会应把抗日民俗作为民俗研究的一个重要内容，并结合各地实际，确定调研重点。广大民俗工作者要做抗战史料收集保护的有心人，留心各地农村、城镇角落及抗战遗址遗存的珍贵史料，努力把各种遗存的史料保留下来。抗日民俗研究成果应作为爱国主义教育的教材，以促进中华民族优秀传统教育的开展。

2. 各县市档案馆、博物馆应把征集抗战民俗资料列入重要日程。馆藏单位每年都应辟出一定的时间，组织专门人员下基层调研。同时，对收集的重要资料，认真整理，建立专档。对残损资料，认真修复，妥善保存。市县政协应对本地的抗战史料进行广泛搜集和研讨，为精神文明建设提供丰富的材料。

3. 重视对抗日战争亲历、亲见、亲闻者的采访。现在健在的85岁左右老人，是抗日战争的亲历者，也是地方史料的活档案。各市县的地方志办公室及档案部门应对这类人员加紧采访，把他们知道的史料尽量保留下来。

抗日战争永远是中国近代史研究的重大课题，抗日民俗是抗战史的重要组成部分。笔者相信，在广大民俗工作者和干部群众的共同努力下，抗日民俗资料的调研一定能够取得显著的成绩。

注：本文作者系李志斌。

人物篇

苏资琛传略

（一）

苏资琛（1893—1974）名养源，字资琛。陕西韩城人。早年毕业于陕西第一师范学堂优级班，有近十年教书经历。1950年起，历任陕西省人民政府委员、陕西省农业（农林）厅副厅长，陕西省人民委员会副省长，第一、二、三届全国人大代表，政协陕西省第一届委员会常务委员、第二届委员会副主席，民盟第二届中央委员，民盟陕西省第一、第二届委员会委员、副主任委员。1974年5月15日逝世。

在韩城初小教书时，适逢五四运动爆发，他积极向群众宣传抵制日货，反对军阀混战；他在延长县高小任教时结识了杨虎城，后来"五卅"惨案发生，陕西省学联也因军人打伤学生而发起声讨军阀吴新田的运动，他不顾守旧校长的阻止，召集学生开会声援，唤起学生的爱国热情，反对帝国主义和封建军阀。

1927年春，苏到西安国民军联军总政治部工作，认识了中共党员刘伯坚和宣侠父。1928年秋苏去河南，在方振武部任参谋和战史编纂委员会副主任兼《河南日报》编辑。他曾向方振武建议"武装民众"。

1929年末，经焦易堂介绍，苏资琛到南京任国民政府立法院法制委员会秘书。一年后，又经胡汉民推荐，被派作国民党陕西省党务指导委员会委员。当时杨虎城主陕，苏深得杨的信任和器重。他名为办理"党务"，实则赞助杨虎城开展各种进步活动。面对国民党、蒋介石对工农红军的"围剿"和对进步势力的镇压，他利用自己的合法地位，为一些中共党员和进步人士安排工作，帮助其隐蔽，继续活动。一年后，因工作掣肘而辞职，不久又回到杨虎城部。这时苏的思想已发生飞跃，认识到只有跟共产党走才有出路，遂与中共地下组织取得了联系，接受中共交给的一些任务，如为进步青年介绍工作、掩护中共地下工作者、营救被捕的革命同志和进步

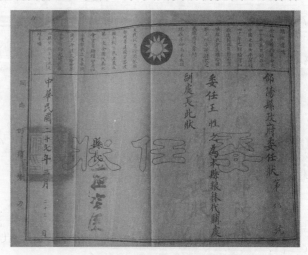

合阳县政府颁给县长苏资琛的委任状

人士等。经他营救脱险的就有近百人。察哈尔民众抗日同盟军失败后，师长、中共党员许权中潜回陕西，经他掩护，在韩城隐蔽，避过了被抓捕的危险。

西安事变中，苏坚决拥护张、杨的八项主张，代表十七路军参加西北民众指导委员会，任该会委员兼组织部部长。

1937年冬，侵华日军占据晋南，陕西的韩城、合阳、朝邑一带成为抗战前线。经主持陕政的孙蔚如同意，苏自告奋勇到合阳当县长。赴任时，他约了几位共产党员和民先队员一起去，将他们分别安排在县政府任秘书、科长，或推荐到合阳中学教书。在此期间，他接受中国共产党的领导，支持李兴中领导的一七七师，联络进步人士和爱国青年，发动群众，做抗击日军的准备。经苏和李兴中协商，由县府和一七七师出面办了一个沿河各县学生军训大队，为抗日救亡培养骨干。他支持中共地下组织办了一期"青训班"，这批青年中有不少人后来奔赴陕甘宁边区；还组建武装民众自卫队，自兼大队长。合阳一时形成抗战热潮，民主气氛相当浓厚。群众称他为"抗日县长"，称合阳为"小苏区"，而国民党当局则说合阳"赤化了"。1938年6月，蒋鼎文接替孙蔚如主陕。随着国民党"溶共""防共""限共""反共"具体办法的贯彻，合阳形势逆转，苏遭到国民党的怀疑和迫害，遂愤而离职回家。为躲避国民党当局的继续迫害，他在家未作久留，又到孙蔚如领导的第四集团军任参议和政治教官，并由孙保荐担任集团军国民党特别党部委员、书记长，但未被国民党当局批准。部队当时正在中条山和日军鏖战，苏或亲赴前线，或深入敌后，宣传抗日，慰问将士，鼓励士气；还冒险化装潜入运城，策动伪军戚文平部反正。这支反正部队即后来孔从洲带领的新三十五师。

1941年，苏被选为韩城县临时参议会议长，遂离开部队回韩城任职。从此，他以参议会为讲坛，宣传民主，反对独裁，抨击国民党顽固派的独裁统治。为解决韩城历史上遗留的田赋畸重问题，他赴西安据理力争，终于获准减轻韩城人民的负担。他还抵制了陕西省第八(大荔)行政督察区行政督察专员蒋坚忍要各县制备寿屏为其歌功颂德和为了封锁陕甘宁边区要各县集资修筑白宜公路等做法，深得群众拥护；但也更加引起国民党顽固派的忌恨，顽固派企图将他杀害，但慑于他在群众中的威望而没有下手。

1947年10月12日，人民解放军占领韩城。事前，苏做过策反国民党乡长王殿英的工作，给游击队送去炮兵望远镜和《韩城县志》等急需品。韩城一解放，他代解放军草拟《安民告示》，建议商会给战士们筹办鞋袜被服。几天后，国民党军队反扑，他跟随解放军转移，进入解放区。后又只身辗转到达当时中共中央所在地河北省平山县西柏坡，受到周恩来和其他中共中央领导同志的接见。1948年5月，苏到延安，在电台广播声明自己拥护中国共产党的立场，呼吁人民团结起来，为推翻三座大山、解放全中国贡献力量。他被任命为陕甘宁边区政府参事和边区政府委员。

西安解放后，苏在杨明轩领导下，恢复中国民主同盟西北总支部，成立临时工作委员会，任委员，负责机关日常工作。1949年加入中国共产党。同年8月，苏作为西北解放区的代表，赴北平出席中国人民政治协商会议第一届全体会议，10月1日参加中华人民共和国成立大典，受到毛泽东等党和国家领导人的接见。

（二）

1937年卢沟桥事变后，日本帝国主义已侵占我华北大片土地，陕西东部沿黄河一带面临着日寇进犯的威胁，民族危机十分严重。这时国民党投降派将领胡宗南在西安太乙宫召开军事会议，企图放弃黄河，放弃关中，引日寇直接威胁延安。对此，中共陕西省委提出了发动党员、发动群众，争取武装准备，开展武装斗争的方针。陕西省政府主席孙蔚如在我党抗日民族统一战线政策的影响下，积极主张抗日，制定了在沿河地区组织民众开展游击战争的计划，并亲自保荐人选到关中各县任县长。时任十七路军总指挥部政治处长的苏资琛参与了这一计划的制定，并主动请求到地处河防前线中心的合阳担任县长。他在合阳主政的8个多月中，接受我地下党组织关于抗日救亡工作的许多意见，发动并组织各方力量，掀起了轰轰烈烈的抗日救亡群众运动。

一、以民族利益为重，到抗日前线，率领民众保卫河防。当时，陕西省委指出："陕西国防前线的沿河各县，为多方面注视的地域，尤其是军事上政治上居中的合阳，更为复杂重要。"军事要人胡宗南等前来视察，省后援视察员和省保安处长也来考察，军政各救亡团体也前来慰问。同样，汉奸敌探也前来造谣破坏。在此形势下，苏资琛看穿了胡宗南企图放弃关中招引日寇进犯延安的企图，认识到这是关系到民族存亡和保卫延安的重大责任。他毅然决然挺身而出，请求到合阳县任县长，带领民众抗日。他的家乡韩城与合阳相邻，韩合一带党的骨干较多，群众基础较好，又有他的旧友知己，合阳又处在沿河各县中心，搞好合阳和韩城可以带动渭北几县。他认识到合阳在保卫河防上的重要位置，以民族利益为重，到抗日的最前线组织发动民众，武装抗日力量。

二、响应我党关于抗日民族统一战线的政策，团结进步力量，打击顽固势力。苏赴合阳前，深感单靠自己的力量难以担负起抗日的重任，便主动与中共陕西省委领导成员谢华和八路军驻西安办事处成员宣侠父联系，请求派共产党员去合阳指导和协助工作。省委批准派共产党员樊一鸣（樊中黎）、雷鸣（罗明）、王闻远（金树堂）、伍仲秋（黎抚英，女，到合阳后恢复党籍）4人与苏资琛同行。

1938年1月中旬，苏资琛一行5人到达合阳。这时合阳进步力量云集，抗日气氛很浓，党的组织在整顿过程中不断发展。1937年12月杨虎城一七七师部驻防合阳，吕剑人受陕西省委军委派遣到该师负责党的工作。1938年3月，中共沿河特委在合阳成立，同年5月中共合阳县委成立。苏资琛与我党组织建立了联系，利用自己的合法身份和地位，把我党关于抗日救亡的一系列主张变成全县民众的实际行动。他任命樊一鸣为县政府一科科长，并与沿河特委书记王俊约定，将党的指示和主张化为樊的个人意见，向苏传达和建议，苏的意见和想法也由樊一鸣向党组织提出。通过樊的联系，党组织关于群众抗日救亡运动的不少计划和活动安排，都是苏资琛以县政府名义执行的。苏还任用黎抚英为县政府政务秘书，苏史青（沿河特委负责人之一）为县政府视察员，安排王闻远、雷鸣去合阳中学任教。县自卫大队各联保中队的政治指导员也大多委派共产党员担任。这样不仅建立起了以共产党员为中坚的政权组织，也为党的力量迅速发展提供了良好的条件。

苏资琛在合阳主政期间，还注意团结各方进步人士，广泛开展抗日救亡活动。他宣布，不管任何党派、任何组织和个人，只要抗日，都允许其自由活动。当时合阳县进步力量较强，有从中央党校、抗大以及安吴青训班学习后派来的，还有从西安来的学生下乡工作团等，一批一批，人数较多。反动分子攻击说，苏资琛红到了皮，把"抗大"搬来了。人民群众却赞誉苏资琛为"抗日县长"，称合阳是"小苏区"。苏一到合阳，就邀请当地进步人士张健伯、梁芝生、王性之等成立了民众动员委员会，聘请革命人士孙蔚如到合阳中学校担任校长。对于当地顽固势力，苏资琛则坚决进行斗争。国民党县党部书记张培元要求参加民众动员委员会，苏知其存心不良，婉言予以谢绝。国民党复兴社分子以慰问团、督察团、调查团等名义前来合阳，实际上是搞侦察，监视破坏抗日活动。1938年4月，在合阳各界庆祝台儿庄大捷会上，国民党复兴社分子和托派分子暗中煽动一些学生贴标语、散传单，有意制造县政府与一七七师师部的矛盾，挑拨离间。苏资琛对这些顽固分子破坏抗日的活动，都进行了有力的斗争，支持了抗日进步势力，使抗日救亡活动得以顺利开展。

三、组建合阳抗日民众自卫大队，为开展抗日游击战争培训骨干。1938年3月，在沿河特委的领导下，在一七七师的配合下，成立了合阳县抗日民众自卫大队指挥部，苏资琛亲任总指挥，一七七师参谋梁步六（中共党员）任副指挥。全县23个联分别建立了中队，各中队由县指挥部委派的指导员多由共产党员担任。全县共有队员两万人。民众自卫人队的训练是以保为单位进行的，早上训练，中午、下午生产劳动。由于既开展了军事训练，又不误生产，深受群众欢迎。自卫队经过训练，抗战热情高涨，斗志旺盛。不少自卫队员和青年教师、学生自动带上口粮和武器随一七七师过黄河参加抗日作战。在一次战斗中，二尹联自卫队员敬二虎、雷保儿、夏元成英勇牺牲。为了悼念烈士，推动抗日救亡运动，1938年4月30日，县政府在龙王庙（现平政乡政府）召开了有群众和各界人士参加的公祭大会，苏资琛主祭，宣读祭词，县抗敌后援会送的挽联，上联是："热心救国堪与先烈比美"，下联是"奋勇杀敌真是民众先锋"。同月，陕西省主席孙蔚如来合阳视察，上万名自卫队员手执大刀、长矛在县城南门外列队接受检阅，群情激昂，威武雄壮，充分显示了河防前线人民抗战到底的坚强决心。

四、组织多种形式的军事训练，全面动员和武装群众。苏到合阳利用自己和杨虎城、孙蔚如的关系，很快结识了一七七师师长李兴中、参谋长许权中（共产党员）。为了尽快做好武装斗争准备，落实打游击的计划，他与李兴中作了详细商谈，并征得一七七师中我地下党组织的同意，决定由军队负责军事技术方面的工作，供给枪支弹药，组织各种形式的军政训练。1938年1月，举办合阳县教师训练班。一七七师参谋李锦峰任大队长，下编三个中队，受训教师300多人，训期一个月。训练结束时成立了"合阳县教师抗日救国联合会"。选出主席雷振华。接着，又在合阳中学举办沿河中学生军事训练，参加军训的有合阳、韩城、澄城、大荔、朝邑、平民、黄龙等七县学生共200余人，训期20多天，训练结束时成立了"沿河学生抗日联合会"，受训学生随即赴沿河各县投入抗日救亡活动。为了给各联自卫中队培训骨干，县自卫大队指挥部从各联、保选拔部分进步青年和学生组成基层干部训练队，其200多人参加训练。一七七师举办班长训练班时，又吸收基干队参加训练。基干队的组建和集训，对县自卫大队军事素质的提高和民众救亡活动的发展起到了很大的推动作用。

此外，苏资琛还非常重视以学校为阵地搞好抗日教育，派了几位共产党员到合阳中学在师生中开展抗日宣传和教育活动。当时合阳县民先队、妇女工作团等进步组织比较活跃，苏资琛也多方给予支持，使全县城乡抗日救亡运动开展得有声有色、轰轰烈烈。

（三）

苏资琛在任合阳县县长8个月中，抗日有功，政绩卓著，深受合阳人民群众的拥护和赞扬。他廉洁清正，体恤民情。他常到乡村视察自卫队训练情况，到黄河岸检查河防工事。七县中学生在合阳中学集训，他坚持和学生一起上早操，亲自给学生讲课。从山西前线回来的伤员，他亲自组织群众护送到后方医院。他借款300现洋资助管建勋的"大众书店"开展抗日宣传。西安来的进步抗日救亡团体、学生宣传队的费用，他都用自己的钱支付。他代表人民利益，为人民办事，反对贪官污吏，革除官吏积弊。

1938年6月，一七七师东渡黄河抗日，陕西省政府主席孙蔚如离任，合阳县的顽固势力日渐抬头。国民党县党部的张培元、许冠军、雷半仙等人怂恿支持劣绅刘仁夫向省政府控告苏资琛。随后省政府遂派出8个单位的委员来合阳"调查"，给苏资琛罗织破坏抗日形势的罪名。合阳县各界革命人士千余人在合阳中学召开了反驳刘仁夫大会，通过了《告全县人民书》，肯定和褒扬苏资琛的抗日事迹。并选出雷鸣夏、党梦笔、王奋三等人为代表，向社会呼吁，请求声援。8月初，合阳抗日形势恶化，胡宗南嫡系五十三师曹日晖部突然驻防合阳，苏资琛处于困难境地。国民党陕西省民政厅长彭昭贤给他捎话说，把共产党员樊一鸣赶走，苏的官可以不动。苏资琛坚定地回答说："我主张抗日，不知谁是共产党。"不久，省保安处又密电通缉樊一鸣，苏立即通知樊，让其迅速离开合阳，脱离险境。此时，合阳中学一些抗协分子公开扬言要查苏资琛的账务，故意制造事端，苏资琛迫于反动势力的围攻，于8月中旬愤然离开合阳，回到家乡韩城。

种文祥撰文　李金科征集

注：本文作者系郭则沉。

（摘自《中国共产党合阳党史资料选编》）

我在合阳协助苏资琛开展军事训练活动

合阳县县长苏资琛思想进步，民族感强。他的秘书科长樊中黎、总务科长苏史青都是共产党员。他在县上首创"抗日自卫大队"，亲任大队长，并找李锦峰，请李支援得力军事人员，李锦峰便派我前往，我就当了他的副大队长。大队当时有两万余人，合阳县有23个乡，每乡为一个支队。我任副队长后，首先办了一个大队直属基干训练班，由党员梁建华负责。后来又发展了三个党员。各乡抽一个人来参加，为各乡培训军事干部,实际上就是个班长训练班。

安吴青训班派来廿余人支援合阳。我将他们全部分送各乡,以充实基层力量。合阳廿三个乡,我全部跑过,一队一队指导,一乡一乡训练各乡的部队,我都严肃地检阅过。军民联防,一时间搞得热火朝天。

此刻,我出于一个共产党员强烈的革命责任感,经陕西省委(当时在云阳镇)的汪锋同志写了一封信,信中说:"生意兴隆,我是个学徒,深感不行,请另派副经理或经理来此经营,再带点货物(文件)。"我派辎重营一个20岁左右的青年直接送给汪锋(这时陕西省委对外的牌子是"八路军留守处",负责人是汪锋)。不久,陕西省委派吕剑人同志来合阳,全面负责部队党的工作。吕剑人来了之后,第一夜住在李锦锋营部,他戴了顶礼帽,出入部队很不方便。次日便改住共产党员管建勋所办的"大众书店"。吕剑人认为,这里来往的多是知识分子,人杂事乱,不妥切,于是便由通讯连长姜树德给他找了个地方,每天由姜树德派人送饭和掩护,吕才得以领导工作。

吕剑人同志来了以后,我们一七七师着重做了四项工作。

一、利用寒假,开办教师训练班。从思想上动员知识分子积极投入抗战,参加的有两百余人,编了一个大队,大队长李锦峰,大队辖三个中队,王寒秋同志是第一中队长,我(梁步六)为第二中队长,第三中队长是国民党一个社训教官,姓马,陕北人,军统特务。我常和此人对立,王寒秋总让我别理他。我们将教师训练班许多年轻有为的青年介绍到安吴青训班去学习,有一回就送了8个。现在还有一个叫樊复哉的和我保持联系。

二、开办军事训练班,吸收各界青年,积极报名参加,进行军事训练,讲授防空知识,培养、训练地方武装。这一活动由宋克敬同志负责。麻照瑞、陈方元、雷新绪都在训练班受过训,现任渭南地委书记白云峰也是当时军事训练班的学生。

三、在合阳中学开办学生训练班。此事由该校长孙蔚如负责。

四、创办妇女训练班,由苏资琛的秘书伍仲秋负责,此人现在西安。

经上种种,都是围绕抗战救国这个中心工作进行的。

1986年4月28日

注:本文作者系梁步六。

我跟随苏资琛工作的情况

1937年冬,西救会被迫解散,原驻合阳十七路军一七七师向陕西省委提出:派人到该部所属沿黄河各县,协助部队开展抗日救亡工作。经省委研究决定,我和王闻远、罗明、黎抚英一起被派去合阳,协助一七七师在沿黄河各县发动群众,进行抗日救亡工作。以后通过关中青委、安吴青训班介绍了十几名干部。这些同志来合阳后被分配到合阳中学做青运工作，建立民先队；有的被分配到女子小学，联系做妇女工作；有的则被分配到农村小学，开展农民抗日救亡活动。

我和苏资琛同志一起是由西安乘坐一七七师的大卡车到达合阳的。到合阳后，我们首先是和一七七师参谋长许权中同志联系的，后来又和合阳中共地下党员管建勋取得了联系，和一七七师有些中共党员同志也取得了联系。根据上级的指示精神，主要利用军队关系开展抗日救亡活动，特别在韩、合地区组织抗日游击武装，发动群众，准备日寇渡河后即在沿河地区与之开展游击战，管建勋和我商议后准备将韩、合交界地形较复杂的地区作为开展游击战争的根据地。

我们和一七七师师长李兴中以及秘书杨德春、吕宜之联系商议关于成立救亡组织问题，商谈成立抗日救亡武装自卫委员会，后因人选问题有名无实。

1937年冬至1938年春，合阳抗日救亡空气浓厚。抗日活动活跃，人称合阳是"小苏区"。当时，黎抚英和王丽在王村组织了妇女训练班，全县办了一个小学教师训练班，宣传抗日救亡。以后又成立了小学教师抗日救国联合会，并曾由百良小学教师雷振华组织几十个农民武装，配合一七七师过河到山西作战。

在陕西省政府主席孙蔚如到沿河视察时，我们组织和动员了10000多农民武装，携带土枪、红缨枪等武装到县南门外集合，听取孙的讲话和检阅。

苏资琛在合阳那一段时期发挥了相当大的作用，主要是运用他的社会地位，以及和一七七师的上层关系进行统战工作。

在合阳那一段时期，记得有一个最反动的地方劣绅刘仁夫被苏扣押过，刘公开印刷反动传单，恶毒攻击苏资琛，反对抗日救亡活动。

1938年8月前后，陕西省保安处密电通缉我，苏资琛同志告知我后，我当即离开合阳。

注：本文标题是编者所加。

雷振华，合阳县百良乡东宫城人，中共党员，当时任县教联会负责人，后任二尹联自卫中队长，烈士。

刘仁夫，合阳秦城人，已故。

作者简介：樊一鸣（现名樊中黎），陕西省蒲城人。曾任成都电讯工程学院党委副书记，现已离休。此件系根据樊中黎1970年4月30日写的《关于合阳一段工作情况》和1986年8月15日写的《苏资琛和我一起在合阳工作情况》整理。

苏资琛在合阳的抗日事迹

1937年"七七事变"后，山西大部分地区沦陷，黄河西岸的陕西成了国防前线，"保卫黄河、保卫陕西"成了抗日人民的钢铁誓言。地处黄河西岸的合阳人民抗日情绪日益高涨，在此形势下苏资琛于1937年10月自告奋勇任合阳县县长，率领沿河民众掀起了轰轰烈烈的抗日高潮。苏资琛在合阳的抗日事迹，广为流传。

（一）

苏资琛（1893—1974），原名养源，陕西韩城人。他出身贫寒，毕业于陕西优级师范学校。1916年在韩城县当教员。"五四运动"爆发，他带领同学向民众讲演宣传；"五卅惨案"的消息传来，他不顾阻拦，草拟宣言，组织学生开会声援。1927年初，他在国民联军政治部工作，后任"秦陇通讯社"总编辑。这时他结识了共产党员刘伯坚，受到革命思想的影响。大革命失败后，苏在方振武部任参谋并担任《河南日报》编辑。之后经焦易堂介绍，到南京立法院法制委员会任秘书，一年后回陕西，在杨虎城的十七路军先后任总指挥部少将参议、干训班政治教官、三十八军政治处长、保工委员会秘书等职。

"双十二事变"爆发后，苏资琛坚决拥护张、杨的抗日救国主张，任西北民众指导委员会委员兼组织部部长。后任十七路军政治处长。

1937年底，日寇侵占晋南，河防吃紧，陕西危急，一七七师驻防合阳，民众抗日情绪高涨。国民党投降派胡宗南企图放弃关中。陕西省主席孙蔚如积极抗日，主张选派有领导抗日才干的人到沿河前线任县长，组织民众开展游击战争。苏资琛深知这是关系到民族存亡和保卫革命圣地的重大责任，毅然决然、自告奋勇出任合阳县县长。他冒着被捕危险在合阳奋斗了短短八个月，领导组织沿河各县人民掀起抗日高潮，人们夸奖苏资琛是"抗日县长"，誉称合阳是"小苏区"。

（二）

苏资琛在合阳的抗日事迹主要有以下几方面：

一、按照党的政策，依靠革命人士，打击反动势力

苏资琛赴任前，请求中共陕西省委领导成员谢华和八路军办事处宣侠父派出一批共产党员协助工作。经批准同意，樊一鸣（樊中黎，共产党员）、雷鸣（罗明，共产党员）、黎抚英（伍仲秋）和王闻远（金树堂，共产党员）4人随苏资琛前去合阳。苏资琛一行5人于1938年1月中旬到达合阳。随后，陕西省委又派王俊、贺三多到合阳开展党的地下工作，派吕剑人到一七七师开展军运活动。接着韩城县委派苏史青、白云峰、赵惠民、张志超等同志到合阳开展青年工作。苏资琛委任樊一鸣为县政府一科长，伍仲秋为县政府秘书。苏史青为县政府视察员。派王闻远、雷鸣去合阳中学任教，并聘请进步人士孙玉如任合阳中学校长。苏资琛和沿河地委书记王俊商定由樊一鸣作桥梁，传达沟通党组织和他方的意见要求，全县各联配备政治指导员，大多数由共产党员担任，加强了基层联保共产党的力量，苏资琛刚上任，立即成立合阳民众动员委员会，国民党合阳县党部张培元要求参加，企图破坏抗日运动，苏资琛婉言谢绝。4月，抗日运动形成高潮，国民党复兴社分子王普涵、赵和民和雷仲山等反动分子以组织慰问团、考察团为名，造谣生事，挑拨离间，破坏抗日，苏资琛旗帜鲜明地采用各种方式进行揭露斗争，藉用县长职权，按照党的政策，依靠共产党员和革命人士，结成统一战线，向破坏抗日的投降分子开展斗争，使合阳民众的抗日运动步步深入。

二、开展军事训练，全面动员民众

1937年12月，杨虎城一七七师驻防合阳。师部驻扎在合阳城内东街（现在县联社地址），师长李兴中，参谋长许权中（共产党员）。苏资琛利用杨虎城、孙蔚如等人的关系结识了一七七师的上层领导。他在合阳同李兴中详谈了建立抗日游击队的计划，商定由军队担任军事技术训练，供给枪支弹药，组织举办各种形式的军事训练班。

1938年1月，举办合阳县教师训练班，一七七师参谋李锦峰任大队长，下编3个中队，学员300余人。学习抗日理论，进行军事训练，训期一个月。结业时成立"合阳县教师抗日救国联合会"，选出主席雷振华。

1938年1月中旬，举办沿河中学生军事训练班，参加的有合阳、韩城、澄城、同州、朝邑、平民、黄龙七县中学生。主要学员是合阳、韩城的，共两百多人。在合阳中学训练，一七七师参谋长许权中亲自讲军事课。教育长是参谋宋克敬，指导员有王闻远、雷鸣、赵惠民（韩城人，共产党员）、张志超（共产党员）、伍仲秋。训练20多天，结业时成立"沿河学生抗日联合会"，主席白云峰。军训结束后，学生分赴沿河各县开展抗日救亡活动。

1938年2月下旬，组织基干队，招收进步青年学生和教师参加训练，有200人，为各联成立自卫中队培训骨干，接着又举办一七七师班长训练班，并吸收基干队参加。

苏资琛通过一七七师对合阳县的教师、学生、进步青年和基干队分期分批进行了军事训练。通过训练，学习了抗日理论，提高了政治觉悟，掌握了军事本领，为在全县组织武装力量培训了骨干。

三、组建合阳抗日民众自卫大队，掀起全县武装斗争高潮

1938年3月，县长苏资琛组建合阳县抗日民众自卫大队指挥部，亲任指挥，一七七师参谋梁步六（共产党员）任副指挥。全县23个联都成立了中队，县上成立基干队，队员约两万多人。各中队派有指导员，多由共产党员担任。训练以保为单位，早晨训练，不影响群众生产。自卫队抗战情绪非常高。1938年4月，全县自卫大队在县南门外受陕西省主席孙蔚如检阅，队员斗志昂扬，威武雄壮，苏资琛委任雷振华为二尹联中队长，这个中队没有武器、弹药，雷振华卖了自己家里十几亩地买了几支枪，队员带上口粮，配合一七七师过河在荣河打日本，两个队员壮烈牺牲。苏资琛主持召开死难烈士追悼大会，亲自致悼词。合阳中学教师吉致瑞带领学生刘祖蔚、姚佑学等10多人也随一七七师过河抗日。

苏资琛在组织抗日民众自卫大队的过程中，遭到了国民党党部社训队负责人许冠军的反对和破坏。许冠军为了破坏抵消自卫队的力量，另搞一套，建立社训队，在各联保集中训练，影响生产，遭到群众反对，后经商谈把社训队并入自卫队。4月11日在县上召开各界群众祝捷大会，伪县党部唆使投降分子张贴反动标语，散发反动传单，公然挑拨军政矛盾，制造事端，苏资琛对之进行了揭露与抵制。

四、调动各方力量，开展抗日宣传

合阳抗日民众自卫队指挥部领导组织青年军事训练队和妇女训练队。这些组织具体由沿河地委领导，以民先队员为骨干。

民先队合阳区队部设在合阳中学，由白云峰具体负责组织指导青年活动，在县

城是公开活动,在乡村是秘密个别联系。乡村民先队员都参加了自卫队。在县城民先队成员大多是合阳中学学生,他们积极开展抗日宣传,成立"抗战剧团"排练抗日节目下乡宣传,深受群众欢迎。

妇女训练班由伍仲秋具体负责。1938年春节,县城召开抗日联欢大会,有400多名妇女冲破封建束缚参加大会,军训结束后,成立了妇女工作团,团长由地方上层妇女担任,伍仲秋任组织部部长。妇女工作团的主要任务是:搞统战工作,动员上层妇女参加抗日,开展抗日宣传活动,组织慰问伤员,开展募捐活动。妇女发动起来后,深入农村,先后到王村、百良等联举办妇训班,学习政治、军事、宣传抗日救亡,教唱抗日歌曲,演唱抗日文艺节目。募捐队、宣传队、看护队先后到夏阳渡口看护伤员,深受军队和群众欢迎。苏资琛给管建勋的合阳地下党联络站"大众书店"拨款300元,支持扩大经营,办好"大众书店",广泛宣传革命理论。

五、团结进步人士,向反动势力作斗争

1938年6月中旬,一七七师东渡黄河抗日,陕西省主席孙蔚如离任,合阳投降势力气焰嚣张。国民党党部张培元、许冠军、雷仲山等人怂恿支持劣绅刘任夫向省政府控告苏资琛。随后,省政府派了8个单位的委员来合阳调查,给苏资琛罗织罪名,破坏抗日形势。合阳县各界革命人士千余人在合阳中学召开反驳劣绅刘任夫大会,通过《告全县人民书》散发传单,并选出雷鸣夏、党梦笔、王奋三等代表向社会呼吁,请求各方声援。8月初,抗日形势恶化,胡宗南嫡系五十三师曹日晖部队突然驻防合阳,国民党党部扬言要通缉樊一鸣等共产党人。合阳中学一些抗协分子公开扬言要清算苏资琛的账务,故意制造事端。在此形势下,苏资琛迫于无奈,在8月中旬愤然离开合阳回到家乡韩城。

(三)

苏资琛在家乡韩城住了月余,韩城伪新八师师长蒋在珍传达蒋鼎文密电,对苏资琛进行威逼。1939年春,苏资琛到孙蔚如领导的第四集团军任参议。1941年经郭则沉介绍,苏资琛加入中国民主同盟,活动于西安、韩城等地,致力于民主运动。在做民盟工作上,苏资琛旗帜鲜明,方向正确,1947年10月他与我军紧密配合,对解放韩城起了重要作用。10月下旬,苏资琛东渡黄河,进入解放区,到达党中央所在地西柏坡,受到了周恩来和其他中央领导同志的接见。1948年5月,苏资琛任陕甘宁边区政府参议、边区政府委员。

全国解放后,民盟西北总支恢复,苏资琛任临时工作委员会委员兼宣传负责人。1950年苏资琛任陕西省农业厅副厅长。1963年任陕西省副省长,先后当选为第一、第二届全国人大代表,政协陕西省委员会委员、副主席,民盟中委、省副主委。他几十年如一日,始终站在斗争的前列,艰苦奋斗,不怕牺牲,为人民鞠躬尽瘁,他是坚强的共产主义战士,是久经考验的优秀领导干部。

注:本文作者系种文祥、李金科。

抗日先锋　功留合阳
——合阳县县长苏资琛

（一）

苏资琛，原名养源，生于1893年，陕西省韩城市人。出身贫寒家庭。早年毕业于陕西省优级师范学校，1916年在韩城县教书。1927年在国民军联军政治部工作，后任《秦陇通讯社》总编辑。在此期间结识了共产党员刘伯坚，受到革命思想的影响。大革命失败后，先在方振武部任参谋并担任《河南日报》编辑，后在南京立法院法制委员会任秘书。一年后回陕西，在杨虎城的十七路军先后任总指挥少将参议、干训班政治教官、三十八军政治处长等职。西安事变后，苏资琛坚决拥护张、杨的抗日救国主张，任西北民众指导委员会委员、十七路军政治部长。1938年1月任合阳县县长，同年8月离任回家乡韩城。1941年加入民主同盟。1948年任陕甘宁边区参议、边区政府委员。

中华人民共和国成立后，任民盟西北总支部临时工作委员会委员兼宣传负责人。1950年任陕西省农业厅副厅长。1963年任陕西省副省长。先后当选为第一、二、三届全国人大代表，政协陕西省委委员、副主席，民盟中委、省主委等职。1974年逝世。

（二）

1937年卢沟桥事变后，日本帝国主义已侵占我华北大片土地，陕西东部沿黄河一带面临着日寇进犯的威胁，民族危机十分严重。这时，国民党将领胡宗南在西安太乙宫召开军事会议，企图放弃黄河，放弃关中，引日寇直接威胁延安。对此，中共陕西省委提出了发动党员、发动群众，争取武装准备，开展武装斗争的方针。陕西省政府主席孙蔚如在我党抗日民族统一战线政策的影响下，积极主张抗日，制订了在沿河地区组织民众开展游击战争的计划，并亲自保荐人选到关中各县任县长。时任十七路军总指挥部政治部长的苏资琛参与了这一计划的制订，并主动请求到地处河防前线中心的合阳担任县长。他在合阳主政8个多月间，接受我地下党组织关于抗日救亡工作的许多意见，发动组织各方力量，掀起了轰轰烈烈的抗日救亡群众运动。

一、以民族利益为重，到抗日前线，率领民众保卫河防。当时，陕西省委指出："陕西国防前线的沿河各县，为多方面注视的地域，尤其是军事上政治上居中的合阳，更为复杂重要。"军事要人胡宗南等前来视察，省后援视察员和省保安处长也来考察，军政各救亡团体也前来慰问。同样，汉奸敌探也前来造谣破坏。在此形势下，苏资琛看穿了胡宗南企图放弃关中招引日寇进犯延安的企图，认识到这是关系到民族存亡和保卫延安的重大问题。他毅然决然挺身而出，请求到合阳县任县长，带领民众抗日。他的家乡韩城与合阳相邻，韩、合一带党的骨干较多，群众基础较好，又有他的旧友知己，合阳又处在沿河各县中心，搞好合阳、韩城可以带动渭北几县。他认识到合阳在保卫河防上的重要位置，遂以民族利益为重，到抗日的最前线，组织发动民众，武装抗日力量。

二、响应我党关于抗日民族统一战线的政策，团结进步力量，打击顽固势力。苏赴合阳前，深感单靠自己力量难以担负起抗日的重任，便主动与中共陕西省委领导成员谢华和八路军驻西安办事处成员宣侠父联系，请求派共产党员去合阳指导和协助工作。省委批准派共产党员樊一鸣、雷鸣（罗明）、王闻远（金树堂）、伍仲秋（黎抚英，女，到合阳后恢复党籍）4人与苏资琛同行。

1938年1月中旬苏资琛一行5人到达合阳。这时合阳进步力量云集，抗日气氛很浓，党的组织在整顿过程中不断发展。1937年下半年杨虎城部驻防合阳，吕剑人受陕西省委军委派遣到该师负责党的工作。1938年3月，中共沿河特委在合阳成立，同年5月中共合阳县委成立。苏资琛与我党组织建立了联系，利用自己的合法身份和地位，把我党关于抗日救亡的一系列主张变成全县民众的实际行动。他任命樊一鸣为县政府一科科长，并与沿河特委书记王俊约定，党的指示和主张化为樊个人意见，向苏传达和建议，苏的意见和想法也由樊一鸣向党组织提出。通过樊的联系，党组织关于群众抗日救亡运动的不少计划和活动安排，都是苏资琛以县政府名义执行的。苏还任用黎抚英为县政府政务秘书，苏史青（沿河特委负责人之一）为县政府视察员，安排王闻远、雷鸣去合阳中学任教。县自卫大队各联保中队的政治指导员也大多委派共产党员担任。这样不仅建立起了以共产党员为中坚的政权组织，也为党的力量迅速发展提供了良好的条件。

苏资琛在合阳主政期间，还注意团结各方进步人士，广泛开展抗日救亡活动。他宣布，不管任何党派、任何组织和个人，只要抗日，都允许其自由活动。当时合阳县进步力量较强，有从中央党校、抗大以及安吴青训班学习后派来的，还有从西安来的学生下乡工作团等，一批又一批，人数较多。反动分子攻击说，苏资琛红到了皮，把"抗大"搬来了。人民群众却赞誉苏资琛为"抗日县长"，称合阳是"小苏区"。苏一到合阳，就邀请当地进步人士张健伯、梁芝生、王性之等成立了民众动员委员会，聘请革命人士孙蔚如到合阳中学校担任校长。对于当地顽固势力，苏资琛则坚决进行斗争。国民党县党部书记张培元要求参加民众动员委员会，苏知其存心不良，婉言予以谢绝。国民党复兴社分子以慰问团、督察团、调查团等名义前来合阳，实际上是搞侦察，监视、破坏抗日活动。1938年4月，在合阳各界庆祝台儿庄大捷会上，国民党复兴社分子和托派分子暗中煽动一些学生贴标语、散传单，有意制造县政府与一七七师师部的矛盾，挑拨离间。苏资琛对这些顽固分子破坏抗日活动进行了有力的斗争，支持了抗日进步势力，使抗日救亡活动得以顺利开展。

三、组建合阳抗日民众自卫大队，为开展抗日游击战争培训骨干。1938年3月，在沿河特委的领导下，在一七七师的配合下，成立了合阳县民众自卫大队指挥部，苏资琛亲任总指挥，一七七师参谋梁步六（中共党员）任副指挥。全县23个联分别建立了中队。各中队由县指挥部委派的指导员，多由共产党员担任。全县共有队员20000人。民众自卫大队的训练是以保为单位进行的，早上训练，中、下午生产劳动。由于既开展了军事训练，又不误生产，深受群众欢迎。自卫队经过训练，抗战热情高涨，斗志旺盛。不少自卫队员和青年教师、学生、自动带上口粮和武器随一七七师过黄河参加抗日作战。在一次战斗中，二尹联自卫队员敬二虎、雷保儿、夏元成英勇牺牲。为了悼念烈士，推动抗日救亡运动，1938年4月30日，县政府在龙王庙（现平政乡政府）召开了有群众和各界人士参加的公祭大会，苏资琛主祭，宣读祭词，县抗敌后援会送的挽联，上联是："热心救国堪与先烈比美"，下联是："奋勇杀敌真是民众先锋"。同月，陕西省主席孙蔚如来合阳视察，上万名自卫队员手执大刀、长矛在县城南门外列队接受检阅，群情激昂，威武雄壮，充分显示了河防前线人民抗战到底的坚强决心。

四、组织多种形式的军事训练，全面动员和武装群众。他到合阳利用自己和杨虎城、孙蔚如的关系，很快结识了一七七师师长李兴中、参谋长许权中（共产党员）。为了尽快做好武装斗争准备，落实打游击的计划，他与李兴中作了详细商谈，并征得一七七师中我地下党组织的同意，决定由军队负责军事技术方面的工作，供给枪支弹药，组织各种形式的军政训练。1938年初，举办合阳县教师训练班。一七七师参谋李锦峰任大队长，受训教师300多人，训期一个月。训练结束时成立了合阳县教师抗日救国联合会。接着，又在合阳中学举办沿河中学生军事训练，参加军训的有合阳、韩城、澄城、大荔、朝邑、平民、黄龙等七县学生共200余人，训期20多天，训练结束时成立了"沿河学生抗日联合会"，受训学生随即赴沿河各县投入抗日救亡活动。为了给各联自卫中队培训骨干，县自卫大队指挥部从各联、保选拔部分进步青年和学生组成基层干部训练队，有200多人参加训练。一七七师举办班长训练班时，又吸收基干队参加训练。基干队的组建和集训，对县自卫大队军事素质的提高和民众救亡活动的发展起到了很大的推动作用。

此外，苏资琛还非常重视以学校为阵地搞好抗日教育，派了几位共产党员到合阳中学在师生中开展抗日宣传和教育活动。当时合阳县民先队、妇女工作团等进步组织比较活跃，苏资琛也多方给予支持，使全县城乡抗日救亡运动开展得有声有色，轰轰烈烈。

（三）

苏资琛在任合阳县县长8个月中，抗日有功，政绩卓著，深受合阳人民群众的拥护和赞扬。他廉洁清正，体恤民情。他常到乡村视察自卫队训练情况，到黄河岸检查河防工事。七县中学生在合阳中学集训，他坚持和学生一起上早操，亲自给学生讲课。从山西前线回来伤员，他亲自组织群众护送后方医院。他借款300现洋资助管建勋的"大众书店"开展抗日宣传。西安来的进步抗日救亡团体、学生宣传队的费用，他都用自己的钱支付。他代表人民利益，为人民办事，反对贪官污吏，革除官吏积弊。

1938年6月，一七七师东渡黄河抗日，陕西省政府主席孙蔚如离任，合阳县的顽固势力日渐抬头。国民党县党部的张培元、许冠军等怂恿劣绅刘仁夫向省政府控告苏资琛。省政府遂派出8个单位的委员来合阳"调查"，给苏罗织罪名。合阳县各界人士千余人在合阳中学召开了反驳刘仁夫大会，通过了《告全县人民书》，肯定和褒扬了苏资琛的抗日事迹，并选出雷鸣夏、党梦笔、王奋三等人为代表，向社会呼吁，请求声援。8月初，合阳抗日形势进一步逆转，胡宗南嫡系五十三师曹日晖部突然驻防合阳，苏资琛处于困难境地。国民党陕西省民政厅长彭昭贤给他捎话说：把共产党员樊一鸣赶走，你的官可以不动。苏资琛坚定地回答说："我主张抗日，不知谁是共产党。"不久，省保安处又密电通缉樊一鸣，苏立即通知樊，让其迅速离开合阳，脱离险境。此时，合阳中学一些抗协分子公开扬言要查苏资琛的账务，故意制造事端，苏资琛迫于反动势力的围攻，于8月中旬愤然离开合阳，回到韩城家乡。

注：本文作者系种文祥。

我所认识的贺三多

我是1943年参加国民党河防部队的。那一年，我才十四五岁，我听说日本占领了山西，还要进攻陕西，侵占整个中国，于是爱国之心高涨，决心参加抗日，并去报名参军。可是，当我去验兵时，部队征兵的说我年龄小，不让我去。家里人也不让我去。于是我就偷偷跑到韩城，找到当时的国民党驻军地，要求参军打日本。那个时候，驻军任务主要是防御，没有战事，我说了后就让我参军了。由于我读过书，部队长官就把我留在师部当了文书，负责抄写记录文件，处理公文。参军后才知道部队是暂编第二十五师。就这样干了两年，到了1945年部队过黄河到山西侯马，与日军交战，包围了日军，并围困日军长达两三个月，直至日军投降。后来部队转移到石家庄驻军。

这就是我当时参军的过程。

贺三多是我小学时的老师，他教我的语文识字。贺老师是中国共产党早期党员。当时我还小，记得村里原有两个小学，西边的小学校就设在村里的四分祠堂里。贺老师是学校里的教师，还有梁五六（名字记得不准确）老师。他们白天在学校上课，晚上就到村子里活动。村子里设有夜校，叫识字班，有许多农民都参加识字班，还有一些妇女参加。除在东宫城村里晚上有夜校外，其他地方也有，都是地下党活动的场所。晚上贺老师还要经常去莘村小学和南尹庄小学，那里也是地下党活动的秘密据点。当地和周围村子的地下党员都要去那些地方开会，开展秘密工作。莘村学校的老师何养民、南尹庄学校的老师姚寿山都是中共党员。学生党全弟是学校的一名优秀学生，思想进步。每次贺老师出村开展秘密工作时，就会把党的一些重要秘密文件临时放在他家里，让党全弟藏好，保管起来。在贺老师的带动和影响下，村子里和周边秘密发展了许多中共党员，还有好多进步人士。东宫城村的群众基础更加牢固。1938年，中共合阳县委在东宫城村的四分祠堂里成立。贺三多老师是第一任合阳县委书记。

曹义彬口述　王英民整理

注：曹义彬，合阳抗战老兵。百良东宫城人，现年90岁。

合阳县委第一任书记贺三多

贺三多（1905年2月3日—1973年8月15日），乳名矜兆，字效尧，山西省临县曲峪镇前村人。1925年10月加入共产主义青年团，1926年春转为共产党员。第二次国内革命战争期间先后任山西省临县县委书记、河北省井陉县委书记、河北某区区委书记等职。1936年春调中央保卫局工作。同年6月周恩来派张德生、贺三多到西安西北军特三团团长阎揆耀处做党的联络工作。随后，中央又派汪锋到特二团以军械长为掩护，做党的联络工作，先后到蒲城、白水一带活动。1937年"七七"事变后，沿河国防吃紧，杨虎城一七七师驻防合阳。陕西省委为了加强沿河一带党的工作，准备开展抗日游击战争，1938年春先后派王俊和贺三多等同志到合阳开展党的工作。

1938年1月，贺三多（化名贺效尧）到合阳县城内关帝庙巷"大众书店"和地下党组织联系后到澄城县寺前镇、醍醐一带和吴卜亭联系开展党的工作。随后回合阳县城"大众书店"，和王俊开展合阳党的地下工作。王俊和贺三多曾多次在县城东街一家马房的炕上召集合阳中学地下党员雷新绪等人开会，讲述抗战形势，布置工作任务。随后，由雷振华联系安排贺三多到东官城小学以教师为职业开展党的工作。主要活动是：

一、积极发展党的组织。在东宫城介绍韩昌运、韩三昌、杨胡芦、党满盈等人入党。成立东宫城支部，并受王俊指派到东铜蹄联系恢复了何邦魁、何养民的党组织关系，恢复成立了东铜蹄支部，在西宫城介绍了成增荣入党，发展了六七名党员，成立了支部。在南尹也发展党的组织建立了支部。

二、成立合阳县委。1938年5月，在东宫城小学，由沿河地委书记王俊主持召开会议，成立了合阳县委。贺三多任县委书记，刘永端任组织委员（不久刘永端离开合阳，由雷振华接任），管建勋任宣传委员。工作具体分工是：贺三多负责东北地区，管建勋负责城区，刘永端负责西北区。

三、组织抗日武装力量。当时合阳县县长苏资琛组建抗日民众自卫大队，委任雷振华为二尹联自卫中队长。贺三多协助雷振华组建二尹联自卫中队，筹措资金，购买枪支，进行训练。4月，地下党员雷振华、韩昌运、党同善等带领队员过河去山西荣河参战抗日，队员勇敢善战，不怕牺牲，带动了合阳沿河几个联和合阳中学部分学生也去河东杀敌抗日。

四、改革教育，开展社会宣传。贺三多把东宫城小学改为抗战小学，组织学生办抗战壁报、巷头宣传，教唱抗战歌曲。他给学校大门口编的对联是：希全保绅董，为民族解放热心教育；盼莅校儿童，图国家生存努力学习。他在东宫城开办农民夜校，宣传革命思想，开展抗日形势宣传，在夜校门口编写的对联是：普及教育，不纯是训练儿童，农民农妇应教识字，才能提高文化水平；培养人才，非单独为训读经史,科学哲学也要研究,方可加强政治认识。他重视社会宣传,给该村观音庙编了对联:保我众生,必先驱逐日寇;慈航普渡,最后独留汉奸。贺三多利用各种群众喜闻乐见的形式进行革命宣传,激发了群众的抗日情绪,提高了群众的思想觉悟。

贺三多在合阳工作期间,还带领他的妹妹贺晓林开展革命工作,活动在东宫城、东铜蹄一带,不久王俊与贺晓林建立起革命感情,在东铜蹄村举行婚礼,结为革命伴侣。

1938年8月,贺三多回省委开第二次扩大会离开合阳,会后被调回省委工作。随后在关中地委、关中师范学校、关中地委组织部、陕甘宁边区贸易公司等单位工作。全国解放后,在西北高干疗养院负责领导工作,"文革"中遭受迫害,1973年8月15日在西安病故。

1987年元月18日

注:本文作者系种文祥、贺慕培。

(合阳党史办提供)

抗日先锋雷振华

1937年卢沟桥事变后,晋西南大部分地区沦陷。地处黄河西岸的陕西成了国防前线。"保卫黄河""保卫陕西"成了陕西抗日民众的钢铁誓言。陕西东部黄河岸边的合阳人民抗日情绪更为高涨,涌现出许多抗日英雄。雷振华的英雄事迹在黄河两岸广为流传。

(一)

雷振华,又名雷滨徐,乳名云章,1914年生于陕西省合阳县东宫城的一个农民家庭。幼年刻苦勤学,头脑敏捷。从1930年到1934年先后在山西华阳中学、运城二中就读,追求进步,随后加入中国共产党。毕业后,在高双成部队和杨虎城绥靖司令部做党的地下工作。1936年春在汉中水利局被捕入狱后,失掉组织关系。年底被释放返乡从事抗日救亡宣传活动。

到家后,他在本村以小学教师为掩护开展抗日宣传活动。他把学校的名称改为"抗日中心小学",自己编了校歌,歌词是:"徐水之滨山野头,集合了一群小朋友;骑竹马,握紧木刀,准备着为民族作战斗!"他给学生编写抗战课本,教唱抗战歌曲,排练抗战文艺节目,带领学生到附近各村宣传演唱。在村中心和校门口办了两块墙报,宣传抗战。他还组织学生在村里搞巷头广播宣传,每天午饭和夜晚,由学生轮流宣传抗战消息,深受群众欢迎。他还开办农民夜校,教农民识字、读书、唱歌,讲述抗战形势,宣传我党的抗战方针政策,提高民众的抗战觉悟,激发爱国热情。

(二)

1937年冬，杨虎城部队一七七师驻防合阳沿河一带，师部驻扎在合阳县城内。该师地下党员、师参谋长梁步鲁同志发现雷振华抗日积极性很高，就主动联系并对其进行考察、培养。梁步鲁问："如果日本真的打过河来，我们怎么办？"雷振华谈了自己对抗战形势的认识和态度，他坚定地说："我们要拿起枪，组织民众和日本鬼子拼到底！"后经一七七师党组织负责人吕剑人请示，省委同意恢复雷振华的组织关系。1938年元月，进步人士苏资琛到合阳县任县长，全面开展抗日救亡活动，在合阳掀起了抗日救亡高潮。雷振华主动与苏资琛取得联系，阐述自己的抗战主张。随后，苏资琛县长在一七七师地下党组织的协助下举办合阳县小学教师抗战训练班，雷振华积极参加学习军事知识，表现非常突出，训练结束时"合阳县教师抗日救国联合会"成立，雷振华被选为主席。同年1月，陕西省委派党员王俊、贺三多（化名贺效尧）等同志来合阳开展党的工作。他们在合阳城内"大众书店"住了10多天，深感县城内开展工作不便，雷振华便把贺三多安排在东宫城学校以小学教师为掩护，开展党的地下工作。雷振华与贺三多在东宫城先后介绍农民抗日积极分子韩昌运、韩三昌、杨胡芦、李建朝、党满盈等10多人入党，成立了东宫城支部、西宫城南尹党支部。经过他们艰苦的努力，根据形势的发展，省委认为条件成熟，遂于1938年5月在东宫城小学由沿河地委书记王俊主持召开会议，成立了中共合阳县委，贺三多任县委书记，雷振华任组织委员。在抗战的高涨中，中共合阳县委在抗战前线东宫城学校成立，有力地领导了合阳的抗日救亡运动。

东宫城国民党特务党寿先对中国共产党领导的抗日救亡运动怀恨在心，伙同本村土匪恶棍党富贵向国民党县党部多次控告共产党员雷振华、贺三多。东宫城支部研究决定派共产党员杀死党富贵，为民除害，此举保护了共产党员，保证了合阳县委在东宫城的活动安全。

(三)

1938年春，合阳抗日民众自卫大队成立，苏资琛兼任大队长，梁步鲁任副大队长，下属各联成立自卫中队。苏资琛委派雷振华为二尹联中队长。该联有队员100多人。自卫队早晨集中训练，中午下地，不误生产，队员操练认真，纪律严明，自己制造大刀长矛。自卫队没有枪支弹药，雷振华卖了自己家十几亩地，购置了一些枪支弹药。同年4月，自卫大队在合阳县城南门外接受陕西省主席孙蔚如检阅。全县自卫队员有20000多人，比赛刺杀、练操，威武雄壮。雷振华率领的二尹联自卫中队因成绩优异受到好评。雷振华带领的自卫队员多次配合一七七师去山西抗击日本侵略者。1938年4月，雷振华率领二尹联自卫队准备去山西荣河打仗，出发前在二尹联尹庄召开动员大会，雷振华作了慷慨激昂的战前动员。他们提出的口号是："人如虎，马如龙，一心要打荣河城。"合阳县县长苏资琛检阅了自卫队。随后开赴山西荣河打仗。自卫队有5个班100多人，自卫队员打仗非常勇敢，不怕牺牲。在荣河老城外一片开阔地，自卫队员们奋不顾身，向前冲杀。队员没有头盔，头上顶张铁锨头作掩护。在战斗中敬二虎、雷保儿、夏元成等壮烈牺牲。4月30日，合阳县政府召开各界追悼抗敌阵亡烈士大会，县长苏资琛主祭并致追悼词，大会敬献的挽联上写着："热心救国堪与先烈比美，英勇杀敌真是民众先锋。"当时，人们为了颂扬雷振华的自卫队，编了一首歌谣：

> 雷振华，真英雄，带兵攻打荣河城。
> 卫国保家去出征，二尹民众显威风。
> 不怕死，向前冲！一心消灭鬼子兵。
> 保儿伤重丧了命，二虎战场也牺牲。
> 昌运身强打先锋，同善体弱压后营。
> 凯歌一曲震天地，黄河两岸人传颂。

在雷振华自卫队的带领下，沿河一带几个联的自卫队和合阳中学部分师生也纷纷去山西参加抗战，掀起了抗战高潮。

1938年9月，合阳地区抗日形势开始逆转，抗日县长苏资琛被迫离开合阳，抗日民众自卫大队被迫解散。雷振华随苏资琛到第四集团军工作，他担任便衣队指导员，负责侦察敌情。

1941年7月，雷振华在山西中条山附近进行侦察时与日本扫荡队遭遇，壮烈牺牲，为保卫黄河、振兴中华流尽了最后一滴血。

1989年12月

（合阳党史办提供）

注：本文作者系种文祥、刘社全。

抗战英雄雷振华

雷振华是我爷爷。他是1914年出生的，东宫城人。小时候在村里的私塾学校学习，1932年在运城学校上学。我爷爷是一个有口才、有魄力、有号召力的人，能歌善辩，他的好多故事都在民间流传。

故事之一：监狱斗争。1937年前季，党派他去汉中参加水利工作。去时，在路途中被国民党特务跟踪，国民党特务多次想接近他，他都巧妙地躲过去了。到了汉中，国民党特务在他住宿的房子里偷偷放了一张纸条，上面写有反对国民政府的话。他一点也不知道，后来国民党大搜捕，特务把纸条翻出来，造谣说他是共产党，将他抓捕起来。在监狱里，他受尽了酷刑和折磨，身体极度虚弱。特别是有一次，国民党监狱枪毙犯人，把他也拉上去了，到了法场，他身体不支，当场晕倒，不省人事。之后他又被拉回来送到监狱。后来，又把他转送到西安劳动营。在监狱里，他利用放风机会，边走边作诗，宣传抗日。国民党看到其有才华，就给他做工作，要留他任用，他坚决不同意。他在监狱里宁死不屈，国民党特务也没捞到任何信息。后来在我党的营救下，交了点保释金，就被无罪释放了。出监狱时，由于受尽折磨，人变得十分消瘦，头发也蓬乱，穿了一身白衣服。据说当时接他出狱的人几乎都不认识他了。

故事之二：韩城西庄开会。那是我爷爷在东宫城村当校长时的一件事。我爷爷是延安抗大第二、第三期的教员，那时候，他和贺子珍在山上侦察敌情，留下了一张特别珍贵的照片。这张照片现在在县民政局保存。后来，按照党的安排，他回到合阳开展党的地下工作。他在秘密工作时，常常来往于周围村的小学校里，都是以售卖毛笔、墨锭、纸张等为由联络地下党，开展党的工作。有一天，他给我奶奶说，去韩城西庄赶集，那里有古会，很热闹。我奶奶就同意了。去的时候，我奶奶打扮成新媳妇，我爷爷打扮成新郎官，奶奶骑着毛驴，我爷爷拉着缰绳走。到了西庄，我爷爷让我奶奶在一家熟人的家里休息，他出去办点事。这一出去，就是大半天。我奶奶左等右等，就是不见回来。直到天快黑时，我爷爷才回来。奶奶根本就没去赶庙会。爷爷又拉着我奶奶回家了。但是，我奶奶却没有生气。她知道我爷爷是到西庄开秘密会议去了，和她一起赶集是一种由头。后来据我奶奶说，那次会议就是讨论合阳县委成立事宜。

故事之三：误解"长官"。长官，在过去是指上级官员或者上司。在国民党的部队里，对当官的领导都称"长官"。而在合阳方言里，"长官"却又有另外的含义，其特指未出嫁、出阁的姑娘。在抗日战争时期，国民党部队在东宫城村里召开征兵工作动员大会，有一个连长是南方人，他并不了解合阳方言和习俗，在动员会上讲话时说道："我们的长官在前线打仗卖命，你们这里的长官不听指挥，乱搞一通。"下边的群众特别是一些年长的人觉得说话难听，认为他是在辱骂村里的姑娘，这还了得，一气之下就炸了会，甚至还有人要上台打那个连长。雷振华急忙走到讲台上大声说道：这个是误会，连长并没有骂村里的人的意思，在部队里他们把领导就称作"长官"。经过雷振华的再三解释，会议才接着开了下去。但就是因为这个误会，当时东宫城村没有几个人愿意去这个部队当兵。后来村里的大多数人都参加到其他抗日队伍当中了。

故事之四：谱写抗日校歌。一个小学校能出现抗战校歌，这在全国是少有的，但在合阳的东宫城小学校就出现了校歌。这首校歌还是我爷爷在担任东宫城小学校长期间亲自作词谱曲而成的。那个时候，学校地下党工作开展顺利，为了宣传抗日救亡运动，我爷爷几经思考，决定创作一首抗战歌曲，激励和鼓舞村民积极参加抗战。据我父亲雷少谦回忆，当时我爷爷在写这首歌曲时心潮澎湃，满怀激情。他谱写成后，先教会当时的地下党员，大家觉得好听，有老师就在学校教学生唱，学生学会了，再回到家里唱给老百姓听，这样，东宫城小学的师生都会唱这首歌了。后来在夜校识字班又教学员唱。很快这首校歌就在村里流传开来。到现在，当地85岁以上的老人都会唱这首校歌。这首校歌激励了先辈们英勇抗战、奋力杀敌，抗日的队伍不断壮大。近几年，村里党支部组织会唱歌的老人唱这首歌，他们边唱，我边记谱，重新整理词谱，抄录下来，挂在了村部的村史纪念馆里，供人们学唱。其歌词是：

徐水之滨莘野头，集合了一群小朋友，
骑竹马，握紧木刀，准备着为民族去战斗！
莫笑我们都是小小年纪，抗战建国我是基地，
要是谁轻视了我们的力量，给他一个不留。

故事之五：地下交通员。在抗战初期，由于我党秘密工作的需要，地下党都是单线联系。我爷爷雷振华就是我党地下交通员。他多次到韩城、山西传送情报，传达上级党组织的指示。有一次，他和本村的一个地下党要去山西送情报，他们两个从百良的李家庄下河，在河岸上升起一堆烟火，河对岸的地下党交通员看到了信号，就派船快速靠近河岸。按照要求，两个人中只能有一个人过河送情报，另一个人负责观察河岸、河面的情况。当时那个党员要求过河，我爷爷就负责观察。那个党员到了河对岸，却找不到游击队的交通员（当时，对面的交通员不认识那个党员，就没敢接头），只能是无功而返。我爷爷雷振华在河岸边的草丛里仔细观察着河面，防止被敌人发现。那个党员回来后，我爷爷雷振华重新坐船过河，乘着夜色，到了河对岸，找到接头的人，并尽快把情报送了出去。由于先前耽误了时间，接头人把情况报告了在山西指挥打仗的彭德怀，彭总立即责令自己的部下党同善护送雷振华过河，直至送到东宫城村里。

故事之六：卖地抗日。据我奶奶说，过去延安地区缺衣少食，生活十分艰苦。身为中共党员的雷振华在冬天去延安时穿的是棉衣棉裤，回来时却总是单衣单裤，我奶奶问他时，他就说延安地方冷，需要棉衣的人多，他看到没有棉衣服穿的人，就把自己的棉衣服脱下来送给他。这样他一个冬天去了三次，就送了三次，我奶奶就给他做了三套。那个时候，我爷爷家有土地，粮食衣被不愁，是当地的大户人家，三五套衣服不成问题。抗日战争期间，中国的抗日军队装备差，弹药严重不足。作为当地中共地下党的领导人，我爷爷深知这一点。为了改善抗日游击队的装备，他多次往返于陕西、山西之间，征集粮草弹药。为此，他把自己家里的10多亩地变卖了，购得枪支弹药，悄悄运送到山西中条山，支援抗战。那个时候，他就已经是中条山抗日游击队员了。据我的父亲雷少谦回忆，1941年7月，陕西、河防吃紧，境内的黄河渡口全部关闭，要到山西就要绕道河南。我爷爷是在河南灵宝渡口渡河去山西中条山的。我爷爷参加了游击队的敌后爆破队，不断打击日军，在最后一次战斗中，我爷爷所在的游击队遭到了日军炮弹的猛烈轰击，全体队员英勇奋战，奋力杀敌，无奈寡不敌众，最后只剩下3个队员，被迫退守到山中一条沟里的炮弹坑中，我爷爷就给其他两个人说："你们两个就守在这里，我出去看看，观察情况，探探路再走。"说完就爬出炮坑，探路去了。此后再无音讯。到了晚上，剩下的那两个队员才借着黑夜，回到了游击队驻地。据留下来的人说，我爷爷出去不久就遭遇了日本鬼子，最后中弹身亡。

雷动口述 王英民整理

注：雷动，雷振华的孙子，农民。

管建勋传略

管建勋（1913—1987）又名李云，合阳县王村镇管家河人。

管建勋在合阳中学上学时，于1932年7月经党梦笔介绍加入中国共产党。他在合阳中学以"读书会"的名义组织革命学生，抨击封建腐朽势力，宣传革命思想，多次组织学潮，破坏旧的教学秩序。1933年，党组织派他到澄城县在王庄小学以教书为掩护，从事党的地下工作。同年秋，因县委遭受破坏，他被捕入狱，保释出狱后，失掉组织关系。

抗日战争时期，他组织澄、合进步人士集资在合阳城内开办"大众书店"，推销革命书籍，广交革命志士。1937年冬，经省委批准，梁步六恢复了管建勋的组织关系。书店成了当地地下党的活动中心。陕西省委派遣的地下工作同志，如吕剑人、王俊、梁步六、苏史青、贺三多、白云峰等先后都曾在书店住过。1938年3月，我党在"大众书店"成立了沿河地委。在沿河地委书记王俊领导下，管建勋和贺三多于1938年5月在东宫城建立合阳县委，管建勋任县委委员。同年8月贺三多调走后，他接任合阳县委书记，接着他担任了合阳县民众抗日自卫大队副大队长，在党的组织建设、开展抗日宣传、组建抗日民众自卫大队、输送革命青年等方面做出了重大贡献。1939年前半年，蒋介石掀起反共高潮，管建勋认真贯彻"精干隐蔽"方针，有组织、有计划地隐蔽了我县骨干力量，保存了党的革命实力，使我县党的地下组织免遭敌人破坏。1939年7月管建勋调回省委，先后在省委机关搞财务工作。

1948年3月，合阳解放后，他受黄龙地委派遣于4月中旬任合阳县县长，他协助合阳县委书记白云峰、副书记何邦魁具体组织领导合阳的游击战争和政权建设。当时春荒严重，他组织干部下乡向富户借粮2700石，解决了贫农的春荒问题，充分显示出新的人民政权的优越性。他担任县支前委员会主任，组织大车、担架、牲口、民夫，运粮13000多石；并先后发动群众扩武参军，有力地支援了解放战争。他在工作中艰苦朴素、廉洁奉公，善于理财，当时他首先清理了县级单位和各区乡的"小钱柜""小仓库"，杜绝了漏洞，挽救了干部。在繁忙紧张的解放战争中，他勤勤恳恳，兢兢业业，把政府工作料理得井井有条。他平易近人，善于团结各层人士，善于团结知识分子，调动各方面的积极性。

管建勋于1949年7月调大荔地委任秘书长，1950年调任渭南专署副专员，1951年调任陕西省水利厅厅长，1962年任陕西省人大秘书长。"文革"中遭受迫害，粉碎"四人帮"后平反昭雪，被选为陕西省第五届人大常务委员。他晚年多病，离休后继续发挥余热，关心合阳党史工作。1983年他抱病参加合阳党史座谈会，比较系统翔实地回忆了他在合阳的革命活动。他在病中对合阳党史办的同志说："我有两桩事经常挂在心上，一是党史；二是党风。"他无限忠于党的事业，只要有一息尚存，便奋斗不止。

1987年1月21日凌晨4时，管建勋同志因病在西安逝世，终年74岁。

管建勋是忠诚的共产主义战士，是我党的优秀领导干部，模范共产党员，他的革命精神和高风亮节将永远鼓舞着革命人民开拓前进。

1987年3月22日

雷鸣夏、张超、刘士杰、种文祥收集整理

（选自《合阳文史资料》）

中共合阳支部书记党梦笔

党梦笔（1906年11月—1978年8月），又名党文坤，大革命时期合阳农民运动主要组织者之一，"二战"时期组建中共合阳支部。

党梦笔生于合阳县知堡乡孟家庄的一个农民家庭，幼年在本村小学和合阳县第一高等小学读书。1925年考入陕西省立第一中学，由张培元（合阳县峪北村人）介绍加入共青团。1926年寒假和1927年暑假在张培元领导下先后两次组成旅省学生回合阳工作队，在本县开展革命宣传，组织农民协会。党梦笔在本村组织农民协会，草拟宣言，随后到坊镇、黑池、孟庄等地开展活动。当时他在照片上题词："激起华夏风林怒，吼震远东海江潮"，"华夏江山秀，中原风化强"，表现了他宏大的抱负。1927年蒋介石"四一二"反革命政变后，他在省立第一中学任团支部书记，组织同学闹学潮，被西安市公安局关押两个多月。被释放后，转入西安中山学校。当年10月，因参加"非基"运动，又被关押两周，被释放后任西安市团委宣传干事。1928年3月，省委决定将他转为共产党员，同年4月派任中共临潼县委书记，7月又调任中共岐山县委书记，1929年省委遭到破坏后失掉关系，回合阳在第二高小（甘井学校）任教。1930年10月到西安找到党组织，恢复关系后，1931年春在合阳建立（省委直属）合阳支部，任支部书记，积极发展党的组织，恢复了党修甫的组织关系，介绍白坡平、同复初入党。在合阳期间，他具体指导合阳中学的革命活动，开办垦荒书店，以"读书会"为名组织进步学生20多名先后掀起三次学潮，抨击封建势力，宣传革命思想，群众发动得比较充分，革命活动有声有色。1932年，合阳支部归属韩城中心县委领导，他多次和韩城地下党员高德辉联系，研究革命活动。1933年3月，省委派贾拓夫来合阳视察工作，在孟家庄党梦笔家开会传达省委指示，研究合阳工作。1933年夏，合阳白色恐怖严重，他慑于反动政府的血腥镇压，私自销毁党内文件，自行脱党。抗战时期党梦笔任合阳县民教馆长，兼任合阳县怒吼剧社社长。他积极宣传抗日，编写抗日宣传剧目和各种演唱材料，利用合法身份保护了一些地下党员的革命活动。1946年6月，他充任伪合阳民政科科长。合阳解放后，任合阳完小校长、合阳中学总务等职。1978年在家病故。

1985年9月5日

注：本文作者系种文祥。

（选自《合阳文史资料》）

我们的好校长
——缅怀党梦笔先生

  合阳县地处陕西东部渭北高原，它的邻县韩城是陕西革命势力最活跃的地区之一，不论在大革命时期还是在土地革命、抗日战争时期，都是我党地下力量最强大的地区之一，因而它对韩、合一带人民，尤其是对广大知识分子有着深刻的影响。我记得在1935年秋，陕北红军刘志丹同志部队的一部分沿黄龙山在韩、合、澄一带开展游击活动，特别是合阳县保安团团长康浪若被红军打死的消息震撼了韩、合一带，从此在韩、合一带又一次播下了革命种子。1935年冬，中央红军到达陕北。1936年驰名中外的"西安事变"发生。1937年卢沟桥事变发生，全国掀起全面抗战。此时，全国正处在抗日救亡的高潮时期，中国共产党抗日救国的主张在全国人民中产生了广泛的影响，特别是对陕西人民产生了更为深刻的影响。1937年卢沟桥事变后，日寇大举侵占华北各地，中国共产党为了坚决抵抗日本帝国主义，将中国工农红军改编为八路军，东渡黄河开赴抗日前线，路经韩、合一带时，红军纪律严明，秋毫无犯，可称为"王者之师"，给当地人民群众留下了非常良好的印象。此时，抗日友军一七七师驻扎在合阳县一带镇守黄河，抗日人士苏资琛先生担任合阳县县长，合阳县各联保的指导员均为共产党员。1937年冬，我地下党为了在日寇未侵犯的黄河以西开展游击战争，在合阳县中学校组织沿河七县中学学生开展了为期一个月的军事训练（由驻军一七七师干部任军事教官）。所有这一切，可以说当时的合阳、韩城一带成了"小苏区"。就在上述情况下，党梦笔先生担任了合阳县第一高等小学校长。我记得他担任一高校长是在1935年下半年至1938年上半年，前后共有4个年头，实际上只有3年的时间。他在担任校长期间，对工作勤勤恳恳，兢兢业业，认真负责，积极肯干。更由于他对学校管理工作采取了一系列有力措施，因此，一个他接手时只有两三百学生的普通高小一跃而成为有千人且有声有色的高小。当时一高不管在在校学生人数上还是在学生学习成绩上，都是全县7个高等小学中最为出色的一个。我在一高上学，是春二六级学生（1936年初至1937年年底）。我在该校学习两年，在党校长和各位老师的辛勤培养下，增长了不少知识，接受了不少革命思想，也为以后走上革命道路奠定了一定的思想基础。在一高学习的两年时间里，我认为党先生对学校工作的领导其成绩是多方面的，但我认为最主要、最突出的有这样几点：

  第一，积极支持，组织学生参加抗日救亡宣传活动。在1937年秋和1938年上半年，西安大专院校学生分期分批到各县进行抗日救亡宣传活动。此时，合中、一高、女子小学等校领导为纪念西安学生的抗日救亡宣传活动，也将本校学生分期分批，利用星期天或寒暑假到农村进行抗日救亡宣传活动。西安和我县各个学校学生到农村对农民进行声势浩大的宣传活动，大大地激发了合阳人民抗日救国的热情。

第二，聘请了一批品学兼优的教师。在全校10多名教师中，富有革命思想、学识渊博和富有教学经验的老师就有七八名之多，诸如鲁益谦、杨则钦、谢天相、邓中奇等人。这些教师的共同特点是：

（一）富有革命思想。他们爱看革命书报，也提倡学生阅读这类读物，如他们喜读《大众哲学》《新华日报》《解放》杂志等书报。特别值得提出的是语文教师鲁益谦先生，他在课堂上给学生大讲特讲苏联社会主义的情况和中国工农红军长征的故事，赢得了同学们的热烈掌声，极大地开阔了同学们的思想境界。（二）学识渊博且富有教学经验。他们大都是大学或高中、高师毕业的学生，而且他们都有数年的教学经验。可以说，他们都是合格的教师。（三）对教师工作极端负责。由于他们年富力强，又热爱自己的教师工作，所以他们对教学工作极端负责。例如：对各自所担任的课程，在备课方面，事先都做了充分周详的准备。所以，在讲课时条理清晰、内容充实，在教学方式上也是启发式教学，因而学生对所讲的课程易懂好记。在批改作业方面特别认真，尤其是语文、数学老师对作业的批改表现得特别突出。比如对作文、日记中的错字和不通顺的句子，老师们批改得特别认真、仔细，在批改过后又让学生们重抄一遍，以使其加深认识。对特别好的作文、日记则让同学们誊写清楚，在教室张贴，此种办法形成了制度。这样做的好处是使同学们互相观摩，学有榜样，对促进同学们的学习进步有极大的益处。对数学作业的批改也是这样认真负责。特别值得指出的是教师们还对同学们的学习进行个别辅导。对学习好的尖子学生，主管教师进行个别谈话，勉其不要骄傲，学无止境，人上有人，天外有天，鼓励其继续进步。对学习差的学生也进行耐心、细致的个别谈话，勉其不要气馁，要迎头赶上，向学习好的同学学习看齐。（四）对学生极为关心。由于同学们年龄小（一般都是十四五岁的娃娃），加之刚从农村来，这些学生既缺乏自理生活能力，又不习惯学校生活，因而班主任对同学们特别关心。如具体指导同学们如何在学校生活、学习。为免同学们把钱丢失，就让大家把从家里所带的钱存放在街上商店里，以便逐月领取。特别是每天晚上各班班主任都要到学生宿舍看看，真像解放军军官给战士查铺一样。老师如此关心学生的生活、学习，赢得了学生和家长的赞扬。

第三，倡导学生阅读革命书报。1937年、1938年正值国共第二次合作掀起抗日救亡高潮之际。我地下党在东府工委发动和组织东府各县地下党员和进步人士创办革命书店，出售革命书报。此时，合阳县地下党员管建勋同志在合阳县城东街关帝庙巷创办了大众书店，公开出售《新华日报》《解放杂志》和《大众哲学》等进步书报，深受合中、一高师生们的热烈欢迎、师生们购买进步书报者络绎不绝。这时，一高校内也创办了阅览室，并且公开展出此类革命书报。同学们通过阅读这些革命书报，极大地开阔了思想境界，也增进了对革命思想的认识，尤其是加深了对中国共产党抗日救国主张的认识。

第四，建立和健全了一套行之有效的学校管理制度。党梦笔先生对教育事业有强烈的责任心,并且富有创造性。数年来他呕心沥血,讨论研究并制定了一套行之有效的学校管理制度。从教师到学生,从宿舍到教室,从食堂到操场,到门卫到阅览室都有各自的制度。这些规定和制度,人人明白,自觉遵守,从上到下,全校每个师生员工都形成习惯,形成制度,真是蔚然成风。学生出外,衣帽整齐,彬彬有礼,因而受到社会上各界人士的大力赞扬:"一高的校风就是好!"

第五,关心和爱护学生。党梦笔先生有句名言:"学校的主体是学生,要爱护学生,要关心学生。"他经常深入课堂、深入学生宿舍、深入学生食堂。他每到一处,总是问长问短,遇到急需解决的事情马上办理,所以全校师生赞扬他:"党校长办事就是果断。"特别是每个星期的总理纪念周,他总是每会必到。在此会上他简明扼要地总结上周全校学生学习、生活的情况,并对下周工作提出具体改进意见。他的此种领导方法,赢得了全校师生的热烈赞扬。

党梦笔先生是我县老一辈有声望的教育工作者。他是我县早期中国共产党党员,又是合阳县地下党创建人之一。他在大革命时期,对合阳县党的建设、农民协会工作的开展都有颇多建树。虽然,在解放前夕,他在伪合阳县政府任民政科长时做了一些有损于人民的事情,但党先生对革命的贡献,却远远大于他的过失。党先生在多年前已去世,但他的革命业绩永留在人间,值得合阳县干部和人民深深怀念。

注:本文作者系王健。

(选自《合阳文史资料》)

回忆我在合中上学时的几位老师

我在合中上学时期,有几位老师令我终生难忘。第一位是白坡平先生,他是知堡乡北知堡村人,早年曾加入中国共产党,后因省委组织遭到破坏而脱党,但对共产主义的信念从未产生过动摇。1946年他给朋友写信说:"我人过去受所谓'异端'勾染,从书理上完全自觉自愿,并非误入歧途。只怪自身软弱,受历史支配,中道脱落。静夜思之,犹自内疚,怎能一反其道而行之乎。"他又说:"我在思想上从来没有丢掉先入为主的意识形态,以党外的布尔什维克要求自己,没有做过不利于党和人民的事情,而且还做了党员所不能做到的事。"

他教"战教"国文等课,讲课观点新颖,善于发挥,又有机联系,借题影射,借古讽今,把褒贬善恶、抨击时弊、宣传革命、阐发真理统寓于教学过程之中。那时,文科老师常作讲演,他给我们讲过"三不主义",即"打倒日本帝国主义,不是杀尽东洋人;批评不是攻击;民族复兴不是民族复古"。有一次讲演讲了四个字:"软、硬、快、活",软是软手段,硬是硬脖子,快是快动作,活是活脑筋。讲完后,上作文课时,就出个《讲话追记》的题目。他的作文教学有个特点,一次出几个题目，有的他把观点、内容要点都讲了。例如，某次看秦腔《走雪》，他抓住"官宦家女子甚聪明，说几句话儿人爱听"的唱词予以批判，让学生写一篇《看戏有感》。总之，他的作文教学富有思想性、启发性。

抗战爆发，先生热情洋溢，精神振奋，一方面运用儿歌、劝善调、顺口溜等通俗文学形式创造大量的宣传鼓动材料，一方面与学生一道下乡做好宣传募捐工作。他写的劝善调，我只记得开头四句："未开言不由人泪流两行，尊一声众同胞细听端详。我中华是大国不用我讲，论历史五千年文化古邦。"他编的儿歌之一，我也只记得开头几句："白杨树，渐渐高，骑白马，拿大刀，大刀长，杀东洋。"他与学生的宣传情况，他写过一篇长文《一周间》，记叙颇详。此一情况，为经合东渡抗日的八路军政工人员所获悉。有人自山西前线给先生寄来一信，大意为："从合中图书馆借书情况以及学生反映，知悉先生思想进步，抗日热情很高，在学生中有极其良好的影响。实堪钦佩，特函致候。"1938年春，合中创办抗战旬报——《力报》，社论多由先生主稿，是先生诸多论文中的力作。

对革命者予以经济上的资助和支持。先生自奉俭约，不知先生者还以"吝啬"目之。殊不知，对于革命者的接济支持，先生是慷慨解囊毫无难色的，合中教师季舞韶和学生王炎堂去陕北，先生赠洋30元。合阳地卜县委书记管建勋去陕北前来辞行，先生赠以路费并表示"绝不会做给党丢脸的事"。1947年，何邦魁回合搞武装斗争，派人与先生联系，先生赠钱予以支持。对于思想进步、品学兼优的贫寒生，先生亦常为其解决学费问题。秋二六级学生李中瑞（后去陕北，为革命牺牲成为烈士）学习成绩优异，写作尤为出类拔萃，先生每学期给以20至30元的接济。

1940年下半年，合中教导主任杜松寿先生为敌特拘捕后，先生选讲诅咒黑暗的诗歌一首，借以揭露敌特践踏人权的罪恶行径。记得其中有"孩童何辜，竟一并陷入囹圄"的诘责语(杜夫人及一岁多的小女孩亦被拘禁)。合中第十八届毕业生赵怀璧说："现在有人说咱白先生反党，我不相信。反党确属党，不过反的是国民党。"

先生与进步学生关系密切，进步学生亦围绕于先生的周围，"譬如北辰，居其所而众星拱之"。先生慎重择友，重视思想倾向和品节，以道义相交，结交者多系革命者和进步人士。先生与上层爱国民主人士党晴梵老人交情笃厚，过从甚密。党大白20余岁，因思想倾向一致，遂成忘年交。先生笔锋犀利峭拔，深为党老所赏识。党任合阳县临参会议长期间，许多重要文电皆出自先生手笔。如代党拟就揭发八区专员蒋坚忍侵吞修筑白宜公路巨款问题的电文，即其一例。党老对人说，白是合阳深刻理解德、赛（德谟克拉西——民主的音译；赛因斯——科学的音译）者之一。实际上，白的思想境界早已远远超越了这个界限。

20世纪30年代末，国民党第五十三师师长曹日晖沽名钓誉，召开敬老大会，地方劣绅与之结纳，狼狈为奸，伪造民意而有赠曹"万人伞"之举。合中学生拒绝参加，先生公开支持学生的正义行动。先生旋又获悉伞上有自己的名字，更是怒不可遏，遂有三首打油诗之作。兹录二首："老子和你无瓜葛，偷我名字为什么？竟将羞耻当光荣，如今怪事这样多！""何人想下这法场，'万人伞'儿把名扬。民意岂能假制造，你自热烈我自凉"。

1945年秋，合阳全县教师与会，以遥遥领先之票数选举先生为教育界参议员。县长周鸿却秘而不宣，又违拂民意，要挟代表，来了个二次选举，结果先生成为候补参议员。先生以"不愿"二字回绝后，周鸿又派人疏通，先生乃致书周鸿予以质询，列不解者有五。其第五条为："我若被选进参议会，职责上可以说几句不中听的话。是不是怕我把巍巍荡荡之政府吹倒？真个如此，又为何提我为候选人？此其不解者五。"义正词严地揭穿了国民党强奸民意玩弄假民主的鬼把戏。

第二位是赵惠民老师。赵惠民，韩城人，北京中国大学哲教系肄业3年。地下党员，1938年秋至1941年底在合中任教，教历史和国文。讲课观点新颖，重点突出。他在讲课中介绍过辩证法的"三大定律"及"社会存在决定人类意识，人类意识影响社会存在"这一唯物史观的重要观点。有时也做报告，常作时事分析，课本中没有的东西他补充讲，例如1929—1930年的冯、阎、李倒蒋战争。他曾找我谈过话，问我看什么书，并给我几本进步杂志阅读。此人为人正派，平易近人，学生容易接近。讲课简洁，讲后让学生再翻课本。离开合中后，任韩城中学教务主任、韩城简师校长。中华人民共和国成立后曾任大荔师范校长、渭南地区教育局局长、省教育厅教研室主任等职。

第三位是杜松寿老师。杜为华县人，参加过渭华暴动，语言学家，1940年下半年任合中教导主任，给我们教英语。他工作认真负责，严格执行升降级制度。因降级问题，被几个品质恶劣的学生告到"动员指挥部"而遭敌特逮捕。他提倡学生"冷水浴"。他订了一些进步杂志，有胡风的《七月》等。除教英语外，他还能教国文、数学等课程。他被捕后，学生还捐过款，资助其家属和孩子。他和白坡平、赵惠民老师交情较深。中华人民共和国成立后，在中国语言文字改革委员会工作。

第四位是潘魁五老师。潘为山西永济人，山西大学冶金系毕业。教数、理、化，以化学最为突出，语文程度也不错。他教化学不看课本，讲述内容却超出课本。他也重视实验，我现在还记得他为我们制取氯气。他教数学也特别负责，晚自习必到教室辅导。课外，常出些数学难题，叫一些学生解答。离开合中后，在蒲城崇实中学、尧山中学、朝邑中学任教，每至一处，都留给学生良好的印象，学生因而念念不忘。他曾经用文言文给我写过一封信。中华人民共和国成立后，在运城师专任教。

最后一位是王子植老师。王系合阳东王乡人，在合中教音乐、地理。他教地理称得上"一绝"。他把地图记熟了，教课先绘地图轮廓，信手画来，准确无误。然后教都市、交通、山脉、河流，教什么填什么，学生印象非常深刻。又要求学生照绘地图，并予以评分，记入学期总分中。对中国的县名，他基本上可以说出来。中华人民共和国成立后，仍在合中任教至退休。

梁庭芝口述　张宏星整理

作者简介：梁庭芝，生于1924年，合阳县知堡乡北知堡村人，陕西师范大学中文函授本科毕业。长期从事教育工作，先后在陕西省大荔师范、三原南郊高级中学、陕西省小学行政干部轮训学校、合阳中学任教，曾任蓝田中学教导主任、渭南师范速成学校校长、渭南行政公署文教科科员等职。

（选自《合阳中学校史资料》）

抗战时期何养民在莘村学校的活动情况

1937年山西大部分地区被日寇侵占，河防吃紧，陕西危急。"保卫黄河""保卫陕西""保卫家乡"已成为沿河岸边民众的誓言。

1937年，合阳县县长苏资琛人称"抗日县长"。一七七师参谋长梁步六为中共地下党员。这时合阳抗战形势较好，人民群众赞誉合阳为"小苏区"，又称"红色合阳"。

莘村的地下党员是东铜蹄何养民、西范家庄张毅生。他们1938年后季在莘村学校以教学为掩护发展党员，进行抗战宣传，教师马荣升（马省山）、董增奇（董纯，去延安后曾任白银市有色金属公司书记处处长）等人也都是党员，在他们先进思想的影响下，村中的青年积极地赶往延安投奔革命。从那里走上革命道路的有马春利（马振，后来曾在中国驻阿尔巴尼亚使馆负责中阿广播工作，任中国对外广播互联处处长等职务）、马积祥（曾任东北沈阳铁路局书记）、董升儿、张更生、董有弟等人。

1939年莘村支部成立，何养民、张毅生在学校向学生教唱《大刀向鬼子们的头上砍去》等抗日歌曲，宣传党的《八一宣言》等先进言论，排练抗战节目，教课中让学生背读陕北课本，并教学生进行防毒气演习。

何养民、张毅生还在莘村学校(伊尹庙"圣贤庙")内进行东北自卫队员军事训练。后来，因为他们的影响较大，黄埔军校、西安第七分校派朱行洲到莘村逮捕他们，幸有人向他俩告密，何养民先走，张毅生后去延安。朱行洲到莘村扑了个空，莘村群众拍手叫好。

1942年，大朋村张一出（地下党）在莘村教书，想发展党员，刘绳先(校长)将其赶走。1958年韩合县时，张一出任县长。抗战时期，1941年，任暂编陆军十五师，刘宗宽驻合阳防守黄河，坚守陕西东大门。

此稿献给：为抗战做出特殊贡献的英雄们！为庆祝纪念抗战胜利70周年！

2015年5月8日

马振山口述　马育森整理

作者简介：马振山，何养民的学生，老党员；马育森，合阳百良镇莘村人，退休教师。

抗日反蒋学生头　除暴安良司法官
——缅怀姚右学光辉的一生

魁梧的身材，轩昂的眉宇，炯炯的眼光，清朗的谈吐，英姿勃勃，铁骨铮铮。这就是当年与朱德总司令握过手的热血青年——姚右学同志的光辉形象。

（一）

姚右学，原名有学，又作佑学，祖居陕西省合阳县黑池镇太定村。中华民国五年（1916）11月16日，生在一个贫苦农民家庭。同年6月16日，护国军兴，各地响应，窃国大盗袁世凯虽死，但他的余孽直、皖、奉系大大小小的军阀各自占领一方，分别投靠帝国主义，导致连年不断的军阀混战。合阳的军阀混战从民国六年开始，到民国十七年结束。期间，兵连祸结，盗匪丛生，杀人放火，鱼肉百姓，内忧外患，国无宁日。民国十七年（1928）发生了大年荒，夏薄收，秋无收。民国十八年，夏无收，秋薄收。民国十九年夏又薄收。人民流离失所，以至出现了人吃人的惨象，人民群众处在水深火热之中。

（二）

姚右学8岁入学，天资聪颖，记忆力强。那时学的是传统文化。五年级时，他对《三字经》《朱子家训》《百家姓》《声律启蒙》《幼学琼林》《四书》《五经》等均能背诵。民国十八年，他刚入六年级，大年荒发生了，他只得辍学，每日随父上山林、下河滩，剁树皮、掘草根，哺麸屑、咽糟糠，挣扎在生命线上！但他在劳动中坚持自学，主动寻师求教，无时就挤，不懂就钻。买不起文房四宝，就以高粱篾制笔，方砖当纸，黄泥水作墨汁，认真苦练书法。每遇婚丧事或春节，村民都让他写对联。民国二十四年（1935）6月，右学的父亲觉得儿子在艰难困苦中能学到这样的成绩，实在不易，都20岁啦，再不可耽误了，便想送他上学。但当时合阳中学仅伙食费每月就需3斗小麦（110多市斤），家里供不起。而合阳师范讲习所，县政府给每个学生月供小麦2斗（69市斤），但每年只招收一班学生，四年制，比合中难考。他父亲问：右学能考上吗？他回答没问题。结果，真的考上了，而且还是甲等第一。

（三）

民国二十六年（1937）"七七"事变，日本帝国主义猖狂进犯，山西太原、晋南失守，合阳成为国防前线。县政府将师范讲习所并入合阳中学，为师二八级（民国廿八年），取消了每月给学生供应的小麦。那时合阳中学灶分麦、秋两灶，麦灶吃蒸馍面条，秋灶吃糜面馍。有钱的学生搭麦灶，穷苦的学生搭秋灶，右学即是搭秋灶的学生。所谓秋灶就是从家里背来杂粮馍，在灶上温热就食，实际上是开水灶。右学背来馍，放在宿舍里，常发霉生坏，常常吃得拉肚子。老师得知其家贫寒，就介绍他担任学校讲义刻印工作，每刻一张0.08元，得来的钱仅能维持少部分学费。他深知不吃苦中苦焉能得知识，在求学的同时，他主动打扫教室、宿舍，内外保持整齐清洁。他每次考试名列前茅，而且对老师很尊重，对同学很友爱，成了他们的知心人。有一天，白坡平老师告诉他："县城关帝庙巷管建勋开办的'大众书社'，多数是抗日救亡进步书刊，可以选读。"他急忙去到书社，只见那里有鲁迅、郭沫若、茅盾、黄炎培、蒋光慈等人的著作，还有重庆《新华日报》《军政杂志》、西安《民众导报》和延安出版的书刊。他约定了几位同学，集资陆续去买，拿到手就如饥似渴地阅读起来。同学们形容说："右学一见新书，就像牛进了菜园子似的。"这些进步书籍开阔了他的视野，使他认识到中国共产党是伟大的，树立了中国不会亡的信念。

同年8月，合阳中学成立中华民族解放先锋队，简称民先队，系共产党抗日的外围组织。右学第一个报名参加，遂被选为民先队队长。他积极发展队员，组织宣传队7个，同县抗战剧团一起连续分头下乡宣传，唤起民众，使抗日救亡活动很快遍及穷乡僻壤。

9月14日，朱德总司令率八路军总部东渡抗日，途经合阳时，在县政府大堂向各界人士作了激动人心的讲演，扼要地讲了党的统一战线政策，指出抗日必胜，表示"要为民族流尽最后一滴血"。右学以民先队员的身份也参加了听讲，受的鼓舞很大！当晚在茶话会上朱总司令还与各界代表人士包括姚右学等握了手，并说抗日是全国人民的大事，特别是爱国青年的大事。接着，杨虎城将军部十七路军一七七师驻防合阳（部队中有党的地下组织，是一支积极抗日的军队），师部参谋李锦峰（中共党员）以合阳中学为基地，以右学领导的民先队为骨干，组织合阳、韩城、澄城、大荔、朝邑、平良、黄龙等沿河七县200余名学生成立集训大队，进行了30多天的游击战术和步兵基础训练。学习后，右学热情似火，求战心切。10月，合阳中学训育主任吉致瑞（中共党员）带领热血青年姚右学、刘祖蔚、秦坤炎等十几名同学随一七七师教导大队过黄河杀敌。姚右学担任教导大队第四队副教导员。他们先后在临猗、万全、荣河、闻喜、安邑、夏县等地打了4个多月的游击战，屡获胜利。翌年2月，合阳中学师生返回原校，右学仍任民先队长。当时校长党××不让学生出校门参加抗日救亡宣传活动，强调读书救国。右学挺身而出，率领民先队员并联合各班同学一举赶走了党校长，迎来了新校长孙蔚如（地下党员）。孙校长大力支持民先队员活动，出墙报、散传单、搞募捐、发表演说，在抗日《力报》上写文章，给民众教抗日歌曲等等，搞得轰轰烈烈，如火如荼。

民国二十七年（1938）10月以后，蒋介石消极抗日，积极反共。当局以孙蔚如在合中宣传共产主义别有企图，撤了他的校长职务。姚右学勇敢地站起来，以全体学生名义发表了《合中学生为挽留孙校长告各界人士书》，指出："时至今日，烽火漫天，鲜血遍地，共产党为了救国，唤起民众，以加强抗日战斗力。如果把宣传抗日说成是宣传共产主义，这才是真正的别有企图。"他与进步同学和反动县长张丹柏辩理，使其理屈词穷。

在此期间，学生的作文、讲演都是以抗日救亡为主题。2005年7月，本县赵云龙先生在整理自己的藏书时,发现了姚右学当年在合阳中学的作文本,其中保存完整的7篇全是宣传抗日救亡的文章,富有政治性、战斗性、历史性、现实性,充分反映了中华民族热血青年的英雄气概。这7篇作文,在纪念抗日胜利60周年时,惊现在《渭南日报》上,熠熠发光,人民群众赞叹不已。

抗日战争胜利后,我考入了合阳中学,不久就听到师生们传颂着:"合阳中学师二八,榜首学生姚右学。爱国热情红似火,抗日反蒋争先锋。英雄业迹多动人,春风风人播千秋……"

(四)

民国二十八年(1939)七7月,姚右学以优异的成绩毕业,被王村小学聘为教师。他除认真教好课外,还坚持购订《新华日报》《民众导报》《列宁选集》《社会科学概论》《新民主主义论》《论持久战》等进步读物,常常阅至深夜,而且还让同仁阅读。同时,他还利用课堂,结合课文向学生传播革命思想,开展抗日救亡活动,办壁报、演讲、大唱抗日歌曲,搞得生动活泼。时驻陕西的国民党胡宗南授命第八行政区(大荔)专员蒋坚忍,成立了反共组织商同区动员指挥部("商"即商州、河南等6个县,同即同州〈大荔〉等12个县),到处捕押共产党人。就在这种白色恐怖的严重时刻,1941年1月16日,姚右学经校长杨志远介绍,加入了中国共产党。不久,国民党当局以有"共产党嫌疑"为由,将他押至西安劳动营,在审讯中对其施行棒打、足踢、坐老虎凳,姚右学酷刑受尽,被折磨得死去活来,但他铁骨铮铮,坚贞不屈,横眉冷对,顽强斗争。最后,当局只得将其交保释放。合阳地下党组织先安排他去县教育局作督学,后到县三青团区分部工作,以合法身份掌握敌人动态,期间他做了许多一般人做不到的重要事情。

(五)

1948年3月26日,合阳解放,姚右学任东南区副区长。1949年2月,合阳县人民法院成立,县长兼任院长,右学调任专职副院长。他依据党的政策和有关法规,结合审判实践,潜心钻研业务。审批案件,刚正不阿,执法严明,廉洁奉公,不畏权势,敌我分明。在肃特反霸、土地革命、镇压反革命、"三反""五反"等运动中,他对各类案件都亲自详察,遇到不清之处,即深入调查研究。对于重大案件,特别是死刑,则亲自开庭审理。宣判时,严肃庄重,音若洪钟,既震慑敌人,又教育人民,依法判处了"一贯道"在合阳的"智记柜""信记柜"等反动头子死刑。在镇压反革命中判处死刑37人。案件事实清楚,量刑合理,件件铁案,无一冤错,尤其不徇私情,大义灭亲。他的外甥女×××犯法,即刻被拘捕判刑。表弟×××犯窝藏土匪等罪,姚右学亦从速侦破,依法判处死刑。他没有因其母、姑母等亲朋多次苦苦哀求而动摇。群众说:"右学把他表弟杀了,这和包公铡侄儿一样,真是当今的'姚青天'"!1954年8月,姚右学升任白水县人民法院院长,期间,他忠心耿耿,勇往直前,对审判人员高标准,严要求,以身作则,亲审疑难案件,以实际行动促进法院工作,积案迅速办结。1957年10月,白水县委抽他下乡搞农村社会主义大教育,期间审判庭对罪犯任百祥判处死刑,且已报上级批准。宣判大会已通知,布告已贴出。就在这个人命关天的节骨眼上,他急忙由乡返城,再次细听了犯人的申诉，反复详阅了案卷，认为量刑偏重，于是立马向上级报告，并把贴出的布告揭回，使这一罪犯由死刑改为有期徒刑。这种对工作极端负责任的精神和有错必改的勇气，令人十分信服。他告诉审判人员：教训必须记取，不能冤枉一个好人，也不能放过一个敌人，必须坚持"事实是根据，法律为准绳"，稳、准、狠地打击敌人。

1958年12月，白水、蒲城、澄城三县并为蒲城县。右学任中共蒲城县委工交部副部长，1959年1月任蒲城县工交局局长，1964年7月，任渭南专署工交局办公室主任，1966年4月任渭南专署工业管理局办公室主任，1969年1月在渭南地区"五七"干校劳动，1973年8月调渭南地区农村供销公司工作。

姚右学自1941年加入中国共产党起，即把自己的全部身心献给了党。事实充分证明，他是一位优秀的共产党员。那么，1958年后为什么他不能在法院这个要害部门工作，而职务逐年直下，以至在"五七"干校劳动改造，这是为什么？是极"左"路线所致。其问题是1940年11月，他从劳动营保释出来后被地下党组织安排在国民党的县三青团区分部任干事，以便取得合法身份为党工作。1958年政审时，有关部门认为只有杨志远一个人的证明不行，不考虑那时地下党单线联系。虽然姚右学没有反动事实，但三青团属于反动组织，他不能重用，以至在"文化大革命"中横遭冲击！而右学"不管风吹浪打"，仍继续积极为党工作。正如苏联小说《日日夜夜》中沙布洛夫讲的："给金子涂上漆黑的煤粉，人们也绝不会说他是铁块。"

（六）

1978年，中共十一届三中全会召开后，右学的历史问题得到平反，他感激之至。"东风又绿黄河岸"。他对党的路线、方针、政策竭诚拥护，在工作中坚决贯彻执行，忘我工作。他参加革命40多年来，工作过10多个单位，干一行，专一行，始终如一。凡是与他一起工作过的人，没有一个不为他的精神所感动。他思考工作周密，处理问题果断，他可以几天几夜不眠不休，不知疲劳。你看他似乎疲劳了，然而一接触工作，他的全部心神便和上了发条的钟表一样，又有条不紊地发出和谐而有力的节奏。

历史进入1982年，右学已67岁，夫人雷淡英及儿子姚文兴、儿媳颜叔芳等亲属看他吃饭少了，人也瘦了，要他到医院检查，他却说："没啥。"毅然带病工作，竭力拼搏。同年8月，他病得难以行动了，子女们硬劝他进西安铁路局中心医院。经"拉网"、"胃镜"等检查，确诊是"食道癌"已到晚期。在疗养中虽然病痛难忍，但他仍性情豪放，关心本单位存在的不正之风，卧在病床上将之写成文字材料，供整党时参考，还写诗词、阅读报刊不休。

"人生易老天难老"，1983年2月1日10时30分，姚右学一边咯血一边写了"一旦恶疾夺生命，瞑目辞世心坦然"。写时没说一句话，写完即离开人世。他的一生可谓"春蚕到死丝方尽，蜡炬成灰泪始干"。"鞠躬尽瘁，死而后已"。"人生自古谁无死，留取丹心照汗青"。

姚右学同志具有共产党人的高尚品德和坚强的党性，党叫干啥就干啥，一次又一次出色地完成了党所交给他的艰巨任务。他从不计较个人得失，能委曲求全。他严于律己，平易近人。发扬民主，团结同志，密切联系群众，倾听意见，关心生活,深入实际,调查研究,善于发现和解决问题。襟怀坦荡,豁达大度。有话敢于直言,从不阿谀奉承。豪爽刚正,疾恶如仇,无私无畏,爱党爱国,不怕牺牲,一身正气,两袖清风。他的一生是革命的一生,艰苦战斗的一生,与时俱进的一生,无时不闪烁着灿烂的光辉!

高风亮节、永照后人!

作者简介:王志纯(1931—　),合阳县坊镇王家庄村人,1949年参加革命,曾任报社记者、县法院办公室主任、县志办公室副主编。

(选自《合阳文史资料》)

姚右学同志传略

姚右学同志生于1916年11月16日,卒于1983年2月1日,合阳县黑池镇太定村人。

1937年8月在合阳简师二八级上学时,经西安高中抗日宣传队李世民介绍,加入中华民族解放先锋队,后任合中民先队队长。从此参加合中"救亡剧团""宣传队",积极开展抗日宣传活动。9月朱总司令率部队经合阳东渡黄河抗日时,右学同志参加了迎接朱总的活动,受到了朱总的亲切接见,聆听了朱总的重要讲话,这些大大激励了他的革命意志。1938年1月右学参加了"沿河各县学生集训大队",学习军事技术。3月与老师吉致瑞以及同学刘祖蔚、马其昌、秦坤彦、孟双运等6人随一七七师教导队开赴山西,开展游击战,并担任第四大队副指导员,3个月后返校。当时抗协分子讽刺他们"失败"了,右学同志随即写了一篇文章《我们并没有失败》,刊登在合中出版的《力报》上予以驳斥。7月初,孙蔚如校长受当局攻讦而离校,7月14日右学同志以合中全体学生名义发表了《合中学生为挽留孙校长告各界人士书》,文中指出:"时至今日,烽火漫天,鲜血遍地,共产党为了救国,唤起民众,以加强抗日战斗力。如果把宣传抗日说成是宣传共产主义,这才是真正的别有企图。"驳斥得一些假抗日、真反共的家伙哑口无言。1939年暑假毕业后,姚右学被分配到王村完小任教。当时王村完小校长杨志远系我党地下党员,他于1941年1月16日白色恐怖严重时期介绍右学同志加入中国共产党。17日"动员指挥部"以有共产党嫌疑为由逮捕了姚右学,送西安劳动营,经近一年的严刑审讯,因没有真凭实据,姚右学经保释出营。回合阳后,姚右学当上了童子军理事会秘书、教育局督学,继续进行革命活动。1945年8月,党员雷秦民同志由陕北回合阳,在国民党县长拟捕秦民之际,姚右学得知这一消息即先行通知他转移,使敌人扑了个空。

解放战争开始之后,合阳经过皇甫庄暴动,在刘家岭战斗中击毙伪县长周鸿,合阳县第一次解放。1947年我人民政府任命右学同志为东南区副区长,他带领武工队深入敌后进行保粮斗争。后不幸被敌逮捕送国民党县政府。县长潘禹九怀有起义之心,于晚间暗示其翻墙逃走。

1948年2月，姚右学经杨志远、李齐夷介绍重新入党，后调任合阳县人民法院副院长。右学在任职中不徇私情，将表弟（反革命分子）宋伯福依法判处死刑。后来姚右学到中央政法学院学习，1954年8月任白水县法院院长。期间一罪犯已经上级批准为死刑，他听了犯人的申诉后，详细翻阅了案件材料，觉得量刑偏重，经向上级报告，使这一犯人获得了生命。1958年12月，姚右学任蒲城县委工交部副部长，1959年1月任蒲城工交局局长。1961年以后他调到渭南地区经委、工交局、工业公司、农机公司等单位工作。在"十年动乱"中，他曾受冲击，但他始终相信党，毫无怨言。1982年，已患癌症的他还将本单位存在的不正之风写成材料，供整党时参考。

右学同志一生好学不厌，为人正派，待人忠厚，工作负责，党性坚强，坚持原则，具有大无畏的革命精神，他的逝世是我党的一个损失！

合阳中学三九级学生（右起）姚右学、刘祖蔚、孟双运、秦坤炎在中共地下党员吉致瑞带领下赴山西作战，图为四人从前线返回母校后的合影

作者简介：吕丕周（1924—1989），中共党员，王村镇中王村人。生前曾被选为合阳县委委员、合阳县人民代表大会常务委员会委员。1962年—1982年任合阳中学校长。

（选自《合阳中学校史资料》）

薛顺夏传略

薛顺夏（1914—1975），合阳县王家洼乡白眉村人。早年在榆林一带高双成部当兵。1938年在本村加入中国共产党。当时他曾介绍革命青年薛振龙、薛振虎和王玉堂（均系白眉人）去延安参加革命。1940年前后薛顺夏和闵士英等同志在坊镇一带组织河防游击队，约一连人；不久被反动政府解散。1940年4月任东北区委负责人。1944年县委书记牛长令回河南时，把县委工作交薛顺夏负责。1947年薛顺夏在王敏领导下组织游击队开展地下武装斗争。同年冬在杨董村参加整训。1948年后患精神病。中华人民共和国成立后曾在县棉绒厂工作，之后病休，1975年在家病故。

种文祥、薛志义整理

（选自《合阳文史资料》）

中共合阳特别支部书记孙蔚如

孙蔚如（1905年12月26日—1975年7月21日），原名尊德，陕西省合阳县城关镇官庄人。

孙蔚如幼年在家乡求学。1925年考入上海大学，时值上海发生五卅惨案，他目睹中国无产阶级反抗帝国主义的英勇斗争，提高了革命觉悟，于1926年4月由蒲克敏、党伯弧介绍加入中国共产党，开始从事革命活动。后又在上海学联工作，曾举办暑期讲习会。同年7月，任中共浙江区助理秘书。1927年，陕西革命工作展开，组织上派孙蔚如回陕任陕甘区委秘书。后李子洲、魏野畴派孙蔚如至中山学院任课，兼西安第三部委书记。国民党"四一二"清党开始，我组织上派孙蔚如至渭南县委任组织委员。同年9月，受杜衡派遣，孙回合阳建立中共合阳特别支部，任书记。10月，在韩城县委任书记。1928年暑假，回合阳中学任教，继续从事党的工作。至1930年7月，离开合阳，参加李象九部队，任政治处主任。1931年元月在西安中山中学任教，加入前卫社。1932年在三原中学任党支部书记。杜衡叛变后，在白色恐怖下孙蔚如自行脱党。后在徐州、南京等地中学任教。1936年在安康中学任教时因组织鲁迅追悼会被捕入狱，经营救被释放。1937年冬回合阳中学任校长，期间聘任进步教师，积极进行抗日活动。1938年后季在咸林中学任教时加入国民党、三青团充任区队长。1944年在耀县中山中学任校长，充任国民党区分部书记。1946年至1948年在兴国中学任训育主任。

中华人民共和国成立后，1949年孙蔚如在西北军大任教，后任西安市人民政府研究室主任。1953年任西安市文化教育委员会办公室主任。曾被选为陕西省人民代表大会代表，并任民进陕西省常委等职。

"文革"中，孙蔚如惨遭摧残，含冤逝世。1980年中共西安市委给予平反昭雪。

1987年2月10日

注：本文作者系种文祥。

（选自《合阳文史资料》）

许权中在合阳

1938年，许权中的部队驻防在陕西合阳县时，他的胃病复发。在休养时，他不顾病痛，日夜编写《游击队战讲义》，并应合阳县中学邀请，抱病去为师生做报告。他根据红军游击战和自己半生戎马生涯所积累的战斗经验，深入浅出地阐述了游击战术的基本原则以及游击战的普遍常识,深受当时师生的欢迎。

许权中在讲话中十分重视总结经验教训,强调要用革命思想武装军民,他特别强调提出:"我们应该组织游击队,要向群众宣传,提高民族意识,动员起来,军民打成一片,才能打倒日本帝国主义。"

白云峰同志在《沿河地区工作的回忆》一文中回忆这段历史时也说:"沿河学生军事集训大队是我党领导的,由一七七师生办的,从经费开支、武器弹药供应到组织军事训练都由该师负责……集训队设在合阳中学,时间是一九三八年一、二月间,共约一个月左右,军事课主要是步兵基本训练和游击战术,政治课主要是抗日救亡理论和政治形势教育……许权中同志来队作了一次关于游击战争问题的报告,在报告中还讲了他的指挥五二九旅在山西忻口战役中的作战经验。"

1938年5月初,日寇大举进攻晋东南,一七七师师长和九十六军军长都在西安。面对紧急关头,许权中挺身而出,率一七七师一部快速挺进到山西省永济县张营镇,与日寇激战了4个昼夜。官兵们在许权中的指挥下英勇奋战,给日军以沉重打击,但因敌众我寡悬殊太大,不得不撤退到吴王渡,却又遭日寇的包围。在此万分危急的情况下,许权中临危不惧,率领部队与日军血战两日,真是气吞强虏,威慑敌胆。1938年6月,一七七师有5个团从夏阳渡过黄河抗日,李兴中师长、许权中参谋长亲自过河指挥。司令部驻在吴王渡。

(摘自《丹心素裹》)

良师益友宋绮云

西安事变是张学良、杨虎城两将军在中国共产党抗日民族统一战线的感召下共同发动的,是中国历史上的一件大事。杨虎城将军和我党优秀党员、老一代新闻工作者宋绮云长期共事,八载同狱,同时被害。宋绮云于1930年受党特派在杨虎城部做新闻宣传工作。西安事变前后宋绮云任《西北文化日报》总编辑,积极宣传我党的抗日统一战线方针和政策,揭露国民党反动派的投降卖国行径。宋绮云在西安事变中做出了重大贡献。西安事变后,我先后两度与宋绮云共事将近两年。宋绮云高贵的思想品质和无产阶级革命胸怀对我教育极深。在革命征途上他是我的良师益友,我永远不能忘怀。时值纪念西安事变50周年,回忆所及,以作纪念。

(一)

1939年春,中国赈济委员会筹备成立难民服务团。团长曹仲植,副团长翁世五(山西人,共产党员),宋绮云任总干事。该区分3个队,共有60多人。我经王闻元(共产党员,宣侠父妻弟)介绍在该团任干事。从此,我在宋绮云的直接领导下从事革命工作。难民服务团组成后,先后以半个月时间学习基训,排演抗日救亡节目。3月初从西安启程前赴陕南慰问放赈。沿途灾民成群,三个一堆,五个一群,扶老携幼，十分凄惨，灾情相当严重。陕南一带土地集中，贫富悬殊。没自耕农，尽是佃农，他们一无所有。连居住用的石板棚的小房与农具耕畜都为地主所有。地主豪绅过着豪华生活，囤积居奇，发国难财，逼得贫民背井离乡，流离失所。

难民服务团派驻旬阳工作的人员是该团一队队长鞠林三和团干事雷鸣夏。鞠林三负责发放赈款，雷鸣夏负责下乡了解灾情，做社会调查。工作一个月后，到白河县工作10天多。

5月中旬，我们乘船沿汉江进入湖北郧西、郧阳，经襄河直达襄阳、樊城。这里是抗日前线。樊城驻有国民党五战区长官司令部，司令李宗仁。襄樊市的街房被敌机炸得东倒西歪，空荡无人，杂草丛生，商号已搬到乡村，一派凄惨景象。宋绮云在救灾放赈时，每到一处，都向难民宣传抗战形势，揭露日本侵略暴行，激励人民树立抗战到底的决心。他严格要求团干事认真工作，调查研究，切实组织难民防空，对难民关心备至。

在襄樊住了七八天，宋绮云率领服务团人员前赴随州、枣阳一带。一路上，宋绮云和干部唱着抗战歌曲，意气风发，慷慨激昂。到随州，宋绮云接见了当地政府相关人员，召开了座谈会，说明了来意，并做了慰问。随州，日寇残害惨状目不忍睹，真是十室十空，房屋多数烧毁，日寇在粮食囤中插一铁桩，拴马饲养。当时麦子即将成熟，难民白天尽都避藏在麦田里，遇到日寇搜查时竟被打死。宋绮云率领人员，不顾个人安危，冒着敌机轰炸的危险，晚间召开慰问大会，演出抗战宣传节目。宋绮云同志工作认真，平易近人，团结同志，对同志们关心备至。团工作人员生活费微薄，个别人员思想不安，想另谋职业。宋绮云带头从自己的生活费中挤出一些钱，帮助同志解决问题。有的工作人员生病，他用自己的钱买药、买鸡蛋，帮助其治病。有的人员没衣服穿，他把自己的衣服让给了别人。

7月初，服务团到湖北光化县老河口市慰问放赈。这是湖北最大的水旱码头。服务团经过半个月的学习整顿，开始慰问放赈，出入乡村宣传演出。当工作正在开展时，不料五战区长官司令部政治部乘着鄂北大捷制造反共宣传，扬言服务团尽是共产党，要进行搜查，宋绮云与这种破坏抗日的反动行为进行了坚决的斗争。他对服务团的同志做了政治思想动员工作，要求同志们把理论书籍和革命进步刊物统一焚毁。对方搜查一无所获，灰溜溜落了个无趣。

搜查后不久，国民党政府下令解散难民服务团。9月27日，服务团经过叶县、邓县到了河南。当时河南省政府迁到镇坪。宋绮云率领干事到镇坪向团长曹仲植汇报工作（此时曹仲植已任河南省财政厅厅长）。曹仲植热情接待后，想挽留宋绮云等人在财政厅工作，谈了七八天，宋绮云以抗日为重，执意不干，遂离开镇坪。10月8日服务团返回西安。在极为艰难的情况下，宋绮云还在莲湖食堂请服务团的7名人员会餐，以示犒劳，从此分离。

（二）

1940年初，第四集团军总司令部在山西平陆举办干训班，内分军事大队、学生大队，总司令孙蔚如兼任干训班主任，军长赵寿山、李兴中兼任副主任，师长申及智任常务副主任，中将参议宋绮云和温朋九、程文津担任专任教官，苏资琛为兼任教官。宋绮云在西安将去平陆时，留话嘱咐王岳东叫我去平陆。当时王岳东同志任国风日报社记者,他从报社给我搞了一个护照,我就与雷寒柏同志由河南茅津渡河到达平陆。当天,宋绮云就让我和雷寒柏进平陆娘娘庙干训班部,分配我任学生大队政治指导员。我分管学生大队第一、第二中队学员,一中队长刘侠僧,二中队长除友斌,两队共有学员70余人。宋绮云讲课和做时局形势报告非常动人,他立场鲜明,观点明确,吐字流利,简明扼要,对干部和学员教育很大,学员的政治觉悟有了显著提高。干训班的工作人员也前来课堂听讲。6月20日前后,宋绮云在讲抗战形势时说:"国民党当局现在对日所持的态度其实质上还是应付,时刻都在准备投降。同志们咱们该怎么办?"学员不约而同地高呼:"我们要抗日,决不当亡国奴!"宋稍停了一下说:"我们手中握枪杆子,要将抗战进行到底,要坚持进步!坚持团结!"总司令孙蔚如多次到班讲本军革命史。每次讲话,宋绮云都是让我做记录。孙的讲话,使我记忆最深刻的就是杨虎城部在山东非常困难,给养全靠剿匪维持。晚上睡觉没被褥,冷得过不了夜,就把部队带出去跑步,此所谓"夜操御寒"。夏天有次在检阅部队,有个参谋长看见一士兵袜子破了一个大缝,就把那个士兵打了两拳说:"袜子破了也不知缝一下。"那个士兵哭着说:"谁有袜子穿!我们的袜子都是墨抹在脚上,一出汗就成一道一道。"

宋绮云同志积极抗日,不怕牺牲,国民党特务恨之入骨。6月20日以后,宋绮云去西安时被国民党特务秘密逮捕。随后宋绮云的爱人徐林霞和小孩子(小萝卜头)转移到长安县南乡张连生家也被逮捕。孙蔚如多方营救,国民党对密捕宋绮云一事矢口否认。7月份,从王曲七分校派来复兴社两名军官,一个叫李静儒,一个是第四集团军参谋长的女婿,他们监视破坏干训班,制造矛盾。随后王友直又派来一个人叫庐山真到干训班进行反共活动。接着,形势恶化,开始搜捕共产党员。伪中央党部要调我到南京整训,其实是诱捕而已,经樊中黎同意,我改名雷雨苍,到一七七师工作。

我先后两度跟随宋绮云同志从事革命工作,他的言传身教使我受益匪浅,他的高贵品质和英雄事迹时时教育着我。他对革命工作是一步一个脚印子,真不愧是一位无产阶级的革命者,坚强的共产主义战士。他对同志爱护备至、情同手足。他和杨虎城将军长期被国民党反动政府囚禁,直至新中国成立前夕的1949年9月6日,和杨虎城将军一同被蒋介石特务杀害于重庆松林坡,真乃生也千古,死也千古!

1986年12月于合阳干休所

注:本文作者系雷鸣夏。

(选自《合阳文史资料》)

投笔从戎　远征印度　抗日救国
——一个抗日远征军老人的自述

公元2014年9月11日下午，这天对于一个90余岁高龄的老人来说，其意义无异于卫星上天。当他听说民革合阳县委的领导和合阳电视记者要来采访，高兴至极，激动不已。

老人拄着拐杖从一楼上到二楼，紧紧握住孙晔的手叫了一声"同志"，"请允许我叫你一声同志。同志，同志，志同道合，志不同，道不合，不相为谋"。接着民革领导孙晔和老人相继坐下。

孙晔问："您是哪一年离开合阳的？"

"1942年中学毕业，和几个同学一起去西安上了中国国民党中央执行委员会训练委员会战时工作干部训练团"。老人才思敏捷，这么长的单位名称能一字不差地说出来实为罕见。

"您在战干团有几年？"

"3年"。

"战干团的领导是谁？"

"长官是蒋中正，副长官是胡宗南。"

"您什么时候入党的？"

"1944年后季战干团集体入党的。"

"青年军是不是远征军？"

"是的。"

"什么时候出国的？"

"1944年，那时全国动员知青从军。"

"在印度一共多长时间？"

"11个月。"

"长官叫什么？"

"简立是我们的团长，汽一团的。"

"还记得远征军团歌是什么吗？"

老人回忆了一下，随即哼了起来："男儿快意着先鞭，投笔从戎志最坚。出国远征何壮伟，飞越喜马拉雅山之巅。铁轮电掣机械化，利兵坚甲永无前。浪涛翻热血，勋业著青年。气盛吞三岛，雷辙震九天。祖国复兴，世界和平。"

"您能不能把你在印度的工作情况说一下？"

"行，"老人随即有感而发，"说来话长，长了见识，学了本事，也把苦受嘞。"

"我叫孙永众，本县申庄村人，上中学时改名为孙志钦。18岁时离开合阳到西安，在战干团训练了3年，1944年响应委员长'一寸河山一寸血，十万青年十万军'的号召，我们军校的学生那是义不容辞的，长官给我们说'不论男女老幼，不分外省本省，从军准备作战，武装自己，准备牺牲'。参加远征军是从西安坐飞机到昆明，后又从昆明经越南到印度的蓝姆伽。我们在昆明巫家坝机场登上C46运输机，随着飞机升起，飞机腾空进入云海，一直向西飞去。飞过银色的雪山，穿过无尽的森林，中午时分，到达第一个目的地——印度汀江。后又乘坐火车、汽车穿过大平原和无尽的丛林，到达蓝姆伽的汽车训练学校。学校是美国人办的，全新的美式汽车，一排排，印度是英国的殖民地，学校则是中美蓝姆伽训练中心，蓝姆伽是印度哈尔那的一个小镇，学校教官是清一色的美国人，训练时使用十轮大卡车，由美国通用汽车公司生产，我们之后使用的车辆是小一点的普通车，车长7米，载2~3吨。美国人教我们学汽车很认真，能吃苦，不厌其烦，学十天半月就上路。我们汽一团的长官是简立，他信的是基督教，戴一副黑框眼镜，对人可亲可敬，也是一位谈笑风生的书生。营长是东北人，排长是广东人。我们学完以后就上路拉送物资，共转运了5趟，一趟10多天，20多天，中间休息10天，再上路再拉，将储存在蓝姆伽的军用物资移交给驻加尔各答的英军库房。1945年5月，我们汽一团开始回撤，拉着物资，离开芒友，进入中国畹町，路上坑坑洼洼，桥也被日本人炸了，由于道路不通，加之阴雨绵绵，吃的都没有了，挨着饿，洗澡就是路边的水池，美国人给我们空投吃的。7月下旬，汽一团团长简立带领我们在一个机关的广场接受了杜聿明的检阅。8月，日本人投降，一个月后我回到南京被分配到南京市退伍复原管理处任秘书。"

最后，老人高兴地说：我"就说总有天晴的一天，我能等到今天，就是死了，双眼也能闭上，我没做过亏心事，只要政府能给我一个说法就行，'不求有功但求无过'。"

老人记得当时有这样一段话，可能是从军誓言吧：无求生以害仁，有杀身以成仁，知识青年乎，报国疆场的时候到了，波浪沙沉燕市冷，江湖侠士已无多，平生我亦书生耳，但未能甘牖下死。从军去，从军去。

注：本文作者系马崇志。

原三十八军十七师的一名列兵

我苗振中，原是国民党三十八军十七师五十一旅百零一团一营二连的一名列兵，陕西合阳县鹅毛村人。1922年6月生，今年85岁。难忘当年，在西安事变70周年即将来临之际，我心潮澎湃，感慨万千，热泪盈眶，思绪不宁。

1936年，我15岁，家父送我到西安红埠街23号当学徒。这一年，我目睹了西安市抗敌救援会等爱国人士和爱国学生发起的对"五三惨案""九一八"日本侵略者侵占我东北三省滔天罪行的声讨。特别是"双十二"事变的发生，张、杨二将军捉蒋于临潼华清池，苦谏蒋介石停止内战、一致抗日的爱国行动震撼了我、惊醒了我，使我这个不懂事的农村小娃娃才知道中国有了共产党，共产党已同国民党打了10年的仗，懂得了孙中山的新三民主义和以俄为师、联俄联共、扶助农工三大政策；知道了毛泽东、朱总司令、工农红军、北伐战争、二万五千里长征、第一次国共合作等等。

1937年3月，西安事变得到和平解决，蒋介石被迫放弃内战，团结抗日。傅作义将军在绥远抗击日寇的百灵庙战役收复了失地，对我震撼很大。中国人有志气，日本是可以打败的。

1937年"七七卢沟桥事变"发生，"八一三淞沪大战"发生，日本侵略者疯狂向我中华大举进攻，雁北失守，放弃太原，上海沦陷，南京失守……中国存亡迫在眉睫，日本鬼子的强盗行径、残暴罪行激怒了我，使我下定决心弃商从戎，保卫中华。

1938年2月，我瞒着家人偷偷地走出了西安城，徒步走到咸阳，寻到泾阳，又直奔三原，见到了驻军，我自报姓名，央求卫兵让我见部队长官，最后终于得到应允，被当时留守三原的原国民党三十八军十七师五十一旅收留，分派在一〇一团一营二连二排五班，顶了一个空缺，当了一名列兵。三十八军军长是赵寿山，师长耿志介，旅长孙子坤，团长程鹏九，营长萧连遵，连长李登印。

入伍后，我先后在三原、西安值勤守仓库，1938年10月被派去泾阳安吴堡青训班受训。青训班是中共陕西省委地下党组织办的，班主任是冯文彬，副主任是乔木（可能是乔冠华），我学过《论新阶段》《论持久战》《论统一战线》《论游击战争》《论在绿林工作》等，也学过《政治经济学》《共产党宣言》等。

1939年春，麦子吐穗的时候，部队离开麟游县，因风陵渡失守，不得不绕道潼关南原，从河南陕州的会兴镇茅津渡渡过黄河，抵达山西平陆县。一路上我得了伤寒，险些死掉，多亏战友的搀扶背抬，终于活了下来，走上了抗日前线。麦子上场的时候，我在计渡村太臣参加了"六·六战役"，1939年夏，由程建家同志介绍我参加了中国共产党。后来由于战斗频繁，程建家同志调离，我失去了同党组织的联系，脱离了党。后来二次入党。

1940年2月，因为有乡党党紫材的帮助，我由十七师转到一七七师，当了一名看护兵。在平陆县的古王村参加了"四·一七战役"和"五·二一战役"，1940年12月上级命令第四集团军第三十八军十七师、五十五师、九十六军的一七七师过黄河到河南保卫中原。1941年我们驻守孟津，固守铁谢镇渡口，二、三月越过中岳山脉到登封、耿庄增援登封防御。年底回师洛阳，守卫黄河，秋季又奉命支援东线到巩县、汜水布防，在山关庙一线打击日寇。八月十五中秋节前后，我军向日军发动猛烈进攻，开展了霸王城战役。战斗打得非常惨烈，我军伤亡惨重，攻了3个晚上，6位连长负伤，马副营长阵亡，六七百名士兵阵亡或伤残，结果蒋介石却借此实行报复，排除异己，对赵寿山军长明升暗降，耿子介师长也被调离处分。

广武霸王城攻坚战斗后，我部到巩县汜水赵村休整，当时军长是李兴中，师长是陈硕儒，轮流在汜巩守卫黄河，并在黄河北岸打游击，打击日寇，直到1943年5月，在九十六军卫训队，经过学习，我成了一七七师军医组的代看护长。1944年元月，留一七七师师部任准尉军医。

1944年新年过后，我部参加了汜水虎牢关战役，战斗7昼夜后就留守汜水虎牢关一线布防。由于第一战区蒋鼎文放弃洛阳，日军大举进攻，我们集团军被包围，处于孤军作战之中，后奉命撤退，名曰"背进"。

此时，总司令是孙蔚如将军，部队从巩县经偃师、洛阳、新安、宜阳、渑池、陕州、灵宝到闻乡。这是抗战期间我们集团军最大的一次战略转移。孙蔚如将军召集军官们轮流谈话，我当时是准尉军医代上尉军医，也参加了。孙将军还和我交谈了几句，问了我的籍贯、年龄、工作等等，还鼓励我好好干。孙将军在讲话中号召大家"要保持西北军的光荣传统，不要因中原战役背进而悲观，要看到抗日战争的胜利不远了"。

1945年7月，刘威成团长借三十八军裁编之机，率部几千人武装起义到解放区去，一七七师由卢氏开往洛宁前线。8月，有一天傍晚，营部传令兵突然传来"小日本投降了"的消息，抗战胜利了！我部又奉命开赴开封，接收日军投降。

1945年12月30日，我们离开了开封。

在延安举行纪念"双十二"事变10周年大会上，周恩来副主席说"双十二"事变这是值得大家研究的一个历史教训。一个强大的帝国主义是可以被打败的，这就是"双十二"事变的历史收获。1956年，西安"双十二"事变20周年纪念大会在北京全国政协礼堂举行，周恩来总理评价说："西安事变的和平解决是中国历史上的一件大事，张、杨两将军是千古功臣。"

今天，当西安"双十二"事变70周年来临的时候，我们纪念西安事变暨张学良、杨虎城二位将军，缅怀老首长、老领导的丰功伟绩，缅怀先烈，怀念同我们一起战斗过的战友，祭奠他们的在天之灵，我不禁心潮澎湃，热泪泉涌，更加追昔抚今，珍惜今天和未来，更加感激中国共产党带给我们这些老年人的幸福。我们一定要紧密团结在以胡锦涛同志为首的党中央周围，高举马克思主义、毛泽东思想、邓小平理论及"三个代表"旗帜，坚持以人为本、和谐社会、科学发展观和和谐世界的理论大旗，奋勇前进，为建设社会主义新农村做出新的、更大的贡献。

2006年7月1日于合阳

作者简介：苗振中，现为甘肃省庆阳市华池县卫生局离休干部，原国民党三十八军十七师五十一旅一〇一团一营二连列兵。

（选自《合阳文史资料》）

忆我党的忠实朋友王文卿先生

一、王文卿简历

王文卿先生（大约生于1903年、卒于1968年）家居合阳县王家洼乡王家洼村。据传该王曾学政法。1937年初任合阳县共和联保（现在的王家洼乡）主任。是年秋末，八路军东渡抗日路经此地，他积极安排食宿，并接待随军"抗日剧团"演出，鼓舞群众抗日救国热情。1938年初，在合阳县县长苏资琛的倡导下，他组建共和联保的民众抗日自卫队，兼任队长，并邀请一七七师我党党员张麦仁任指导员，抗日救国活动和军事训练都搞得有声有色。

1938年底，共和联保与二尹、有莘联保合并为百良镇后，王文卿任镇长。1941年夏，王被伪政府捕押入重庆高等法院监狱。

1945年保释出狱后，经多方活动，任合阳县伪田粮计征处马家庄仓库主任。

1947年7月间，在我党地下县委副书记何邦魁的授意下，该王又当百良镇镇长，直至1948年3月24日百良镇解放。解放后回家务农。

二、与我党合作积极抗日

1937年深秋，朱德率领八路军东渡黄河抗日路经百良，王文卿大力支持，筹助军需物资。是年冬，又热情地接待抗战剧团在王家洼地区演出。在抗战剧团演出的影响下，王家洼乡各村学生宣传抗日救国运动形成高潮。在此基础上，他改革私塾为乡村小学，取缔巫神迷信活动。1938年春，王家洼乡各村小学的领导或教员大多数由我党员担任，地下党员在各村办起了农民识字班、妇女识字班等各种不同形式的识字班。如：何邦魁与何养民同志在东铜蹄村办起了农民识字班，向农民灌输共产主义思想，并在此基础上发展了一批党员。这时，我党在王家洼地区活动可以说是公开的。所有这些都受到王文卿的掩护。

1938年初，王文卿受命组建共和联保的民众抗日自卫队，任中队长。他聘请一七七师我党党员张麦仁同志任指导员，积极开展抗日救亡宣传活动，卓有成效地提高了群众的抗日救国觉悟，并对青壮年进行军事技术知识传授与训练。同时，主动地配合驻军防守黄河阵地，该联民众抗日自卫队在全县的几次检阅中都受到合阳县政府和县民众抗日自卫大队部的嘉奖。

1938年秋，敌五十三师某团部驻防韩城县境伦功村。当时我地下党员郝文汉与刘海权两同志套买伪军枪支被发觉逮捕。王文卿多方营救，使二人免遭残害。

王文卿任百良镇长以后，仍然同地下党员何养民、何邦魁、刘江霞、张毅仁等同志联系，并联络各方进步人士，极力反对敌商同师管区动员指挥部的法西斯统治。他曾暗里指派人员，暗杀了该指挥部驻百良镇的4名指导员（实际是特务法西斯分子）。1941年夏，该部总头目蒋坚忍以"私通八路军"的罪名将王文卿解押至国民党重庆最高法院监狱关押3年。终因查无实据，经王子中（王的侄儿）花钱活动陕西名人绅士联名具状保释出狱。

抗战时期，王文卿多方保护我党地下工作人员和进步人士。张超就曾受到王文卿的直接保护。1939年冬，张超调回省委学习，临走时王文卿给张开了赴同州师范上学的护照（地址在泾阳县），还给写了黄埔七分校第十大队学员证明书，以便张超应付路上盘查，也可免征兵役。1940年麦收前后，因敌特告密，合阳的一些地下党员与进步青年先后被捕，王文卿及时将这一情况报告给地下党负责人何养民。何养民立即转告，共产党员张毅仁、樊直亮离开合阳回到韩城。随后，何养民、张铁、何邦魁回到了省委。

三、建立两面政权，掩护党的工作

1947年夏，合阳地下党负责人何邦魁同志根据斗争需要，同王文卿商议：王文卿接替刘介一（我党党员）百良镇镇长职务，刘介一同志改任为马家庄仓库主任，副镇长由脱掉我党关系的王丽天担任。这样，在百良镇建立起了两面政权。王文卿1947年至1948年3月中旬为党做了如下工作：

1. 及时向我党有关同志报告合阳县伪县长周鸿和县保警队"清剿"的计划。王文卿派刘养和（王的警卫，临河村人）给张超传讯，叫张安全转移，使其家庭财产免遭损失。

2. 有计划地让东北区游击大队收没保甲的枪支和私人的枪支。东北区游击大队的乔榜耀队、李效民队、王钝队、郝文汉队的武装枪支基本上是靠收下的枪支武装起来的。

3. 保护了百良地区革命者的家庭财产免遭敌人破坏与烧毁。敌县保警队长马林哉率领匪众到白眉村抄烧薛震龙、薛顺夏和郝文汉同志的房屋时，王文卿提前派人告诉薛福太（公开身份是白眉村甲长主任）同志让其转移。当马林哉提出要烧薛震龙家房屋时，王文卿出面阻拦说："这样株连邻家的房屋太多，影响太坏。"敌人没敢烧房。百良地区几次"清剿"，没有受到严重破坏，只是做了些过场，都是王文卿做了许多工作的结果。

4. 营救我游击队员13名。1947年农历十一月初，我县游击队转移到山西荣河县一带休整，白眉村有十几名游击队员未转移住在家里。敌整编六十一旅一五八团驻韩城县境芝阳乡清水村搜捕我游击队。敌特白定科勾引敌一五八团于某天半夜突然包围白眉村，搜捕我游击队员薛堂宪、中秋、德儿、喜平、苏堂、刘海权、富保、旺子、王福堂、鱼有福、杜余东、郝喜生、赵怀武，还有一个百姓郝欢运。严刑拷打后，将上述14人解押到清水村。此时，郝文汉同志的妻子何竹兰也被吊打了数小时，之后由于群众掩护求情被释放，逃离了白眉村。地下党员薛福太同志以白眉村甲长主任合法身份出面，会约本村绅士郝杰之、薛春堂，托王文卿镇长具状保释。王当即写了保状，亲自会同三甲村绅士段希瑞与清水村保长薛奋哉向敌团长求情保释被关押人员，使这些游击队员免遭杀害。

总之，王文卿先生政治上追求进步、倾向革命，利用合法身份长期与我党合作共事，办了许多好事，是我党的忠实朋友。

1986年3月21日于合阳城内

注：本文作者系张超、薛福太。

（选自《合阳文史资料》）

回忆我的丈夫李锋彦

我今年93岁了，我娘家是坊镇灵泉村。我娘家大伯就是党沄。我当姑娘时，有一天，我姐在村里正走，看到炮弹从她的头顶上飞过去，把村里的城门楼子炸飞了，我姐吓得赶紧就跑到家里。后来村里的好多人都跑去看，城门楼子没了，全炸烂了，城门里外一片烂木头、烂砖瓦。有几家人的房子也损坏了，不过不太要紧。后来，保里的保长就派了一些人，七手八脚地把那个烂摊子给收拾了。一直到我嫁过来时都没修过。

我是19岁结的婚。我老汉叫李锋彦，他是地下党。他的入党介绍人叫李戒一，是前巷的人。我是后来才知道的。他一直瞒着我，害怕我在村里说话时不小心说漏了，暴露了他的身份。他是在王村入的地下党，当时他是一个教书的，在王村学校教书，他边教书边搞地下工作，大概有一年多。以后又到坊镇西街娘娘庙的学校教书，还在和阳、岳庄教过书。他经常在外头，顾不了家，往往是几个月都不回来。家里的一切都是我操劳。每次回来时，他都带着枪，但我不知道。有一次，他把枪藏在柴摞子（垒起来的柴堆，备用于烧饭或者烧炕）里，我取柴做饭时发现了，还和他大闹了一场。我不是不支持他的事，我就是操心他。他说他不敢告诉我，是怕我害怕，现在知道了，我就要小心点，到外边说话要注意分寸。有一年，五黄六月天，有一个妇人讨饭到我家门口，我就收留到家里给饭吃。我老汉回来后知道了这件事，就把我骂了一顿。后来他才给我说害怕那个妇人是国民党派来的特务，害怕暴露他的身份。

我老汉还是一个热心肠人，经常帮村里的人。还有一年，我家的房子背墙都快塌了，我就叫了自己的亲戚给我收拾背墙，结果是我老汉把打好的胡基借给人了，没胡基就盖不了背墙。我就和我老汉打了一架，骂他不顾家，嫌他把胡基借给人了。当时房架上正在干活的人都跑下来劝架。后来村里一些人给了我一些胡基，我才把背墙做好了。还有一次，我老汉在村里，正好有国民党军队来村里抓壮丁，有个小伙子为了躲壮丁，就跑到我家，我老汉赶紧就把小伙子藏到我家的地窖里。直到抓壮丁的人走了，才把那个小伙子放了出来。

党文妍口述　王英民整理

整理者按：在采访的过程中，老人家始终带着微笑，慢慢地回忆着那早已尘封了的故事。虽然是零星的片段，是老人家说的"陈芝麻烂糜子的事"，但就在这样平凡的琐碎中，我们对一个地下工作者有了更加深刻的认识，一个优秀共产党人的形象更加清晰。从老人的叙述回忆中完全可以听得出来，有时虽然是埋怨自己的丈夫，但她那话语间流露出了浓浓的爱意和无限的怀念之情。这种情怀伴随着她，成了一种幸福和自豪。我们开玩笑地问她还埋怨她丈夫不，她只是微微笑笑，摇了摇头，显得那么深情自然。

注：党文妍，93岁，新池南顺村人。娘家在坊镇灵泉村。

纪念祖父马映旭

祖父生逢乱世，一生得意过恓惶过。

祖父马公讳映旭，1907年生，丁未相，1974年卒，薄葬于村西吉地。少时就读村中私塾，略通文墨，后随曾祖于华阴三河口经商，妻族为当地大姓，夫妻感情甚笃，育有二男。

1926年，祖父于乱世中辞别家人从军，随军驻守汉中，多有历练。1932年（民国二十一年），加入合阳地方民团，曾任职百良镇队副，负责百良、同家庄和杨家庄一带的治安，人员来往复杂，在徐水沟两岸影响甚大。据村中老人马积录讲，沟北百良的土匪绑了沟南坊镇的百姓，只要祖父捎句话，被绑之人就可以安然回家。

1937年，日本人发动全面侵华战争，由于中日实力悬殊，日军一路迅速占领山西大部，直逼潼关，与陕西隔河相望。陕西全境震动。1938年，陕西省政府动员沿河各县成立河防大队，协助正规军阻击日军渡河，修筑工事，动员、训练民众，组织运送粮草。因行伍经历和民团治理成绩突出，祖父经县府推荐、省府备案，出任合阳河防大队大队长。大队在黄河边榆林、岔峪、夏阳等地都有分队驻扎。日军曾多次企图渡河入陕，均被我沿河驻军击退。已故岳母曾说，当年太里村的劳军演出鼓乐喧天，敌我枪炮互射炮声隆隆，我军将逼近河中间的日军船只击毁，日军炮弹也曾轰塌太里村戏楼一角。我记忆中，50年代中期，祖父在地里干活时还会唱起《义勇军进行曲》和《大刀向鬼子头上砍去》等抗战歌曲，其激动之情让人不难想象当年沿河军民的抗日热情与决心。

1945年抗战胜利后，祖父解甲归田，但依然为地方所倚重。内战再起时，祖父被公推为大伏六村保长（以村为保，当时不含西雷村），处境尴尬，送二儿子加入国民党军队致其殁于关中战事，给自己留下了终生遗恨。

合阳中共新政权成立后，祖父积极协助村农会率领村民搞土改，后任大伏六村第一任村长兼《陕西农民报》通讯员，经常以"徐水佳人"的笔名投稿，歌唱新时代新生活。1953年后负责村小工作，1957年组建伏六完小，西蒙雷重山老先生当时在村小任教，曾给祖父画像并题词：竹菊园林赛三秦，宣传路线晓四邻。1958年，合阳县扫盲运动现场会由祖父在大伏六村主办，白坡平县长赠其硬皮笔记本一，年底县上还给他颁发了奖状。

"文革"中，祖父被打入"牛鬼蛇神"行列，戴高帽，受批斗，东躲西藏，担惊受怕，苦度残年。也许是深感世态炎凉与人情淡薄，祖父晚年养了一只白狗，整天不离左右。白狗老死后，祖父还给它穿上鞋戴上帽装进匣子予以埋葬。人们都说他是个怪人。

前几年，两孙儿玩耍时从旧居废墟烟囱中掏得一枚民国时的民团徽章。2014年底耀增兄得知后颇为重视并告知县档案局，前一段时间档案局人员专程登门查看并劝我整理祖父相关资料。由于特殊的历史原因，祖父的事迹已鲜为人知，儿孙们也想不到自己的家人能和抗战联系在一起。

20世纪80年代末家里整修院子时曾挖得中正剑一柄，剑身完好，剑鞘及剑柄铜饰依然闪亮，上面刻的数字编号及祖父姓名清晰可辨。但那时庄稼户怎可能有文物保护意识，这件祖父遗物竟不知所终。此是我最想找到的"文革"期间祖父交代的无数材料中的一份，但四处询问终无结果。

抗战胜利已70周年，历史的尘烟和迷雾正在消散，谨以此文献给祖父和像他一样为国家抗战做出贡献和牺牲的人们。

注：本文作者系马崇志。

（选自《合阳文史资料》）

回忆我的父亲

我父亲叫王建章，我们村里的早期地下党员。他去世时已经80多岁了。我们兄弟四个，我排行最小。在我小的时候，我父亲母亲曾经讲过他们的事情。后来村里的老人也曾经多次讲到我父亲的革命史。我从小就慢慢知道了我家的历史。据我母亲讲，我父亲1936年加入中国共产党，在我们这里搞秘密活动，是党的地下交通员，经常负责联系我党的上级组织——何善初（王家洼人，我党早期党员）。当时我父亲经常要到南尹去，南尹村过去是个大村子，村里有个药店，每次我父亲到了药店门口，会在门框下角的砖缝里取出情报或送出情报。他和何邦魁、刘江霞等人经常在一起活动。后来他以国民党省党部的特殊身份，在洛川、宜川一带给延安运输棉花、食盐，还有大烟等物资。到了1944—1945年，我父亲又回到家乡，当了一段时间的保长。期间他组织家里的长工和部分进步的村民并亲自带队，加入围攻山西荣河县城的战斗，直至打败日本鬼子。

我父亲曾经告诉我，抗战时期，我们家里曾多次驻扎国民党部队一个班的人，其他人家家里也住过部队。过去屋子里的四面墙上各有一排钉子，是国民党部队官兵休息时挂衣服和枪支的地方。据说，国民党守军的师部在党家圪崂，团部在韩城芝川，营部在我们村北的榆林村。

记得还有一次，有两个游击队员从山里下来，走到我们村要求过河。我父亲接到上级党组织的密信，随即安排过河事宜。谁知当时这两个人的身份已经暴露，国民党追兵穷追不舍。由于是大白天，我父亲急忙把两个人藏在巷子外边的麦草垛子里，然后在村子周围转悠，观察情况。快到天黑时，我父亲把家里的油布包拿出来，绕过村子，领着两个游击队员悄悄地走到黄河岸上，嘱咐那两个人先藏在芦苇荡里，不要出声。他来到黄河边，仔细观察了一会儿黄河两岸的情况，没发现问题，随即在岸边点燃了一堆火，估摸有10多分钟，对岸也点燃了一堆火。我父亲急忙将带来的油布包装上麦草秆，用两个木橡固定好，放在河水中，叫那两个人出来，爬到那个油布包上，他用力一推，油布包制成的简易船就顺着河水漂流而去。之后我父亲就藏在离河岸不远的地方观察等待。估计刚过了河中间，就听到河岸的草丛里有打枪的。一个多小时后，我父亲又看到河对岸有篝火，这才离开了黄河，回到家里。后来听我母亲说，我父亲曾多次护送人过黄河到山西去打日本人。每次送时都在河岸上点篝火，这是地下党送接人的安全信号。

当时参与护送游击队员的还有村里的许东升、许义学等地下党人。

王松年口述　王英民整理

注：王松年，67岁，百良镇李家庄5组人。

印光大师号召全国佛教徒抗日救国

印光大师（1861—1940）为近代高僧，由于法师的极力提倡，净土法门得以重兴，大师也被尊为净土宗第十三代祖师。

1931年，"九一八"事变爆发，东北三省逐渐沦于日本帝国主义的铁蹄之下。目睹刀兵连绵、尸骸遍地，印光法师痛心疾首。

1936年，中国佛教会主席圆瑛法师与上海佛教人士启建护国息灾法会，此时法师尚在掩关，圆瑛法师恭请法师出关说法，号召全国佛教徒为抗日救国做出贡献。法师护国心殷，利生愿切，欣然允诺，以70岁高龄带一侍者自行来沪，每天开示大众常达数小时，闻法者莫不欢喜信受。

印光法师在法会中开示道："现在绥远战事甚急，灾祸极惨，我忠勇之战士，及亲爱之同胞，或血肉横飞、丧身殒命，或屋毁家破、流离失所。无食无衣，饥寒交迫。言念及此，心胆俱碎。今晨圆瑛法师向余说此事，令劝大家发心救济。集腋成裘，原不在多寡，有衣助衣，有钱助钱，功德无量，定得善果。要知助人即助己，救人即救己，因果昭彰，丝毫不爽。若己有灾难，无人为助，能称念圣号，佛菩萨于冥冥中，亦必加以佑护焉。余乃一贫僧，绝无积蓄，有在家弟子布施者，皆作印刷经书用。今挪出一千圆，以为援绥倡。能赈人灾，方能息己灾。"

法会期间，法师听说抗战中的绥远灾情严重，即对众发表以当时所收1000余人皈依求戒等香仪计2000多元尽数捐去。

1937年的一天，有人引领日本军官到灵岩山寺里找印光法师，日本军官拿出当时日本修订出版的《大正藏》大藏经赠送给灵岩山寺，可是印光法师当即拒绝了。他委婉而又坚决地说："我们这里的僧众都是念经的僧人，不是研究经文的僧人，请把你们这么好的《大藏经》转送给有关研究人员吧。"就这样不卑不亢地给对方一个软钉子，拒绝了日本军官的赠送物。

当时日本正对华发动大规模侵略战争，苏州已经沦陷，法师如此不客气地对待日寇军官，日寇如果恼羞成怒，兽性发作，法师可能会当场招来杀身之祸，后果不堪设想。但是法师态度严正，立场鲜明，毫无畏惧，保持了民族气节，激发了僧众的民族尊严和爱国赤诚。当时在旁目睹此情此景的青年僧人感动不已，深受爱国主义的教育。

1937年农历八月初三，在给某皈依弟子的一封复信中，法师更是义愤填膺、满怀爱国热忱地声讨日寇侵华罪行，揭露并谴责汉奸助纣为虐的无耻卖国行径，字字真切，语词沉痛之至："日人以豺虎之心，欲吞吾国。吾国许多人私受日人之贿，为彼作走狗，致彼之凶势益大。使无人为彼用，决不至有如此之横暴也。"

法师的爱国主义精神，是与佛教的"无缘大慈，同体大悲"联结在一起的。因此，他对那些搜刮民脂民膏供己挥霍享受，不管人民死活、不顾国家安危的当局政府权贵们深恶痛绝。他在答复一位幼子夭折的居士的信中说道：

"若不论好歹，惟取其不夭，则括百姓之脂膏，以其款存之外国银行，与夫杀父杀母之人，何尝不是幸得不夭之爱子乎！此种不成器之儿子，若夭，是为大德所感。由其不夭，至令全国人民涂炭，若当日凡属此类尽夭亡之，则吾国何至无可救药以待丧亡乎！"

注：本文作者系王英民。

抗战时期合阳"鸡毛信"的送信者

电影《鸡毛信》里的主人公海娃机智勇敢地冒着生命危险把信送到张连长手里的小英雄形象，至今仍激励着一代又一代的人们。而在合阳当地就有一个跟电影《鸡毛信》中故事人物类似的真实的抗战英雄，他就是15岁参加抗战的传令兵成孝中。

成孝中，1931年生，今年86岁，合阳县百良镇西宫城村农民。

1937年卢沟桥事变后，日寇侵占山西省，与山西一河之隔的合阳几次受到日寇飞机轰炸，伤亡100多人。位于黄河天堑西边的合阳，南北长达42公里的河防，有5个渡口，自古以来就是兵家必争之地。是年冬，国民革命军杨虎城部一七七师驻防黄河沿线一带，阻击日军西犯，师部驻扎在合阳县城东街。1938年1月，进步人士苏资琛任合阳县县长，致力于沿河前线的抗日工作，发动民众，宣传抗日。先后举办沿河中学生军事训练班、教师训练班、青年训练班、妇女训练班、基本骨干训练班，于1938年春在中共党组织的倡导下，配合一七七师组建了合阳抗日民众自卫大队，有队员两万余人，苏资琛亲任大队长。在抗日民族统一战线旗帜下，合阳民众挖堑壕、修工事，协助驻军守卫河防。

沿河各联保的自卫中队曾多次渡河赴山西前线参战。

1944年，当时15岁的成孝中就是在这种抗战氛围下，跟随时任合阳河防队的本家爷爷成子珍接收驻防国民党二十八师调防后所留的工事，分在河防队第二小队队长赵普杰（百良街人）手下当传令兵。

说起当传令兵那会儿的情况，老人家神色凝重地说："那时我们河防队常年驻守在北至合阳王家洼榆林渡口、南至合阳百良岔峪渡口的10多里黄河大堤上，送情报，送信件，战时这是任务，也是机密，黄河对面就是敌人，稍不注意，就会被敌人的机枪扫射，炮弹打中，随时都会有生命危险。"

"只要有情报，马上就出发，来回穿梭，我利用芦苇荡地形、地貌、黄河滩沙丘、树林做掩护，发挥自己人小活动灵活的特点，快速前进，把情报按时送到。"

"记得有次送情报时，北风呼啸，大雪纷飞，风雪把眼吹得睁不开，雪花直往衣领里吹，吹得眼泪直流，冰天雪地，大地一片雪白，只能按自己经常大概走的方向行走，跌倒了爬起来继续走。那时穿的衣服不像现在这么暖和，为防风，用一节绳子把腰部勒住，风就钻不进去，手冻得红肿。就是在这样的情况下，完成了一次次任务，受到河防队队长的表扬。"

1946年到1948年，成孝中在合阳游击队队长史建堂部下打游击，后所在部队参加了八路军二纵队王震部队解放合阳临皋、大荔以及重庆、湖南战役，1949年退伍回到家乡。

15岁，现在的孩子正是上中学的年龄，有的学生连生活自理的能力都没有，而同在15岁的年龄段，成孝中却在参加抗战，成为抗战合阳"鸡毛信"的送信者，这巨大的人生反差让我们懂得：在和平年代长大的人们，应该更加珍惜和平。

抗日战争不但是中国近代以来第一次取得完全胜利的反侵略战争，而且是中华民族由灾难深重走向伟大复兴的历史转折点。抗战胜利70年来，中国发生了翻天覆地的变化，一个日益繁荣富强的中国、一个充满生机希望的中国已经昂然屹立在世界的东方。今天，我们纪念中国抗战的伟大胜利，就是要铭记历史、缅怀先烈、珍爱和平、开创未来，坚定不移地捍卫世界反法西斯战争的胜利成果，坚定不移地走和平发展道路，坚定不移地维护世界和平，推动建设持久和平、共同繁荣的世界。

成三顺整理

注：本文原载百度《大西部网》2015年9月16日文化天地原创文学栏目。

我击落了三架日寇敌机

"打下来了，打下来了。"看着日寇敌机冒着滚滚黑烟坠落下来发出轰轰的爆炸声响，党发科和他的战友们欢呼雀跃，随即赶紧撤离阵地，不敢停留，又奔赴抗日前线。消息传出后，国民党《中央日报》做了报道，党发科由此从炮手升为炮长。

那么党发科是哪里人呢？他怎么能把日寇敌机打下来呢？带着这些疑问，我们慕名采访了合阳县和家庄镇王善庄村抗战英雄党发科。

党发科生于1927年，今年89岁。

1941年，当时仅14岁的他就被拉丁在杨虎城部队四十四团团长叶志芳部当通讯兵，连长叫王利天（合阳百良人），不久又转为炮兵。他刻苦钻研用炮技术，苦练瞄准、炮弹快速装填、快速进入有利作战阵位技术，对发炮技术心领神会，闭着眼都能说出是炮的哪个部位。抗战开始后，他所在部队奉命急行军赶赴潼关风陵渡阻击日军，用简陋的武器与武装到牙齿的日军展开激烈作战。

说起打日寇敌机的事情，老人家高兴地回忆说：战斗打得很残酷，部队伤亡大，那次，我和战友奉命从四川拉运大炮和弹药，那时的道路崎岖难走，当部队行至川陕交界的广元、汉中一带时，3架日寇飞机在空中盘旋，好像发现了我们这些行进的目标似的，就在这时，我们奉命立即瞄准，准备战斗。说得迟，来得快，就在敌机降低飞行高度俯冲下来之际，最先完成作战准备的我听到命令，立即瞄准向敌机开火，连发数炮，发发炮弹带着保卫陕西、保卫家乡、为牺牲的战友报仇的信念支撑打击敌机。

1944年，党发科又随部队参加了保卫西安火车站、机场以及陕西东部黄河防空作战，在西安东桃园附近他还击落了3架敌机。说起这些亲身经历的战火往事，老人家格外高兴和自豪。

1948年党发科参加了解放军，1949年转业到地方，在合阳粮食部门工作，1962年响应政府号召回乡务农至今。

说起现在的生活，党发科老人家高兴地说：现在生活好得很呢，比起抗战时饥一顿饱一顿，颠沛流离，那真是天仙生活，想起那些牺牲的战友，真想让他们吃饱一顿。

"忘记过去就意味着背叛。"现在的人们享受着和平安宁的环境，会做何感想？会想到国家纪念抗战的深远意义和内涵吗？

成三顺整理

注：本文原载百度《大西部网》2015年9月16日文化天地原创文学栏目。

回忆陶峙岳军长在合阳贺硷村的几个片段

中国抗日战争是国共两党第二次合作奋战、共抵外辱的血泪史，合阳紧靠黄河的西岸，曾是抗日根据地的大后方。在这期间，有多位军政将领途经合阳奔赴山西抗日前线或驻军坚守沿黄防线。据《合阳县志》载，共产党先后有朱德、刘伯承、任弼时、左权、陈赓等的部队与合阳有交集。同时，该志也公正客观地介绍了部分国民党将领在合阳的过境或驻守情况。比如，杨虎城将军的十七路军一七七师师长李兴中、国民党中央第七师师长曹日晖等。细阅志书，时任国民革命军第一军军长、有着卓越战功的"抗日名将"、为中国人民解放事业做出卓越贡献的陶峙岳将军竟然还曾经驻军我们贺硙村。带着这一线索，我多次回村走访村里的老者，并予考究。

　　已是80年的光阴逝去，关于陶峙岳军长在我村驻军的情况村里已经没几个人能说得清楚了，我的提问，让几位年近八旬的老者都在努力地回忆着，他们不住赞叹这位曾在沪松战役中立下赫赫战功的风云将军。我整理出几个鲜为人知的小片段，而这些片段也是几位老者从他们父辈那里听来的零零碎碎的讲述。

　　先说当年的贺硙村，那里地理位置优越，城墙完好坚固，算得上是那时候合阳比较富足的村子。陶峙岳将军驻进我村，我们村便成为国民革命军第一军的临时总部所在，陶军长居住的准确位置，就是老屋对门的贺志纯家。

　　陶峙岳军长，1892年生于湖南宁乡县的仙凤乡，1911年参加武昌起义后加入同盟会，1916年毕业于保定陆军军官学校，抗日战争爆发后出任国民革命军第七十六军军长兼第八师师长。他拥护中国共产党提出的"反对内战，一致抗日"的主张，积极投身抗日战争，1937年9月率部参加淞沪会战。1938年9月任国民革命军中央战区第一军军长。1949年，陶峙岳将军以人民利益为先，以国家安全和革命事业为先，大义凛然选择了一条正确的革命道路，果断在新疆率部投诚起义，其部队编入中国人民解放军，陶峙岳任新疆军区副司令员兼第二十二兵团司令员。1955年，陶峙岳接受三军统帅毛泽东主席亲自授予的开国上将军衔和一级解放勋章。

　　1988年12月26日陶峙岳在湖南长沙逝世，终年97岁。陶军长进驻我村的具体年代，据《合阳县志》载，是"民国28年冬，中央第一军进驻合阳，军部驻贺硙村"。国民党的第一军，是国民政府最亲密的嫡系部队，历任军长包括蒋介石、何应钦、胡宗南等等，陶峙岳将军时任该军第八任军长。提起陶军长，都说他为人随和，非常朴素，不但军纪严，而且爱民如子。据说陶军长在我村曾居住两年之久，他平日衣服朴素宛如农夫，偶有不同的是，他的小腿上会缠绑着裹腿或在腰上系一条军备腰带。他为人谦卑，不讲排场，从不扰民。出城门，牵马离村半里才跨上坐骑。回村子，远远落镫，让警卫牵着，自己身随马后缓缓前行。我们村西曾有一石碾，那里也是娃娃们最闹腾的地方，陶军长经常会坐在碾盘上抽着旱烟，不忘口袋里装几块糖果，把糖果散给身边的孩子们，偶尔也和孩子们一起玩耍寻找乐趣。村民们回忆说，他们的父辈从没看到过陶军长有什么所谓的大官员架子，即便是他的夫人陪同驻军，都带着自己的纺车，时常还要和村子里的妇人们一起织布纺棉花。

　　陶军长爱民如子，治军严明，至今流传着一个故事。部队刚刚进村的一天早上，炊事班的战士到巷子里的井房汲水，我村的四五位村民也在汲水，正巧我村的老中医习先生也在。突然见到几位战士进来，几句言语，老先生便有些畏惧，就在井台边，他一阵懦懦弱弱言语不清的胆怯和身体战战兢兢的惧怕正巧被刚出门的陶军长看到了，于是陶军长紧急开会教育战士："巷里的井，是老百姓的专属，部队要用水，你们挑着担子，到金水沟自己去挑，谁都不可例外……"金水沟离我村五里之遥，耽误时间不说，沟深路险颇不安全。后来在村民的一再求情劝说下，陶军长才勉强同意免于处罚战士，但规定：村民汲水时间仅允许战士帮助乡亲，严禁士兵进入井房用水。

因为姓氏的原因,陶军长颇爱桃树,曾亲自在我们村西的一片荒坡地上广植桃林,其规模有两三亩之大。部队要走了,他特意在我们村和南蔡村的路口土塔旁竖起一行电话线直达我村。用他的话说,有其他部队行军经过此地,一看到电话杆,便知村里有重要领导驻军,绝不敢冒昧骚扰。陶军长在走的那一天演了一台大戏邀请乡亲,并以湖南的菜肴宴谢村民,村里大大小小饱尝了南方人喜欢吃的清香大米和鱼鲜珍馐。陶军长在我村的两年里治军严明,更深得民心,他走后,村民曾为他编颂赞美的歌谣流传,几位年迈忆衰的老者几经思索共同唱出了当年颇为流行的三两句:"陶军长脚一掸,手下的精兵千千万,陶军长手一挥……"

注:本文作者系贺晓林。

怀念我的父亲

> 每每回忆父亲,怀念父亲,他那艰难的经历,遭受的迫害,直至含恨离世,成为我们心中永远的痛。
>
> ——题记

(一)

我的父亲张根源,1927年9月生,合阳县黑池镇朴鲁村人。家中兄弟4人,他排行老二。父亲小时候上过几年私塾,10岁那年,私塾先生就给他讲过日本鬼子侵略中国的故事,看到本村、邻村的青年都参军,过黄河到山西打日本侵略者,父亲就萌生了对日本鬼子的恨。1938年本村劳力都被征用到黄河岸边修工事,他的父亲和哥哥也去了。后来他听哥哥讲,在修工事期间经常看到国民党的炮兵向对岸炮击,日本鬼子的飞机飞过黄河狂轰滥炸,有好多民房被毁,许多老百姓被炸死,父亲就立志要参军,保家卫国。

由于天灾人祸,父亲原本殷实的家境逐渐衰败没落。那时战事吃紧,老百姓出差派差多,致使土地荒芜,加之父亲兄弟多,兵役抽签要有3个人去当兵。爷爷觉得父亲们年龄尚小,就出钱买兵役,结果到了1943年底,我们家已经外债累累,无力偿还兵役款,我爷爷就准备让伯父去当兵,但伯父体质差,到了部队肯定会吃亏,而三弟四弟尚小部队不要,只能在家帮衬着做力所能及的活,我父亲就给爷爷说"让我去",爷爷忍痛答应了父亲的要求。

(二)

1944年5月,保甲长再次抽签派兵役,父亲就报名当兵。6月,随入国民党华潼师管区,成了国民党军队的一名士兵。10月,抗日战争进入反攻的关键时刻,民国政府提出"一寸山河一寸血,十万青年十万兵"的号召,鼓励青年积极参军,彻底打败侵略者。这时候,父亲作为一个新兵,思想单纯,一心想着只有赶跑日本侵略者老百姓才能过上平安的日子，自己才能回家种地、奉养父母，父亲就积极响应，在师管区报名参加国民党青年军。当时青年军是国民政府在抗战末期所建立的一支政治性很强的军队。知识青年从军是为了补充我驻印军的特种兵，所招的知识青年成立了几个团，陆续空运到印度去。

1944年11月，父亲作为青年军骨干被调往西安驻军，编入国民党赴缅甸远征军第九军二〇六师。在缅甸期间，父亲按照军部的命令，在高山密林中与日本鬼子展开了殊死搏斗，历尽了千辛万苦，终于打败了日本鬼子，直至1945年1月27日与中国驻印军在缅甸芒友会师，3月遂将日军全部赶出缅北和滇西。至此，中印缅公路完全打通，父亲所在的中国远征军班师回国。

（三）

从缅甸回来后，父亲因作战勇敢受到嘉奖。那时，父亲历经磨难，九死一生，思想上更加坚定了保家卫国的决心。不久，他满腔热情地加入"三青团"。"三青团"即中国国民党下属三民主义青年团的简称。抗日战争爆发后，在国共合作抗日民族统一战线推动下,蒋介石于1938年4月在国民党临时全国代表大会上通过设立三青团，目的是把全国的青年组织起来，使人人信仰三民主义。三青团成立之初，抗日战争处于相持阶段，三青团成员在全国各地开展抗日救亡运动。父亲和部队的许多官兵作为三青团的成员，在抗日爱国的激情鼓舞下，积极开展抗日救亡活动。在部队，许多官兵都没文化，不会写字，父亲凭着读了几年私塾，能识字，有爱国热情，有思想，就在连队撰写有关抗战的文章，参加连队组织的抗战宣传活动，成为连队抗战宣传员。

1945年9月，抗战胜利后，父亲被部队推荐到了长春，在国民党政府国防部预干局特设青年中学读书。在学校的这两年，父亲思想变化最大，不但学到了军事技能，对社会发展更是有了新的认识。1947年，内战爆发，父亲被派到福建厦门，编入国民党海军。在海军工作期间，他思想激进，不愿和解放军海军打仗，常常受到一些官兵的排斥。他清醒地认识到共产党领导的军队才是革命的队伍，是为老百姓谋福祉的，他就私下和关系要好的战友一起讨论以后的生活和想法。到了1949年10月17日，父亲踊跃加入起义官兵的行列，向共产党的部队投诚起义，之后留在福建，直至解放。

（四）

中华人民共和国成立后，父亲参加学习，积极改造，重新做人，主动要求进步，树立了共产主义信仰。学习改造期间，父亲多次申请要求加入中国人民解放军海军，为保家卫国出力。1950年3月1日，经福建海军批准，父亲成为新中国的一名海军战士。在海军服役期间，父亲吃苦耐劳，勤学苦练，积极参加各种训练，把自己在海上军训练兵的技能传授给新兵，受到了连部的表扬，并荣获四等功。1952年8月，在部队镇反运动及军训中，父亲认真反思在国民党部队的错误行为，纠正不良习气，表现突出，荣获四等功；1953年6月，在文化学习中，父亲为人民立下功绩，荣获三等功。

1955年6月，父亲复员回到了家乡朴鲁村。回乡后，父亲保持军人作风，忠厚朴实，吃苦耐劳，积极投身农村建设。先后担任过村会计并筹办了村级缝纫厂、养蚕场；担任村林场场长，组织村民发展桑园、杏园、苹果园、花椒园、核桃园、柿子园、枣树园等杂果园林，成为农村林业发展的楷模。

"文革"期间，是父亲一生中最艰难的时刻。父亲在国民党军队中曾加入三青团并曾参加远征军出国到缅甸的历史，成为他受迫害的"罪证"。父亲虽然多次解释，努力还原历史真实，但终究没能躲过迫害，于1971年1月15日离开了我们。

父亲的一生，始终对家国怀有赤子之心，他爱国爱家，正直坦荡，勇敢顽强，爱憎分明。他经常教育我们要爱党爱国，光明磊落，勇于吃苦，勤俭节约，要多为老百姓着想，有能力就要帮助有困难的群众。他的这种精神成为一种财富，永远激励着后辈。

注：本文作者张相虎 系山东东银集团董事长。

第七部分

铭记历史　缅怀先烈

2015年合阳县纪念抗战胜利70周年活动安排

关于举行纪念抗日战争胜利70周年系列活动的安排意见

伟大的中国人民抗日战争，是全世界人民反法西斯战争的重要组成部分。在长达八年的抗战中，中国人民艰苦抗争，浴血奋战，以气壮山河的英雄气概，谱写了保家卫国的壮丽凯歌。在这次战争中，地处国防前线的陕西合阳县，抗日驻军密集，抗战组织众多，抗日救亡活动风起云涌，留下了较为丰富的抗日史料。

2015年是抗战胜利70周年。中共合阳县委、合阳县人民政府为教育全县人民铭记历史、缅怀先烈、珍爱和平、开创未来，进一步激发全县人民的自尊心、自信心和自豪感，加快建设富裕、美丽、和谐新合阳的步伐，以两办文件下发了《关于举行纪念抗日战争胜利70周年系列活动的安排意见》。

合阳县举行纪念抗战胜利70周年系列活动大会，向烈士敬献花篮

关于征集纪念抗日战争胜利70周年档案史料的公告

为纪念抗日战争胜利70周年，宣传抗日战争胜利的重大意义和中国人民抗日战争对世界反法西斯战争的重大献，缅怀先烈、牢记历史、进一步弘扬爱国主义精神，开展爱国主义教育，最大限度地抢救散存民间的抗战史料，丰富档案馆藏，特举办《合阳抗日史料展》。为使展览内容更为丰富，合阳县档案局面向社会征集有关合阳抗战史料。

征集内容：文稿、文献、电文、书信、日记、照片、视频、书籍、报刊、宣传品、著作、证章、牌匾、流通票证、生活用品、字画、书函、印信、武器、旗帜、胸标、袖章、车辆、医疗器械、口述历史资料以及能够真实反映抗战时期政治、经济、文化、社会等各方面的档案资料。

1. 共产党人在合阳早期活动形成的史料。包括党的决议、通告、报刊、来往信件等。
2. 合阳抗日期间形成的史料。包括开展武装斗争的战例、战斗情况，抗联领导人往来书信，会议材料等。
3. 民间抗战团体形成的史料。包括不同民间抗战团体关于抗战的宣传资料。
4. 亲历者的口述史料。抗日队伍参加者、苦难受害者的口述史料。
5. 1937—1945年具有一定历史意义的其他档案资料。

欢迎社会各界人士捐赠档案资料。捐赠者可通过电话或面谈的方式，直接与合阳县档案局联系。县档案局将向捐赠者颁发收藏证书，对具有重要历史价值档案资料的捐赠者给予适当奖励。

合阳县档案局举办抗战史料巡展

由县档案馆民俗顾问李志斌带领局机关党晓宁、王晓莉、宋武三同志，历时9个月，先后赴省、市及潼关、大荔、韩城、澄城、华阴等周边县（市）档案馆，深入村组走访健在的抗战老兵和家人，冒着烈日酷暑赴山西中条山、乡村、田野、学校找寻抗战遗迹，记录、拍摄，收集了抗战时期有关合阳政治、经济、参战人员、支前活动、河防布局等的大量可靠翔实的抗战史料，并征集到褚永军捐赠的合阳抗战史料31册（件），其中主要资料有《抗战三字经》《中华民族革命歌》《敌机轰炸合阳记》《五十三师阵亡将士纪念碑》拓片、《忆城楼序》《军民信守规章》等珍贵版本及抗战时期的合阳地图等。

《展览》由43幅版面组成。分"前言""合阳——沿河抗战的中心""日寇暴行铁证如山""抗战号角声震长空""抗日救亡风起云涌""伟业长留天地间""后记"七大部分，其中含图片150余幅，文字表述达1.2万字。

8月26日，在县城天合园烈士纪念广场举办巡展活动启动仪式。仪式由县委副书记严晓慧主持，县委常委、常务副县长王建元介绍合阳抗战史，县委书记李县平做重要讲话，市档案局局长王美丽宣布巡展活动启动。参加仪式的有全体县级领导，各人民团体、直属事业机构、派出机构、驻合各单位主要负责同志，全县各中学、中心小学校长，以及城关街道办事处、教育局、档案局、环卫局、志愿者方队800多人。

附：

合阳抗战史料巡展启动仪式主持词

同志们：

今年是中国人民抗日战争暨世界反法西斯战争胜利70周年，为了纪念抗日战争伟大胜利、弘扬抗战精神，教育全社会铭记历史、缅怀先烈、珍爱和平、开创未来，按照中央、省、市安排部署，县委、县政府将举行纪念抗战胜利系列纪念活动。今天，我们举行合阳抗战史料巡展启动仪式，是系列纪念活动中的一项内容。

这次活动，我们有幸邀请到了市档案局局长王美丽同志，让我们对王局长的到来表示热烈的欢迎和衷心的感谢！

参加这次活动的有：全体县级领导，各街镇、县委和县级国家机关各部门党政主要负责同志；个人民团体、直属事业机构、派出机构、驻合各单位负责同志，全县各中学、中心小学校长，以及城关街道办事处、教育局、环卫局、志愿者方队等，大约800人。

这次启动仪式共五项议程。

下面，进行第一项：敬献花篮。请县

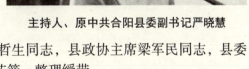

主持人、原中共合阳县委副书记严晓慧

委书记李县平同志，县人大常委会主任雷哲生同志，县政协主席梁军民同志，县委常委、常务副县长王建元同志向烈士敬献花篮，整理绶带。

下面，进行第二项：向烈士鞠躬。

一鞠躬！再鞠躬！三鞠躬！

下面，进行第三项：请县委常委、常务副县长王建元同志介绍合阳抗战史。

下面，进行第四项：请县委市级李县平同志做重要讲话。大家欢迎！

下面，进行第五项：请市档案局局长王美丽同志宣布合阳抗战史料巡展活动启动。大家欢迎！

同志们，70年前的抗日战争是近代以来中国反抗外敌入侵取得完全胜利的民族解放战争，是中华民族由衰落走向复兴的伟大转折。今天，我们纪念抗战胜利70周年，就是要大力弘扬伟大的抗战精神，为实现中华民族伟大复兴的中国梦凝神聚力。希望全县上下能铭记历史，珍惜和平，将天下兴亡、匹夫有责、万众一心、共御外侮、百折不挠、愈挫愈奋、不畏强暴、血战到底的抗战精神代代相传，激发全社会爱党爱国、爱岗敬业的热情和干劲。希望广大干部群众能倍加珍惜来之不易的幸福生活，立足岗位，脚踏实地，真抓实干，真正将伟大的抗战精神融入贯穿到工作的过程中，各方面不断将合阳的各项事业推向前进，为加快实现"四个全面"战略布局做出积极贡献。

启动仪式到此结束。请与会人员参观抗战版面。

注：本文作者严晓慧系原中共合阳县委副书记。

在合阳县抗战史料巡展启动仪式上的讲话

同志们：

值此中国人民抗日战争胜利纪念日到来之际，我们隆重举行纪念抗日战争胜利70周年合阳县抗战史料巡展活动启动仪式，以此推动全县系列纪念活动深入开展，激励全县干部群众和社会各界铭记历史、缅怀先烈、珍爱和平、开创未来。首先，我代表县委、县人大、县政府、县政协，向参加过抗日战争的合阳籍老兵和为抗战胜利做出贡献的各界人士致以崇高的敬意！向在中国人民抗日战争和世界反法西斯战争中英勇献身的烈士，向惨遭侵略者杀戮的无辜死难者表示深切的哀悼！

中共合阳县委书记李县平讲话

70年前那场发生在中华大地的抗日战争，是世界反法西斯战争的重要组成部分，经过艰苦卓绝的浴血奋战，中国人民最终打败了穷凶极恶的日本军国主义侵略者，赢得了近代以来中国反抗外敌入侵的第一次完全胜利。那场战争以中国人民的胜利向世人宣告：正义必将战胜邪恶，日本侵略军在中国犯下的累累罪行不容否认，中国共产党执政地位的确立是历史和人民的选择。

忘记历史就意味着背叛，勿忘国耻才能开启未来。我们举行中国人民抗日战争暨世界反法西斯战争胜利70周年系列纪念活动，就是要铭记历史、警示未来，激励并动员全县上下更加奋发有为地为加快全面建成小康社会、实现中华民族伟大复兴的"中国梦"而努力奋斗。借此机会，我提三点要求与大家共勉。

一、要牢记抗战历史，珍惜和平生活。在空前惨烈的抗日战争中，中国大地到处是人间地狱，饱受了南京大屠杀等人类文明史上惨绝人寰的灾难。为抵御外侮、民族独立，中国军民付出了长达14年、伤亡3500万人的代价，才赢得了抗战最终胜利，开启了中华民族伟大复兴的光明前景。我们今天和平幸福的生活来之不易，和谐稳定的环境来之不易，大家一定要在中国人民波澜壮阔的抗战历史和合阳人民抗战光辉历程中汲取营养，坚定不移地支持中央和平与发展政策，坚决同抹黑中国人民抗战历史、阴谋分裂祖国等错误言行做斗争，和全国人民一道唱响珍爱和平、勿忘国耻、奋发图强、铸就辉煌的时代旋律，维护好中华民族来之不易的和谐稳定局面。

二、要加强宣传引导，凝聚思想共识。广泛深入开展系列纪念活动，通过慰问抗战老兵、收看全国纪念大会直播、举行公祭活动、组织专题巡展等形式，利用网络、电视、报纸等平台，广泛宣传中国人民抗日战争胜利的伟大历史意义，中国人民抗日战争在世界反法西斯战中的重要地位和历史贡献，宣传以爱国主义为核心的伟大民族精神是中国人民抗日战争胜利的决定因素，中国共产党的中流砥柱作用是中国人民抗日战争胜利的关键，全民族抗战是中国人民抗日战争胜利的重要法宝，宣传主持正义的各国人民为中国抗日战争胜利做出的贡献，宣传伟大的抗战精神，宣传我县军民为抗战付出的艰辛努力，让广大群众在丰富多彩的活动中牢记抗战历史，珍惜幸福生活，矢志创业发展。要高度重视对中小学生的教育和引导，抓好红色爱国主义教育基地建设，让祖国的下一代在了解历史、牢记国耻的过程中更好地成长成才。

三、要弘扬抗战精神，加快经济发展。在中国人民抗日战争的壮阔进程中，形成了伟大的抗战精神，习总书记将之高度概括为"天下兴亡、匹夫有责的爱国情怀，视死如归、宁死不屈的民族气节，不畏强暴、血战到底的英雄气概，百折不挠、坚忍不拔的必胜信念"。伟大的抗战精神，是中国人民弥足珍贵的精神财富，是实现中国梦的动力源泉，也是加快"三个合阳"建设的强大引擎。全县各级干部一定要传承弘扬好伟大的抗战精神，坚定不移地推进以"四个全面"战略布局为统揽，以"三区支撑、四化同步"为重点的经济社会发展工作，全力为加快建设富裕、和谐、美丽合阳贡献力量。

同志们，牢记历史是为了更好地面向未来，不忘国耻是为了更好地激发斗志。让我们牢记那段中华民族的屈辱史、抗争史，以千千万万牺牲的先烈为榜样，以伟大的抗战精神为动力，自我加压，克难攻坚，负重奋进，推动全年各项目标任务顺利完成，以三个合阳建设的新成就告慰抗战先烈和无辜死难者的英灵！

最后，预祝本次巡展活动圆满成功！

谢谢大家！

注：本文作者李县平系中共合阳县委书记。

在合阳县抗战史料巡展启动仪式上的讲话

同志们：

大家好，今天，我们在这里集会，回顾中国人民抗日战争史，缅怀为抗日战争做出贡献的英烈和各界人士。下面，我简要介绍一下合阳抗战历史。

合阳地处陕西东部的黄河岸边，自古就是兵家必争之地，1937年11月日寇侵占太原后，进击潼关受阻，企图从山西吴王渡攻入合阳，撕开陕西黄河防卫的裂口。面对严峻形势，国共两党共同发出"保卫黄河、保卫陕西"的号召。中共陕西省委指出："陕西国防前线的沿河各县，为各方面注视的地域，尤其是军事、政治上居中心的合阳，更为复杂重要。"随即委派联络员吕剑人来合阳，协调驻军一七七师党组织工作，并加强党对沿河各县抗战工作的领导，不久沿河特委在合阳大众书店成立。

为加强黄河防卫，国民政府先后有陆军一七七师、五十三师、一六七师等8个师，中央第一军、第16军的司令部、两支炮兵部队和两个兵站驻防合阳。合阳抗日民众自卫大队、沿河各县学生抗日联合会、合阳县教师抗日救国联合会、沿河七县抗日动员委员会妇女工作团与合阳妇女慰劳支会、合阳民先队等抗战组织相继建立，各种形式的军事训练班相继举办，民众自卫队随军渡河参战，学生下乡宣传，妇女组织募捐，民众转运伤兵，雷家洼第四十五兵站医院成为晋南抗日战场救治伤员的坚强后盾，抗战形势风起云涌，合阳也被称为"小苏区"。日寇多次重兵偷袭山西吴王渡，企图强渡黄河攻入合阳，并10多次派飞机轰炸合阳县城，炮击沿河军事防地。一批抗战将士为国捐躯，数千名抗日英烈魂归合阳大地。经过艰苦的斗争，坚决地抵抗了日军的侵略和进攻。

八年抗战中，合阳民众踊跃支前，送粮捐物，共为抗日前线征补兵员2.4万余人，赋军公粮4.7万包，征用支前民夫48.8万人次，车辆8.8万辆次，支差价款5500多万元，各类募捐和优抚款1.2亿元。1944年，合阳人口不足15万，但对抗战的贡献却位于陕西各县前列，合阳作为阻止日寇入侵陕西的前沿阵地，也将被历史永远铭记。

合阳县人大常委会主任王建元讲话

今天，在全县人民隆重纪念抗日战争胜利70周年之际，由县委宣传部、县档案局（馆）、县民政局联合筹办的《陕西·合阳抗日战争史料》正式向社会展出。希望大家通过参观展览，重温合阳抗战的动人场景，铭记历史、缅怀先烈、珍爱和平、开创未来，激发爱国情怀，提高工作热情，为加快建设富裕、和谐、美丽新合阳做出新的更大的贡献。

谢谢各位！

注：本文作者王建元系合阳县人大常委会主任。

合阳县政协举办抗战史专题协商议政座谈会

会议通知

各有关委员、有关部门：

为了纪念抗战胜利70周年，了解我县抗战历史情况，抢救挖掘合阳抗战史料，经县政协主席会议研究，决定召开合阳县抗战史专题协商议政座谈会。现就有关事项通知如下：

一、时间、地点

定于7月上旬在民政局会议室召开，具体时间另行通知。

二、协商内容

就我县抗战的基本史实，包括国民党士兵、游击队、合阳民团民众的人员人数、历史状况以及国家优抚抗战对象的政策、社会各界的关爱等情况进行座谈交流，提出意见和建议。

三、参加人员

1. 政协委员

孙 晔　武玉萍　姚转香　王 鹏

2. 参会部门

民政局　档案局　党史办　县志办　人武部　民革支部

3. 特邀人员

党宪宗　李志斌　李振阳

4. 邀请县政府分管副县长参加

5. 政协机关

杨培民　贾忠孝　聂发祥　程耀军　王英民　李天佑　王 靖
贾蕊萍　王 锋　王晓强　刘国强　莫艳茹

四、几点要求

1. 请各位委员根据协商议题认真做好建言献策准备。
2. 请各部门针对协商议政专题做好书面情况汇报，并按时参加会议。

政协合阳县委员会办公室
2015年7月1日

合阳县政协举办纪念抗战胜利70周年抗战史座谈会

附：

会议主持词

各位委员、同志们：

按照县政协年度工作安排，今天，县政协组织部分委员和相关部门、单位负责同志，对我县抗战史进行专题协商议政。现在开会。

座谈会共有五项议程：

现在进行第一项：听取各部门关于我县抗战史有关情况的专题汇报。

第二项：听取委员发言。

第三项：请特邀社联人士代表、原政协委员党宪宗、李志斌、李振阳发言。

第四项：请县政府领导讲话。

第五项：请县政协杨主席讲话。

各位委员、同志们：今天会议的所有议程已经完毕。刚才相关部门就我县抗战期间有关情况做了专题汇报，县政协委员在调查的基础上进行了专题协商，提出了积极的建设性意见建议，特邀的原政协委员也做了中肯的专题发言。我觉得这次专题协商议政会议开得很成功，委员的发言都是在充分调查的基础上精心准备，所提意见建议翔实中肯。会议结束后，政协办要围绕大家所提的意见和建议认真梳理，尽快起草形成这次专题议政情况的报告，把委员们好的意见和建议及时反映给县委、县政府及相关工作部门，切实发挥委员关注民生、建言献策的积极作用。

最后，我代表县政协对为配合这次专题协商议政座谈会提供了大力支持的县民政局表示衷心的感谢！

座谈会到此结束。

（合阳县政协提供）

合阳县纪念抗战胜利70周年媒体报道宣传

合阳县抗战史料巡展在天合园正式启动

（人民网报道）8月26日，合阳县抗战史料巡展在天合园烈士陵园正式启动，以此纪念抗日战争胜利70周年，弘扬抗战精神，教育全社会铭记历史、缅怀先烈、珍爱和平、开创未来。全体县级领导，各街镇、各部门主要负责人，各学校校长，环卫工人、志愿者代表等共800余人参加了启动仪式并参观了展览。

展览分五个部分，采用展板的形式，图文结合，完整地梳理展示了合阳抗战相关的文史资料，形象生动地重现了合阳黄河抗战的场景，让观展的人们直观地感受到了那段血与火的悲壮岁月，深刻了解了革命先烈浴血奋战、保卫家园的丰功伟业。本次巡展还将进机关、进校园、进社区、进农村、进街道、进企业，在全县范围广泛地巡回展览。

这次巡展活动是合阳县系列纪念抗战胜利70周年活动的一项重要内容,拉开了系列纪念活动的序幕。合阳县还将举办纪念抗战胜利70周年征文活动;公祭烈士活动;洽川风景名胜区纪念抗战胜

合阳县举行抗战胜利70周年系列活动开幕式
(左一梁军民、左二李县平、左三王美丽、右一雷哲生)

利系列优惠活动;组织慰问抗战老战士,免费为抗战老战士体检等活动。通过开展形式多样的纪念活动,缅怀历史,大力弘扬爱国主义精神,培育和践行社会主义核心价值观,激发民族自尊心、自信心和自豪感,凝聚和激励全县上下积极投身富裕、美丽、和谐新合阳建设,推动合阳县各项事业顺利前进。

注:本文作者系李志强、王蔚、张瑜。

合阳县档案局举办《合阳抗战史料展》

在今年全国隆重纪念中国人民抗日战争胜利暨世界反法西斯战争胜利70周年活动中,合阳县档案局以当年合阳黄河抗战史料为题材,举办了大型《合阳抗战史料展》(以下简称《史料展》)。

《史料展》采用展板形式,由43块版面组成,内容有《前言》《合阳——沿河抗战的中心》《日寇暴行铁证如山》《抗战号角声震长空》《抗日救亡风起云涌》《伟业长留天地间》《后记》等七大部分,其中含珍贵图片150余幅,文字表述达1.2万多字。《史料展》形象生动地重现了当年合阳黄河抗战的场景,让观展的人们直观地感受到了那段血与火的悲壮岁月,深刻了解了革命先烈浴血奋战、保家卫国的丰功伟业。

《史料展》巡展活动启动仪式已于8月26日上午在合阳县城天合园烈士纪念广场隆重举行。全体县级领导、各镇(街道办)、县委和县级国家机关各部门、各人民

团体、直属事业单位、驻合各单位党政主要负责同志以及各单位宣传干部、民政干部、档案管理人员、全县各中学校长、各中心小学校长、县（镇）文化馆（站）负责人、环卫工人等共800余人参加了启动仪式。仪式由县委副书记严晓慧主持，她强调：今天我们纪念抗战胜利70周年，就是要大力弘扬伟大的抗战精神，为实现中华民族伟大复兴的中国梦凝神聚力。希望我们能铭记历史，珍惜和平，将天上兴亡、匹夫有责，万众一心、共御海外，百折不挠、愈挫愈奋，不畏强暴、备战到底的抗战精神代代相传，激发全社会爱党爱国、爱岗敬业的热情和干劲。

日前，《史料展》正在全县各机关、校园、社区、农村、街道、企业等地巡回展出。

年已92岁的合阳籍抗战老兵孙永众老人，8月27日在儿女的陪同下，专程来县委大院观看《史料展》，他站在自己的照片前情不自禁地唱起了远征军团歌："男儿快意着先鞭，投笔从戎志最坚。出国远征何壮伟，飞跃喜马拉雅巅。铁轮电掣机械化，利兵坚甲永无前。浪涛翻热血，勋业著青年。气盛吞三岛，雷挚震九天。祖国复兴，世界和平。"现场参观的人群给老人以热烈的掌声致敬。

9月2日，当巡展在城关街道办事处孟家庄社区展出时，从那场浴血奋战的岁月中过来的老人对前来参观学习的村小学生们讲：这段历史就是教育我们不忘过去，珍惜和平，珍爱今天幸福的日子。社区干部在参观后写下观后感："抗战胜利七十年，血债历历在眼前，革命先贤义凛然，一腔热血洒碧天。教育后辈莫等闲，铭记历史勤奋先，报效祖国立志坚，中华崛起好梦圆。"

合阳县档案局局长姚转香观看《史料展》

合阳县档案馆办公室
2015年9月10日

《陕西·合阳抗日战争史料展览》在基层巡展

《陕西·合阳抗日战争史料展览》巡展启动仪式后，展览向社会展示，先后在机关、企业、社区、学校、农村进行了一个半月的巡展。

8月27日，年已92岁的合阳籍抗战老兵孙永众老人在儿女的陪同下，专程来县委大院观看《史料展》，他站在自己的照片前情不自禁地唱起了远征军团歌："男儿快意着先鞭,投笔从戎志最坚。出国远征何壮伟,飞跃喜马拉雅巅。铁轮电掣机械化,利兵坚甲永无前。浪涛翻热血,勋业著青年。气盛吞三岛,雷挚震九天。祖国复兴,世界和平。"

9月2日,当巡展在城关街道办事处孟家庄社区展出时,从那场浴血奋战的岁月中过来的老人对前来参观学习的村小学生们讲:这段历史就是教育我们不忘过去,珍惜和平,珍爱今天幸福的日子。社区干部在参观后写下观后感:"抗战胜利七十年,血债历历在眼前,革命先贤义凛然,一腔热血洒碧天。教育后辈莫等闲,铭记历史勤奋先,报效祖国立志坚,中华崛起好梦圆。"

(合阳县档案局提供)

县政协召开纪念抗战胜利70周年抗战史座谈会

今年是中国人民抗日战争暨世界反法西斯战争胜利70周年。7月9日,县政协召开纪念抗战胜利70周年抗战史座谈会,回顾抗战历史,深切缅怀民族英雄,从抗战精神中汲取实现中华民族伟大复兴的力量。县委常委、常务副县长王建元,县政协副主席杨培民出席会议。

座谈会上,与会人员结合各自的工作实际,围绕我县抗战的基本史实,对我县涌现的抗日英雄事迹、保护抗战遗址遗物、征集编辑合阳抗战史资料以及关注、关爱、关心抗战老兵等方面畅所欲言,进行了深入的交流和探讨。

县政协副主席杨培民指出,要充分认识抢救挖掘整理合阳抗战史料的重要性和紧迫性,积极开展抗战史料的征编工作。要关注、关心、关爱健在的抗战老兵和有突出贡献的民众,把党的温暖及时送到抗战老人家中,让他们在有生之年能够享受幸福的生活。

县委常委、常务副县长王建元强调,抗日战争史是中华民族不甘屈服、浴血奋战、团结一致、共抵外侮的血泪史,合阳抗战史是中华民族抗战史的重要组成部分,全县上下要铭记历史,传承先辈们爱家爱国、勇于抗战、不屈不挠的精神,在党的领导下,努力工作,开拓创新,为建设富裕和谐美丽的新合阳做出更大的贡献。

注:本文原载2015年7月9日合阳县政府网站,作者系张瑜。

合阳县纪念抗战胜利70周年书画作品在港展出受关注

今年是中国人民抗日战争暨世界反法西斯战争胜利70周年,为了铭记历史、缅怀先烈、珍爱和平、开创未来,合阳县书画家创作了大量书画作品,这些书画作品继6月中旬在北京中国人民历史军事博物馆展出获得成功之后,8月25日至31日又在我国香港中央图书馆展出,再一次引起关注和好评。

8月26日中午,香港各界纪念抗战胜利70周年大型展览开幕酒会在香港会展中心会议大厅隆重举行,香港特区行政长官梁振英,中联办主任张晓明,中国人民解放军驻港部队司令员谭本宏、政委岳世鑫,外交部驻港副特派员佟晓玲,原全国人大常务委员会委员曾宪梓,全国人大常委、人大教科文卫委员会主任、中国公共关系协会会长柳斌杰等主礼嘉宾与各界名流逾千人出席酒会。合阳县文联主席党宏也应邀出席。开幕酒会在庄严的国歌声中拉开帷幕。香港特别行政区长官梁振英在开幕酒会上致辞,要求香港社会各界铭记历史,莫忘国耻,特别是年轻一代要知道落后就要挨打的道理,知道国家力量的重要,努力为中华民族伟大复兴而奋斗。中国人民解放军驻港部队及香港青年社团还带来舞蹈、合唱等精彩的文艺表演为酒会助兴。

据了解,本次大展的书画板块先后展出书画作品1058幅,其中合阳县书法家送展作品80余幅,并在香港纪念抗日战争胜利70周年全球华人书画大赛中喜获丰收。合阳县书法家王德荣、党文兴、马顺康、党宏、解明德等10数人分别获得了特邀金银铜奖,成永民通过网络投票获得了书法类铜奖。合阳县委常委、宣传部部长王德超应邀出席了在深圳举行的颁奖典礼。在随后的笔会上,合阳县书法家党宏、马顺康与来自其他省市的书画家一起挥毫泼墨,进行书画交流,将整个现场气氛推向了高潮。

(中共合阳县委宣传部供稿)

合阳县召开各界人士纪念抗战胜利70周年座谈会

8月27日上午,合阳县召开各界人士纪念抗日战争胜利70周年座谈会。全县各民主党派、工商联、无党派代表人士、宗教团体及部分抗战老兵代表等共40余人参加了会议。会议由县委常委、统战部部长张永利主持,县委副书记严晓慧做重要讲话。

会上,抗战老兵代表回顾了当年的抗战经历,并歌唱了《远征军》军歌;民主党派、工商联代表进行了座谈发言,大家共同重温了抗日战争那段波澜壮阔、可歌可泣的历史,目的是牢记历史、不忘过去、珍爱和平、开创未来,为合阳建设汇聚力量,为实现中华民族伟大复兴中国梦凝心聚力。

大家一致认为,要充分认识抗战老兵为抗战胜利做出的重要贡献,进一步弘扬以爱国主义为核心的抗战精神。要深化和巩固爱国主义统一战线,珍惜来之不易的发展成就和大好局面,不断把合阳的各项事业向前推进。各民主党派、无党派人士、工商联、人民团体要继续高举爱国主义、社会主义旗帜,牢牢把握大团结、大联合的主题,自觉肩负起建设富裕、和谐、美丽新合阳的重任,带头争取项目、招商引资。同时,要支持各民主党派和无党派人士更好地参政议政、民主监督,汇聚起群策群力、共谋发展的强大合力。

注:本文作者系范永凤。

合阳中学举行纪念抗战胜利70周年主题升旗仪式

为深入推进社会主义核心价值体系建设,宣传中国人民抗日战争胜利的历史意义和抗战精神,深切缅怀革命先烈的光辉业绩,弘扬爱国主义精神,激发学生热爱祖国和家乡的热情,值此中国人民抗日战争暨世界反法西斯战争胜利70周年之际,我校全体师生齐聚学校花园广场,隆重举行了纪念抗战胜利70周年主题升旗仪式。

升旗仪式上,校党总支书记王俊奇同志发表了题为"铭记历史,珍爱和平,奋发图强,报效祖国"的演讲,向全体师生介绍了中国人民抗战的历史,教导全体学生要牢记历史、勿忘国耻,为祖国的繁荣而努力学习。

本次主题升旗仪式的目的在于教育学生珍惜今天来之不易的幸福生活,铭记"天下兴亡、匹夫有责,百折不挠、愈挫愈勇"的抗战精神,树立努力学习、为实现中华民族的伟大复兴贡献自己力量的信心和决心。

(合阳中学供稿)

合阳一直是陕西黄河抗日防线的中心

在举国进行抗战70周年纪念之际,2015年9月2日9时,县统战部,县工商联,民革合阳县支部、县文化馆、雷家洼社区村民和合阳县爱心飞扬志愿者服务中心、合阳县爱心志愿者协会、合阳金秋摄影协会及其他组织和社会各界人士共200余人，在合阳县九龙大道甘井路口以西原国民党陆军一六七师公墓遗址前，举行了"合阳县志愿者纪念抗战阵亡将士仪式"，用实际行动表达对抗战英烈的敬仰和追思。

十几年前，著名学者李心石无意中发现了1938年4月中共陕西省委起草的一份《合阳工作报告》，报告中指出：陕西国防前线的沿河各县，为各方面注视的地域，尤其是军事、政治上居中心的郃阳（今合阳），更为复杂重要。他隐约觉得合阳抗战这段历史虽然记载很少，但肯定不简单，于是开始着手调查。

1937年卢沟桥事变发生了，侵华日军很快占领太原，逼近黄河，企图由吴王渡打进陕西。黄河沿线此后成为陕西抗日战争的主战场。其中以合阳为中心的大荔县、蒲城、潼关成为抗日最前线，仅合阳一个县，累计驻军就超过10万之众。

当时先后就有两个军、八个师的司令部，两支炮兵部队，两个兵站都驻扎在合阳。驻军常常渡河与日寇作战，伤员就送回合阳进行治疗。其中有一大批抗日将士还未来得及治疗就离开人间，魂归古莘大地。据调查，仅在合阳县雷家洼第四十五兵站的伤病医院不治而亡的伤兵就埋葬了4块坟地，总面积达35亩。而在合阳共有8处这样的公坟葬埋着这些阵亡将士、抗战英烈。按照亲历者讲述的情况粗算，埋葬在古莘大地的抗战英烈，少说也在好几千人。今天的合阳九龙大道甘井路口以西国民党陆军一六七师陵园遗址就是其中的一个。

（合阳县档案局供稿）

合阳县粮食局组织集中观看纪念抗战胜利70周年大会实况转播

9月3日上午，合阳县粮食局组织全体领导和同志集中收看了纪念中国人民抗日战争暨世界反法西斯战争胜利70周年大会实况转播，认真学习了习近平总书记重要讲话。

在观看过程中，大家一致认为，此次纪念大会，不但体现了我们国家的强大，也体现了我们国家维护世界和平的决心，特别是习近平总书记的重要讲话，立意高远、思想深邃，对于进一步动员和激励全党全军全国各族人民铭记历史、缅怀先烈、珍爱和平、开创未来，具有十分重要的意义。

观看结束后，大家纷纷表示，一定要把思想和行动统一到习近平总书记的重要讲话上来，把智慧力量凝聚到"五县战略""四化同步"和"三区支撑"上来，认真抓好新常态下的各项粮食工作，努力为我县的粮食事业做出更大的贡献。

（合阳县粮食局提供）

合阳县工商联登门慰问抗战老兵

70年前的9月2日,日本向盟军投降仪式在东京湾密苏里号军舰上举行。在包括中国在内的9个受降国代表的注视下,日本在投降书上签字。这是中国近代以来反侵略历史上的第一次全面胜利,也为世界反法西斯战争的胜利做出了巨大贡献,而之后每年的9月3日都被确定为中国人民抗日战争胜利纪念日。

为纪念抗战胜利70周年,缅怀已逝去的抗战先烈、关心正安享晚年的抗战老兵,9月2日上午,合阳县工商联、商会组织非公有制经济代表人士贾尚文、张世强和美添蛋糕经理王全义等登门入户看望并慰问了仍健在的部分抗战老兵,为他们送去了轮椅、洗脚盆、毛毯、月饼等慰问品。

注:本文原载三秦文化网,作者陈新义、李晓驹、王国栋。

合阳七成男儿上战场

十几年前,李心石无意中发现了1938年4月中共陕西省委起草的一份《合阳工作报告》,报告中指出:陕西国防前线的沿河各县,为各方面注视的地域,尤其是军事、政治上居中心的郃阳(今合阳),更为复杂重要。他隐约觉得合阳抗战这段历史虽然记载很少,但肯定不简单,于是开始着手调查。

抗战硝烟散尽70年,而同硝烟一样慢慢散去的还有对这场战争的记忆。李心石回忆,他在为合阳抗战征集史料时,很多人向他提出疑问:合阳县也有抗战?而翻遍中华人民共和国成立后合阳县历年编纂的县志,合阳抗战这段历史并没有专门的记录。这些对李心石触动很大,他也愈发坚定地认为:发掘历史资料、还原历史事实、为合阳抗战地位正名是一件意义重大的事情。

据李心石调查,1937年11月太原沦陷后黄河沿线成为抗日战争的主战场,其中以合阳为中心的大荔县、蒲城、潼关成为抗日最前线,仅合阳一个县,累计驻军就超过10万之众。在合阳县档案馆等部门的支持下,在越来越多的史料征集、战争亲历者的走访、抗战遗迹调查等的支撑下,合阳人民抗战这幅波澜壮阔的历史画卷逐渐清晰起来。

艰难还原尘封的历史

由于历史原因，合阳抗战史料征集难度非常大。从抗战发生至今时间跨度大，当年亲历者多已不在，很多抗战遗址也被荒废。为了得到翔实的史料，李心石多次赴西安、太原的图书馆、档案馆查阅资料，足迹遍布黄河两岸秦晋各县。

一次，李心石听说澄城有一位收藏家藏有一份抗战时期合阳出的简报，他先后5次去澄城征集，虽然最终未果，但是收藏的人破例让他拍了照片。这份得之不易的简报让他获得了很多从没披露过的史料，进一步佐证了合阳在抗战中的地位。

在合阳县城关镇李家坡村，李心石了解到，当时村里曾有父子3人共同参军赴山西前线，结果无一人回来。这让李心石觉得自己做的事情意义重大，这些史实必须挖掘出来让更多的人知道，以慰藉这些为抗战付出巨大代价而又被埋没在历史中的平凡英雄。

"合阳县在抗战中发挥了巨大作用，然而合阳抗战的地位却没得到应有的重视，包括合阳人自己都并不熟知这段历史。"李心石说，"现在我们征集到的史料只是整个合阳抗战史时的一部分，随着老兵、抗战亲历者越来越少，我有很多的事要做，不管遇到多少困难，我都要准确还原这段历史，让更多的人正视、铭记这段历史，纪念所有为抗战胜利付出过的英雄们。"

缺少一座抗战纪念碑

李心石在调查中得知，8年抗战中合阳县人员伤亡巨大，当时全县有抗战将士墓地8处，埋葬牺牲军人6000余人。据当地老人回忆，在中华人民共和国成立初期这8处墓地保存完好，并建有陵园、纪念碑，但在后来的历次政治运动中这些陵园被毁掉变成了耕地。

在合阳县城关镇雷家洼村，这座曾经埋有1000多名抗战将士遗骸的陵园如今成了一片苹果园，一条公路从当年陵园的中间穿过，在这片遗址上不时能看到裸露在外已接近石化的将士遗骨。

李心石说："最大的愿望就是在合阳为牺牲的抗战将士重建陵园，这样才能将抗战精神更好地一代代传承。"

李心石说他至今都记得当时走访参加过远征军的合阳抗战老兵孙永众时他唱的团歌：男儿快意着先鞭，投笔从戎志最坚……

合阳抗日战争时期大事记

民国二十五年（1936）

1月20日，红二十九军萧劲光部经合阳、澄城县进入黄龙山区。秋，中共地下党员管建勋在县城东街关帝庙巷办起"大众书店"，发行进步书刊，宣传抗日。

民国二十六年（1937）

春，白眉、太枣村成立党支部，属韩城县委领导。

5月，陕西省委派赵伯平（方晟）在临河村刘江霞家里开会，传达省委指示精神。

8月22日，赴山西抗日前线的八路军一一五师先遣兵团三四三旅在旅长陈光率领下，从三原出发，经富平、蒲城、澄城、合阳等地，由韩城县芝川镇东渡黄河，进入山西。

8月25日，赴山西抗日前线的八路军一一五师三四四旅和师直部队在旅长徐海东率领下，从三原桥底镇出发，途经合阳，由韩城县芝川镇东渡黄河，进入山西。

9月3日，赴山西抗日前线的八路军一二九师在师长贺龙、政训处主任关向应率领下，由富平县庄里镇出发，经蒲城、白水、澄城、合阳等地，由韩城县芝川镇东渡黄河，进入山西。

9月14日，赴山西抗日前线的八路军总部由总司令朱德、总政治部主任任弼时、副参谋长左权等率领，从泾阳县云阳镇出发，经富平、白水、澄城进入合阳，合阳各界人士在县城南门外冒雨迎接。合阳县政府在政府大堂召开欢迎八路军东渡抗日大会，朱德总司令向参会群众发表演说，对抗战形势、《抗日救国十大纲领》及抗日统一战线的重要意义做简短阐述，并对到会的合阳中学学生提出了"学好本领，为抗战救国献出力量"的要求。晚，八路军总部在县城宿营，总部所属星火剧团在东街城隍庙戏楼演出抗日剧目。

9月28日，赴山西抗日前线的一二九师先遣队在师长刘伯承和三八六旅旅长陈赓率领下，先行出动，由富平县庄里镇出发，途经合阳翻百良、太枣沟，由韩城芝川镇东渡黄河，进入山西。

10月，西安第一批工作团蒙念祖来合阳开展抗日救亡宣传。在合阳中学开始发展民先队员，负责人杨秀峰、宋宝宗。1938年上半年发展人数最多，全县有队员1600余人，多数是农民。

10月5日，赴山西抗日前线的八路军一二九师主力三八六旅在旅长陈赓率领下，由富平县庄里镇出发，路经合阳同家庄，越太枣沟到韩城芝川镇，东渡黄河，进入山西。

11月，国民革命军第十七路军一七七师在师长李兴中率领下，布防沿河带，师部驻扎在县城东街（现在的县联社处）。中共陕西省委指派吕剑人为该师中共组织负责人，师参谋长许权中（早期共产党员，国民党五二九旅旅长）、参谋梁步六（共产党员）、辎重营营长李锦锋（共产党员）、辎重营副营长王汝昭（共产党员）在合阳开展军事训练，守卫河防。

12月，民主人士苏资琛出任合阳国民政府县长，并请求中共陕西省委派出樊一鸣、金树堂（浙江人）、罗鸣、伍仲秋（女，江西人）等中共党员协助工作。经苏安排，这批共产党员均在县政府任职。伍仲秋任县政府秘书，樊一鸣任一科科长。苏资琛与一七七师密切配合，积极抗日，人夸苏资琛是抗日县长，合阳享誉"小苏区"。国民党反动派诅咒"合阳赤化"。苏县长任职到1938年8月，由于抗日形势逆转，合阳劣绅刘仁夫（秦城人）等人罗织罪名，进行诬告，苏资琛被迫离任。

是月，县长苏资琛与一七七师师长李兴中、参谋长许权中商定从部队派出共产党员梁步六（一七七师参谋）、李锦峰（辎重营营长）、王寒秋帮助政府开展抗日宣传工作、培训抗日骨干。

是月，党组织举办全县教师训练班，为宣传抗日培训骨干，准备成立"自卫队"，学员300多人，李锦峰任大队长，下编3个中队，梁步六任中队长，训期一个月。结业时成立"合阳县教师抗日救国联合会"，主席雷振华。

是月，中共西安市学委组织一批学生来合，主要任务是动员民众，保卫河防，开展军运和地方党的工作。来合学生共8名，其中党员7名，设立党支部，刘汉仁任书记，张润滋为组织委员，刘永瑞为宣传委员。他们随一七七师搞军运工作，深入乡村组织民众抗日自卫队。1938年，这批学生分期返回西安。

冬，西安学生分会剧团来合慰劳一七七师官兵。

民国二十七年（1938）

1月5日，中共陕西省委巡视员吕剑人奉命恢复和发展合阳、韩城、澄城等县党的组织，开展抗日救亡活动。吕来合后住大众书店，后住北街油巷。

1月，省委派贺三多来合阳，经雷振华联系在百良东宫城小学以教员为掩护，开展党的工作。

1月上旬，县长苏资琛与一七七师师长李兴中、参谋长许权中商定，从部队派出梁步六、李锦锋、王寒秋等，帮助培训地方抗日骨干。随后，合阳教师训练班开办，学员达300余人，李锦锋任大队长，下编3个中队，梁步六任中队长，训练月余，结业时成立合阳县教师抗日救国联合会，中共党员雷振华任主席。

1月下旬，合阳、韩城、澄城、同州、朝邑、平民、黄龙7县200余名中学生在合阳中学进行军事训练，一七七师参谋宋克敬为教育长，王闻远（广东人，共产党员）、罗明（蒲城人，共产党员）、赵惠民（韩城人，共产党员）、张志超（共产党员）、伍仲秋（共产党员）、白云峰（中共韩城县委青年部长）分别担任指导员。军训持续20多天，结业时成立沿河学生抗日救国联合会，白云峰任主席。

1月下旬，中华民族解放先锋队合阳区队成立，队部设在合阳中学，共产党员白云峰、薛焰为负责人，民先队有队员1000余名。其成立时的《宣言》指出："争取抗战胜利，是合阳民先队成立最终神圣任务。"

是月，怒吼剧社成立，为合阳县办剧团之始。

2月，合阳县抗日民众自卫大队成立，县长苏资琛任大队长，梁步云、管建勋先后任副大队长。全县以联为区划设立23个中队，连同基干队共24个中队，共有队员2万多人。各中队均派有指导员，多由共产党员担任。

2月，贺三多、雷振华恢复了何邦魁、何养民的组织关系。

3月，合阳妇女慰劳支会成立，伍仲秋为负责人。支会组织妇女在夏阳渡口慰劳赴山西前线抗战负伤人员，后在王村镇举办妇女训练班20多天，其间，由伍仲秋介绍发展邢黛青（女）、雷敬斌（女）为中共党员，和妇女民先队员组成"八姐妹"。

3月19日，省委巡视员的汇报中记载："澄合临时区委已取消，工委会准备稍缓再建立。"

4月，沿河特委在合阳大众书店成立，王俊任书记。活动地点多在大众书店和东铜蹄一带。

4月4日至7日，民先全国总队部在西安师范召开民先西北代表大会，合阳代表雷新绪参加大会。

4月12日，日寇从山西隔河炮袭东王地区，夏阳、莘里两村有6名无辜群众被炸死，一些民房被炸毁。

4月20日，合阳抗日民众自卫大队队员两万余人，集中在县城南门外操场，接受陕西省主席孙蔚如检阅，县长苏资琛、一七七师参谋长许权中陪同检阅。

4月27日，省委巡视员吕剑人在写给中共陕西省委的《合阳工作报告》中称："党的组织状况：A、合中支部有正式党员3人，候补党员8人（内3个是学校工人）；B、……C、在乡村中有新发展的小学教师及农民分子五六人；D、这些总计起来是29个党员；还有9个军队上的同志参加地方救亡工作，没有计算在内；E、这些同志散布在县城东乡、东北乡、西北乡、西乡，这些地方才稀疏地撒上了种子，在东南乡还没有线索呢"……"在这次特委会上对合阳工作的决定，认为合阳目前最中心的工作是扩大党的组织……A、发展组织的对象应面向民先队员，小学教员，农民；B、发展的中心区域扩大现有线索、县城、东北区、西北区及西区，各中心小学也是发展的方向；C、把现有的支部和零散的同志切实地整理起来，学校党员成立支部干事会、分成3个小组……；D、发展数量，4月份学校支部发展新党员5个，在有莘、保聚、共和三个联（东区及东北区）建立起5人以上支部，西北区的甘井联、西区的王村联建立起3人以上的支部，由合中支部及其他零散的同志在县城小商人、居民中发展同志；E、提拔培养新的干部，在合中提拔/2个新干部（候补党员也可以）特别去培养，使其在最短时间参加地方党的领导；F、××完全管理合阳工作，薛×负责青年工作，军事自卫队，妇女的工作由××管理"。

是月，二尹联民众抗日自卫中队在雷振华、雷正顺率领下，渡河到山西荣河配合抗日部队作战，队员敬二虎、雷保儿、夏元成在战斗中英勇牺牲。4月30日，合阳县国民政府在龙王庙为抗敌烈士召开追悼大会，县长苏资琛主祭。

5月，合阳县委成立，由沿河特委书记王俊主持在百良东宫城召开会议，省委派贺三多任书记。委员有刘永端、雷振华、管建勋，全县党员有100多人。

6月，国民革命军第三十八军一七七师由合阳县夏阳渡口渡过黄河，收复日军盘踞之虞乡、临晋、猗氏（临猗）等县。

6月，原属韩城管辖的临河、白眉、太枣的党支部归属合阳县委，成立沟北区委，书记何邦魁。

6月11日，《合阳工作报告》中记载："在四、五两个月党的组织扩大到100人左右，并建立了县委组织，现在成立起一个区委，又有两个区委不久也可成立。"在汇报自卫队和民先队活动时记载："他们每次检阅可到一万余人，新到武器能占百分之十五，其它刀、矛、枪每人都有一件，群众情绪很高，有好几个联保的自卫队要求过河杀敌，只因为生活和枪支问题不能解决，每次过河杀敌时，总有几个用自己的枪、弹、伙食自动过河杀敌。有一次队员作战打死二人，但这些队员不怕，不惊慌，要继续过河杀敌报仇，要求过河的更多了。这一组织在我们的影响下有七八个中队，人数在两千左右，枪支约占三分之一。民先队在全县共有五六百队员，在县城是公开的，在乡间是秘密的，还没有组织系统，大多数是个别联系的。"

7月，《合阳工作报告》（七月份）中记载："甲、政治方面的：（略）。乙、一个半月来的工作情况：组织方面的：A、现有一个健全区，是三个支部干事会、三个支部组成的。在县委领导下有六个支部干事会，四个分支部。最近拟在西北区委并建立区委并建立城内工作团（包括两个支部干事会、一个分支部，个别联系），所困难的都是新同志与候补同志，干部异常缺乏。B、现在全县连候补党员共144名（7月7日统计），内有40名是一月半内发展的。C、23个联划分区为×区，我们的组织建立于××区与×区×区。还有三个区无组织，只有几个个别关系，现在正动员同志在这些地方找职业，开辟党的工作。"

8月中旬，国民党右翼势力抬头，多方制造事端，排挤中共党员，破坏抗日民族统一战线。蒋介石嫡系胡宗南部五十三师进驻合阳，形势恶化。县长苏资琛因"赤化"之嫌被迫离职，回到家乡韩城。

9月，根据中共陕西省委指示，中共党员贺三多、樊一鸣、伍仲秋、罗明、薛焰、白云峰等先后离开合阳，合阳县抗日民众自卫大队亦被撤销。

10月，贺三多离开合阳后，管建勋任县委书记。委员有何养民、牛长令。

年底，东宫城、西宫城、南尹、百良的党支部与沟北区委合并成东北区委，书记成增荣。

民国二十八年（1939）

1月，伪县府、县党部、警察局查封"大众书店"。

1月，合阳县建立四个区委：东北区，书记成增荣，党员150多人；正东区，书记李介一，党员40多人；西北区，书记宋伯科，党员30多人；正西区，书记杨明悠，党员40多人。城内有个支部，负责人雷尚斌，党员10多人；保聚支部，负责人闵士英，党员20多人。全县共有党员380多人。

1月，中共陕西省委派王力来合阳传达了抗日形势。

3月5日（农历正月十五日），日寇一飞机在合阳县城投弹1枚。

3月15日，敌机2架在县政府东侧投弹炸死1人。11月6日，敌机3架又在北街乔家巷、西街洞子巷、张家巷投弹，炸死炸伤20多人，炸毁民房数十间。

改联保为乡、镇。全县划分为8镇、6乡、148保。

县设兵役科，改募兵为征兵制。

4月，管建勋去省委（云阳镇）汇报发展情况和党组织转入隐蔽情况。

4月下旬，管家河会议，管建勋主持，参加人有何养民、吴杰、管俊亚、赵谭冰、李介一、宋伯科等。会议传达了省委指示精神。

5月，管建勋去省委（云阳镇）参加县委书记会，选举"七大"代表，开了一个月。

7月，王俊通知管建勋再次去省委，省委指示在地方搞红了的同志撤回，宋伯科、成彦青、张超、秦民等先后离开合阳，管建勋走时县委书记交给吴杰（雷尚斌），委员有何养民、管俊亚。

12月，吴杰和赵谭冰在北华村宋伯科家召开西北区党员会议，传达"精干隐蔽"的方针。

这年，洛川特委派吉文超来合阳建立党的组织，成立洛特西北区委，书记是施金舟。

民国二十九年（1940）

春，三民主义青年团（简称"三青团"）成立。

春，以将坚忍为头目的商同区动员指挥部成立。合阳县设动员总队部，乡镇均设大队部，各保设中队部，其主要任务是加紧封锁陕甘宁边区。

4月，县委书记吴杰（雷尚斌）离合阳去省委。离开时在康家坡开会，参加人有吴杰、何养民、薛顺夏、牛长令、管俊亚，研究决定县委书记交牛长令、何邦魁负责组织，管俊亚为西北区负责人，薛顺夏为东北区负责人，李介一为正东区负责人，并决定如情况有变化则牛长令把县委工作交薛顺夏负责。

5月，省委派吴沙浪到合阳县委任宣传部部长，来时与牛长令发生联系，第二年七八月回省委。

6月，何邦魁、何养民、张毅生、成增荣、张铁调回省委，离开合阳。

11月，洛特派孟树林来合阳皇甫庄一带接替吉文超的工作。

冬，西安劳动营特工人员在动员总队部配合下进行大搜捕。次年1月7日，合阳中学进步教师杜松寿和地下党员及进步青年10多人被捕。

民国三十年（1941年）

1月，因国民党党网通讯员告密，"商同区动员指挥部"逮捕合阳东街小学教师、共产党员吕建德（吕宏远）、秦连益（秦宗汉，和阳人）、李俊青（南顺人、共产党员）。

2月，由于战干团合阳通讯员告密，雷新绪（雷伯纯）被"商同区动员指挥部"逮捕。

这年，在白色恐怖下，县委负责人牛长令在城内东街老爷庙巷面坊继续坚持党的工作。

国民党陕西省军队组训民众动员部商同区指挥部将合阳定为动员实验区，以加强战时动员之名，行反共和封锁陕甘宁边区之实。该指挥部令合阳县当局设立军警联合稽查处和邮电检查所，组成谍报网，用以迫害共产党人和进步人士。中共党员吕宏远、秦连益、李俊青、雷新绪和进步教师姚右学、杨志远等先后被捕。

是年，实行新县制，改组县政府科室，成立县公库、会计室、区警察所和区建设委员会。改组乡、镇公所。

民国三十一年（1942）
国民党陕东河防炮兵指挥部驻朝邑，共四群，第三群驻合阳坊镇岳庄等地。

民国三十二年（1943）
因形势恶化，中共合阳县委书记牛长令转移到国民党合阳驻军十六军特务联当伙夫，坚持党的工作。

民国三十三年（1944）
1月，中共县委书记牛长令离开合阳，临行前将县委工作交给薛顺夏负责，并交代西北区1支枪和1个油印机。

5月，牛长令从河南返回合阳，在南百坂萧振亭家以石匠职业为掩护，开展党的工作。

民国三十四年（1945）
1月22日，合阳县临时参议会成立，党晴梵任参议长。

《陕西省各县组织统计》显示，是年合阳县共产党员数字206人。中共合阳西北区委利用国民党五福乡选举机会，将共产党员2人安插为五福乡代表；将共产党员3人安插为保长、保队副，潜入敌政权，开展党的工作。

上半年，西北区委利用伪五福乡的选举机关把共产党员王英山、朱祥初等同志选入五福乡当了代表，还让共产党员莫振山、史建堂、李育乾等当了保长和保队副，打入敌人政区开展党的工作。

6月，中共陕西省委东府特派员罗文治到合阳县王村和皇甫庄一带传达抗战形势，检查隐蔽情况。

8月，中共洛川特委以延属地委统战部名义，在黄龙山南麓之澄城、蒲城、合阳、朝邑一带恢复和发展党的组织，特委在辖区内设立若干工作点，先派干部与隐蔽的党员取得联系。举办干部培训班、教导队，培养党的骨干力量。

9月，延属分区统战部派贺永锡来合阳与施金舟、张广文、史建堂联系指导黄龙边山地区工作，组织地下武装。

12月8日，陕西省举行第一届第一次参议会，选举王阔（盈初）为省参议员。

后 记

　　经过一年多的努力,《合阳抗日战争史略——西河,血与火的记忆》一书终于编辑成册,即将出版发行了。这是我县档案事业的一件大事,填补了详细记录我县抗战历史的空白。

　　2015年,合阳县档案局组织专业研究人员,开展广泛征集,深入调查,积极考证,收集到了大量而珍贵的抗战史料及图片,并成功举办了纪念抗战胜利70周年图片巡回展览,展出中有许多图片资料都属于首次面世。这次展出,得到了社会各界人士的一致好评。

　　此后,县档案局姚转香局长在征求相关人员的意见后,向省档案局申报了关于征集出版合阳抗日战争史略的图书编研项目,并进一步展开实施工作,制订了征集编辑方案,成立了史料征集组、编审组,在多种媒体播发征集启事,广泛开展征集活动。经过一年多的辛勤努力,共征集文字资料35万余字,图片资料300余幅,为成功编辑出版本书做了大量工作。

　　这次征编,以整理馆藏抗战史料为主导,广泛征集散存于民间的史料,内容丰富,资料翔实,为史略的编撰提供了有力的依据。为了使书稿的内容更充实更完备,在编辑史略的同时,我们还收编了大量原始资料,用以佐证。

　　在征集过程中,编辑部成员不畏严寒酷暑,加班加点,在档案馆查阅档案20余天;并沿黄河两岸查找资料,考察遗存。县文史研究员李志斌老师年事已高,却老当益壮,积极参与考察,搜集整理史料,拍摄相关照片;档案局副局长罗竹芳亲自带队赴山西、陕西及邻县考察,查阅档案,找寻史料;各股室负责同志坚持跑部门,走乡镇,入村组,与亲历者、亲闻者共同交流,征集到了大量史料。他们一是到山西省运城市、永济市、临猗县及相关镇村走访查询史料图片;二是赴陕西省档案馆、省军事历史馆和渭南市档案馆、党史办寻找历史档案资料;三是沿黄河西岸分别走访澄城、韩城、大荔、潼关、华县等县的档案馆、党史办查阅档案,查询相关史料;四是深入合阳相关乡镇村组,调查走访参加抗战的老人，查勘遗存的抗战遗迹遗址。

为了使资料更加完备准确，我们又组织人员，在原有资料的基础上，历时半个月，再次下乡入村，走访健在的老人，倾听他们的回忆，进一步了解抗战时期的情况，考证还原历史的真实原貌。同时，通过向导，反复考察考证抗战遗迹遗址，让亲历者、亲闻者回忆叙述当时的情况，从而保证了史料的真实性、准确性。

面对征集到的大量史料，我们组织专门人员收录文字，整理资料，利用双休日、节假日，认真反复地校正文稿。为了编辑成书，我们在逐篇阅读、详细把握的同时，组织编委会成员开展座谈讨论，充分征求编辑意见，审定入书篇章，编写了资料目录和编排提纲，并对所有资料仔细分类、依纲归类。针对拍摄和征集的图片资料，结合文字史料，精心筛选，认真编排，力争达到以图配文、图文并茂，真实、准确地反映合阳抗日战争这一历史史实和历史过程。需要指出的是，为了保证抗战史料的原真性，本书所收录的文字档案均系原件抄录。

本书的征编，得到了合阳县委、县政府和相关部门的大力支持。县委副书记于娟侠作序；县政府常务副县长左俊，县委常委、宣传部部长王德超多次关心并提出指导意见；档案局姚转香局长积极组织安排征编工作，亲自审阅书稿，切实保障了各项工作的顺利有序开展；合阳县委宣传部和县政协文史委、民政局、文体广电局、党史办、县志办、外宣办提供了大量史料稿件，给予了高度关注和大力支持；县档案局全体同志积极参与，密切配合，发挥了有效作用。

在此，我代表本书编辑委员会对重视、支持、积极参与本书征编的领导、同志及部门表示衷心的感谢，对辛勤工作的所有编审人员表示衷心的感谢！

本次编辑，由于时间紧，任务重，加之我们的水平所限，书中难免会有遗漏和不足，望见谅并给予批评指正。

王英民

2017 年 7 月